기로에 선 중산층

현실진단과 복원의 과제

기로에 선 **중산층**

현실진단과 복원의 과제

한국사회학회 편

인간사랑

책머리에

이 책은 한국사회학회가 2006년 일 년 동안 진행해 온 '중산층 포럼'의 연구성과를 모으고 편집하여 하나의 일관성이 있는 책으로 엮은 것이다. 2006년 한국사회학회 회장으로서 다양한 기획과 프로그램을 통해 사회학회의 혁신을 가져온 임현진 교수(서울대 사회학과)는 임기 시작 전인 2005년 말부터 한국 사회의 핵심적인 문제에 대한 학회차원의 다양한 심층연구를 기획하였는데, 그 중 하나가 중산층에 관한 연구였다. 이 문제를 다루게 된 배경에는 외환위기 이후 한국 사회에 그늘을 드리운 심화되는 불평등과 그로 인한 사회적 불안과 무기력의 근저에 중산층의 급속한 붕괴가 자리 잡고 있다고 느꼈기 때문이다.

이는 고속성장의 시대를 졸업한 한국 사회가 겪어온 일련의 어려운 과정과 긴밀히 연관되어 있다. 한때 성공의 요인이었던 한국 경제의 제도적 특성들이 글로벌 환경과 충돌하면서 빚어진 재난이 외환위기였다. 그로부터 벗어나기 위해 노력한 일련의 과정에서 기업과 금융부문의 구조조정을 통한 국가적인 위기탈출은 신속했으나 사회적으로는 많은 상처를 남겼는데, 그 중 가장 큰 상흔은 중산층의 몰락으로 나타났다. 실제 사회학자들이 추정하는 중산층의 규모에는 큰 변화가 없었다는 점에서 몰락이라는 표현은 과장일지 모른다. 그러나 스스로를 중산층이라고 믿는 귀속감을 가진 집단이 현격히 줄어든 것은 사실이다. 아울러 소득 중간층이라고 할 수 있는 집단의 비중은 줄어들고 상층과 하층은 지속적으로 증가했다. 객관적 중산층과 주관적 중산층 간의 점차 커지는 괴리감은 현재 한국 사회에 만연한 불안하고 무기력한 '마음의 행로'를 잘 보여준다.

상황이 이러하다 보니 '잃어버린 10년'을 둘러싼 정치적인 공방도 치열해졌다. '양극화'가 문제인지 '중산층의 몰락'이 문제인지를 놓고 벌이는 정치권의 논란은 얼핏 보기에 같은 이야기처럼 보이지만 그 이면에는 근본적으로 다른 문제인식이 자리 잡고 있다. 외환위기 이후 양극화의 경향은 점차 심각해지더니 이제는 우리 사회의 통합을 저해하는 가장 중요한 문제로 자리 잡았다. 그러나 중산층의 감소를 둘러싼 논쟁은 한국 사회의 사회학적 논쟁의 수준, 그리고 제 정당의 정책적인 비전과 구체적인 문제해법 제시능력, 그리고 정부의 정책적 대응능력 등을 종합적으로 점검할 수 있는 핵심적 주제가 되었다. 한국사회학회에서 2006년에 중산층에 대한 사회학적 탐구를 주된 연구주제로 삼은 이유도 여기에 있다. 중산층이 두터운 사회는 지나친 쏠림이 없으며, 양극화를 극복하고, 역동적이며 균형 있는 사회발전을 가능하게 한다고 판단했기 때문이다. 그래서 중산층 문제야말로 가장 핵심적인 사회학적 연구대상이라고 할 수 있다. 한국 사회의 가장 중요한 쟁점에 대해 차분하게 천착하고 진지한 토론을 거쳐 장기적인 사회발전에 유익한 보탬이 되는 학술적 · 정책적 성과를 도출해내자고 하는 문제의식이 깔려 있었다.

이러한 문제의식에 대해 공감하고 지원을 아끼지 않은 분들이 있다. 중앙일보의 김수길 편집인과 미래에셋의 박현주 회장이다. 중앙일보는 신문의 지면을 할애하여 사회학회의 논의가 공론화될 수 있는 유익한 장을 제공하였고, 미래에셋에서는 재정적 지원을 아끼지 않았다. 한국사회학회는 '중산층 포럼 운영위원회'를 구성하고 한국사회학회 부회장인 김영정 교수(전북대)를 위원장으로, 김병조(국방대), 김준우(전남대), 이재열(서울대), 장세훈(동아대), 장원호 교수(서울시립대)를 위원으로 임명하여 연구의 진용을 갖추었다. 위원회에서는 여러 차례의 정례 회의와 토론을 통해 포럼의 주제를 '중산층의 역할과 사회발전'이라고 정하고, 세 차례 포럼의 주제와 발표내용 및 발표자 선정을 담당하였으며, 이론적 논의에 그치지 않고 전국단위의 설문조사를 통해 경험적인 자료를 축적하고 이를 분석하여 한국 중산층의 여러 특성들에 대한 체계적인 연구를 시행하기로 의견을 모았다. 또한 이 포럼을 운영함에 있어 대부분의 사회학회 특별 세미나가 서울에서 이루어졌던 것을 반성하고 지방 사회학자들의 참여를 극대화하기 위하여 지역별로 나누어 개최하기로 하고 이를 적극 추진하였다.

그 결과 제1차 포럼은 2006년 3월 30일에 '중산층 확대와 양극화의 해법'이라는 주제로 서울에서 개최되었다. 이 포럼에서는 중산층에 대한 기본적인 시각과 논점들을 정리한 후 유럽, 일본, 미국 등 외국에서 중산층에 대한 논쟁이 어떻게 진행되었는지를 검토하는 기회를 가졌으며, 양극화 문제의 해법에 대한 다양한 입장을 가진 학자들을 초청하여 활발한 토론을 벌였다. 그동안 중산층에 관한 연구를 진행해 온 사회학회의 대표적인 연구자들이 모두 참여한 이 포럼에서는 홍두승(서울대), 김병조(국방대), 신광영(중앙대), 이종구(성공회대), 안상훈(서울대 사회복지), 이현송(한국외대) 교수 등이 발표자로 참여하였으며, 김성국(부산대), 김문조(고려대), 김영정(전북대), 이재열(서울대), 김병관(아주대), 김원동(강원대), 김종일(건국대), 최문경(국민대), 윤도현(현도사회복지대), 한영혜(서울대 국제대학원) 교수와 중앙일보의 김정수 경제연구소장 등이 사회자 및 토론자로 참여하였다.

제2차 포럼은 '한국의 중산층, 개혁적인가'라는 주제로 2006년 5월 12일에 광주에서 한국사회학회, 광주일보, 중앙일보가 공동으로 주최하고 중산층 포럼 위원회와 전남대 사회학과가 공동주관하여 개최되었다. 중산층의 정치의식과 시민사회 내 역할 등에 대해 검토한 이 회의에서는 김호기(연세대), 정철희(전북대), 조의수(신라대), 김영태(목포대) 교수 등이 발표자로 나섰고, 김순흥(광주대), 최석만(전남대), 윤상철(한신대), 조대엽(고려대), 장세훈(동아대), 이명진(고려대) 교수와 중앙일보의 전영기 정치부장, 그리고 광주일보 조경완 논설위원이 사회 및 토론자로 나섰다.

2006년 여름에는 포럼 운영위원회에 장미혜 박사(여성정책연구원), 조동기 교수(동국대), 남은영 박사(성균관대 서베이리서치센터) 등이 보강되어 한국의 중산층에 관한 실태조사를 기획하고 한국갤럽의 적극적인 협력을 얻어 전국에서 1,515명을 대상으로 설문조사를 진행하였으며, 그 결과를 바탕으로 제3차 포럼이 열렸다. '중산층과 한국의 사회통합'이라는 주제로 2006년 9월 21일에 부산에서 열린 포럼은 동아대 사회학과와 공동으로 주관하였는데, 조동기(동국대), 장미혜(여성정책개발원), 김준우(전남대), 장원호(서울시립대), 장세훈(동아대), 이재열(서울대) 교수 등이 발표하였고, 홍두승(서울대), 김영정(전북대) 교수의 사회 하에 김현희(한신대), 김왕배(연세대), 이중희(부경대), 신원철(부산대), 한상진(울산대), 이각범(정보통신대), 신광영(중앙대) 교수와 중앙일보 김정수 경제전문기자 등이 참가하여 활발한 토론을 벌였다.

일 년간의 포럼 운영이 끝난 후 포럼 운영위원회에서는 발표자들의 원고를 수합하여 정리하고, 토론자의 의견을 반영하여 새롭게 원고를 다듬어줄 것을 주문하였으며, 필요한 경우에는 포럼에서 다루어지지 않은 주제에 대해 설문조사 자료를 대상으로 새롭게 분석을 의뢰하여 한 권의 책에서 한국 중산층의 현실과 향후 육성방안에 대해 체계적이고 종합적으로 다룰 수 있도록 기획하였다.

이러한 긴 과정을 거쳐 만들어진 이 책은 크게 3부로 나누어진다. 제1부에서는 중산층의 개념과 중산층의 성격에 대한 논의를 담고 있다. 홍두승 교수와 김병조 교수는 계층론적 관점에서, 신광영 교수는 계급론적 시각에서 중산층의 문제에 접근하여 상이한 시각차를 보여주고 있다. 이를 통해 독자들은 같은 현상에 대해 접근하는 상이한 이론적 관점을 이해할 수 있을 것이다. 김호기 교수는 시민사회 내에서 중산층의 역할에 대해 거시적이고 이론적인 시각을 전개하고 있다.

제2부에서는 주요국의 사례들을 담고 있는데, 이현송 교수는 미국을, 이종구 교수는 일본을, 그리고 안상훈 교수는 유럽의 복지국가를 사례로 하여 각각 한국의 중산층에 대응하는 계층의 변화와 중산층을 둘러싼 이론적이고 정책적인 논쟁들에 대해 자세하게 소개하고 있어서 한국의 중산층 논쟁에 대한 훌륭한 비교사회학적 준거틀을 제공해 주고 있다.

제3부에서는 2006년 중산층에 대한 경험적 조사를 바탕으로 한 실증적 분석의 결과들을 제시하고 있다. 조동기 교수는 중산층의 사회경제적 특성과 주관적 계층의식의 변화에 대해 소개하였고, 장미혜 박사는 중산층의 생활양식과 관련한 계층내 분화양상에 대해 분석하였으며, 장세훈 교수는 한국에서 주택소유가 가지는 계층구조화에서의 중요성을

감안하여 주거문제를 둘러싼 쟁점들을 다루었다. 그리고 이재열 교수와 남은영 박사는 계층 간 사회적 관계의 특성을 비교하여 중산층의 인맥과 결사체 경험상의 특징에 대해 다루었다. 결론에서는 기존의 중산층에 대한 연구를 총괄하여 한국 중산층의 특성에 대해 정리하고, 중산층을 육성하기 위한 과제에 대해 다루고 있다.

2006년에 중산층 포럼 활동을 하고 이를 마무리한 지 1년이 넘었지만 여러 가지 이유로 책의 출판이 늦어졌다. 조금 더 완성도 높은 책으로 만들기 위해 필자들에게 충분한 집필 기간을 허용하기로 했지만, 다른 연구와의 중첩이나 개인 사정 등으로 인해 집필과 수정이 늦어지는 경우가 생겨나곤 해서 예정보다 최종 원고의 수집이 많이 지연되었기 때문이다. 그럼에도 불구하고 원고를 모아놓고 보니 여전히 아쉬움이 남는다. 처음 의도로는 한 사람의 편집자가 일관성 있게 전체 원고를 다듬고 논평을 붙이며, 내용상의 중복을 줄이고 사각지대에 놓여 다루어지지 않은 주제들을 보충하여 읽기 쉽고 일관성이 있는 단행본으로 만들고자 했지만 내용상의 수미일관성을 대폭 높이지 못하였기 때문이다. 그래서 추후 기회가 있을 때 보완할 것을 기약하고, 더 이상 미룰 수 없는 상태에서 출간을 강행하기로 하였다.

귀한 시간을 할애하여 주신 중산층 포럼 운영위원회의 운영위원으로 참여하신 선생님들께 이 자리를 빌려 감사드린다. 아울러 첫 모임에서부터 의기투합하여 중산층 포럼을 지원하여 주신 중앙일보와 김수길 편집인, 김정수 경제전문기자, 고현곤 경제부 에디터와 재정적 지원을 아끼지 않으신 미래에셋의 박현주 회장께도 감사드린다. 늘 그러하지만 이러한 작업을 위해서는 보이지 않는 곳에서 수고한 손길들이 많다. 세 차례의 포럼에서 발표, 사회, 토론자로 참여하여 활발한 논쟁을 이끌어 주신 선생님들께 다시금 감사의 말씀을 드린다. 서울대 사회발전연구소 조교진과 전남대 및 동아대 교수진과 학생들은 각 지역의 포럼을 진행하는 데 큰 도움을 주었다. 설문자료의 분석과 단행본 편집과정에서 큰 역할을 한 서울대학교 대학원 윤수연 석사와 전반적인 포럼 운영을 위해 늘 분주했던 한국사회학회의 이혜원 전임간사에게도 이 자리를 빌려 감사의 뜻을 표하고 싶다. 아울러 작업 진척이 늦어졌음에도 불구하고 인내심을 가지고 깔끔하게 단행본으로 만들어 준 인간사랑의 편집진에게도 감사드린다.

2006년 한국사회학회 회장 **임현진**
한국사회학회 중산층 포럼 운영위원장 **김영정**

목차

제1부

| 중산층을 보는 시각

1

한국의 사회발전과 중산층의 역할 :
사회통합을 위한 중산층 육성

홍두승(서울대 사회학과) · 김병조(국방대학교 국제관계학부)

1. 머리말

2006년 대통령 신년 특별 연설에서 제기된 '양극화' 담론이 사회학계에 '중산층'에 대한 관심을 다시금 촉구하는 계기가 되었다. 이 글은 첫째, 현재 이루어지고 있는 중산층 논쟁의 의의가 무엇인지 살펴보았다. 결론부터 언급하면, 우리나라에서 중산층 논쟁은 이번을 포함하면 4번째인데, 이번 논쟁의 핵심은 '중산층'이 사회통합에 기여하는 집단인지 아닌지를 규명하는 데 있다고 판단하였다.

둘째, 중산층과 관련된 주된 쟁점사항을 '개념' 및 '기준'으로 구분해서 정리하였다. 그동안 중산층에 대해서는 그 '개념'의 유용성에 대해 많은 의문이 제기되었다. 여기서는 이번 한국 사회의 양극화 논의와 관련해서 중산층 개념이 유용함으로 보여주고자 하였다. 한편 중산층의

'기준'은 학문적인 논의보다 정책적인 논의에서 주된 관심사항이다. 기준이 있어야 규모를 추정할 수 있기 때문이다. 이 글은 그동안 활용된 중산층 판별의 객관적 기준 및 주관적 기준을 살펴보고, 추가적으로 '절대 중산층' 및 '상대 중산층' 개념을 제안하였다.

셋째, 이번 논쟁의 핵심과제인 사회통합과 관련해서 중산층의 역할이 무엇인지 그동안 이루어진 연구를 바탕으로 정리하였다. 구체적으로는 중산층의 역할을 정치 · 이념, 생활양식, 사회이동의 측면으로 구분해서 살펴보았다. 하지만 이 부분은 과거에 이루어진 연구를 바탕으로 한 것이기 때문에 새로운 연구를 통해 보완되어야 한다는 한계가 있다.

그리고 맺음말에서는 앞의 논의를 정리하면서 '중산층 육성'이 양극화 해소에 갖는 함의를 제시하였다.

2. 중산층 논쟁의 변화

이번을 제외하면 그동안 한국에서 '중산층'에 대한 사회적 논쟁이 크게 세 번 있었다. 1960년대 중반 근대화 초기, 1980년대 민주화 시기, 1990년대 중반 이후 경제위기 시기이다. 거시적 관점에서 보면 해당되는 시기에 한국 사회가 부딪치고 또한 해결해야 할 과제와 관련해서 '중산층'이 논의되었다고 할 수 있지만 각 시기마다 논쟁의 핵심은 달랐다 (중산층 논의에 대한 포괄적인 정리는 홍두승, 2005 : 5–17 참조).

1960년대 한국 사회는 '근대화'를 지상명제로 하였으며, 근대화정책을 추진하면서 열악한 처지에 처해 있는 '중소기업'이나 '자영업자', '자영농'을 어떻게 육성 · 보호할 것인지 고민하게 되었고, 이때 등장한 용어가 '중산층'이다(신용하, 1966 ; 임종철, 1966). 이때 말하는 '중산층'은 대체로 마르크스적 계급 개념에서의 '구중간계급(old middle class)'과 일치한다. 하지만 1960년대 중반 자영업자와 자영농이 한국 사회에서 다수를 차지했고 또한 생활수준 면에서도 중간 정도를 유지했다는 점에서 맹목적으로 마르크스적 계급 개념을 따를 필요는 없다고 본다.

이후 잠잠했던 중산층 논쟁은 1980년대 다시 시작되었다. 김영모(1982)는 자영업자와 자영농에 산업화 과정에서 늘어나는 화이트칼라 또는 신중간계급(new middle class)을 포함시켜 중산층으로 파악하였다. 마르크스적 계급 개념을 고수하고 있다는 그의 입장에 비추어 보면 중산층보다는 중간계급이라는 용어가 보다 적합할 수 있지만, 구태여 중산층이라는 용어를 사용한 것은 중산층이라는 용어가 한국 사회에서 대중화되었기 때문이다.

1980년대 한국 사회는 권위주의를 극복하고 민주화 시대로 나아가는 정치적 격동기였다. 정책당국에서는 중산층이 변화보다는 안정을 택할 것으로 보고 그 규모를 확대하고자 하였다(대표적인 정책연구로는 현대사회연구소, 1985 ; 한국개발원, 1990). 하지만 1987년 당시 중산층의 주요 구성부분으로 간주되었던 화이트칼라들은 권위주의 시대에 안주하기보다 민주화로의 변혁을 선호하였다. 이에 중산층은 다시금 학계의 주목을 받게 되었다. 당시 한완상, 권태환, 홍두승(1987)은 마르크스적 계급 개념에서 벗어나 중산층을 한국의 고유개념을 설정하고 소득, 주택, 교육수준, 직업 등을 종합해서 중간적 생활양식을 지닌 집단으로 상정하였다. 이들은 우리나라에서 경제적 여유가 있는 층에서 정치사회적 불만이 더 크고, 특히 인권 및 부의 분배과정에 대해 중산층이 매우 비판적임을 보여주었다. 즉, 한국의 중산층은 경제적으로는 안정되어 있으나 정치적으로는 변화지향적인 특성이 있음을 주장하였다.

그리고 1997년 11월 한국 사회는 금융위기에서 출발한 경제위기로 기업의 도산 및 구조조정, 대규모 실업 등 근대화 시기에 경험하지 못했던 생활위기를 맞이하게 된다. 안정적인 소비수준을 유지하고 있던 중산층 역시 위기로부터 자유로울 수 없었으며, 각종 언론매체는 이를 중산층의 위기로 표현하였다.[1] 이때 말하는 중산층은 마르크스적 계급 개념과는 거리가 먼 용어사용법이었다. 화이트칼라건 블루칼라건, 자영업자건 전문직 종사자건 비교적 안정적인 생활을 유지할 수 있었던 모든 집단이 생활위기에 처하게 되었음이 강조되었다. 하지만 중산층에 대한 관심은 '위기'에 국한되지 않았다. 경제위기의 극복, 특히 내수경기가 활성화되기 위해서는 내수의 기반이 되는 중산층의 보호와 소비심리 회복이 요청되었다. 경제위기를 극복하는 주체로서 중산층이 부각된 것이다.[2]

경제위기 극복이 매우 힘들 것으로 예상되었으나 한국 사회는 몇 년 지나지 않아 급박했던 경제위기를 극복하였다. 하지만 경제위기 시기에 두드러지게 나타난 현상들, 실업의 증대와 불완전 취업자의 급증, 상

1) IMF 경제위기 이후 중산층 위축에 대한 분석으로 현대경제사회연구원(1998)이 있다.

2) 이 시기 중산층에 대한 관심은 학문적 관심보다 정책적인 관심이 컸기에 경제연구소에서 중심적으로 이루어졌다. 대표적인 연구로 삼성경제연구소의 류상영 · 강석훈(1999), 현대경제연구원의 홍성민 · 민주홍(1999)이 있다. 그리고 이들은 중산층을 중간 소득계층과 동일시하였다.

용직 근로자의 감소와 임시직 및 일용직 근로자의 증가, 조직에서의 중간 지위 축소, 평생고용제도의 상실 등은 경제위기를 극복했다고 선언한 이후인 21세기에 오히려 확대되고 있다. 다시 말하면 경제위기는 극복하였지만 1990년대 후반 나타난 중산층의 위기는 극복되지 못했다는 점이다. 중산층의 위기는 경기순환에 따른 일시적인 현상이 아니라 세계화, 정보화라는 사회변동 추세가 수반하는 지속적인 현상이라 할 수 있다. 만일 중산층의 위기가 장기적이고 구조적인 것이라면 한국 사회는 정치, 경제, 사회 등 종합적인 측면에서 양극화의 길을 가고 있다고 할 수 있다.[3)]

양극화는 마르크스 이래 지속되어 온 전형적인 사회학적 이슈이다. 그리고 마르크스적 입장에서 볼 때 양극화는 사회발전의 추세를 반영하는 것으로 자본주의가 발전하는 과정에서 나타나는 거스를 수 없는 대세이다. 이런 입장을 극단적으로 밀고 가면 양극화는 혁명을 통해서만 해결될 수 있다. 그러나 혁명이라는 해결책이 우리나라에 적합하다는 논의는 사라졌다. 하지만 현재 양극화는 생활수준의 차이를 넘어서 위화감의 증대와 사회적 분열을 의미한다는 데 공감대가 형성되어 있다. 다시 말하면 양극화가 '사회통합'의 위기로 간주되고, 사회통합에 기여할 수 있는 집단으로 중산층이 부각되고 있는 것이다. 사회통합, 바로 이 점이

3) 논자에 따라서는 중산층의 위축이 과장되었으며(유팔무 · 김원동 · 박경숙, 2005), 중산층 위기에 대한 과장된 강조는 보다 중요한 근로계급(또는 노동계급)의 위기를 간과하게 한다고 주장하기도 한다(신광영, 2005). 하지만 중산층의 위축은 중산층을 어떻게 설정하느냐와 깊은 관계가 있으며, 중산층 위기와 근로계급의 위기를 서로 상충된 현상으로 볼 필요는 없다고 본다. 중산층 위기 속에 중산층의 위축이나 몰락뿐 아니라 근로계급이 중산층이 될 가능성이 낮아지고 있음이 포함되어 있기 때문이다.

〈표 1〉 중산층 논쟁의 변화

연도	시기별 과제	논쟁의 핵심	주요 관심
1960년대 중반	근대화	근대화 정책의 일환으로서 중소기업, 자영업, 자영농 육성	경제(생산)
1980년대 중반	민주화	사회안정 세력으로서 중산층/ 민주화 지지 세력으로서 중산층의 정치적 역할	정치
1990년대 후반	경제위기 극복	경제위기와 중산층의 위기/ 경제위기 극복과 중산층의 역할	경제(소비)
2006년 현재	사회통합	양극화와 중산층의 위축/ 사회통합 세력으로서 중산층의 역할	종합 (정치+경제+사회)

현재 이루어지는 중산층 논쟁의 핵심이며, 돌이켜 보면 1980년대 민주화 시기와 1990년대 경제위기 시기의 중산층 논쟁이 결합된 것으로 보아야 할 것이다.

위의 〈표 1〉은 이번을 포함하여 그동안 있었던 중산층 논쟁의 변화를 도식화한 것이다. 어떻게 보면 중산층은 한국의 사회발전 고비마다 논쟁의 대상으로 부각되었다고 할 수 있다. 그리고 지난 세 번의 고비에서 중산층은 시대에 맞는 역할을 비교적 적절하게 해왔다고 평가할 수 있다. 이번에는 한국의 중산층이 사회통합에 긍정적인 역할을 할 수 있는 집단인지 밝히기 위한 본격적인 연구가 필요한 시점이다.

3. 중산층 및 양극화의 개념규정

한국 사회에서 양극화를 해소하고 사회통합을 증진시키는 데 중산층이 긍정적인 역할을 할 수 있을까? 이것이 현재의 중산층 논쟁에서 핵심과제이다. 하지만 앞의 논의에서 짐작할 수 있듯이 '중산층'이라는 동일한 용어가 사용되었지만 그때마다 중산층의 의미나 중산층이라고 지칭되는 대상에 차이를 보이고 있다. 그동안 여러 학문분야에서 중간계급, 중간소득계층, 또는 거주지역 및 주택규모 등을 기준으로 파악한 중간계층, 계층의식에서 '중'이라고 생각하는 층 등 상이한 대상을 '중산층'이라는 용어로 지칭하면서 파악하고 분석하였다. 상당부분 중첩되지만 상이한 대상에 대해 동일한 '중산층'이라는 용어를 사용함으로써 상반된 분석과 처방을 내놓는 경우도 존재하였다.

중산층 개념이 명확하지 않기 때문에 상반된 분석결과가 나오기도 하고, 그렇기 때문에 중산층 논쟁이 소모적이라는 인상을 주기도 한다. 따라서 일부 논자들은 '중산층'이라는 용어 사용을 비판하고, 마르크스나 베버적인 계급론에 기반한 '중간계급'이나 '중산계층' 등 서구에서 발전된 계급 개념을 충실하게 따를 것을 주장하기도 한다.[4] 하지만 한국 사회에서 '중산층'이라는 용어는 점차 대중적으로 정착된 현실적인 개념이 되고 있다. 이에 이 글은 '중산층' 개념을 버릴 것이 아니라 현

4) 반대로 구중간계급과 신중간계급을 합쳐 중산층으로 보는 경우도 있는데, 김영모(1982, 1997), 유팔무 · 김원동 · 박경숙(2005)이 그러하다.

재 논의되는 양극화와 관련해서 중산층에 대한 명확한 개념화가 필요하다는 입장이다.[5)]

한국에서 '중산층'은 '중간계급'도 아니고 '중간소득계층'도 아닌, 그러면서도 이들 속성을 함께 아우르는 한국 사회의 독특한 개념이다. 한국 사회에서 통용되는 중산층은 '생산관계(relation of production)'에 의해 기본적으로 구분되는 마르크스의 계급 개념과는 크게 다르며, 또한 '시장상황(market situation)'에 의해 구분되는 베버의 계급 개념과도 다르다. 굳이 서구 계급 · 계층론의 전통에서 우리나라에서 통용되는 '중산층' 개념을 찾는다면 베버가 계급과는 별개의 개념으로 설정한 '지위집단(Stä-nde)'에 가깝다.[6)] 베버는 지위집단을 설정했을 때 공동체를 염두에 두고 있었으며, 여기서 공동체란 경제적 요인에 의해 결정되는 계급과 달리 생활양식, 공식교육, 직업적 위세 등을 공유하는 집단을 말한다. 단순화시키면 계급이 경제적 요소를 중심으로 구성된 단일 척도의 개념이라면 지위집단은 비경제적 요소까지를 포함하는 복합척도의 개념이다.

한국의 중산층 개념이 마르크스 또는 베버적인 중간계급과 다른 점은 양극화 논의에서 명확하게 드러난다. 〈그림 1〉은 중산층과 중간계급 범주와의 관계를 가설적 도해로 제시한 것이다(홍두승, 2005 : 92 보완

5) 현재 사용되는 중산층 개념이 1960년대나 1980년대 사용되었던 중산층 개념과 반드시 일치할 필요는 없다고 본다. 사회변화에 따라 개념이 내포하는 의미 자체가 변할 수 있다.

6) 가깝다는 것이지 같다는 의미가 아님에 유의하였으면 한다. 한국의 중산층이 사회통합에 기여하려면 사회적 폐쇄성(social closure)을 갖는 공동체보다 개방적인 특징을 갖고 있는 것이 바람직하다.

〈그림 1〉 중간계급과 중산층의 관계 : 가설적 도해

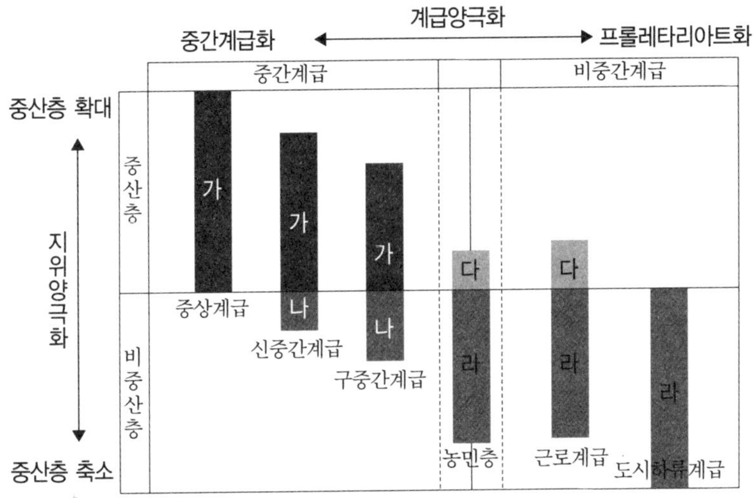

* 농민층의 경우 이론적 입장에 따라 중간계급 또는 비중간계급으로 구분됨.

작성).

〈그림 1〉에서 보는 바와 같이 중간계급이면서 중산층인 (가)는 논자의 이론적 입장에 따라 중간계급으로 구분되기도 하고 중산층으로 구분되기도 하는데, 중간계급과 중산층이 중복되는 부분이다. 하지만 (나)는 계급론적으로 중간계급 범주에 속하는 가구지만 중산층 기준에는 미달하는 집단으로 대체로 단순 사무직 종사자나 영세상인이 이에 속한다. 그리고 (다)는 비중간계급, 즉 농민층과 근로계급에 속한 가구지만 지위집단 측면에서 중산층에 포함되는 경우이다. 농림축산업 종사자 중 비교적 부유한 층과 대기업 근로계급의 일부가 이에 속할 것이다. 그리고 (라)는 비중간계급이면서 비중산층인데, 계층론적 입장에서는 서민층, 계급론적 입장에서는 노동계급의 중추를 이루는 집단이다.

계급론적 입장에서 양극화란 중간계급이 비중간계급으로 전환되는 것을 지칭한다. 따라서 정규직에서 비정규직으로 전환되는 등 고용상태가 불안해지는 것은 마르크스적 계급 개념에서 볼 때 양극화라기보다 '빈곤화'라고 해야 한다. 그리고 만일 피고용상태에 있던 근로자가 어떤 이유에서건 피고용 관계를 단절하고 자영업 등으로 전환하는 경우는 비록 생활수준은 나빠졌을지언정 '양극화'가 아니라 중간계급 내에서의 이동(예컨대, 신중간계급에서 구중간계급으로 이동)이나 프롤레타리아트의 중간계급화(예컨대, 노동계급의 구중간계급으로의 이동)로 파악해야 한다. 따라서 마르크스적 양극화 개념으로 경제위기 이후 나타난 고용지위의 불안을 분석할 수 없다는 결론을 내릴 수 있다.

한편 지위집단의 입장에서 양극화란 중간계급 비중간계급 할 것 없이 생활기회 박탈이나 생활수준의 저하로 중산층이 비중산층으로 변하게 되는 현상이다. 즉 (가)에서 (나) 또는 (라)로의 이동, 그리고 (다)에서 (나) 또는 (라)로의 이동 모두를 포괄한다. 그리고 최근 논의되는 지니계수의 확대, 소득격차의 증대, 고용불안에 의한 저임금 근로자층의 증가 등은 모두 중산층의 양극화로 볼 수 있다. 이런 의미에서 현재 논의되고 있는 양극화 현상은 중산층 개념을 활용해서 분석하는 것이 보다 적합하다.

4. 중산층의 판별기준과 절대 · 상대 중산층

개념수준의 논의와 달리 구체적인 현실에서 중산층을 찾아내기 위해서는 중산층에 대한 '조작적 정의'를 내려야 한다. 중산층에 대한 조작적 정의는 객관적 기준과 주관적 기준으로 대별할 수 있다. 이때 객관적 기준은 다시 경제적 지표와 사회문화적 지표로 구분해 볼 수 있고, 주관적 기준은 중산층 귀속의식으로 파악할 수 있다.

먼저 객관적 기준을 논의한다면 지위집단으로서 중산층은 소득, 직업, 교육수준, 생활수준 등으로 판별되어 왔는데, 합의된 기준이 있는 것은 아니다. 가장 최근이면서 포괄적인 기준을 제시한 것이 홍두승(2005)인데, 경제적 지표와 사회문화적 지표를 혼합하여 중산층의 기준을 제시하고 있다.[7)]

경제적 지표로는 생산 · 소유관계와 소비 · 경제수준을, 그리고 사회문화적 지표로는 학업성취와 '중산층 문화'의 향유 여부가 포함된다. 그러나 여기서 중산층 문화는 객관적 지표가 원인변수가 되어 파생되는 결과변수로 이해할 수 있다. 경제적 지표로 활용할 수 있는 변수로는 직업적 지위를 통해 파악할 수 있는 계급적 지위, 소득, 자산이 있고, 사회문화적 지표로는 교육수준이 있다. 자산에 대해서는 우리나라 가구 재산이 주로 주택에 집중되어 있음을 감안하여 주택의 소유 여부 및 규모를 활용한다.

구체적으로 중산층이 되기 위한 최소한의 기준을 설정해 본다면, 계급적 지위에서는 최소한 신 · 구중간계급에 속해야 하고, 소득 및 자산은 '중간' 정도 이상이어야 하며, 교육수준은 최소한 대학(2년제 대학 포함) 교육을 받는 정도라야 한다. '중간' 정도의 소득이란 매우 자의적일

7) 이하는 홍두승(125 : 96-104)을 요약하고 다소 수정한 것이다.

수 있지만 도시가구 월평균소득의 90% 이상을 기준으로 삼을 수 있으며, '중간' 정도의 자산으로는 주택기준 20평 이상의 자가 소유자이거나 30평 이상 전 · 월세 세입자로 기준을 정할 수 있다.[8)]

그리고 이상의 4개 기준 중 3개 이상을 충족하면 '핵심적 중산층', 2개를 충족하면 '주변적 중산층', 1개 이하를 충족하면 '비중산층' 으로 구분한다.[9)] 〈표 2〉는 서울지역에 한정해서 객관적 방법으로 중산층 규모를 추정한 것이다.

〈표 2〉 객관적 방법에 의한 중산층 규모의 추정(가구)

(단위 : %)

구분	전체	중상계급	신중간계급	구중간계급	비중간계급
핵심적 중산층	48.8	95.0	38.1	23.6	0.0
주변적 중산층	27.1	5.0	40.2	46.8	10.0
비중산층	24.1	0.0	21.8	29.6	90.0
계 (N)	100.0 (1322)	100.0 (120)	100.0 (331)	100.0 (622)	100.0 (249)

자료 : 서울 시정연 2002 조사(홍두승, 2005 : 101 재인용).

2002년 현재 서울에서 중산층(핵심적+주변적)은 75.9%이고 비중산층은 24.1%이다. 중산층이 매우 많지만 서울은 다른 지역보다 중산층

8) 주택 소유 및 주택 규모는 시기에 따라 거주지역에 따라 그 의미가 크게 달라질 수 있으나 현재는 국민주택 상한 규모(25.7평)가 기준점이 될 수 있다고 본다. 자가의 경우는 −5평, 전 · 월세의 경우는 +5평을 기준으로 해서 중상층 기준으로 하였다.

9) 단, 가구주가 중상계급인 경우 가구소득이나 응답자 본인의 교육수준과 관계없이 중산층으로 분류될 수 있을 것으로 판단하고 2점을 부여하였다.

비율이 높다는 점을 고려해야 할 것이다. 그러나 서울이라 할지라도 중산층 내부의 취약층이라 할 수 있는 주변적 중산층이 27.1%나 된다는 점을 주목해야 한다. 중산층으로 구분된다 할지라도 전반적인 생활양식에서 안정적인 층은 과반수가 되지 않는다. 또한 주목되는 것은 계급별 중산층의 분포이다. 〈그림 1〉에서 제시한 중간계급과 중산층의 관계를 수치가 뒷받침하고 있다.

중산층의 주관적 기준은 '중산층 귀속의식'[10]으로 파악된다. 중산층 귀속의식에 대한 논의는 중산층의 양적 확대와 귀속의식의 증가가 사회안정을 나타내는 하나의 지표로 간주될 수 있다는 가정에서 출발하고 있다. 1960년대 이후 사회계층 연구에서 계층 귀속의식은 중요한 연구주제 중 하나였다. 계층 귀속의식은 계층의 단계를 선택지로 제시하고 자신이 동일시하는 범주를 고르도록 하는 방식으로 주로 측정하였다. 분석에 앞서 귀속의식으로 중산층을 살펴보는 방식이 갖고 있는 문제점을 제시할 필요가 있을 것이다. 첫째, 한 개인이 자신을 '중간층'과 동일시하고 있을 때, 이것이 실체적인 의미의 '중산층'인지 아니면 단순히 '중간' 의식을 나타내는 것인지 구분하기란 쉽지 않다. 둘째, 사람들은 통상 사회의 계층구조 속에 자신을 중간에 위치시키는 경향을 가지고 있다. 셋째, 나아가 한 개인이 준거로 삼는 집단의 수준이 서로 다를 수 있다. 전체 사회에서 상층부를 형성하고 있는 집단의 중간층과 하층부를 구성하고 있는 집단의 중간층은 다를 수 있다. 따라서 귀속의식을 바탕으로 중산층 규모를 제시하고자 할 때에는 많은 주의를 기울여야 한다.

10) 여기서는 '중산층 귀속의식'과 '중간층 귀속의식'을 구분하지 않고 사용하였다.

하지만 이상과 같은 한계점에도 불구하고 응답자 스스로 '중간층' 이라고 생각하는 귀속의식은 그 나름대로 의미가 있다. 지난 40여 년간의 변화추이를 보면 '중간층'에 속한다고 생각하는 사람의 비율은 전반적으로 증가하고 있다. 1990년대 후반 IMF 경제위기 직후의 일시적 하락을 제외하면 사회조사에서 80% 이상을 유지하고 있다.[11] 우리 사회에서 중간층 귀속의식은 IMF 경제위기 이후 큰 변화를 보였는데, 경제위기를 겪는 과정에서 중간층 귀속의식은 일시적으로 감소하였다.[12]

그러나 중간층 귀속의식 비율이 높다고 해서 이것을 바로 중산층의 확대로 연계하는 것은 유의할 필요가 있다. 예컨대 중간층이 절대다수로 나타나는 5단계 범주의 경우에 '중의 하', '중하층', 또는 '중하류층' 등 하위 중간층이 갖는 의미를 음미해 볼 필요가 있다. 2002년도 서울시정개발연구원의 조사에서는 5개의 범주 중 '중의 상', '중의 중', '중의 하' 등 중간층으로 응답한 사람이 91.3%에 이르렀지만 이 중 '중의 하'라고 응답한 사람은 39.0%였다. 1990년대 이후 조사된 자료에서 보면 중간층의 3범주 중 최하위의 범주인 '중의 하'로 인식한 사람이 25-40% 수준에 달하고 있다. 엄밀히 이야기하자면 이 층과 동일시하는 사람들은 스스로 '하류층'이라고 생각하지는 않지만 '중간층'에는 다소 못 미치는 계층이라고 판단하고 있는 층이다. 만일 '중하층' 귀속을 중

11) 대체로 5개의 범주 중에 가운데 3개 층(중의 상, 중의 중, 중의 하 등)에 응답하면 중간층 또는 중산층으로 보는 경우이다.

12) 그러나 중산층 귀속의식은 응답범주가 몇 개인가에 따라 달라지는 경향이 있음도 유의해야 한다(김병조, 2000). 예컨대 통계청 사회통계에서는 가구주를 대상으로 주관적 계층의식을 '상상', '상하', '중상', '중하', '하상', '하하'의 6단계로 구분해서 조사하고 있는데, 이 경우 중(중상+중하)은 1994년 60.4%, 1999년 54.9%, 2003년 56.2%, 2006년 53.4%로 그 규모가 비교적 작게 나온다.

산층에서 제외한다면 중간층 이상과 동일시한 사람은 2002년의 경우 전체 응답자의 60%에 못 미치게 된다. 상당수 사람들이 큰 범주로 중간층에 속한다고 생각하지만 중간층의 주변적 위치에 자신을 자리매김하고 있다. 이러한 의미에서 본다면 '하' 범주의 증가뿐만 아니라 '중' 범주 내에 '중의 하'가 늘어나는 경우 중산층의 위기를 나타내는 징표로 볼 수 있다.

한편 중산층 판별의 하한선이 보편타당한 객관적 기준에 따라 설정될 때 이를 '절대' 중산층이라 부를 수 있다. 중상계급 및 신·구중간계급과 같은 계급적 지위, 대학 수학 여부와 같은 교육수준, 주택 소유 여부나 주택규모 등은 절대적 기준이다. 전 가구의 월평균소득이 최저생계비의 '2배 이상' 또는 '2.5배 이상'과 같은 기준도 시대상황에 따라 구체적인 수치는 달라지지만, 일정 수준 이상의 생활수준을 나타낸다고 할 때 중산층을 판별하는 절대적 기준이 될 수 있다.

반면에 '상대' 중산층은 소득분포와 같은 변수를 사용할 때 추정되는 것으로 전 인구의 일정 부분은 항상 중산층으로 규정된다. 예를 들어, 중위 소득의 몇 % 또는 소득의 10분위 중 중간 분위의 소득계층을 중산층으로 파악하는 경우이다. 유사하게 전 가구 월평균소득의 '75% 이상' 또는 '90% 이상'과 같은 기준도 상대적 기준이다. 월평균소득이 증가하면 하한선 역시 높아질 수밖에 없고, 이 경우에 일부분은 항상 중산층 달성기준에 못 미치는 계층으로 남게 된다.

절대적 중산층과 상대적 중산층 개념은 빈곤인구를 절대 빈곤인구와 상대 빈곤인구로 구별하여 추정하는 것과 유사하다. 경제발전과 국민생활수준의 향상은 절대 빈곤인구를 크게 감소시켰지만, 상대 빈곤인구가 어느 정도 남아 있는 것과 같은 논리이다. 뿐만 아니라 주관적 귀속의식에서의 중산층도 상대 중산층의 또 다른 형태라 할 수 있다. 예컨대, "한국 사회를 다음과 같은 x개의 층으로 나누었을 때 귀하는 어느 층에 속한다고 생각하십니까?"와 같은 질문에 대한 응답은 자신의 상대적 위치를 판단하도록 한 것으로 절대 기준과는 별개이다.

절대 중산층이나 상대 중산층이 모두 유용한 개념임에는 틀림없다. 계층 간 격차에 보다 많은 관심을 갖는다면 상대 중산층 개념을 활용하는 것이 보다 의미 있는 구획이 될 것이다. 하지만 중산층 육성을 통해 사회적 안정을 기하겠다는 정책적 목표가 있다면 절대 중산층이 보다 타당한 개념일 것이다. 그리고 중산층 육성을 통해 사회통합을 달성하려는 시대적 과제에 비추어 보면 절대 중산층 개념을 보다 정교화할 필요가 있을 것이다.

5. 사회통합에 대한 중산층의 역할 가능성 검토

1) 중산층의 정치 및 이념성향

중산층의 정치성향에 대한 최근 자료를 찾아보기 힘들기 때문에 다소 오래되었지만 1987년도 서울대학교 사회과학연구소가 조사한 자료에 기초하여 중산층의 정치성향을 제시하면 다음과 같다(한완상 · 권태환 · 홍두승, 1987).[13]

경제적으로 중산층은 상대적으로 안정되어 있는 층이다. 따라서 많은 사람들이 중산층은 혁명적 방법에 의해 체제가 변혁되는 것을 원치 않으며, 개혁도 주어진 틀 속에서 추구하기를 바란다고 생각하고 있다. 중산층이 기회주의적이고 개인주의적인 성향을 지니고 있어서 다른 사람들, 특히 못 사는 사람들의 실정과 요구에 대해서는 무관심하다고 비판받기도 한다.

하지만 중산층 스스로는 이러한 평가에 대해 찬성하지 않는다. 또한 중산층은 수단과 방법을 가리지 않고 자신의 이익을 추구하거나 과대소비 성향을 가지고 있다는 비판에 대해서도 상당수가 그렇지 않다고 생각한다. 그들은 중산층이 대부분 개인의 노력과 성취를 바탕으로 현재의 안정된 지위를 누리고 있으며, 우리 사회의 중심세력으로서 충분한 역할을 수행하고 있다고 생각한다. 다시 말해 경제적으로 안정되어 있으면서도 도덕적인 계층이라고 스스로를 평가하고 있는 것이다.

그렇다면 중산층의 이념적 성향은 어떠한 것인가? 이념적 성향은 응답자에게 자신의 이념적 성향을 보수-진보의 척도상에 표시하도록 하여 측정한다.[14] 분석에 사용된 자료는 2002년 4월 한국조사연구학회와 한국갤럽이 공동으로 조사한 "한국인의 사회인식 조사"이다. 응답 선택지 중 '매우 보수적이다'와 '다소 보수적인 편이나'를 '보수적'으로 묶고, '보수도 진보도 아니다'를 '중도적'으로, 그리고 '매우 진보적이다'와 '다소 진보적인 편이다'를 '진보적'으로 묶어 3분하면 보수가

13) 따라서 이 부분 대한 논의는 잠정적이라는 단서를 달고자 한다. 한편, 중산층의 정치적-이데올로기적 성향에 대한 국내 학계 논의는 체제유지적·보수적, 개혁적·진보적, 이중적·가변적으로 구분할 수 있다(함인희·이동원·박선웅, 2001 : 31에서 정리).

14) 보수-진보의 축이 갖는 의미가 사람마다 다를 수 있다는 점은 논외로 한다.

48.4%, 중도가 26.3%, 진보가 25.3%로 나타나 전반적으로 보수의 비율이 더 높다.

〈표 3〉에서 보다 주목해야 할 점은 이념적 성향이 계층별로 어떻게 달리 나타나는가이다. 통계적으로는 계층별 이념적 성향의 차이는 의미 없는 것으로 나타났다.[15] 하지만 이 표에서 스스로 보수적이라고 밝힌 사람은 주변적 중산층이 50.4%로 가장 많고 진보적이라고 생각한 사람은 중산층이 31.6%로 가장 많았다. 중산층이 보수적이라는 사회적 통념이 맞지 않음을 보여주는 것이다.

〈표 3〉 중산층/비중산층의 주관적 이념성향

(단위 : %)

이념성향	전체	핵심적 중산층	주변적 중산층	비중산층
보수적	48.4	44.2	50.4	48.8
중도적	26.3	24.3	25.2	27.4
진보적	25.3	31.6	24.4	23.8
계 (N)	100.0 (1023)	100.0 (206)	100.0 (254)	100.0 (533)

자료 : 조사연구학회 2002 조사(홍두승, 2005 : 124 재인용).

15) 이념적 성향의 차이는 연령, 즉 세대별로 크게 나타나고 있다. 연령별 차이는 극명하다. 50대 이상에서는 거의 60% 가까이가 보수적이라고 밝히고 있는 반면, 20대에서는 35% 정도만이 그렇게 생각하고 있다.

〈표 4〉 분야별 중산층/비중산층의 지지비율

(단위 : 지지 %)

분야	의견	핵심적 중산층	주변적 중산층	비중산층	$\chi^2(df=2)$
북한관	북한의 기본적 태도에 변화가 없는 한 무조건 지원은 곤란하다.	63.6	71.3	74.7	8.96*
	국가보안법은 없애서는 안 된다.	49.5	57.9	62.3	10.04**
	통일은 자유경제체제가 유지되는 방향으로 이루어져야 한다.	83.5	79.5	77.1	3.90
경제관	우리나라의 법과 제도는 가난한 사람들이 아니라 부자들 편에 서 있다.	70.9	75.2	79.5	6.64*
	재산은 불평등의 원천이므로 상속제도를 폐지하여야 한다.	16.0	17.3	22.5	5.23
	정부는 소득분배보다 경제성장에 주력하여야한다.	39.3	42.1	50.7	9.88**
노조관	공무원도 근로자이므로 얼마든지 노동조합을 만들 수 있다.	55.8	49.6	40.5	15.76**
	근로자들의 파업은 한국 기업의 국제경쟁력을 떨어뜨리므로 자제하여야 한다.	48.5	54.7	61.5	11.03**
	회사경영에 근로자 대표가 참여해서는 안 된다.	21.4	22.4	17.1	3.86
사회관	결혼을 전제로 하지 않은 혼전 성관계를 가져서는 안 된다.	35.0	39.8	51.2	19.55**
	내가 하고 싶은 일이라도 집안 어른들의 체면을 깍이는 일이면 하지 않아야 한다.	38.8	47.2	49.7	7.09*
	사리에 맞지 않는 웃어른의 말씀이라도 일단 따라야 한다.	25.2	25.2	25.1	0.00

* p 〈 .05, ** p 〈 .01.
자료 : 조사연구학회 2002 조사(홍두승, 2005 : 127-128 재인용).

구체적인 정치 · 사회적 태도에서도 중산층의 이념성향은 비중산층과 비슷하거나 경우에 따라서는 보다 개혁적인 의견을 갖고 있다(〈표 4〉 참조). 대북관에 있어서는 비중산층이 중산층보다 더 보수적인 성향을 갖고 있다. 노동조합의 활동 및 기타 사회의식과 관련해서도 비중산층이 더 보수적인 견해를 보였다. 한편, 경제 및 사회적 형평성과 관련된 쟁점에서는 반응이 엇갈려 나타났다. 각 진술에 대한 반응이 반드시 일관된 것은 아니지만 대체로 비중산층이 중산층보다 더 보수적인 성향을 보여주고 있음을 알 수 있다.

중산층이 보수적이라는 결론을 내리는 것은 잘못이지만 그렇다고 중산층이 비중산층보다 개혁적이라는 결론을 내려서도 곤란하다. 중산층이 갖는 상대적 진보성은 중산층 자체의 성향이라기보다 연령이 많은 집단에서 중산층의 교육수준이 비중산층보다 높기 때문에 나타난 현상이다. 사실 중산층은 내적으로 매우 이질적이며, 때로는 교육수준이나 연령에 따라 이중적인 특성을 보이기도 한다. 또한 중산층의 이념을 행동과 바로 연결시키는 것도 곤란하다. 중산층 스스로도 인지하고 있듯이 이들은 말과 생각은 비판적이고 진보적이지만 행동에서는 소극적이다.

오히려 주목해야 할 것은 중산층 내부의 이념적 동질성보다 중산층을 구성하는 중간계급과 일부 비중간계급 간에 나타나는 이념분포의 유사성과 연동성이다. 비중간계급 중 생산직 및 서비스직 근로자로 이루어진 근로계급의 상당수가 중산층 귀속의식을 가지고 있다. 반면, 상대적으로 하류계층과 동일시한 근로계급은 소수에 불과하다. 이는 중간계급과 근로계급이 계급적 지위는 달리 하면서도 서로 간에 공유하고 있는 의식의 영역이 넓음을 뜻한다. 이러한 논리에 따르면 계급 정체성과 중산층 의식이 엇갈리면서 '중산층 의식'과 '노동자계급 의식'이 상호 대체될 수 있음을 시사한다. 경제발전에 따른 전반적인 생활수준의 향상이 중산층 귀속의식의 증가로 나타났다면, 역으로 IMF 경제위기 직후 상황에서는 '계급의식' 의 증가로 나타나게 된다. 결국 중산층 의식이나 계급의식 모두 매우 가변적이며, 경제상황에 따라서 변화할 수 있음을 시사하고 있다.

2) 중산층의 생활양식

지금까지 계층 및 계급분야의 국내연구는 경제적 생산 및 기회의 배분에 주로 초점을 맞추고 소득과 부의 분배문제에 중점을 두었다. 반면에 그 결과로 나타나는 생활양식의 차이에 대한 연구는 비교적 소홀했다. 이는 중산층에 대한 연구에서도 마찬가지이다.[16] 그러나 계층 간 소비와 생활양식의 차등화는 의식주를 포함한 일상생활의 거의 모든 영역에서 나타나고 있다.

소비, 주거, 여가생활 면에 나타난 중산층 생활양식의 특징을 간략히 제시하면 다음과 같다. 중산층 소비를 나타내는 대표적인 지표는 자가용 소유, 브랜드나 디자인을 중시한 구매형태 등이다. 주거형태로는 국민주택 규모 이상의 아파트 거주를 지적할 수 있으며, 여가생활로는 쇼핑/외식, 극장 · 음악회 등 문화생활, 국내 · 외 여행을 즐기면서 일보다

16) 생활양식 측면에서 중산층을 연구한 예로는 홍두승 · 김미희(1988), 문옥표 · 김광억 · 김부성 · 임봉길 · 전경수(1992), 홍두승 · 이동원(1993), 문숙재 · 최혜경 · 성순희(2000), 함인희 · 이동원 · 박선웅(2001)이 있다.

는 여가를 중시하는 경향이다.

하지만 이상과 같은 중산층의 생활양식은 점차 비중산층으로까지 확대되고 있다. 중산층의 생활양식을 공유하는 층이 점차 확대되어 가고 있다는 점이다. 나아가 비중산층을 포함하여 중산층 생활양식이 한국 사회에서 한국인이 지향해야 할 생활양식인 것처럼 인식되고 있다. 이는 앞에서 살펴본 중산층 귀속의식의 증가와도 무관하지 않을 것이다.

중산층은 비중산층이 자신과 유사한 생활을 하려는 이상과 같은 경향을 꺼리는 것 같다. 중산층은 비중산층과 섞여 있는 것보다 동질적인 이웃을 더 선호하며 생활의 과정 속에서 동질성을 지향하고 있다. 이에 이들은 거주지를 중심으로 결속하고 있다. 일부 중산층 아파트 지역에서는 아파트 부녀회에서 일정가격 이하로 아파트를 팔지 말도록 담합함으로써 주택가격을 형성하는 역할을 하기도 하였다. 여기서 더 나아가 동질성 유지를 위해 비중산층을 배제하는 전략도 구사하고 있다. '한 단지 두 출입구' 와 같은 계층 간 분리현상이 대표적인 예이다. 일반분양 아파트와 임대 아파트가 인접해 있을 때 일반분양 아파트 거주자들이 담이나 철조망 등을 이용하여 임대 아파트와의 교류를 물리적으로 차단하고, 이로 인해 임대 아파트 거주 초등학생들이 단지를 우회하여 등교해야 했다. 나아가 일부 중산층은 중산층 내부에서도 차별을 시도하고 있다. 동일한 평수의 아파트라도 큰 평수로 이루어진 아파트 단지에 있는지 아니면 적은 평수로 이루어진 단지에 있는지에 따라 선호도가 달라지며 거래가격에도 차이가 있다.

그러면 중산층 생활양식의 전 계층적 확대와 중산층의 비중산층 배제전략 및 중산층 내부의 세부 계층화 전략과 같은 모순된 현상은 왜 나타나는가? 만일 중산층이 비중산층 배제전략이나 중산층 내부의 세부 계층화 전략을 강화한다면 중산층이 사회통합에 오히려 부정적인 영향을 미치는 집단이 될 수 있다는 점에서 매우 주요한 쟁점이다. 이에 대해서는 보다 심층적인 분석이 이루어져야 할 것이지만, 중산층의 비중산층 배제전략 및 중산층 내부의 세부 계층화 전략은 한국 사회에서 어떠한 생활양식이 전형적인 중산층 생활양식이냐에 대해서 공감대가 형성되어 있지 않기 때문에 나타난 현상이라는 가설을 제시하고자 한다.

그러나 중산층의 집단 내 동질성 추구현상을 무조건 비판해서도 곤란하다. 실체가 없고 다양한 이질적 존재의 단순 결합체가 되기보다 중산층 '정체성'을 갖는 것이 필요하다. 그래야 사회발전에서 핵심적 역할을 수행할 수 있기 때문이다. 현실적으로 중산층이 그들의 정체성을 갖고 있음직한 흔적이 여러 군데에서 나타나고 있다. 또한 중산층의 특징으로서 지칭되어 왔던 개인주의적 의식과 생활양식이 개인의 이해관계와 얽혀 집합적 유대를 형성하는 방향으로 변하고 있다. 때로는 집합적 유대를 저해하는 움직임에 대해 저항하기도 한다.

중산층이 자신의 정체성을 확보하되 보다 개방적인 집단으로 변모할 수 없는가? 이 역시 한국 중산층의 특성에서 그 가능성을 찾아볼 수 있을 것이다. 중산층은 자신들이 비중산층으로 떨어지는 것에 대해 두려워하며, 동시에 사회이동을 강하게 바라고 있다. 중산층이 비중산층으로 떨어지지 않도록 하는 안전장치가 필요하며, 교육을 통한 사회이동 가능성을 높게 유지해야 할 것이다.[17]

현재 중산층이 생활양식 면에서 비중산층과 자신을 구분한다는 점

17) 사회이동에 대해서는 다음 절에서 논한다.

에서 중산층 생활양식을 유지하도록 해야 한다. 그러나 아직 우리나라에는 중산층에 적절하고 적합한 '절대' 중산층 생활양식이 정착되지 못하고 있다.[18)] 중산층에 대한 논의가 무성한 듯하지만 이념형적 중산층 생활양식이 어떠한가에 대해서는 아직까지 논의되지 않고 있다. 그 결과 중산층이 중산층 생활에 만족하지 않고 '상류층' 생활양식을 추구하는 현상이 나타나고 있다. 이러한 현상의 대표적인 것이 빈번한 해외여행, 골프, 스키 등의 확산이다. 중산층의 상류층 생활양식 추종현상이 중산층으로 하여금 비중산층을 차별하고 배제하며, 심지어 일부 중산층은 중산층 내부에서 세부 계층화 전략을 추구하는 것이다. 만일 적절한 절대 중산층 생활양식이 존재한다면 중산층 생활양식의 확대가 비중산층 배제전략으로 나타나지 않을 수 있을 것이다.

3) 중산층과 교육을 통한 사회이동

한국의 중산층은 사회이동에 대한 높은 열망을 특징으로 한다. 이 점이 중산층 확대는 물론 한국 사회의 특징인 역동성의 밑바탕이 되고 있다. 또한 같은 이유에서 이들은 '자식투자'를 가장 확실한 투자로 이해하고 가족의 기본 질서까지 희생해 가면서 자녀교육에 몰입하고 있다. 앞에서 논의한 중산층의 비중산층 배제전략 이면에도 부분적으로 교육 문제가 도사리고 있다.

18) 한국의 사회변동이 급박했다는 점이 부분적인 이유가 될 수 있을 것이다.

우리 사회의 불평등을 논의하면서 교육기회 및 교육결과의 불평등 분배 문제는 빼놓을 수 없는 쟁점이다. 직업과 관련되어 교육이란 적재적소에 인력을 배치하기 위한 하나의 수단일 뿐이다. 그러나 우리 사회에서 교육은 이미 수단의 의미를 벗어나 그 자체가 목표가 되고 있다. 물론 이와 같은 현상이 한국 사회에 국한된 것은 아니지만 정도에 있어서 우리나라가 그 어느 사회보다도 강하다는 데 이론의 여지가 없다. 이른바 학벌이라는 것은 양면성을 지니고 있다. 이것이 갖는 부정적 측면이 사회적으로 부각되면서도 대다수의 사람들은 여기에 얽매이고 마는 것이다. 치열한 입시경쟁은 대학교육을 통한 성취욕구뿐만 아니라 학벌 자체가 가져다 주는 사회적 위상을 반영하는 것이다.

우리나라에서 교육열이 특히 높은 이유 중의 하나는 앞서 언급한 바와 같이 사회이동에 대한 열망 때문이다. 중산층은 다음 세대도 중산층이 되기를 바라고 그렇지 못한 층에서는 다음 세대에서라도 중산층에 진입했으면 하고 바라고 있다. 그리고 대부분의 사람들이 교육을 통한 상승이동이 이상과 같은 열망을 가능하게 하는 가장 정당하고도 확실한 방법이라고 인식하고 있다. 그 결과 중산층, 비중산층 관계없이 대다수의 부모들은 모든 것을 희생하고서라도 자녀의 교육만은 '최상' 으로 시키고 싶어하는 욕망을 가지고 있고, 또한 이를 현실화시키려 한다. 이렇게 함으로써 자녀들이 노동시장에서 보다 유리한 위치를 차지하고 사회적 지위를 확보할 뿐만 아니라 교류의 폭도 높일 수 있을 것이라고 믿고 있다.

그렇다면 우리 사회에서 교육을 통한 사회이동은 어느 정도 가능한 것인가? 이와 같은 질문은 사회학이나 교육학에서 오랜 동안 제기되어 왔던 고전적 쟁점이다. 사회적 지위세습의 연결고리를 끊기 위해 지금까지 수없이 많은 교육정책 대안들이 제시되어 왔다. 교육부는 소위 '3불 정책'이 교육을 통한 사회이동을 보장하기 위한 방안이라는 입장이다. 즉 대학별 본고사, 기여금 입학, 고교 등급화 등은 모두 입시과열을 부추길 뿐만 아니라 계층 간 불평등 심화 및 위화감 조성을 촉진시키는 것으로 간주하고 있다. 그 대신 학교생활기록부의 교과 및 비교과 영역 기록을 활용하고 다양한 방법으로 학생을 선발하도록 대학에 요구하였다. 또한 대학 수학능력 시험의 난이도를 조절하고 성적을 점수화하는 대신 등급화함으로써 시험성적을 통한 지나친 서열화도 억제하고 있다. 이 과정에서 서울대학교를 위시한 대학에서는 농어촌 특례 및 지역균형선발 등을 통해 대도시지역 편향 선발현상을 해소하려 한다.

하지만 이와 같은 정책의 결과가 그 정책이 추구한 목표를 과연 달성하고 있는 것인가에 대해서는 회의적인 시각이 많다.[19] 불평등을 해소하려 구상한 정책대안들이 또 다른 불평등을 야기하는 경우가 빈번하기 때문이다. 예컨대 다양한 학생선발제도의 수혜자는 바로 그와 같은 선발방법에 대한 정보에 쉽게 접근하고 이에 대비할 수 있는 능력을 갖춘 가정의 자녀들이라는 점이다. 나아가 풍부한 사회 · 경제적 자원을 소유한 가정에서는 교육의 대안적 통로를 추구하기도 한다. 조기유학이나 외국대학 입학열기, '기러기 아빠' 등의 현상을 우리 사회 상층은 물론 중산층에서 흔히 찾아볼 수 있게 되었다. 중산층까지 확산된 교육제도에 대한 불신은 중산층으로 하여금 양극화를 해소하는 사회통합보다 교육을 매개로 비중산층을 배제하는 전략을 모색할 위험성을 내포하고 있다.

19) 현재 한국의 교육제도에 대해 중산층은 어떻게 평가하고 또한 어떻게 대처하고 있는가? 이에 대해서도 추가적인 심층 연구가 필요하다.

개방적인 중산층을 육성하려면 사회이동을 보장하는 교육제도가 정착되어야 할 것이다. 교육제도를 통한 사회이동 기회가 열려 있고 교육제도에 대한 중산층의 만족도가 높을수록 한국의 중산층이 배타적이기보다 사회통합적인 집단이 될 수 있기 때문이다.

6. 맺음말

우리 사회에서 중산층은 사회적 중추세력으로 이들의 경제적 기반과 정치적 정향이 사회안정에 큰 영향을 미치기 때문에 이들의 실체를 파악하고 이들의 존재가 갖는 정치·사회적 함의를 밝히는 일은 중요하다. 중산층에 대한 개념규정은 여러 가지 있었으나 여기서는 자본가계급(또는 상류계급)과 노동자계급 사이에 존재하는 신·구중간계급과는 달리 생활양식을 공유하는 지위집단으로 개념규정하였다. 중간계급은 직업 및 종사상의 지위에 따라 비교적 명료하게 식별이 가능한 반면에, 중산층은 '중간 정도'의 사회경제적 지위를 가지고 있는 층이어서 그 범위와 구획은 시대에 따라 변한다. 특히 현재 한국에서 논의되는 양극화와 관련해서 중간계급보다 중산층 개념을 활용하는 것이 보다 적절하다고 판단된다.

한국의 중산층은 그 구성에 있어 내적으로 동질적이지 않다. 중산층 내에서의 정치나 이념성향도 동질하지 않으며, 특히 세대 간 구분이 뚜렷이 부각되고 있다. 그 결과 의식의 차이와 균열은 중산층과 비중산층 사이보다 세대 간에 더 크게 나타나고 있다. 정치적 성향에 있어 고학력의 젊은 세대는 진보적 성향을 강하게 가지고 있는 반면에 전문·관리직에 종사하는 고연령층은 강한 보수적 성향을 보여주고 있다. 사실 중산층은 내적으로 매우 이질적이며, 때로는 교육수준이나 연령에 따라 이중적인 특성을 보이기도 한다. 그러나 사회통합을 염두에 둔다면 중산층 내부의 이념적 동질성 여부보다 중산층을 구성하는 중간계급과 일부 비중간계급 간에 나타나는 이념분포의 유사성과 연동성에 주목할 필요가 있을 것이다. 계급 정체성과 중산층 의식이 엇갈리면서 '중산층 의식'과 '노동자계급 의식'이 상호 대체될 수 있음을 시사하고 있다.

한국 사회에서 중산층의 실체를 어디에서 찾을 수 있을까? 중산층의 존재를 타계층과 차별화되는 생활양식을 통해 찾아보고자 하였다. 하지만 이들이 향유하는 생활양식은 시간의 간격을 두고 비중산층에게도 확산되고 있다. 공유영역과 향유계층의 폭이 넓어지면서 '중산층 문화'는 우리 사회의 보편적 문화로 확산되어 가고 있다. 그러나 비중산층으로 중산층 문화가 확산하는 것에 대해 중산층은 반기지 않고 있다. 이는 우리나라에 전형적인 중산층 생활양식이 정착되지 못한 대신 중산층은 '상류층 생활'을 희구하기 때문이다. 그리고 그 과정에서 스스로를 비중산층과 구별짓고 집단 내 동질성을 유지하려 한다. 또한 이들은 자신들이 이미 확보하고 있는 사회경제적 위치를 고수하면서 자녀교육에 대한 투자를 통해 성취지향 욕구를 충족하려 한다.

'전 국민의 중산층화'라는 명제는 모든 국민이 생존 자체만을 위한 삶이 아니라 일정 수준 이상의 삶의 질을 구가할 수 있도록 끌어올리려는 것이다. 그렇게 하기 위해서는 중산층의 내적 다양성을 아우를 수 있는 중산층 생활양식이 정착되어야 할 필요가 있다. 만일 그렇지 못하면 아무리 중산층이 확대되더라도 비중산층의 배제와 중산층 내부의 자기분열현상이 심화될 것이기 때문이다.

따라서 중산층 육성이 사회통합에 기여하려면 '바람직한' 중산층 생활양식의 구축이 동시에 이루어져야 한다. 그리고 만일 이상과 같은 전제가 충족된다면 '중산층 육성'이라는 정책기조는 '양극화 해소'에 비해서 다음과 같은 장점을 갖고 있다.

첫째, 국가정책 면에서 '양극화 해소'는 소극적 개념이지만 '중산층 육성'은 적극적 개념이다. 양극화 해소는 양극화를 방지해야 한다는 의미를 내포하고 있지만 추가적인 하락방지를 의미할 뿐, 현재의 사회적 하층이 과연 장래에 어떠한 생활양식을 구가할 수 있도록 해야 하는지에 대해서는 명확한 지침이 없다. 그러나 중산층 육성은 중산층에 해당하는 지표를 제시할 수 있기 때문에 보다 적극적인 정책수립이 가능하다.

둘째, 개인수준에서 '양극화 해소'는 정태적 개념이지만 '중산층 육성'은 역동적 개념이다. 중산층 육성정책을 추진하더라도 모든 사람이 단시간에 중산층이 되지는 못할 것이다. 그러나 현 상태를 유지하려는 정태적 개념보다 경쟁과정을 극복하면서 중산층이 되고자 하는 역동적 개념이 사회발전을 촉진하게 될 것이다.

셋째, 사회통합 면에서 '양극화 해소'가 갈등 · 대결 개념에서 비롯되었다면 '중산층 육성'은 협력 · 통합적 개념이다. 양극화 해소는 용어 자체가 사회구성원의 갈등과 대립을 전제로 하고 있다. 그러나 중산층 육성은 동일 계층과 어느 정도 높은 수준의 생활양식을 전제로 하기 때문에 계층 내부의 협력과 궁극적으로는 사회통합을 지향하는 개념이다.

마지막으로 '중산층 육성'이란 '비중산층을 포함한 전 국민이 중산층이 되기 위한 정책'을 의미하는 것이지 '중산층을 대상으로 한 정책'

이 아니라는 점을 강조하고자 한다. 만일 정치의식, 이념, 문화 등 모든 면에서 긍정적인 중산층 생활양식을 창출하고 정착시킬 수 있다면 중산층 논의가 사회통합을 증진시키는 데 크게 기여할 수 있을 것이다.

참고문헌

김병조. 2000. "한국인 주관적 계층의식의 특징과 결정요인." 『한국 사회학』. 제34집 여름호. 241-268.

김영모. 1982. 『한국 사회 계층연구』. 일조각.

______. 1997. 『한국 중산층연구』. 중앙대학교출판부.

류상영 · 강석훈. 1999. 『중산층의 변화실태와 정책방향』. 삼성경제연구소.

문숙재 · 최혜경 · 정순희. 2000. 『한국 중산층의 생활문화』. 집문당.

문옥표 · 김광억 · 김부성 · 임봉길 · 전경수. 1992. 『도시 중산층의 생활문화』. 한국정신문화연구원.

신광영. 2005. 『한국의계급과 불평등』. 을유문화사.

신용하. 1966. "한국 근대화와 중산층의 개편." 『정경연구』 4월호. 106-117.

유팔무 · 김원동 · 박경숙. 2005. 『중산층의 몰락과 계급양극화』. 소화.

임종철. 1966. "중산층의 몰락, 그 필연성." 『정경연구』 4월호. 149-159.

한국개발연구원. 1990. 『중산층 실태 분석과 정책 과제』. 한국개발연구원.

한완상 · 권태환 · 홍두승. 1987. 『한국의 중산층』. 한국일보사.

함인희 · 이동원 · 박선웅. 2001. 『중산층의 정체성과 소비문화』. 집문당.

현대경제사회연구원. 1998. 『IMF 시대의 중산층 생활과 의식 변화』. 현대경제사회연구원.

현대사회연구소. 1985. 『한국 중산층의 규모와 생활실태 및 의식에 관한 연구』. 현대사회연구소.

홍두승. 2005. 『한국의 중산층』. 서울대학교 출판부.

홍두승 · 김미희. 1988. "도시 중산층의 생활양식 : 주거생활을 중심으로." 『성곡논총』. 19집. 485-533.

홍두승 · 이동원 편. 1993. 『집합주거와 사회환경 : 소형 아파트 단지 과밀의 사회적 함의』. 서울대학교 출판부.

홍성민 · 민주홍. 1999. 『IMF시대의 중산층 약화실태 및 재구축방안』. 현대경제연구원.

2

중산층 살리기는 사회양극화 해소의 해법인가?*

신광영(중앙대 사회학과)

1. 들어가는 말

오늘날 한국 사회의 사회양극화 문제는 정치적 쟁점이 되었다. 한국 사회에서 정치적 쟁점이 되었다는 의미는 긍정적이기보다 부정적인 함의를 더 많이 지니고 있다. 사실과 분석에 의존해서 논쟁이 이루어지기보다는 정치적 이념에 따라서 사실이 언급되고, 왜곡되고 심지어 조작되기도 한다. 이성적이고 합리적인 논쟁을 통해서 문제의 해결에 접근해 가기보다는 무책임한 주장과 경험적 근거가 없는 비판이 더 판을 친다.

이러한 현상이 나타나고 있는 주된 이유는 공론의 장을 형성하고

* 이 글은 "한국의 불평등 구조와 추이" (『민주사회와 정책연구』, 2006년 9호 : 48-70)를 대폭 수정 · 보완한 글이다.

있는 언론매체들이 과도하게 정치화되어 있기 때문이다. 이제 언론매체들이 암묵적으로 혹은 노골적으로 특정 정당과 연계되면서 이들에 의해서 주도되는 공론의 장은 심하게 오염되었다. 합리적인 의사소통을 통한 여론형성 기능을 담당할 것이라며 공론장의 의미를 긍정적으로 해석했던 하버마스(Jürgen Habermas)의 소박한 기대는 한국 사회에서 무너졌다.

이러한 상황에서 학술 연구자들의 역할이 대단히 중요해졌다. 현상에 대한 정확한 분석과 진단을 통해서 무엇이 문제인지를 분석하고, 그 문제를 해결하기 위한 해법을 제시하는 것이 절대적으로 요구되었기 때문이다. 학술 연구자들이 필요한 역할을 제대로 하지 못할 때, 한국의 공론의 장은 선전과 선동의 장에 불과하게 된다. 이성과 진리가 중심이 되지 못하고 아집과 왜곡이 지배할 때, 사회 전체는 암흑사회로 변해갈 것이다. 이러한 점에서 사회양극화와 관련된 학술적인 논의는 대단히 중요한 의미를 지닐 수 있다. 사회양극화에 대한 논의가 분석적이고 과학적인 논의를 통해서 제대로 이해되고, 더 나아가 그것에 관한 정책적 해법이 찾아질 수도 있기 때문이다. 그런 점에서 2006년 한국사회학회의 "사회양극화 논의"는 커다란 의미를 지닌다.

이 글은 "사회양극화에 관한 논의"와 사회양극화 대신에 "중산층 살리기"를 강조하는 논의가 지니고 있는 의미를 분석하고, 중산층 살리기가 사회양극화의 부분적인 해법이 될 수는 있지만 전면적인 해법은 될 수 없다는 점을 논의한다. "중산층 살리기" 논의가 심화되는 불평등과 확대되는 빈곤층 문제를 논의하지 않고 중산층 살리기만을 강조하는 것은 현재 진행되고 있는 사회양극화 추세를 반전시킬 수 없기 때문이다.

2. 사회양극화의 의미

사회양극화 담론은 1997년 말 시작된 경제위기 이후에 이루어진 한국 사회의 질적인 변화를 반영하고 있다. 외환위기, 대규모 구조조정, 대량실업, 비정규직의 지속적인 확대, 근로 빈곤층 증대 등으로 이어지는 일련의 사회변화로 한국 사회의 구조적 속성이 크게 달라졌다. 1997년 이전의 사회체제가 지니고 있었던 특징들이 크게 바뀌었다는 의미에서 1997년 이후에 등장한 사회체제는 "97년 체제"라고 부를 수 있다. 1997년을 전후로 하여 정치적으로 뿐만 아니라 경제적 · 사회적으로 새로운 질서가 형성되었고, 그것은 경제적으로 경제위기를 극복하기 위한 민주정부에 의한 신자유주의 개혁에 의해서 촉발되었다. 그리고 1997년 이후에 이루어진 개혁의 결과가 사회양극화라는 점에서 사회양극화는 복합적인 함의를 지닌다. 정치적 민주화라는 절차적 민주주의의 신장이 경제적 차원에서 국민 전체의 삶의 질을 향상시키는 데 기여하지 못하였다는 것이다.

사회양극화가 사회적 · 정치적 쟁점으로 부각된 것은 2007년이다. 국정을 책임지는 현직 대통령이 직접 사회양극화를 심각한 문제라고 언급하면서 사회양극화의 실태, 원인과 해법을 둘러싼 정치적 쟁점이 부각되었다. 많은 사람들이 일상에서 피부로 느낄 수 있는 것이 살기 어려워졌다는 점과 빈곤층이 더 늘어났다는 점이지만 그것을 양극화로 이해하지는 않았다. 사회양극화라는 용어는 좀더 극적인 이미지를 지녔다고 볼 수 있다.

사회가 양극화되었다는 주장이 대두되면서 실제로 한국 사회가 양극화되었는가? 만약 양극화되었다면 어느 정도 심한 상태인가? 양극화의 원인은 무엇인가? 실로 사회양극화와 관련된 다양한 논쟁이 등장하면서 사회양극화는 학계와 정계에서 새로운 화두가 되었다. 참여정부가 사회양극화를 정치적 담론으로 사용하면서 사회양극화는 더욱 치열한 논쟁거리가 되었던 것이다.

개념적인 차원에서 사회양극화는 매우 포괄적인 내용을 담고 있다. 먼저, 사회양극화는 경제양극화를 포함한다. 경제적 불평등이 심화되고, 빈곤층이 빠르게 확대되며, 소득집단들 내에서 경제적 동질화가 이루어지는 것을 포함한다. 그리고 더 나아가 소득집단들 사이의 생활상의 격차와 사회적 거리(위화감)가 커지는 사회경제적 변화뿐만 아니라 소비, 교육, 건강 등과 관련된 사회적 양극화를 포함한다. 그리고 궁극적으로 사회양극화는 사회의식이나 투표나 집단적인 행동과 같은 정치적 차원의 양극화도 포함한다. 단적으로 사회양극화는 경제적 차원의 양극화를 넘어서 그것이 사회적인 수준의 양극화로 나타나고 정치적인 차원으로까지 확대되어 첨예한 대립과 갈등요인으로 전환된 것을 의미한다.

그렇다면 한국 사회에서 어떤 내용의 사회양극화가 나타났는가? 경제적 차원, 사회적 차원, 정치적 차원 가운데 어떤 차원의 사회양극화가 문제인가? 일반적으로 언급되는 사회양극화는 주로 경제적인 차원과 사회적인 차원에서의 사회양극화이다. 소득이나 자산의 양극화와 소비와 생활양식의 양극화가 많이 언급되고 있다. 그러나 정치적인 차원에서는 뚜렷하게 나타나고 있지는 않다. 정당조직과 정당활동이 불평등과 빈곤 문제를 중심으로 이루어지지 않고 있으며, 최근까지도 유권자들이 이러한 기준에서 투표를 하지 않았다.

사회양극화 논의가 정치권에서 먼저 제기되고 그것이 언론에 의해서 쟁점으로 부각되면서 사회양극화의 의미는 언론사의 입맛에 따라 다르게 해석되었다. 양극화에 관한 언론의 보도는 양극화가 전적으로 민주정부의 책임이라는 정부책임론에서부터 양극화는 존재하지 않는다는 양극화 부재론에 이르기까지 매우 다양하게 이루어졌다(강신욱, 2006 : 25–26). 양극화를 인정하는 경우, 양극화의 원인에 대한 과학적인 분석이 필요하지만, 언론사들이 정치적 입장에서 양극화의 원인을 언급하는 경우가 대부분이었다. 심지어 "양극화 해소"라는 정부의 주장을 "잘 나가는 소수를 겁주고 다수를 선동"하는 것으로 해석하기도 했다(장대홍, 2006). 과잉 정치화된 언론사들이 사회문제를 정치적으로 접근하면서 체계적이고 과학적인 접근이 필요한 사회문제들을 왜곡하는 현상까지 나타나고 있는 것이다.

양극화로 불리는 분배 악화의 문제는 한국만의 문제는 아니다(Förester, Michael and Pearson 2002 ; Smedding, 2002 ; Förester and d'Ercole, 2005 ; 김홍종, 2006). 일본에서는 1989년부터 시작된 경제불황이 장기화되면서 실업과 빈곤층이 확대되었다. 빈부격차가 확대되면서 이를 둘러싸고 정계와 학계에 "격차사회"를 둘러싼 논쟁이 등장하였다(橋木俊詔, 1998 ; 松原隆一郎, 2005 ; 竹內章郎 外, 2005). 미국 사회과학계의 쟁점으로 부상한 "Great U-Turn" 논쟁은 경제가 발전하면 불평등도 줄어든다는 고전적인 쿠즈네츠 가설과 부합하지 않은 현상이 20세기 후반 미국에서 뚜렷하게 나타나면서 등장한 논쟁이었다(Harrison and Bluestone, 1988 ; Nielson and Anderson, 1997 ; Anderson and Nielsen, 2002).

현재 한국에서 이루어지고 있는 사회양극화 논쟁은 현재 한국 사회가 양극으로 나뉘어졌다는 것이 아니라, 1997년 이후 경제적 양극화의 경향 혹은 추세가 나타나고 있다는 사실에 바탕을 두고 있다. 소득이나 부의 차원에서 부익부 빈익빈 현상이 뚜렷하게 나타나고 있고, 중간 정도의 소득계층인 중산층의 규모가 줄어들고 있다는 것이다. 사회양극화라는 용어가 함의하는 바처럼 중산층의 규모가 줄어들어 모래시계 형태의 사회구조가 되거나 혹은 소득분포가 양극단에서 빈도가 높은 양봉 모양인 M자 형태가 되었다는 것은 아니다. 그러나 적어도 지속적으로 증가하고 있었던 중산층이 감소하기 시작하였다는 점에서, 그리고 중산층도 노동자들과 마찬가지로 고용과 소득의 불안정을 피할 수 없게 되었다는 점에서 중산층 위기론도 대두되었다. 노동시장의 구조적 변화로 중산층은 중산층 지위를 유지하는 것이 점차 어려워지고 있고, 또한 중산층이 되고자 하는 사람들의 경우는 중산층이 되는 것이 과거보다 더 힘들게 되면서 개인의 노력에 의해서 중산층이 될 수 있다는 희망이 줄어드는 "희망의 위기"도 함께 나타나고 있다.

3. 양극화의 실태

경제적 불평등은 크게 소득 불평등과 자산 불평등으로 나누어진다. 한국의 소득 불평등 정도는 미국과 멕시코를 제외한 모든 OECD 국가들보다 더 심한 수준이다. 현재 한국의 소득 불평등 정도는 대규모 흑인 빈곤층이 도심 내 슬럼지역을 이루고 있는 미국의 소득 불평등과 비슷한 수준을 보이고 있다. 미국의 경우 지니계수가 1979년 0.301에서 지속적으로 증가하여 2000년 0.368에 달하였다. 지난 21년 동안 지니계수가 0.057 증가하였다. 이에 비해서 한국의 지니계수는 1996년 0.298에서 2000년 0.358로 증가하여 4년 사이에 0.06이 증가하였다(〈표 1〉 참조). 미국의 경우, 레이건 집권 이후 오랜 기간 동안 신자유주의 정책을 실시하면서 지속적으로 분배가 악화되면서 오늘에 이르게 되었다. 반면, 한국의 경우는 1997년 경제위기를 계기로 대단히 짧은 기간에 빠른 속도로 소득분배가 악화되는 경험을 하였다. 이것은 불평등의 정도를 보여주는 지니계수의 단순 비교차원이 아니라, 지니계수의 변화속도를 고려한다면 한국의 현재 상황은 대단히 걱정스러운 상황이라는 것을 보여준다.

빈곤층의 확대에서도 한국은 놀라운 속도를 보여주었다. OECD에서 사용하는 일반적인 상대적 빈곤층 추정방식을 사용하여 중위 소득의 50% 이하의 소득을 빈곤층이라고 규정하였을 때, 유럽 국가들의 빈곤율은 유럽대륙 국가들에서 6–8%, 영미권에서 13–18%이다. 신자유주의 정책을 펴는 영미권 국가들이 대체로 유럽대륙 국가들에 비해서 2배 이상의 높은 빈곤율을 보이고 있다[호주 14.3%(1994), 미국 17.0% (2000), 캐나다 12.8%(1998), 영국 12.5%(1999)]. 이에 비해서 한국의 빈곤율은 1996년 12.7%에서 2000년 17.0%로 4년 사이에 큰 폭으로 늘었다(〈표 1〉 참조).

소득 불평등의 심화는 세계화, 신기술의 도입, 노동시장의 구조적 변화, 인구 고령화, 가족구조의 변화 등 다양한 변화와 맞물려서 나타난 변화이다. 경제체제의 개방화와 IT기술의 등장으로 생산체제의 변화가 발생하면서 노동시장의 구조적 변화가 나타났다. 외환위기 이후 기업수준에서 구조조정과 정리해고가 일상화되면서 조기퇴직이 정착되고 평생직장 개념이 사라졌다. 생산직에서 뿐만 아니라 사무직에서도 조기퇴직이 확산되면서 평균 근속년수가 OECD [2002년 일본 12.2년, 벨기에 11.6

〈표 1〉 주요국의 불평등 정도(전체 가구소득)

국가	연도	지니계수	10분위 소득/1분위 소득 비
슬로바키아	1996	0.241	2.88
핀란드	2000	0.247	2.9
슬로베니아	1999	0.249	3.15
벨기에	1997	0.250	3.19
노르웨이	2000	0.251	2.8
독일	2000	0.252	3.18
스웨덴	2000	0.252	2.96
네덜란드	1994	0.248	3.15
체코	1997	0.259	3.15
룩셈부르크	2000	0.260	3.24
오스트리아	1997	0.266	3.37
타이완	1995	0.277	3.38
루마니아	1997	0.277	3.38
프랑스	1994	0.288	3.54
폴란드	1999	0.293	3.59
헝가리	1999	0.295	3.57
스페인	1999	0.303	3.96
캐나다	1998	0.302	4.13
스위스	1992	0.307	3.62
호주	1994	0.311	4.44
아일랜드	1996	0.324	4.33
이탈리아	2000	0.333	4.48
이스라엘	1997	0.346	4.86
영국	1999	0.345	4.58
한국	2004	0.352	7.44(7.10)
에스토니아	2000	0.361	5.08

미국	2000	0.368	5.45
러시아	2000	0.434	8.37
멕시코	1998	0.494	11.53

자료 : Nolan, Brian and Timothy(2005).
참고 : 한국의 경우 괄호 안의 수치는 필자가 첨가한 것임.

년, 프랑스 11.3년, 독일, 10.7년, 스웨덴 10.5년, 영국 8.1년, 미국 6.6년(1997), 한국 5.6]에서 가장 낮은 수준에 이르렀다. 신자유주의를 대표하는 미국보다도 더 낮은 근속년수는 한국의 고용불안정이 심각한 수준임을 보여주고 있다(〈표 2〉 참조).

〈표 2〉 한국의 가계소득 불평등의 추이(1988-2000)

(단위 : %)

	1988	1993	1996	2000
1분위	2.81	2.75	2.75	2.17
2분위	4.58	4.72	4.92	4.05
3분위	5.65	5.95	6.20	5.37
4분위	6.64	7.00	7.29	6.61
5분위	7.60	8.08	8.32	7.70
6분위	8.67	9.27	9.45	8.94
7분위	10.01	10.57	10.68	10.40
8분위	11.80	12.37	12.37	12.20
9분위	14.62	15.08	14.84	14.96
10분위	27.62	24.25	23.17	27.89

10분위/1분위 가구	9.83	8.82	8.43	12.85
9-10분위/1-2분위 가구	5.72	5.27	4.96	5.93
지니계수	.336	.310	.295	.352

자료 : 통계청, 『한국의 사회지표』 3-17, 2004.

기업수준에서 이루어지고 있는 변화는 조직적인 차원의 변화로 관리직과 사무직 일자리의 축소와 비정규직 고용의 증대이다. 기업은 단기적으로 구조조정을 통하여 인력을 감축할 뿐만 아니라 자동화와 디지털화를 통하여 경쟁적으로 인력을 감축하고 있다. 제조업뿐만 아니라 금융, 통신, 도소매, 항공, 운수, 의료 및 법률 서비스에 이르기까지 다양한 서비스 산업에서도 인력을 대체하는 자동화와 디지털화가 이루어져 인력수요가 크게 줄어들고 있다. 현금출납기와 온라인 뱅크, 자동 전화교환기, 홈쇼핑과 통신판매, 원격진료 등이 확산되면서 사람에 의해서 이루어졌던 서비스가 이제 기계에 의해서 대체되고 있다. 이는 곧바로 일자리 축소와 더불어 고임금 일자리와 저임금 일자리의 양극화로 이어졌다. 이것은 IT혁명을 통해서 나타나는 기대하지 않은 변화였다.

또한 경제위기를 거치면서 정규직 고용이 줄어들고 비정규직 고용이 크게 늘어났다. 임시직, 시간제, 파견근로, 계약직, 용역 등 다양한 형태의 비정규직이 증가하면서 비정규직 규모도 크게 늘었다. 비정규직 근로자들은 고용불안뿐만 아니라 저임금으로 인하여 근로빈곤층으로 전락할 가능성이 높은 집단이다. 1995년과 2000년 사이에 비임금 근로자 가운데 고용주와 가족 종사자와 상용직 임금 근로자가 줄어든 반면, 자영업자와 임시직, 일용직 임금 근로자가 크게 늘었다. 실업자들이 개인사업을 하는 경우가 늘면서 자영업 종사자가 1995년 19.8%에서 2000년

20.8%로 1% 증가하였다. 특히 큰 변화가 나타난 부분은 임금 근로자 내의 변화로서, 상용직 임금 근로자는 1995년부터 2000년 사이 6.5% 줄어들었던 반면, 비정규직으로 분류될 수 있는 임시직과 일용직은 6.5% 늘었다. 임금 근로자 가운데 임시직 노동자의 비율은 1993년 26.7%, 1998년 32.9%, 2004년 40%로 지속적으로 빠르게 증가하였다. 일용직도 1993년 14.4%에서 1998년 18%로 증가하였으나 2004년 14.7% 수준으로 하락하였다. 임시직과 일용직을 비정규직으로 본다면, 2004년 비정규직의 비율은 전체 피고용자 가운데 54.7%에 달하였다. 1997년 이후 비정규직의 규모가 150만 명 이상이 증가하였다. 이들의 저임금은 전체적으로 구매력의 위축을 가져와 전형적인 소비위축에 의한 경기불황의 요인이 되었다. 내수기업의 판매 부진은 국내 소비위축에 따른 것이었고, 소비위축은 개별 기업단위에서 임금비용을 절감하기 위한 비정규직 확대가 집합적으로 국내 총소비의 축소로 이어진 결과였다.

한국의 불평등은 임금소득 차원에서도 심화되고 있지만 더 심각한 것은 자산소득 차원이다. 주택, 토지와 같은 부동산 소유와 주식, 은행저축, 국채소유와 같은 금융자산 소유에 있어서 불평등은 극단적인 양상을 보여주고 있다. 최근 토지와 주택가격의 폭등으로 부동산을 소유한 집단과 소유하지 못한 집단 사이에 격차는 더욱 크게 벌어졌다. 2003년 현재 주택보급률은 100%를 훨씬 상회하고 있지만 주택소유자는 전국적으로 54.2%에 불과하였으며, 서울의 경우 41.6%에 불과하였다. 아파트의 경우 2005년 8월 현재 소유자의 89% 정도는 투기와 무관한 1 아파트 소유자이고, 실질적으로 아파트 투기를 통하여 이득을 올릴 수 있는 2채 이상의 아파트를 소유한 사람은 약 45만 명으로 약 58만 채를 소유하고 있다(행정자치부, 2005).

토지소유 불평등은 더욱 심하여 국유지를 제외한 전체 국토면적에서 전체 인구 1%가 전체 사유지의 45.3%를 소유하고 있고, 상위 5%는 59.1%, 상위 10%는 72%를 소유하고 있는 것으로 나타났다(한겨레, 2007년 10월 17일). 토지소유 불평등은 소득불평등이나 임금불평등과는 비교할 수 없을 정도로 극단적인 불평등을 보여주고 있다. 서울의 경우는 전국평균보다 더 극단적인 양상을 보여주고 있어서 "서울시 인구의 1%도 되지 않는 17만 명이 서울시 전체 면적의 3분의 2를 소유하고 있고, 서울시 인구의 5%에 해당하는 약 24만 명이 서울시 전체 사유지를 거의 다 소유하고 있다고 볼 수 있다"(행정자치부, 2005). 농촌지역과는 달리 전답이나 산림이 없는 서울의 경우 소수에 의한 토지소유 집중은 모두 상업적인 목적을 가지는 토지가 소수에게 집중되었다는 것을 의미한다. 전국의 토지는 더 이상 농업 또는 임업과 관련된 것이 아니라 택지개발과 개발이익과 관련된 부유층의 재테크 수단이 되었다.

금융자산 불평등도 매우 심각한 수준이다. 먼저, 은행 예금을 살펴보면, 은행계좌수는 2006년 12월 현재 165,441,000로 이 중 49.1%는 1만 원 이하의 계좌이며, 5억 이상의 계좌는 0.004%에 불과하지만 전체 예금의 22.1% 차지했다(한국은행, 2007). 1억 원 이상의 은행 예금자들은 33만 9,000명 정도로 전체 계좌수의 0.3%에 불과하였지만 전체 예금액의 41.9%를 차지하여 은행 예금액 규모에 있어서도 극단적인 차이를 보여주었다. 이들 고액예금자들은 대부분이 기업가, 개인 사업가, 전문직 종사자(의사, 변호사, 세무사), 거액 유산상속자들이다. 이들 고액예금자들을 대상으로 한 은행 서비스로서 프라이빗뱅킹(PB)도 도입되었다. 최근 시작된 고액예금자 대상 프라이빗뱅킹은 10억 이상의 고액예금자들을 대상으로 하고 있으며, 대상자는 5만 2,000–5만 6,000명 정도에 달하는 것으로 알려졌다(한국일보, 2003년 1월 16일).

증권도 금융자산의 중요한 부분이다. 주식소유 분포를 살펴보면, 2006년 현재 361만 명이 주식을 소유하고 있으며, 이는 전체 경제활동 인구의 23,773만 명의 15.20% 정도이다. 이 중에서 2% 정도인 7만 5,000명 정도가 1억 원 이상의 주식을 소유한 것으로 알려졌다(한국은행, 2002). 증권시장에서 '큰손'으로 불리는 이들 거액 주식소유자들은 한국 전체 주식시장의 흐름에 영향을 미치고 있다. 물론 한국의 주식시장은(1998년 5월 외국인 주식투자 한도가 폐지된 이래) 외국 투자자들에 의해서 그 흐름이 주도되고 있다. 2006년 현재 20,635명의 외국인 투자자들이 시가총액의 35.16%를 소유하여 한국 주식시장에 큰 영향력을 행사하고 있기 때문에 국내 큰손들의 영향력이 상대적으로 약화되었지만 주식시장의 독점구조는 여전히 변하지 않고 있다(증권선물거래소, 2007 : 24).

한국 사회에서 자산불평등은 자산이 불로소득의 원천이 되고 불로소득을 통한 부의 축적이 부를 축적하는 유일한 수단이 되고 있기 때문에 문제가 되고 있다. 부동산 투기나 아파트 투기를 통하여 부를 축적하는 것이 용이한 사회에서는 노동소득을 통하여 주택을 마련하는 것이 어렵다. 땀 흘려 공부하고 일하여 도시에서 "마이 홈"을 마련하는 것이 과거 성공의 징표이자 자부심의 상징이었다면, 비정규직은 물론 정규직 노동자들의 월급으로 수도권에서 아파트를 마련하는 것은 오늘날 거의 불가능하게 되었다.

4. 중산층과 중산층 살리기

중산층이라는 용어는 학술적인 용어는 아니다. 실제로 일상생활에서 자주 쓰이진 않고 또한 이제는 학술적인 논의에서도 잘 쓰이진 않는 용어인데 유독 언론매체에서만 자주 등장하는 용어라는 점에서 저널리즘적인 용어라고 볼 수 있다. '중산층'은 권위주의 정권 하에서 계급이라는 용어를 사용하지 못하였기 때문에 한국에서만 사용된 신조어 가운데 하나이다. 일제시대 자본가계급과 노동계급이 아닌 새로운 계급을 논의하기 위하여 중산계급이나 중간계급이라는 용어가 사용되었다(신광영, 2004 : 85-86). 1960년대 중반 한국에서 처음으로 중산층 논쟁이 등장했을 당시 중산층은 중소 산업자본가인 중소기업을 의미하거나 혹은 도시 화이트칼라를 의미하는 등 매우 다양한 의미로 사용되었다. 중산층 논쟁에 참여한 사람들이 서로 다른 의미로 중산층을 사용하였기 때문에 그 당시 중산층 논쟁은 "허수아비 논쟁"이었다.

서구 사회과학계에서는 19세기부터 현재까지 계급이라는 용어를 사용하고 있다. 서구 사회과학계에서 마르크스주의 전통이나 베버주의 전통을 불문하고 계급은 현대 사회 분석을 위한 핵심적인 개념으로 다루어져 왔다. 그러나 한국의 경우 군사독재체제에서 계급은 공산주의 용어로 인식되었기 때문에 학술적으로도 사용이 금기시되었다. 그 대신 중산층이라는 용어가 사용되었던 것이다. 1960년대 중반에 등장한 신조어인 중산층(中産層)은 중간을 의미하는 중(中)과 산업을 의미하는 산(産)과 계층을 의미하는 층(層)의 합성어이다. 중산층은 아직까지도 학술적으로 의미가 모호하지만 대중매체에서 널리 사용되고 있다는 점에서 저널리즘적인 용어이다.

여기에서는 중산층이라는 저널리즘적 용어가 내포하고 있는 의미를 기존의 사회학의 계급과 계층 개념으로 정의하여 사용하고자 한다.[1] 현재 사용되는 중산층의 핵심적인 의미는 두 가지이다. 하나는 중산층이 서민 혹은 영세민보다 경제적으로 부유하고 부자 혹은 상류층보다는 경제적으로 못한 사회집단을 의미한다는 점에서 중간 소득계층과 동일한 의미로 사용된다. 이때 중산층은 경제적으로 어느 정도 성공하여 안정된 계층을 지칭한다. 그러므로 교육수준이 높더라도 소득이 낮으면 중산층에 포함되지 않게 되고, 교육수준이 낮더라도 소득이 높으면 중산층에 속하게 된다.

다른 하나는 중산층은 근대화의 산물로서 산업화, 도시화와 관련된 계층이라는 점이다. 중산층은 역사적으로 새롭게 형성된 계층으로 산업화와 더불어 나타난 도시화의 산물이라고 간주되어 흔히 도시 중산층이라는 용어와 동일하게 사용되었다. 그러므로 농촌 중산층이라는 용어는 일종의 형용 모순으로 인식되었다. 그러나 이러한 인식도 기업농의 등장으로 타당하지 않게 되었다. 농촌에서도 중산층이 존재할 수 있다. 종합하여, 중산층은 중간계급 가운데 경제적으로 안정된 집단과 도시와 농

1) 홍두승은 중간계급은 실재집단인 반면 중산층은 명목집단이라 보고, 중산층의 구분은 주관적일 수밖에 없다고 보았다(2005 : 93-94). 반면, 저널리즘에서 중산층은 구체적인 수준에서 일정 수준의 소득을 보장해 줄 수 있는 직업집단(예 : 화이트칼라, 넥타이 부대), 혹은 일정 규모의 주택이나 일정 가격 이상을 소유한 사람들(중형 이상의 아파트나 단독주택 소유자 혹은 강남 지역 아파트 소유자 등), 혹은 대졸 화이트칼라 등 다양한 의미로 사용되었다.

촌의 쁘띠부르주아지 가운데 경제적으로 안정된 집단과 노동자계급 가운데 소득이 높은 상층 노동자 계급을 모두 포함할 수 있다. 그러나 일반적으로 언론매체에서 다루어지는 중산층은 노동자계급과 대비되는 이미지로 사용되고 있는 것이 현실이다.

적어도 위와 같은 의미의 중산층이 되기 위한 첫 번째 조건은 자영업이나 사무직, 경영 · 관리직, 기술직 등에 종사하며, 어느 정도 높은 소득을 얻어서 경제적으로 안정되어 있어야 한다. 두 번째 조건은 생활상의 안정을 확보하기 위하여 단독주택이나 아파트를 소유하고 있어야 한다. 한국 사회에서 주택소유는 생활안정을 위하여 대단히 중요한 요소로 여겨지고 있다. 그러므로 무주택자이거나 소득이 낮은 직종에 종사하는 피고용자들이나 영세 자영업자들은 중산층이라고 불릴 수 없다.

그러나 현실적으로 주택가격의 지역 간 격차가 심하여 농촌지역의 주택소유와 서울 강남지역의 주택소유는 전혀 다른 의미를 지닌다. 농촌의 주택소유는 개인의 경제적 자원이나 생활기회 차원에서 큰 역할을 하지 못하지만 서울 강남지역의 주택소유는 대단히 큰 역할을 할 수 있기 때문이다. 그러므로 자녀 교육이나 세대 간 계급/계층 이동을 고려한다면 지역을 고려하지 않은 주택소유 여부는 중산층을 판별하는 데 도움을 주지 못한다. 여기에서는 중산층을 상대적으로 높은 소득이 보장되는 화이트칼라 직종을 의미하는 것으로 보고, 이들 화이트칼라 직업집단의 변화를 중심으로 경제위기 이후 중산층의 변화를 분석한다.

5. 중산층 살리기와 양극화 해소 방안

적어도 현재 한국 사회에서 나타나고 있는 사회양극화 문제는 불평등 심화와 빈곤층 확대를 동시에 내포하고 있다. 양극화를 문자 그대로 해석하여 소득분포가 빈곤층과 부유층 두 가지 집락이 만들어진다는 의미로 해석할 수도 있지만[2)]양극화를 문자 그대로 해석할 필요는 없다. 앞에서도 다루었던 것처럼 양극화가 경제적으로 또한 사회정치적으로 의미하는 바를 충족시키기 위한 조건은 여러 가지이다. 한국에서 사용되는 의미는 무엇보다도 경제적인 의미이며, 외환위기 이후 경제적으로 어려워진 사람들이 크게 늘어났다는 점과 이에 반하여 부유한 사람들이 더 부유하게 되었다는 점을 배경으로 하고 있다. 또한 중산층이라고 불리는 과거에 상대적으로 안정된 사회집단에 속했던 사람들이 더 이상 경제적으로 보장된 계층이 아니라는 점에서 많은 사람들이 경제적 차원의 불안을 경험하고 있다는 점에서 "중산층 몰락" 혹은 "중산층 위기"를 함의하고 있다. 그러므로 "중산층 살리기"라는 또 다른 이슈도 나름대로 부각되는 이유가 있는 것이다.

경제위기 이후 한국의 중산층은 어떤 변화를 경험하였는가? 먼저 소득의 변화를 살펴보자. 〈표 3〉은 한국노동연구원의 "임금노동 패널자료"를 이용하여 직업에 기초한 계급들의 소득을 1998부터 2005년까지

2) 보다 자세한 논의는 신동균(2006)과 강신욱 외(2006)를 참조할 것.

살펴본 것이다. 여기에서는 세 시기(1998, 2001, 2005)로 나누어 추이를 살펴보았다. 경제위기 이후 소득변화의 특징은 첫째로, 중산층과 하층인 노동자계층과의 격차가 줄어든 반면, 상류층인 자본가와의 격차는 벌어지고 있다는 점이다. 중산층 가운데 반전문직/기술직 종사자들의 월소득을 기준으로 다른 집단의 월소득을 살펴보면, 숙련노동자나 미숙련노동자와의 상대적 우위가 약화되었다. 이것은 쁘띠부르주아지와의 비교에서도 유사하게 나타났다.

둘째, 화이트칼라 내부에서 소득격차가 더 벌어졌다. 반전문직/기술직 종사자들의 월소득에 비해서 전문직/관리직의 월소득은 상대적으로 크게 증가하였지만 사무직, 판매직, 서비스직 화이트칼라 노동자들의 월소득은 상대적으로 적게 증가하여 중산층 내부의 격차가 더 커졌다. 화이트칼라 노동자들의 경우 1998년에 나타났던 미숙련노동자와의 월소득 격차가 2005년에는 거의 사라져 비슷한 수준의 월소득을 보여주고 있다.

중산층의 상태를 좀더 자세하게 분석하기 위하여 소득계층에서 중산층이 차지하는 위치를 살펴볼 필요가 있다. 〈표 4〉는 중산층이 소득계층에서 차지하는 위치를 1998년부터 2005년에 걸쳐서 살펴본 것이다. 〈표 3〉의 평균 월소득 변화와는 달리 중산층 직업집단 사이에서도 소득계층의 변화가 크게 일어났음을 알 수 있다. 전체적으로 상위 소득계층에 속하는 비율이 크게 낮아졌다. 상위 20%에 속하는 비율이 중산층 직업집단에서 공통적으로 낮아졌고, 상위 40%에 속하는 비율도 마찬가지로 낮아졌다.

이를 좀더 구체적으로 살펴보면, 전문직/관리직의 경우 1998년 상위 20% 소득계층에 속하는 비율이 40.9%였으나 2001년 31.7%로 크게

〈표 3〉 경제위기 이후 소득변화 추이(1998-2005)

(단위 : 만 원)

계급/연도	1998년	2001년	2005년
자본가	220.09(1.78)	307.66(2.36)	639.65(3.57)
쁘띠부르주아지	96.40(0.78)	143.18(1.10)	170.30(0.95)
전문직/관리직	151.21(1.22)	159.23(1.22)	221.86(1.24)
반전문직/기술직	123.94(1.00)	130.58(1.00)	179.30(1.00)
화이트칼라 노동자	91.13(0.74)	99.45(0.76)	129.68(0.72)
숙련노동자	102.97(0.83)	112.72(0.86)	154.43(0.86)
미숙련노동자	81.30(0.66)	93.79(0.71)	126.91(0.71)
전체	108.07(0.88)	128.79(0.99)	175.83(0.98)

참고 : 괄호안의 수치는 반전문직/기술직 종사자의 월소득을 기준으로 한 비율.

낮아졌고, 2005년에도 31.2%로 더욱 낮아졌다. 반면, 중간 소득계층인 40-60%에 속하는 비율이 1998년 14.2%에서 2001년 20.3%로 크게 늘어났으나 2005년 다시 14.0%로 낮아졌다. 반면에 상위 20-40%에 속하는 비율은 지속적으로 늘어나 1998년 23.9%, 2001년 25.7%, 2005년 31.4%로 늘어났다. 소득계층이 하위 60-80%인 전문직/관리직의 비율도 증가주세를 보여주고 있어서 1998년 12.5%, 2001년 13.1%, 2005년 14.5%로 약간씩 늘어났다. 이러한 추세는 전문직/관리직의 월소득이 상대적으로 하향 이동하였음을 의미한다.

반전문직/기술직의 경우는 더욱 뚜렷하여 상위 20%에 속하는 비율이 1998년 26.8%, 2001년 19.9%, 2005년 18.8%로 지속적으로 하락하였고, 반면에 하위 20%에 속하는 비율은 1998년 9.2%, 2001년 12.3%, 2005년 15.5%로 지속적으로 증가하였다. 또한 중위 소득계층인 40-60%

〈표 4〉 중산층 직업집단의 소득계층 분포변화 추이(1998-2005)

		소득계층					
		상위 20%	20% - 40%	40% - 60%	60% - 80%	하위 20%	계
중산층 직업	전문직 / 관리직	40.9 31.7 31.2	23.9 25.7 31.4	14.2 20.3 14.0	12.5 13.1 14.5	8.5 9.1 8.9	937(100.0) 940(100.0) 1110(100.0)
	반전문직 / 기술직	26.8 19.9 18.8	27.5 24.2 25.7	17.9 18.6 22.4	18.8 25.0 17.6	9.2 12.3 15.5	448(100.0) 488(100.0) 670(100.0)
	화이트 칼라 노동자	11.1 7.9 6.1	15.9 16.8 16.4	17.2 20.7 16.0	35.5 31.5 34.1	20.3 23.1 27.4	778(100.0) 696(100.0) 639(100.0)

참고 : 수치들은 위로부터 각각 1998년, 2001년과 2005년의 수치를 나타낸다.

소득계층의 비율이 꾸준히 증가하여 소득계층의 하향 이동을 보여주었다.

화이트칼라 노동자들의 경우에도 상위 20%에 속하는 비율이 꾸준히 낮아진 반면, 하위 20%에 속하는 비율이 지속적으로 증가하였다. 중산층 내 다른 직업집단과 비교하여 화이트칼라 노동자(사무직, 판매 서비스직이 대부분을 차지)들이 보여주는 특징은 절대다수가 하위 40%의 소득계층에 속한다는 점이다. 하위 40%에 속하는 비율이 1998년 55.8%에서 2005년 61.5%로 증가하여 화이트칼라 노동자들의 빈곤화 가능성이 높아졌음을 보여준다.

양극화 논의에서 중요한 위치를 차지하는 이슈는 저소득계층의 문제인 빈곤화이다. 경제위기 이후 실업과 비정규직의 증가로 소득하락을 경험한 인구가 급증하였고, 이들 가운데 빈곤층으로 전락하는 경우가 많아서 빈곤문제는 심각한 사회문제가 되었다. 전통적 빈곤층인 빈곤 아동, 빈곤 노인, 빈곤 여성, 실업자뿐만 아니라 근로 빈곤층과 신용불량자와 노숙자 등 사회적 배제로 인한 새로운 빈곤층이 증가하고 있다.

전체 인구의 1/7에 달하는 대규모의 빈곤층이 경험하고 있는 문제는 현재의 불안과 미래에 대한 불만이다.[3] 한국의 빈곤층은 현재 생계유지 자체에 어려움을 겪고 있다. 빈곤의 원인은 실업과 비정규직 고용과 같은 노동시장 문제뿐만 아니라 인구 고령화와 가족구조의 변화와 관련이 있다. 인구 고령화 문제는 65세 인구가 급격히 늘어나고 있고, 이들 노인 인구집단은 근로소득이 없는 경우가 대부분이기 때문에 근로기간 동안 재산을 충분히 마련하지 못한 경우에 쉽게 빈곤층으로 전락하게 된다. 현재 노인인구의 1/3이 빈곤층인 이유가 조기퇴직과 고령화가 맞물리면서 노후생활에 대한 대비가 제대로 이루어지지 못했기 때문이다. 수명이 길어지는 것이 축복이 아니라 많은 사람들에게 기나긴 고통으로 받아들여지게 되었다.

가족구조 변화의 내용은 이혼율의 급증과 단독가구의 증가이다. 1997년 이후 2006년까지 120만 쌍의 부부가 이혼을 하였고, 그 결과 여성가구 세대가 급증하였다. 1995년 여성 가구주의 비율은 전체 가구의 16.6%였으나 2003년에는 19.1%로 늘었다. 여성 가구주는 1995년 약 215만 가구에서 2003년에는 약 292만 가구에 달하여 77만 가구가 증가하였

3) 빈곤층 추정치는 통계마다 약간씩 다르다. 유경준 · 김대일(2003 : 56)에 따르면, 절대 빈곤율이 1995년 5% 중반에서 2000년 10.1%로 두 배 정도 증가하였다. 여기에서 절대 빈곤율은 절대 빈곤선 이하의 비율이다. 일반적으로 사용하고 있는 상대 빈곤율 추정방식인 중위소득 50% 이하인 비율을 사용할 경우 빈곤율은 1996년 12.7% 그리고 2000년에는 17.0%로 높아졌다(2003 : 31).

다. 여성 가구주의 증가는 빈곤층이 될 가구가 증가한다는 것을 의미한다. 2000년 여성 가구주의 경우 21.9%가 절대빈곤 가구였고, 5.9%가 차상위 빈곤계층 가구로 나타났다. 이는 남성 가구주의 경우 절대빈곤 가구 6.9%와 차상위 빈곤계층 가구 3.5%와 대비하여 절대빈곤 가구의 비율은 3.1배, 그리고 차상위 가구 비율은 1.7배로 남성 가구주에 비해서 여성 가구주의 빈곤 비율이 대단히 높은 것으로 나타났다. 대체로 3-4 여성 가구 가운데 1가구 정도가 빈곤 가구인 셈이다.

이들 빈곤층은 미래에 대한 투자를 못하고 있다. 공교육보다 사교육이 더 큰 비중을 차지하고 있는 한국의 교육현실에서 사교육비 지출이 불가능하기 때문에 교육을 통한 상승이동이 거의 불가능하다. 이들은 주거, 건강, 소비 등에서 열악한 상황에 놓여 있음은 물론이고, 자녀가 교육을 통하여 중산층이 될 수 있는 기회를 포기한 셈이다. 이들에게 미래는 희망으로 다가오는 것이 아니라 좌절로 다가오기 때문에 이들에게서 자기 자신과 사회에 대한 강한 불만이 축적되고 있다. 빈곤의 대물림에서 벗어날 수 없기 때문이다.

새로운 빈곤층의 전형적인 형태는 비정규직 고용 확대로 인한 근로 빈곤층이다. 비정규직의 규모는 비정규직의 정의에 따라서 차이가 있지만, 적어도 2006년도 현재 비정규직 규모는 546만 명 정도이며, 이는 피고용자 3명 가운데 1명에 해당하는 것이다(노동부, 2006). 비정규직의 확대는 노동계급에 한정된 것이 아니라 중간계급에도 적용된다는 점에서 중간계급의 고용불안을 가져오는 요인이기도 하다. 2004년 비정규직의 경우 정규직에 비해서 약 50-60%의 낮은 월급을 받고 있을 뿐만 아니라, 각종 사회보험과 연금가입이 되어 있지 않아서 보호를 받지 못하고 있다. 근로복지 수혜율은 7배, 사회보험 가입율은 3배 정도 차이를 보이고 있어서 임금 이외에도 비정규직의 근로조건이 대단히 열악함을 알 수 있다(노동부, 2006).

비정규직 문제는 고용불안정이다. OECD 국가들과 비교해서 한국의 노동시장이 보여주는 가장 큰 특징 중의 하나는 근속연수가 짧다는 점이다. 비정규직이 급증하면서 전체적으로 근속연수가 낮아지고 있다. 〈표 5〉에서 볼 수 있는 것처럼 한국의 근속연수는 5.6년으로 일본이나 유럽의 절반 정도에 불과하며, 신자유주의 경제체세를 대표하는 미국보다도 더 낮아서 고용불안정이 극단적인 수준임을 알 수 있다.

〈표 5〉 OECD 평균 근속연수(평균) 1992, 1997 및 2002

국가	1992	1997	2002	1992–2002
벨기에	11.0	11.4	11.6	0.6
덴마크	8.8	8.5	8.4	−0.4
핀란드	–	10.4	10.3	–
네덜란드	8.9	9.8	9.9	1.0
프랑스	10.4	10.9	11.3	0.9
독일	10.7	10.1	10.7	–
스웨덴	–	11.5	10.5	–
영국	8.1	8.0	8.1	0.0
미국	6.7	6.6	–	–
일본	10.9	–	12.2	1.3
한국	4.0(1990)	6.1	5.6	1.6

자료 : 한국 자료를 제외한 모든 나라의 자료는 Auer, Berg and Coulibaly(2004 : 3)에 근거하였으며, 한국 자료는 노동부(2004). 신광영, 조돈문, 이성균(2006 : 23)에서 재인용.

정규직 중산층도 안정된 고용과 소득을 누리고 있는 것은 아니다.

정규직 중산층이 경험하고 있는 것은 현재에 대한 불만보다 미래에 대한 불안이다. 피고용자 중산층의 불안은 현재와 같이 조기퇴직이 일반화되는 경우, 40대 후반이나 50대 초반부터 소득이 불안정해질 수 있다는 점이다. 대부분의 대졸 화이트칼라는 40대 후반과 50대 초반에 퇴직을 경험하게 되고, 피고용자로서의 직장생활을 마감하게 된다. 이들은 대체로 자영업으로 진출하지만, 자영업은 성공확률이 낮고 또한 소득도 노동자들의 소득수준보다 크게 높지 않아서 경제적 불안정을 피하지 못하고 있다. 가족 차원에서 엄청난 규모의 사교육비를 들여 16년 이상의 장기적인 교육을 받지만 소득을 올릴 수 있는 시간은 16년이 안 되는 상황이 나타나고 있는 것이다. 이에 대한 반응은 보다 안정된 직업과 직장을 갖기 위하여 교육대학 입시와 각종 공무원 시험으로 학생들이 몰리는 현상에서 쉽게 확인할 수 있다.

조기퇴직 문제는 정부 정책의 문제라기보다 직접적으로 기업 고용정책의 문제이다. 현재와 같이 OECD 국가들 가운데 가장 낮은 근속연수가 보여주는 것은 고용관계의 유지가 대단히 짧다는 점이다. 기업에 의한 해고이건 피고용자의 자발적 사직이건 기업 내에서 고용관계는 대단히 불안정하기 때문에 고용불안정이 노동자들뿐만 아니라 많은 중산층에게도 커다란 위협으로 받아들여지고 있다. 그러므로 중산층 살리기의 핵심은 화이트칼라 전문직, 관리직, 사무직 종사자들의 고용불안을 약화시키는 것이 되어야 한다. 즉 현재의 소득수준을 높이는 것이 아니라, 장래의 고용이 보장되는 고용안정성을 높이는 것이 절대적으로 필요하다. 적어도 피고용자 중산층의 고용안정이 제대로 이루어지지 않는 상태에서 중산층 살리기는 불가능하다.

중산층 안정화를 위해서 필요한 것은 고용안정성을 높이거나 혹은 경제적 안정성을 높이는 것이다. 고용안정성은 비정규직에 대한 엄격한 규제를 가하는 정부 정책이나 기업의 고용정책에 의해서 이루어질 수 있다. 경제적 안정성은 국가의 연금제도나 각종 복지제도를 통하여 이루어질 수 있다. 그런데 이러한 방안은 중산층에 한정된 것이 아니라 노동계층이나 빈곤층에도 동일하게 적용된다는 점에서 중산층에 한정된 것은 아니다. 덴마크나 네덜란드에서처럼 유연한 노동시장과 체계적인 국가복지의 결합을 통하여 유연안정성(flexicurity)을 도모하는 것이 필요하다.

소득불평등과 자산불평등을 약화시키기 위해서는 조세제도를 통한 재분배 효과를 강화해야 한다. 현재 한국의 조세제도가 지니는 재분배 효과는 유럽 국가들의 1/10 정도에 불과하다. 평균적으로 조세를 통한 지니계수 감소효과가 북유럽의 경우 33.6%, 유럽대륙 국가들의 경우 21.9%, 영미권의 경우 21.7%에 달했다(Bradly, Huber, Mollder et al., 2003 : 210). 반면, 한국의 경우 조세 전 소득불평등과 조세 후 소득불평등의 차이는 4-7%에 불과하다.[4] 유럽 대부분의 국가들에서 조세 전 소득불평등은 한국보다 훨씬 높지만 조세 후 소득불평등은 훨씬 낮은 이유는 이들 나라에서 조세제도가 지니는 재분배 효과 때문이다.[5] 한국에서는 재

4) 조세의 소득분배 개선효과는 1998년 2.5%에서 2004년 6.5%로 증가하였다(대통령자문정책기획위원회, 2006 : 304). 유경준 · 김대일(2003)에 따르면, 1996년 1.3%에서 2000년 4.5%로 증가하였다. 이것은 주요 OECD 국가들의 평균 41.6%에 비해서 1/10 수준이다.

5) 시장소득과 가처분소득 지니계수 변화는 1995년의 경우 스웨덴에서 가장 크고, 그 다음 핀란드와 독일 순이다. 스웨덴의 시장소득 지니계수는 .439로 2000년 한국의 .374보다 훨씬 크지만 조세제도를 통하여 .218로 낮아져 한국의 .358보다 훨씬 낮다. 미국의 경우도 시장소득 지니계수는 .411이지만 가처분소득 지니계수는 .335로 크

분배를 강하게 요구하는 조직화된 노동계급이나 분배를 강조하는 정당이 부재하기 때문에 정부의 조세제도를 통한 재분배정책은 발달하지 못했다.

자산불평등의 문제를 해결하는 것은 불로소득을 통한 부의 축적을 막고 노력을 통해서 부를 축적하는 풍토를 만드는 것이다. 교육제도와 직장을 통하여 노력하는 사람이 대우받고 성공할 수 있는 사회가 되기 위해서는 불로소득을 통하여 부유층이 부를 독점하는 것을 제도적으로 막아야 한다. 19세기 말 프랑스의 자유주의 사회학자 에밀 뒤르케임이 상속제도 폐지를 강하게 주장한 것은 그것이 건전한 자유주의 사회의 원리에 반한다고 생각했기 때문이었다.

사회양극화 문제를 해결하기 위해서는 부유층, 중산층, 노동계급, 빈곤층 모두를 고려해야 한다. 중산층만을 대상으로 하는 정책을 통해서 사회양극화 문제는 해결될 수 없다. 또한 사회양극화의 원인에 따라서 다양한 해결책이 모색되어야 한다. 사회양극화를 막기 위해서는 비정규직 확대와 조직퇴직으로 인한 저임금과 조기퇴직 문제, 인구 고령화와 가족구조의 변화로 인한 노인 빈곤층과 여성 빈곤층 문제, 고비용의 사교육이 중심이 되면서 빈곤층이 교육을 통해서 상승 이동하는 것이 원천적으로 불가능해지는 교육제도의 문제, 의료제도 접근과 관련된 의료 불평등

게 낮아졌다. 시장소득 불평등은 유럽에 비해서 그다지 크지 않지만 가처분소득 불평등은 매우 큰 이유는 조세제도의 재분배 효과가 거의 없기 때문이다. 지니계수 변화율은 다음과 같이 측정될 수 있다[(시장소득 지니계수−가처분소득 지니계수)/시장소득 지니계수]*100. 이러한 계수 변화율은 1995년 스웨덴 101.4, 핀란드 81.3, 독일 58.6, 노르웨이 50.2, 영국 41.3, 아일랜드 40.5, 프랑스 39.9, 네덜란드 35.9, 호주 33.9, 캐나다 32.2, 스위스 31.7, 미국 22.7, 룩셈부르크 18.1, 이탈리아 18.0, 벨기에 17.7 등이었다. 한국은 1996년 1.3, 2000년 4.5에 불과하였다.

문제, 재분배 효과가 없는 조세제도 개혁 등과 관련된 종합적인 대책이 필요하다.

6. 맺음말

사회양극화와 중산층의 몰락은 동일한 의미를 지니지 않는다. 양극화가 일어나지 않고도 중산층 몰락이 나타날 수 있으며, 양극화가 일어나는 경우라도 중산층 몰락이 나타나지 않을 수도 있다. 양극화와 중산층 몰락이 동일한 의미를 지니는 경우는 중산층이 몰락하여 빈곤층이 되는 경우이다. 그러나 소득분포상에서 이러한 현상이 나타는 경우는 거의 없다.

사회양극화를 해소하는 것은 사회정의라는 규범적인 차원에서 뿐만 아니라 국민의 삶의 질 향상이라는 실질적인 차원에서도 요구되는 필수적인 해결과제이다. 사회양극화로 인하여 범죄가 증가하고 사회갈등이 높아지는 경우, 이를 둘러싼 사회적 비용이 커질 수밖에 없다. 정부정책이나 사회제도가 개인들이 지닌 능력을 발휘하여 더 많은 사람들이 더 많은 일을 할 수 있도록 하기 위해서는 노력한 만큼 보상을 받는 분배제도가 필요하고, 인간으로서 기본적인 존엄성을 인정받을 수 있는 조건을 마련하는 것이 문명국가의 역할이다.

중산층 살리기 논의에서 중대한 문제는 중산층만을 살릴 수 있는 특별한 정책이나 대책은 없다는 것이다. 대부분의 정책은 피고용자 전체를 대상으로 하고 있기 때문이다. 비정규직 문제도 사무직, 판매 서비스직 화이트칼라 노동자뿐만 아니라 전문직, 관리직 종사자들에게도 해당되는 문제라는 점에서 비정규직 문제 해결이 중산층 살리기에도 중요한 과제가 된다. 소득계층 하위 40%에 해당하는 중산층 직업집단의 규모가 커지고 있는 현실에서 중산층 문제가 빈곤층 문제와 무관하다고 볼 수 없기 때문이다.

이미 불평등 심화와 빈곤층 증대 문제는 한국뿐만 아니라 많은 나라들에서 핵심적인 쟁점으로 부각되었다. 또한 이를 해결하기 위한 정책적 노력이 노동시장 정책이나 복지정책을 통해서 이루어지고 있다. 정책적 대안은 나라마다 다르게 나타나고 있다. 사회문화적 전통과 정치적 상황에 따라서 정책의 내용은 다르지만 모든 국가나 정당들의 핵심적인 정책과제는 공통적으로 불평등을 약화시키고 빈곤을 퇴치하여 사회통합을 이룩하는 것이다. 이러한 일은 국민 전체를 대표하는 정당이나 정권이 수행해야 할 가장 기본적인 의무사항이기도 하다.

오늘날 한국 사회에서 사회양극화 해소와 중산층 살리기는 선택의 문제가 아니라 동시에 해결해야 할 국가적 과제이다. 민주화 20년 동안 불평등이 심해지고 빈곤층이 늘어났다면 누구를 위한 민주화인가라는 문제제기가 이루어질 수밖에 없다. 민주화라는 정치발전이 모든 국민들의 삶의 질 향상으로 이어지지 않는다면 민주주의는 내용이 없는 빈 껍데기로 인식될 것이다. 개인들의 삶의 질 향상 차원에서 민주주의와 경제발전이 새롭게 논의될 필요가 있다.

참고문헌

강신욱. 2006. "양극화와 언론보도-빈부격차." 『신문과 방송』. No. 424, pp. 24-29.
강신욱 · 신영석 · 이태진 외. 2006. 『사회양극화의 실태와 정책과제』. 한국보건사회연구원 정책보고서 2006-11.
김동헌. 2006. "근로빈곤층 고용정책의 방향과 과제." 『노동리뷰』.
김유선. 2006. 『한국노동자의 임금실태와 임금정책』. 후마니타스.
김재진 · 박능후. 2005. "한국형 EITC제도 도입 타당성 검토." 한국조세연구원, 한국보건복지연구원 정책토론회 발표문.
김흥종. 2006. "양극화 현상에 대한 각국의 인식과 정책적 대응." 『응용경제』. Vol. 8, No. 2, pp. 105-119.
노동부. 2006. 『'06년 비정규직 통계 조사 결과 분석 보고』. 11월 24일.
대통령자문정책기획위원회. 2006. 『사회비전 2030-선진 복지국가를 위한 비전과 전략』.
신광영. 2004. 『한국의 계급과 불평등』. 을유문화사.
______. 2006. "한국의 불평등 구조와 추이." 『민주사회와 정책연구』. 제9호, pp. 48-70.
신광영 · 조돈문 · 이성균. 2005. "계급과 일사리 이동의 비교사회연구." 『산업노동연구』. 11권 제1호, pp. 1-32.
신동균. 2006. "소득양극화의 개념과 실태." 『노동리뷰』. pp. 63-80.
유경준 · 김대일. 2002. 『외환위기 이후 소득분배구조변화와 재분배정책효과 분석』. 한국개발연구원 연구보고서 2002-08.
______. 2003. 『소득분배 국제비교와 빈곤연구』. 한국개발연구원.
유팔무 · 박경숙. 2005. 『중산층의 몰락과 계급양극화』. 소화.
장대홍. 2006. "정부는 『양극화 해소』라는 정치적 구호로 잘 나가는 소수 겁주고, 못 나가는 다수 선동치 말라." 『한국논단』. 199호, pp. 8-11.
증권선물거래소. 2007. 『통계 간행물 09월 통계』.
한국은행. 2002. "국내 은행의 프라이빗 뱅킹의 현황과 문제점." 보도자료 10월 16일.

한국은행. 2004. "국내 은행의 프라이빗 뱅킹 현황과 과제." 보도자료 10월 21일.
한국은행. 2007. "2006년 중 은행수신." 보도자료 3월 16일.
한국일보. 2003. 1월 18일.
홍두승. 2005. 『한국의 중산층』. 서울대출판부.

橋木俊詔. 1998. 『日本の經濟格差』. 岩波書店.
松原隆一郎. 2005. 『分斷される經濟』. 日本放送出版協會.
竹内章郎 外. 2005. 『平等主義が 福祉すくら』. 青木書店.

Anderson, Arthur S. and Francois Nielsen. 2002. "Globalization and the Great U-turn : Income inequality trends in 16 OECD countries." *American Journal of Sociology* Vol. 107, No. 5, pp. 1244-1499.

Bradley, David, Evelyne Huber, Stephanie Moller, Francois Nielsen and John Stephens. 2003. "Distribution and Redistribution in Post-industrial Democracies." *World Politics* 55, pp. 193-228.

Esping-Andersen, Gosta. 2007. "Sociological Explanations of Changing Income Distribution." *American Behavioral Scientist* Vol. 50, No. 5, pp. 639-658.

Förester, Michael and Marco Mira d'Ercole. 2005. Income Distribution and Poverty in OECD Countries in the Second Half of 1990s, OECD Working Paper 22.

Förester, Michael and Pearson. 2002. "Income Distribution and Poverty in the OECD Area : Trends and Driving Forces." *Economic Studies* No. 34.

Gottschalk, Peter and Sheldon Danziger. 2005. "Inequality of Wage Rates, Earnings and Family Income in the United States, 1975-2002." *Review of Income and Wealth*, Vol. 51, No. 2.

Nielsen Francois and Arthur S. Anderson. 1997. "The Kuznets Curve and the Great U-Turn : Income Inequality in U.S. Counties, 1970 to 1990." *American Sociological Review*, Vol. 62, No. 1, pp. 12-33.

Nolan, Brian and Timothy M. Smeeding. 2005. "Ireland's Income Distribution in Comparative Perspective." *Journal of Income and Wealth* Vol. 51, No. 4, pp. 537-560.

Harrison Bennett and Barry Bluestone. 1988. *The Great U-Turn : Corporate Restructuring and the Polarizing America*. New York : Basic Book.

Smeeding, Timothy. 2002. Globalization, Inequalities of the Rich Countries of G-20 : Evidence from the Louxembour Income Study(LIS), LIS Working Paper 320.

3

중산층과 이중적 시민사회 :
중산층의 쇠퇴와 시민사회의 변동

김호기(연세대 사회학과)

1. 문제제기

최근 우리 사회에서 중산층의 쇠퇴가 관심을 불러모으고 있다.[1] 지난 2005년부터 사회양극화와 더불어 중산층의 쇠퇴가 새로운 주목을 받으면서 이에 대한 대처방안으로 중산층 육성에 대한 논의가 진행되고 있다. 중산층의 쇠퇴와 육성에 대한 관심은 물론 새로운 현상은 아니다.

1) 사회학적으로 중산층은 학문적 개념이라고 하기 어렵다. 오히려 중간계급이 더 많이 쓰이는 개념이며, 중산층은 언론에서 주로 쓰이는 개념이다. 중간계급이 객관적인 기준에 따른 계급구분과 주관적인 귀속의식을 모두 고려한다면 중산층은 주관적인 귀속을 중시한다. 그것이 주관적인 것인만큼 중산층의 규모는 중간계급의 규모보다 자연 커질 수 있다. 이런 차이점에 주목하되 이 글에서는 중간계급과 중산층을 동일한 의미를 가진 것으로 사용하고자 한다.

이미 1997년 외환위기 이후 중산층의 쇠퇴를 둘러싼 토론이 있었으며, 최근의 토론 역시 앞선 논의의 연장선상에서 이루어지고 있다. 외환위기 직후의 토론과 최근의 토론 사이에 차이가 있다면, 전자의 경우가 중산층의 쇠퇴 내지 붕괴에 주목한 반면, 최근의 경우는 사회양극화의 강화를 부각시키고 있다는 것이다. 하지만 중산층의 쇠퇴와 양극화의 강화는 동전의 서로 다른 면이라고 할 수 있다.

중산층의 쇠퇴를 가져온 원인으로는 여러 요인들이 지목된다. 그것은 크게 대외적 요인과 대내적 요인으로 나누어지는데, 세계화의 충격과 이에 따른 사회양극화의 강화가 대외적 요인이라면, 이런 충격과 강화에 대한 개별 국가의 대처 역량은 대내적 요인으로 볼 수 있다. 이 두 요인 중 대외적 요인 못지않게 대내적 요인 또한 매우 중요하다. 세계화의 충격이 유사함에도 불구하고 중산층의 쇠퇴양상이 나라마다 상이한 것은 대내적 대처 역량의 차이에서 비롯된 것이기 때문이다. 세계화 시대에서의 중산층의 구조변동은 미국과 유럽이 다르며 유럽 내에서도 나라마다 상이한데, 이는 개별 국가의 산업구조, 계급구조, 그리고 국가정책의 차이에 기인하는 것으로 볼 수 있다. 이 점에서 중산층의 쇠퇴는 대외적 요인과 대내적 요인, 구조적 요인과 전략적 요인이 결합된 복합과정으로 이해할 필요가 있다.

사회학적으로 중산층의 쇠퇴는 사회구성원 다수의 삶의 질을 하강시키고, 결국 사회통합을 약화시킨다. 다시 말해, 중산층의 쇠퇴는 경제영역은 물론 시민사회 영역에도 적지 않은 영향을 미친다. 이 글의 목표는 중산층의 쇠퇴가 시민사회에 미치는 영향을 검토하고, 이로부터 중산층 육성이 갖는 의미와 앞으로의 전망을 살펴보려는 데 있다. 논문은 세 부분으로 이루어져 있다. 2절에서는 한국 시민사회의 이중적 특성을 살펴보고, 3절에서는 중산층의 쇠퇴가 시민사회의 이중성에 미치는 영향을 검토한다. 마지막 결론에서는 중산층 육성에 대한 전망을 간략히 숙고해 보고자 한다.

2. 한국의 시민사회 : '이중적 시민사회'[2)]

먼저 시민사회란 무엇인가를 살펴보자. 코헨과 아라토에 따르면 시민사회는 "① 다원성 : 생활형태의 다양성을 허용하는 다원성과 자율성을 갖고 있는 가족, 비공식집단, 자발적 결사체, ② 공공성 : 문화와 의사소통의 제도, ③ 사생활 : 사적 자아발전과 도덕적 선택의 영역, ④ 법률성 : 적어도 국가와, 경향적으로 경제로부터 다원성, 사생활, 공공성을 경계지우는 데 필요한 일반적인 법률과 기본권의 구조"의 네 가지 구성요소로 이루어져 있다고 볼 수 있는데(Cohen and Arato, 1992 : 346), 개별 국가에 따라 이 시민사회는 국가와 시장과의 관계에 따라서 다양한 양상과 유형을 보여주고 있다.

일찍이 시민사회의 유형을 주목한 사람은 그람시로, 그는 원시적이고 무정형적인 러시아의 시민사회와 국가가 흔들릴 때마다 안정적인 구조로 떠올랐던 서구의 시민사회를 비교한 바 있다(Gramsci, 1971). 그

2) 이 절의 내용은 김호기(2007)의 2장을 참조했음을 밝힌다.

〈그림 1〉 시민사회의 유형

시장으로부터의 시민사회의 자율성 ＼ 국가로부터의 시민사회의 자율성	낮다	높다
낮다	A	B
높다	C	D

람시의 이러한 비교는 개별 국가의 구조적 특성에 따른 시민사회의 상이한 존재형태를 설명하고 있지만 국가와 시민사회의 관계, 즉 시민사회의 정치적 차원만을 고려하는 약점을 갖는다. 시민사회의 유형화에서는 국가와 시민사회의 관계뿐만 아니라 시장과 시민사회의 관계 또한 적극 고려할 필요가 있으며, 이 점에 주목하여 국가와 시장으로부터 시민사회의 자율성을 기준으로 그 유형을 세분화하면 위와 같은 〈그림 1〉로 정리할 수 있다.

이 유형화에서 우선 국가로부터 시민사회의 자율성이란 국가와 시민사회 간의 힘의 관계, 다시 말해 국가권력과 사회권력 간의 균형과 불균형의 정도를 말하며, 그것을 판별할 수 있는 지표로는 자발적 결사체의 성숙수준, 이익집단의 활성화 수준 등을 고려할 수 있다. 한편 시장으로부터 시민사회의 자율성이란 시장과 시민사회 간의 힘의 관계, 다시 말해 경제권력과 사회권력 간의 균형과 불균형의 정도를 말하며, 그것을 판별할 수 있는 지표로는 시장에 대한 시민사회의 통제수준과 시장의 폭력을 제어할 수 있는 사회복지 수준을 들 수 있다.

〈그림 1〉에서 이런 유형들은 물론 추상화된 범주들이며,[3] 개별 유형 사이에 중간 형태가 존재할 수 있고, 이 중간 형태는 개별 국가의 특수한 역사적 · 사회적 조건에 따라 상당 기간 지속될 수 있다.[4] 또한 시민사회의 발전방향은 A → B → D, 또는 A → C → D의 두 가지 경로가 존재하지만 그 역전 가능성을 완전히 배제하기는 어렵다. 국가와 시민사회, 시장과 시민사회의 관계는 자본주의의 발전과정에서 국가와 시장이 선행해 성장하고 시민사회가 이를 추격하는 것이 일반적인 경향이라 볼 수 있다 하더라도 국가와 시민사회, 시장과 시민사회의 균형관계는 지속적으로 유지되는 것이 아니라 정치적 · 경제적 구조변화에 따라 언제든지 불균형 관계로 변화될 수 있다.

시민사회의 이런 유형화를 고려해 볼 때, 한국의 시민사회는 1987년 이후 서서히 A유형에서 B유형으로 이동해 왔다. 주지하듯이 한국 시민사회의 중요한 특징은 '강한 국가, 약한 시민사회' 의 전형적인 사례라는 점에 있으며, 강한 국가의 이런 전통은 유교의 가부장적 국가는 물론 일제 시민지 국가, 그리고 해방 이후 과대성장 국가에서 볼 수 있듯이 오랜 역사적 경험을 통해 재생산되어 온 것이라 할 수 있다. 이런 '강한 국

3) 예를 들어 동아시아 신흥공업국가의 시민사회는 A유형에, 미국의 시민사회는 B유형에, 동유럽 구사회주의의 시민사회는 C유형에, 서유럽 복지국가의 시민사회는 D유형에 속한다고 볼 수 있다.

4) 예를 들어, 독일 시민사회의 역사적 경험을 보면 민주주의의 실험실이라 할 수 있는 1920년대 바이마르 공화국의 경우, 제1차 세계대전 이후 국가에 대한 시민사회의 자율성은 신장되었지만 민주주의의 제도화 수준은 상대적으로 낮은, 러시아의 시민사회와 서구의 시민사회의 중간 형태를 취하고 있었으며, 따라서 당시 시민사회는 정치적 · 사회적 불안정성을 내포하고 있었다. 이에 관한 논의는 김호기(2000)를 볼 것.

가, 약한 시민사회'의 역사적 형성과정에서 시민사회의 한 구성요소인 사회운동의 분출, 예컨대 해방공간의 사회운동(1945-1948), 4월 혁명(1960), 6월 민주화 운동(1987) 등 국가에 대한 사회운동들이 일거에 폭발함으로써 국가와 시민사회의 비대칭적 관계가 일시적으로 변화되기는 했지만 그것은 이내 다시 '강한 국가, 약한 시민사회'로 복귀되었다.

이와 더불어 1960년대 이후에는 '강한 시장, 약한 시민사회'의 새로운 시장과 시민사회의 관계가 형성되었다. '강한 시장, 약한 시민사회'란 시장의 원리라 할 수 있는 교환/경쟁이 경제사회에 전면화될 뿐만 아니라 그 원리가 시민사회에 침투해 커다란 영향을 미치는 것을 말한다. 그 결과 호혜성(reciprocity)으로 대표되는 공동체의 원리는 급속히 쇠퇴 및 변형되어 왔으며, '만인 대 만인의 투쟁'으로 특징지어지는 시민사회의 이기적 속성이 강화되어 왔다. 이러한 시장과 시민사회의 관계에서 주목할 것은 경쟁의 원리가 호혜성의 원리를 배제하는 동시에 이 두 원리가 기형적으로 결합하여 집단적 이기주의를 강화해 왔다는 점이며, 그것은 조직적 · 비조직적 차원에서 이른바 '비도덕적 가족주의'를 구조화해 왔다.

이런 '강한 국가, 약한 시민사회', '강한 시장, 약한 시민사회'의 관계는 1987년 6월 민주화 운동 이후 변화의 가능성을 보여왔다. 그 변화의 가능성은 자본주의의 발전이 가져오는 '시민사회 성장의 효과'라 할 수 있는데(Rueschemeyer, Stephens and Stephens, 1992), 특히 노동운동과 시민운동의 활성화는 국가와 시민사회, 시장과 시민사회의 관계를 변화시켜 왔다. 하지만 1987년 이후 시민사회의 구조변동도 강한 시민사회로의 순조로운 변화로 나타난 것이 아니라, 강한 국가가 부분적으로 쇠퇴해 온 동시에 신자유주의적 시장의 원리가 더욱 강화됨으로써 시장과 시민사회 간의 비대칭적인 힘의 관계가 증대되는 과정으로 나타났다. 간단히 말해, 1990년대 이후 발전주의 국가에서 신자유주의로의 전환은 현재 시민사회의 불안정성에 작지 않은 영향을 미치고 있는 것으로 보인다.

그렇다면 이러한 한국의 시민사회는 어떻게 규정할 수 있을까. A형에서 B유형으로 이동 중에 있는 한국 시민사회의 두드러진 구조적 특징은 이중적 속성에 있다. 구체적으로, 가족과 비공식집단에서는 가족주의와 그 확대 형태로서 연고주의가 여전히 영향력을 행사하고 있다면, 자발적 결사체와 시민운동을 포함한 사회운동에서는 비판적이고 진보적인 성향이 두드러져 왔다. 한편, 언론으로 대표되는 공공영역에서는 보수주의와 진보주의가 대립하고 있으며, 시민문화와 일상생활에서는 전통주의, 근대주의, 탈근대주의가 공존하고 있다.

이러한 사실에 주목하여 나는 한국의 시민사회를 이중적 시민사회(dual civil society)로 파악하고자 한다. 여기서 이중적 시민사회란 한편에서의 전통주의, 보수주의, 공동체주의와 다른 한편에서의 근대주의, 진보주의, 개인주의가 공존하고 대립해 있는 것을 말한다.[5] 흔히 시민사회라면 규범적으로 정당한 공간으로 생각하고 있지만 현실의 영역에서 시민사회는 보수와 진보, 전통과 근대, 오리엔탈리즘과 옥시덴탈리즘이 착종되어 있으며, 우리 사회의 경우 이러한 성격은 더욱 두드러지고 있다.

5) 나는 이중적 시민사회의 착상을 발전이론의 이중경제 개념에서 빌려왔다. 이중경제론은 식민지 해방 이후 제3세계 사회들에서 전통적인 자급자족경제와 근대적인 상업경제가 상대적으로 격리된 채 공존하고 있다고 본다. 근대화론이 강조하는 이중경제론은 이후 종속이론 및 마르크스주의 발전이론으로부터 비판을 받았으며, 나 또한 이런 비판에 공감하고 있지만 비서구사회 경제 및 사회현실에 대한 이 개념의 분석력은 유효한 부분이 남아 있다고 생각한다. 이중경제 개념에 관해서는 Lewis (1970)를 볼 것.

바로 이런 점에서 우리의 시민사회는 이중적 시민사회이자 '풀뿌리 보수주의'와 '풀뿌리 민주주의'가 혼재되어 있는 공간으로 볼 수 있다. 우리의 시민사회를 이렇게 볼 수 있다면 최근 중산층의 변동은 시민사회에 어떤 영향을 미치고 있는가. 이에 대해서는 아래 3절에서 살펴보고자 한다.

3. 중산층의 쇠퇴와 시민사회의 변화

거시적으로 보면, 우리 사회에서 중산층의 쇠퇴는 세계화의 충격과 1997년 외환위기를 계기로 시작되어 온 것으로 보인다. 주지하듯이 세계화는 국가 간, 기업 간 경쟁을 강화시킨다.[6] 세계화의 물결을 탄 대기업들은 지속적인 성장을 이루지만 물결을 타지 못한 중소기업들은 시장에서 탈락하는 위기에 처하게 된다. 이런 산업 및 기업의 재구조화 과정에서 중산층의 핵심을 이루어 온 화이트칼라의 분화가 진행되며, 이는 결과적으로 중산층의 규모를 줄이는 결과를 가져오게 된다.

먼저 중산층의 쇠퇴를 경험적으로 살펴보면, 〈표 1〉은 외환위기 이후 중산층의 비중 변화를 보여준다. 한국보건사회연구원이 발표한 이 자료에 따르면, 1996년 68.73%를 차지했던 중산층(중간층과 중하층)은 외환

6) 세계화와 그것이 미치는 경제적 · 사회적 영향에 대해서는 Beck(1999), Held, McGrew, Goldblatt and Perraton(1999), Stiglitz(2002)를 볼 것.

〈표 1〉 외환위기 이후 중산층의 비중 변화(1996-2006)

(단위 : %)

	1996	2000	2006
상류층	20.08	22.77	25.34
중간층	55.54	48.27	43.68
중하층	13.19	12.84	10.93
빈곤층	11.19	16.12	20.05

* 상류층 : 평균소득의 150% 이상, 중간층 : 평균소득의 70-150%, 중하층 : 50-70%, 빈곤층 : 평균소득의 50% 이하.
출처 : 한겨레신문, 2007년 3월 19일.

위기 이후 2000년 61.11%로 줄어들었으며, 2006년 상반기에는 54.61%로 더욱 감소했다. 이에 대응하여 빈곤층도 늘어났는데, 같은 기간 동안 빈곤층은 11.19%, 16.12%, 20.05%로 증가해 왔다. 〈표 2〉는 외환위기 이후 빈곤율과 소득불균등도의 추이를 보여준다. 이 표에 따르면, 외환위기 이후 크게 악화된 빈곤율과 소득불균등도는 2000년대에 들어와 어느 정도 완화되었지만 최근 다시 악화되는 경향을 나타내고 있다.

이런 중산층의 쇠퇴를 낳은 직접적인 원인은 세계화의 충격과 이로 인한 양극화의 강화에 있다.[7] 우리 사회의 양극화 경향은 현재 다양한데,

7) 앞서 지적했듯이, 세계화의 충격이 양극화 강화의 대외적 원인이기는 하지만 양극화 현상을 세계화의 충격에 모두 귀속시킬 수 있는 것은 아니다. 양극화가 강화되는 것은 세계화의 충격이라는 '구조적 강제', 개별 국가의 발전 모델이라는 '경로의존성', 그리고 세계화의 충격에 대응하는 개별 정부의 '전략적 선택' 사이의 상호작용의 결과로 볼 수 있다. 나라마다 양극화 정도가 다른 것은 이런 상호작용, 특히 개별 정부의 전략적 선택의 차이에 그 주요 원인이 있음을 주목할 필요가 있다. 이와 연관해서 우리 사회에서 작지 않은 함의를 주는 것은 이른바 강소국의 전략적

〈표 2〉 빈곤율과 소득불균등도 변화 추이(1997-2004)

		1997	1998	1999	2002	2003	2004
빈곤율(%)	최저생계비 기준	3.9	8.2	9.4	5.2	6.1	6.0
	중위소득 50% 기준	9.1	10.7	10.6	9.7	10.8	11.7
	중위소득 60% 기준	15.7	17.0	16.9	16.6	16.8	18.0
소득 불균등도	지니계수	0.283	0.316	0.320	0.312	0.306	0.310
	5분위 배율(배)	4.49	5.41	5.49	5.18	5.22	5.41

출처 : 이태수, 2006 : 203.

대기업과 중소기업, 첨단산업과 전통산업, 고소득층과 저소득층, 정규직 노동자와 비정규직 노동자에 이르기까지 기업, 산업, 소득, 고용 등의 경제 및 사회 전반에서 관찰된다.[8] 다른 나라와 비교해 주목할 또 하나의 양극화는 수출과 내수의 양극화인데, 수출은 지속적으로 높은 성장률을 기록한 반면, 국민의 경제 및 사회생활에 직결된 내수는 상대적으로 부진한 상태이다. 전체적으로 국내 투자가 감소하고 내수가 결빙되다 보니

선택인데, 네덜란드, 아일랜드로 대표되는 강소국들은 세계화의 압박에 민감할 수밖에 없는 상황에 처해 있지만, 동시에 전 국가적 차원의 순발력 있고 유연한 대처를 위해 불필요한 사회갈등을 최소화하고 선택과 집중을 통해 국가자원을 효율적으로 활용할 수 있는 조건을 사회협약을 통해 이루어 왔다(Katzenstein, 1985, 2003 ; 김호기 2007).

8) 이런 양극화 현상 중 중산층의 구조변동에 직접적인 영향을 미친 것은 대기업과 중소기업의 양극화이다. 대기업과 중소기업의 양극화는 지난 1990년대 들어와 계속된 현상인데, 중화학, 정보기술(IT) 분야의 고수익 업종에 집중해 있던 대기업은 외환위기로 일시적인 타격을 받았지만 구조조정 이후 다시 고성장을 기록해 온 반면, 경공업 분야 중 경쟁력을 상실한 업종에 집중해 있던 중소기업은 도산하는 수가 오히려 증가해 왔다. 이런 중소기업의 경기침체는 외환위기로 인해 결정적으로 타격을 받았으며, 이후에 대기업과의 격차가 더욱 커져 왔다.

자연 계급 간 빈부격차의 체감은 더욱 컸던 것으로 보인다.

이런 세계화와 양극화의 과정 속에서 관찰할 수 있는 대표적인 중산층의 쇠퇴현상은 소수 전문직 노동자와 다수 단순직 사무노동자로의 화이트칼라의 구조적 분화이다. 세계화의 증대와 정보사회의 도래는 경쟁력을 갖춘 전문직 부문(이른바 '골드칼라')과 서비스 부문의 일자리를 창출하는 한편 사무직 일자리는 감소시켰으며, 그 결과 전문직의 임금은 상승하는 반면에 사무직의 임금은 사실상 정체될 수밖에 없었다.[9] 우리 사회에서의 사무직 인력의 공급과잉은 외환위기 이전에 도입된 명예퇴직제, 정리해고제를 포함한 노동시장 유연화 전략을 둘러싸고 이미 첨예하게 드러났던 문제였으며, 경제위기 이후에 더욱 강화되는 경향을 보여 왔다. 요컨대, 다수의 중산층을 실업 내지 하층으로 내몰았던 서구 1980년대의 중산층 양극화 현상은 1990년대 중반 이후 우리 사회에서도 현

9) 에스핑-안데르센의 연구에 따르면, 1980년대 이후 서구사회의 계급구조는 관리자와 자산소유자, 비육체노동자(중간계급), 숙련노동계급, 비숙련 · 반숙련노동자를 주축으로 구성된 '포드주의 위계' 로부터 전문가와 과학자, 기술자와 준전문가, 숙련 서비스 노동자, 서비스 프롤레타리아, 외부 잉여인구를 주축으로 구성되는 '탈산업사회 위계' 로 변화되고 있다. 이 탈산업사회의 직업위계에서 두드러지는 분야는 서비스 부문으로, 예를 들어 생산자 서비스(경영 컨설턴트, 건축설계 서비스, 소프트웨어 프로그래밍, 법-회계 서비스, 재정 서비스 등), 사회 서비스(건강, 교육, 복지 서비스 등), 소비자 서비스 부문이 중요성을 더해 왔다. 탈산업사회 계급구조의 비관적인 시나리오에 따르면, 포드주의 산업 쇠퇴에 따른 임금 압박은 노동시장의 양극화를 낳고 중간계급을 쇠퇴시키고 있는데, 계급의 하층(underclass)과 노동시장에서의 대기 노동자의 증대는 그 구체적인 징표라는 것이다. 주목할 것은 포스트 포드주의 하에서 사무직 노동자로 대표되는 전통적인 중간계급이 쇠퇴하고 새로운 전문직 지식계급의 부상이 두드러지며, 서비스 노동시장의 불안정으로 인한 노동시장 내부집단과 외부집단 간의 새로운 균열이 나타나 왔다는 점이다(Esping-Andersen, 1993 : 24-25).

실로 나타났으며, 특히 외환위기로 인해 가속화되었다. 최근의 사회양극화는 바로 이런 중산층의 양극화 내지 쇠퇴의 연장선상에 놓여 있다고 볼 수 있다.

그렇다면 이러한 중산층의 구조변동은 어떤 사회적 영향을 미치는가. 먼저, 경제적으로 볼 때 중산층은 대량생산과 대량소비의 핵심적인 주체이다. 이 계층의 규모가 클 때 시장에서의 구매력이 증가하여 내수시장이 확대되고 저축을 통한 자본축적이 활발해지지만, 이 중산층이 쇠퇴하면 구매력이 감소되어 내수시장이 축소되고 생산이 위축되어 경기가 침체될 가능성이 높다. 한편, 정치적으로 볼 때 중산층은 보수적 성향과 진보적 성향이 혼재되어 있는 집단이다. 중산층은 시민사회를 이루는 주요 세력 중 하나이며, 이들의 정치적 선택은 1987년 이후의 민주화 과정이 보여주듯이 우리 사회변화의 향방에 큰 영향을 미쳐왔다.

지난 10년간 진행된 중산층의 쇠퇴는 시민사회에는 어떤 영향을 미치는가. 앞서 지적했듯이 한국의 시민사회는 '보수주의 대 진보주의', '전통주의 대 근대주의', '공동체주의 대 집단주의'의 대립이라는 이중적 성격을 갖고 있으며, 이 가운데 특히 보수주의 대 진보주의의 대립은 시민사회의 정치적 균열을 특징지어 왔다.[10] 중산층의 구조변동이 시민사회에 미치는 영향은 중산층의 쇠퇴를 가져온 세계화와 양극화의 충격,

10) 우리 시민사회의 정치적 경향에서 보수주의와 진보주의 사이에 중도주의라는 제3의 범주를 설정할 수 있는데, 이는 한국 현대사가 갖는 경로의존적 특성, 다시 말해 냉전분단체제 아래서 중도주의 내지 온건 진보주의가 보수주의의 대항세력으로서의 중도적 개혁을 표방해 왔다는 점에 기인한다. 주목할 것은 중도주의가 현실적으로 이렇게 존재함에도 불구하고 선거와 같은 정치적 국면에 있어서는 보수주의와 진보주의 중 하나를 선택하게 된다는 점이다.

그리고 중산층의 내적 분화라는 두 가지 차원에서 살펴볼 수 있다.

먼저, 세계화와 이와 연관된 양극화는 개별 국가에 경제적 측면과 정치적 측면에서 상이한 영향을 미치고 있는 것으로 보인다. 경제적으로 세계화와 양극화는 서구사회에 대한 비서구사회의 의존을 강화시키지만, 정치적으로는 오히려 서구사회에의 의존에 대한 반감을 불러일으킴으로써 진보주의에 유리한 토양을 제공하고 있다(Chua, 2003).[11] 최근 라틴 아메리카에서 좌파세력의 영향력이 커지는 것은 바로 이런 세계화와 양극화가 낳은 '정치적 효과'로 설명할 수 있다. 세계화의 물결을 탄 소수의 상층 중산층이 성장주의, 신자유주의를 지지하는 보수주의에 호감을 갖고 있다면, 세계화의 물결을 타지 못한 다수의 하층 중산층은 분배주의, 반(反)신자유주의에 기반한 진보주의에 공감을 표하고 있는 것으로 보인다.

다시 말해, 세계화와 양극화가 시민사회에 주는 충격은 시민사회 내에서의 성장주의 대 분배주의에 대응하는 신자유주의 대 반신자유주의의 대립을 강화하고 있다. 오늘날 한국 시민사회의 정치적 지형이 갖는 특성 중 하나는 기존의 구도들 이외에 이런 신자유주의 대 반신자유주의의 구도가 새로운 균열로 자리 잡고 있다는 데 있다. 이것은 성장, 경쟁력, 효율성을 중시하는 흐름과 분배, 공공성, 형평성을 중시하는 흐름으로 구체화되고 있으며, 교육, 문화, 환경 등 사회영역에서도 새로운 균열 및 긴장으로 가시화되고 있다.

11) 이와 유사한 주장은 채터지에 의해서도 제기되었다. 그에 따르면, 비서구사회의 경우 물질적 영역에서의 서구주의적 모방이 성공적일수록 자국의 문화 보존에 대한 민족주의적 욕구가 더욱 강화된다(Chatterjee, 1993).

〈표 3〉 성장과 분배에 대한 여론조사

	경제성장도 중요하지만 부의 분배에 더 중점을 두어야 한다	부의 분배도 중요하지만 경제성장에 더 중점을 두어야 한다	모름/무응답	합계	사례수
화이트칼라	37.6	62.4	0.0	100.0	197
블루칼라	43.8	55.4	0.8	100.0	96
자영업	25.2	74.8	0.0	100.0	155
농림/수산업	14.5	75.2	10.3	100.0	40
주부	21.8	76.3	1.8	100.0	301
학생	37.4	61.1	1.5	100.0	108
무직/기타	18.9	74.3	6.9	100.0	104
평균	28.6	69.5	1.9	100.0	1,000

* 질문의 내용은 다음과 같다 : ○○님께서는 차기 정부가 경제성장과 부의 분배 중 어디에 더 중점을 두어야 한다고 보십니까?
출처 : 동아일보, 2007년 6월 2일.

〈표 3〉은 시민사회에서의 이런 균열의 한 흐름을 보여준다. 성장이냐 분배냐를 묻는 여론조사에서 전체 응답자 중 70%에 가까운 사람들은 차기 정부가 경제성장보다도 부의 분배에 더 중점을 두어야 한다고 생각하고 있으며, 30%에 채 미치지 않는 사람들은 부의 분배보다도 경제성장에 더 중점을 두어야 한다고 보고 있다. 더불어 경제발전과 민주주의의 대한 여론조사도 참조할 만하다. 2005년 국회 운영위원회로부터 의뢰받은 한 국민의식 조사에 따르면, '민주주의와 경제발전 가운데 하나를 선택하라면 어떤 것이 더 중요하다고 생각하느냐' 는 질문에 응답자의 84.6%가 경제발전을 꼽고 있다(연합뉴스, 2005년 12월 6일).

여기서 주목할 것은 영미식 경제정책으로 대표되는 신자유주의적 성장주의에 대한 시민사회 주요 구성원들의 인식의 차이이다. 〈표 3〉에 따르면, 중산층을 이루는 화이트칼라, 블루칼라, 자영업자 중 자영업자와 화이트칼라는 성장이 분배보다 중요하다고 답변한 것에 비해 블루칼라는 상대적으로 그 비중이 떨어지고 있다. 중산층의 구조변동이 상층 중산층과 하층 중산층으로의 분화로 나타난다고 볼 때, 일반적으로 상층 중산층은 성장주의를 적극적으로 지지하는 반면, 하층 중산층은 상대적으로 소극적인 지지를 보이는 셈이다. 한편 자영업자의 경우 최근 내수 침체와 양극화 강화의 영향으로 인해 경제성장을 가장 적극적으로 지지하고 있다고 볼 수 있다.

이런 중산층의 정치적 태도는 민주화 과정에서 나타난 중산층의 성격과 사뭇 다르다. 1987년 이후 중산층의 이념적 지향은 권위주의보다는 민주주의를 지지해 왔다.[12] 이들은 대체로 안정지향적이라기보다 개혁지향적이었으며, 이런 지향은 김대중 정부와 노무현 정부가 등장하는 데 중요한 시민사회적 지반을 이루어 왔다. 하지만 신자유주의 대 반신자유주의의 균열이 등장하면서 중산층 내에서의 이념적 지향은 다층화되고 있으며, 이런 변화는 최근 한 · 미 자유무역협정(FTA) 타결과 같은 쟁점에서 예각적으로 표출되고 있다.[13]

12) 뤼시마이어 등에 따르면, 중간계급은 비타협적 지배계급 하에서 상당 규모의 노동자계급과의 연대를 선택할 가능성이 있을 때 민주주의를 옹호하지만, 민주주의 체제 하에서 대중적 압력에 의해 위협받고 있다고 느끼기 시작할 때는 권위주의를 지지하는 양면적인 태도를 갖고 있다(Rueschemeyer, Stephens and Stephens, 1992 : 33).

13) 이 점에서 최근 노무현 대통령이 말한 '좌파 신자유주의'가 이론적으로는 형용모순이지만 현실적으로는 우리 사회에서 존재하는 한 경향을 나타내고 있는 것으로 보인다.

최근 우리 시민사회가 갖는 이념적 복합구도의 특징은 바로 여기에 있다. 신자유주의 세계화가 사회양극화를 낳고 이 양극화가 정치적 진보주의를 강화시키는 것이 라틴 아메리카의 현상이라면, 신자유주의 세계화가 사회양극화를 낳고 이 양극화가 시민사회의 이념적 복합구도를 강화시키는 것이 한국 사회의 현상이다. 이런 이념적 복합구도의 형성이 시민사회의 이중적 성격을 변화시킨다고 보기는 어렵다. 하지만 세계화의 충격으로 인해 시민사회 내에서 새로운 이념적 분화가 나타나고 있으며, 이런 분화에는 다름 아닌 신자유주의적 성장주의에 대한 중산층의 정치적 · 사회적 태도가 개입되어 있다. 우리 사회에서 대체적으로 상층 중산층은 신자유주의적 성장주의에 우호적인 반면에 하층 중산층은 유보적인 경향을 보여준다. 물론 이러한 선택이 세계화가 강화되면서 앞으로 계속 지속될지를 판단하기는 쉽지 않다. 다만 우리 사회의 중산층이 민주화 20년을 결산하는 지점에서 새로운 정치적 선택의 전환점에 서 있다는 것만은 분명하다.

중산층의 이런 경향은 중산층의 기존의 평가에 대한 전망을 숙고하게 한다. 우리 사회에서 그동안 중산층에 대해서는 상이한 평가가 제시되어 왔다. 한편에서는 중산층을 진보적이고 개혁적이며 나아가 변혁지향성까지 갖고 있는 사회변화의 중심 집단으로 평가해 온 반면에, 다른 한편에서는 이러한 중산층의 역할에 대한 기대가 상당 부분 과장된 것이라는 비판이 제기되어 왔다.[14] 그 정치적 성향 논란에도 불구하고

14) 중산층의 역할에 대한 관심은 1980년대까지 거슬러 올라간다. 중산층의 진보적인 성격에 대해서는 김성국(1988), 한상진(1991)을, 중산층의 보수적인 성격에 대해서는 최장집(1985), 박준식(1992)을 볼 것. 한편 절충적인 견해로는 홍두

적어도 최근까지 한국의 중산층은 가족은 물론 직장에 대한 높은 헌신의식을 갖고 있으며, 우리 사회의 발전에 큰 기여를 해왔다고 스스로 자부해 온 것으로 보인다. 뿐만 아니라 지난 20년간 민주화 과정에서의 중산층의 역할 또한 과소평가하기 어려울 것이다.

하지만 외환위기 이후 고용불안, 실업증대, 소득격차 확대 등으로 나타난 중산층의 쇠퇴는 자신의 정체성을 훼손시키고 상대적 박탈감을 증대시키며, 나아가 사회통합과 연대를 약화시켜 왔다. 세계화 시대 서구 사회에서 관찰할 수 있는 사회적 탈중심화의 경향, 즉 상층은 스스로를 사회적으로 고립화하려는 동시에 하층은 강제적으로 배제되는 '20 대 80 사회' (Martin and Schumann, 1996) 또는 '모래시계형 사회' (Lipietz, 1998)로의 전환이 우리 사회에서도 이미 시작된 것으로 보인다. 이런 중산층의 쇠퇴는 결국 우리 사회를 '두 국민 사회' 로 귀결시킬 가능성이 높다. 이 점에서 모래시계형 사회를 '다이아몬드형 사회' 로 다시 재구조화하는 전략, 다시 말해 중산층 육성에 대한 포괄적인 대책과 사회통합 제고 전략이 시급히 요구되고 있다.

승 · 구해근(1993), 홍두승(2005)을 볼 것. 중산층의 사회의식은 그 내부의 이질성과 이중성을 고려할 때 진보주의와 보수주의의 양면성을 갖고 있는바, 이 점에서 정치 · 경제적 상황의 변화에 따른 특정 국면에서 어느 한 방향이 더 부각될 수 있다고 파악하는 세 번째 견해가 타당한 것으로 보인다.

4. 결론

세계화와 양극화는 앞으로 우리 사회에서 상당 기간 중대한 사회적 의제가 될 것으로 보인다. 세계화와 양극화가 시민사회에 미치는 결과는 중산층의 양극화 내지 쇠퇴이며, 이에 대해 어떻게 대응할 것인가를 둘러싸고 최근 경제적 · 사회적 정책담론이 경쟁하고 있다. 크게 보아 그것은 세 흐름으로 나누어 볼 수 있는데, 성장과 경쟁력을 중시하는 신자유주의적 해법과 분배와 형평성을 중시하는 사회민주주의적 해법, 그리고 이 둘을 절충하려는 이른바 '제3의 길' 의 해법이 공존한다.[15)]

이런 해법들에는 각기 장단점이 존재한다. 먼저, 신자유주의적 해법의 경우 성장동력을 확충한다고 해서 그것이 일자리 창출과 소득분배 개선에 곧바로 긍정적인 영향을 미치는 것은 아니다. 세계화 시대의 '고용 없는 성장' 을 고려할 때, 성장이 분배에 미치는 직접적인 효과는 갈수록 약화되고 있기 때문이다. 한편, 사회민주주의적 해법의 경우 성장이 전제되지 않은 분배구조 개선이 과연 어느 정도까지 이루어질 수 있는지는 불확실하며, 또한 이 전략이 국민들로부터 어느 정도 지지를 얻을 수 있는지도 미지수이다. 마지막으로 이 둘을 절충하는 '제3의 길' 전략은 신자유주의 해법과 사회민주주의 해법의 장점들이 결합되는 것이 아니라 단점들이 두드러질 가능성을 배제하기 어렵다. 주목할 것은 외환위

15) 신자유주의를 강조하는 것으로는 박세일(2006), 사회민주주의를 강조하는 것으로는 최장집(2005), 제3의 길을 강조하는 것은 김형기(2006)를 볼 것.

기 이후 경제적 신자유주의 정책과 사회민주주의 정책의 결합을 추진해 온 한국식 제3의 길 전략이 한계에 도달했다는 점인데, 앞서 지적한 중산층의 쇠퇴와 양극화의 강화는 그 구체적인 증거이다.

최근 한 · 미 FTA 타결, 비정규직 노동자 문제, 국제 금융자본 규제 등을 둘러싸고 우리 시민사회 내에서 형성된 복합적 대립구도는 우리 사회가 민주화 시대를 마감하고 세계화 시대에 진입해 있음을 상징한다. 세계화 시대에 어떤 발전전략을 선택할 것인가에 따라 우리 시민사회와 중산층도 작지 않게 영향을 받을 것이다. 한 가지 분명한 것은 중산층의 쇠퇴는 일시적인 처방으로 해결될 수 있는 것이 아니라 구조개혁을 요구한다는 점이다. 최근 노무현 정부는 사회양극화를 해소하기 위한 다각적인 정책을 제시한 바 있다.[16] 나라마다 그 정도가 다르지만 중산층의

16) 정부가 제시한 방안 중 특히 주목되는 것은 세 가지이다. 첫 번째는 중소기업 혁신이다. 우리 사회의 경우 대기업과 중소기업 간 양극화의 원인은 두 부문 간의 유기적 연관관계가 약화되어 왔다는 데 있다. 고가격-고기술 부품은 주로 일본에서 수입하고 저가격-저기술 부품을 중국에서 수입하는 한, 중소기업의 정체와 몰락은 예견된 것이나 다름없었다. 수출을 선도하는 대기업들이 핵심부품들을 주로 해외에 의존하는 구조야말로 높은 수출증가가 국내 시장으로 바로 연결되지 못한 주요 이유이다. 이 점에서 기술혁신형 중소기업을 육성하는 동시에 부품소재산업을 발전시켜 나가겠다는 정책방향은 바람직하다고 볼 수 있다. 더불어 지방 중소기업을 해당 지역의 특성에 맞게 혁신체제로 구축하겠다는 전략은 대기업과 중소기업 간 동반성장과 중앙과 지방 간 균형성장에 기여할 것으로 보인다. 두 번째는 정규직과 비정규직 간의 양극화에 대한 방안이다. 오늘날 어느 나라이건 노동시장의 불안정은 세계화의 강화와 정보사회의 도래가 낳은 직접적인 결과이다. 따라서 소수에 대한 두터운 보호보다는 다소 수준이 낮더라도 다수가 폭넓게 보호받도록 하는 것이 바람직해 보인다. 노동의 질을 향상시켜 중소기업을 업그레이드하고 고용을 늘임으로써 복지를 강화하려는 것은 세계화 시대에 불가피한 선택이기도 하다. 이 점에서 직업안전망 구축을 통해 사회안전망을 강화하려는 '적극적 복지' 모델을 정착시키는 데 더욱 주력할 필요가 있다. 세 번째는 시민생활 안정화 대책이다. 당장의 삶이 힘들고 고단한 서민들에게는 장기적인 대책 못지않게 단기적

쇠퇴는 지구적인 현상이며, 세계화와 양극화가 강제하는 결과라는 점을 인식할 필요가 있다. 과연 어떤 세계화 정책을 모색할 것인가에 따라 중산층의 위상은 달라지게 될 것이다. 경제적 신자유주의라는 호랑이의 등을 탈 것인가, 아니면 신자유주의 세계화를 적절히 제어할 것인가의 선택은 여전히 우리 사회 앞에 놓여 있는 가장 중대한 과제라고 할 수 있다.

인 대책도 중요한데, 구체적으로 기초생활보호자와 생계형 영세자영자를 대상으로 한 신용불량자 해소방안, 서민용 임대주택에 대한 장기대출제도 활성화, 노인요양시설 확충 등은 서민들의 삶에 작지 않은 도움을 줄 것으로 보인다. 양극화 해소 방안에 관해서는 우천식(2005), 이태수(2006), 국민경제자문회의(2006), 대통령자문정책기획위원회(2006)를 볼 것.

참고문헌

국민경제자문회의. 2006.『동반성장을 위한 새로운 비전과 전략』. 교보문고.
김성국. 1988. “민중의 중산층화 혹은 중산층의 민주화.”『사회비평』. 제1호.
김형기. 2006.『한국 경제 제3의 길』. 한울.
김호기. 2000. “독일 사회민주화의 구조적 변동.”『인문과학』. 제82집. 연세대 인문과학연구소.
______. 2007.『한국 시민사회의 성찰』. 아르케.
김호기 외. 1995.『포스트포드주의와 신보수주의의 미래』. 한울.
대통령자문정책기획위원회 편. 선진 복지한국의 비전과 전략』. 동도원
동아일보. 2007. “차기정부 성장정책 써야 69.5%.” 6월 2일.
박세일. 2006.『대한민국 선진화 전략』. 21세기북스.
박준식. 1992.『신중산층의 실태와 사회발전에 관한 연구』. 현대사회연구소.
연합뉴스. 2005. “민주주의보다 경제발전 중요, 84%.” 12월 6일.
우천식 외. 2005.『산업 양극화 문제 해소 방안』 경제 · 인문사회연구회.
이태수. 2006. “양극화 극복을 위한 국가전략 수립에 대한 연구.” 2006년도 국정과제 구현 연구기획사업.『한국의 중장기 국정과제 : 사회복지 분야』. 경제 · 인문사회연구회.
최장집. 1985. “해방 40년의 국가, 계급구조, 정치변화에 관한 서설.” 최장집 편.『한국 현대사, 1945-50』. 열음사.
최장집 편. 2005.『위기의 노동』. 후마니타스.
한겨레신문. 2007. “중산층 10년새 12% 줄었다.” 한겨레신문 3월 19일.
한상진. 1991.『중민이론의 탐색』. 문학과지성사.
홍두승. 2005.『한국의 중산층』. 서울대 출판부.
홍두승 · 구해근. 1993.『사회계층 · 계급론』. 다산출판사.

Beck, U. 1999. *What is Globalization*? Cambridge : Polity.
Chatterjee, P. 1993. *Nation and its Fragments*. Princeton : Princeton University Press.

Chua, A. 2003. *World on Fire*. New York : Random House. 윤미연 옮김. 『불타는 세계』. 부광.

Cohen J. and A. Arato. 1992. *Civil Society and Political Theory*. Cambridge : The MIT Press.

Esping-Andersen, G. 1993. "The Post-Industrial Class Structure : An Analytical Framework." in G. Esping-Andersen (ed.), *Changing Classes*. London : Sage.

Gramsci, A. 1971. *Selections from the Prison Notebooks*. New York : International Publishers.

Held, D. A. McGrew, D. Goldblatt and J. Perraton. 1999. *The Global Transformations*. Oxford : Blackwell. 조효제 옮김. 『전지구적 변환』. 창작과비평사.

Lewis, W. 1970. *The Theory of Economic Growth*. New York : Harper Torchbooks.

Lipietz, A. 1998. "Rethinking Social Housing in the Hour-Glass Society." in. A. Madanipour, G. Cars and J. Allen (eds.), *Social Exclusion in European Cities*. London : Jessica Kingsley.

Katzenstein, P. 1985. *Small States in World Markets*. Ithaca : Cornell University Press.

______. 2003. "Small States and Small States Revisited." *New Political Economy* 8(1).

Martin, H.-P. and H. Schumann. 1996. *Die Globalisierungsfalle*. Reinbeck : Rowohlt. 강수돌 옮김. 『세계화의 덫』. 영림카디널.

Rueschemeyer, D. E. Stephens and J. Stephens. 1992. *Capitalist Development and Democracy*. Chicago : The University of Chicago Press. 박명림 · 조찬수 · 권혁용 옮김. 『자본주의 발전과 민주주의』. 나남.

Stiglitz, J. 2002. *Globalization and its Discontents*. New York : W.W. Norton & Co. 송철복 옮김. 『세계화와 그 불만』. 세종연구소.

제2부

| 주요국 사례연구

4

미국 사회의 중간계층과 성역할 변화

이현송(한국외국어대 국제지역대학원)

1. 1970-1980년대 미국 사회경제의 변화

제2차 세계대전 이후 지난 반세기 동안 미국 경제와 사회는 엄청난 변화를 겪었다. 1970년대 석유파동이 일어나기까지 미국 사회가 긍정적인 방향으로 나아가고 있다는 낙관적인 분위기가 팽배했다. 경이적인 속도로 전개된 경제성장과 엄청난 풍요, 서비스 산업과 화이트칼라 직업의 팽창, 중류층 백인이 대거 교외로 이전한 것, 흑인과 여성 등 소수자의 부상 등 1950-1960년대에 일어난 일련의 사건은 미국 사회가 발전하고 있다고 생각하는 데 충분하다. 반면 1970년대 중반 이후에는 그 전과는 다른 분위기가 지배한다. 베트남에서의 굴욕적인 패배, 닉슨 대통령의 수치스러운 워터게이트 사건, 기름값 폭등과 공급부족 사태, 깊은 불황 속에 계속되는 실업과 인플레의 고통, 심화되는 재정적자와 무역적자, 달러 가치의 추락, 흑인과 여성 등 소수인의 권리를 찾으려는 아우성, 기존의 권위와 질서의 붕괴 등은 미국 사회의 앞날에 어두운 그림자를 드리우며 급기야 미국 경제와 사회를 새로운 모습으로 탈바꿈하게 만들었다. 과거 미국인의 이상적인 생활 모습인, 교외에 그림 같은 집에서 살면서 남편은 직장에 출근하고 아내는 아이와 가정을 돌보는 한가롭고 행복한 가정은 신기루처럼 멀어지게 되었다(이현송, 2006).

경제학자는 1970년대 중반 미국 경제가 처한 위기를 다음과 같이 진단한다. 제2차 세계대전 중에 경쟁 상대국의 산업은 폐허가 된 반면 미국은 전쟁의 피해를 거의 입지 않은 데에서 기본적으로 미국 경제의 전후 호황의 원인을 찾는다. 전후 서구 경제의 복구를 위하여 소요되는 엄청난 물자는 미국의 공장을 확장하고 쉴 새 없이 돌아가게 하는 원동력이었다. 그러나 1970년대에 들어 일본, 독일 등 서구 경제가 미국 산업의 생산성을 추월하여 강력한 경쟁상대로 등장하고 자원민족주의가 부상하면서 제3세계로부터 더 이상 헐값에 천연자원을 구할 수 없게 되면서 미국 경제는 위기에 봉착했다. 1970년대 중반에서 1980년대로 이어지는 장기불황과 이어서 몰아닥친 산업 전반의 구조조정은 미국 경제의 생존을 위해 필수적이었다. 1980년대의 쓰라린 구조조정과 IT산업을 중심으로 한 기술혁신의 결과 1990년대 중반에는 또다시 경쟁 상대국을 능가하는 높은 생산성을 구가하게 되어 현재까지 이어지는 장기호황을 맞고 있다(Levy, 1998).

1980년대 미국 사회 전반에 퍼졌던 탈산업화 논쟁, 중간계층 위기론, 양극화의 폐해 등에 대한 논의의 맥락을 파악하는 것이 중요하다. 양극화 문제에 대한 우려 섞인 논의가 계속 제기되어 왔지만 이제 미국 사회에서 탈산업화나 중간계층 위기 문제는 과거처럼 심각하게 생각하지는 않는다. 이는 아마도 미국의 경제와 사회가 구조적으로 전과는 다른 틀로 바뀌는 것을 모두가 인식하기 때문으로 보인다. 외국과의 경쟁으로부터 이러한 변화가 촉발되었다는 점에서 불가피한 변화로 받아들이는 분위기가 지배한다. 제조업이 해외로 이전하는 것이나, 노조 조직률이 감소하는 것이나, 일자리의 안정성이 사라진 것이나, 노동시간이 증가한 것이나 보상수준이 감소하는 것에 대하여 우려를 제기하는 사람은 많지 않다.

1980년대의 어려운 상황을 거치면서 중간계층의 삶에서 무엇이 크게 달라졌는가? 이 글에서는 불평등 구조, 그 중에서도 중간계층에 초점을 맞추어 이들의 삶에서 전개된 구조적 변화의 모습을 그려본다. 과거 중간계층의 굳건한 믿음이었던, 시간이 지나면 생활수준이 향상되며 자식 세대가 부모 세대보다 풍요롭게 살 것이라는 신념은 1980년대의 구조조정의 와중에 허물어졌다. 비교적 안정적인 생활을 누린 화이트칼라의 경우에도 언제 다니던 직장을 그만두고 보수가 낮은 다른 직장으로 옮겨야 할지 모르는 새로운 환경에 적응해야 했다. 경쟁력이 조금이라도 떨어지면 해고나 임금하락을 감수해야 한다는 의식이 정착하였다. 안정적인 직장의 개념은 이제 생각할 수 없게 되었다. 미국의 중간계층 사람들에게 물어보면, 1970년대 말 1980년대 초의 시기를 기준으로 하여 이전과 이후는 전혀 다른 삶의 양태를 보인다는 대답을 흔히 듣는다. 중간계층 일자리의 구조 변화는 그들의 사적인 삶에도 큰 변화를 가져왔다. 1970년대 경제위기는 중간계층의 삶 전반에 큰 변화를 가져왔는데, 그 중 두드러진 변화는 기혼 여성의 경제활동 확대이다. 기혼 여성이 가정에 머물지 않고 전업 직장인이 되는 것은 전통적인 삶의 방식에 엄청난 변화를 가져왔다.

2. 중간계층과 소득구조의 양극화

중간계층에 대한 본격적인 논의에 앞서 미국의 보통 사람과 학자들은 중간계층을 어떻게 정의하는지 간단히 짚어보자. 중간계층(middle class)은 실체가 있는 집단인가, 아니면 소득분포의 양쪽 끝에서 중간에 있는 통계적인 개념의 가상적 집단에 불과한가? 이 질문은 미국 사회가 계급사회인가 여부를 둘러싼 논쟁과 연결되어 쉽게 답을 찾기 어렵다.

일반적으로 계층 및 계급문제와 관련하여 마르크스(Marx)를 따를지 혹은 베버(Weber)를 따를지 논쟁이 제기된다. 마르크스의 계급론은 실체적 접근을 대표하는 이론이다. 마르크스의 계급론을 세련화한 라이트(Wright)의 모델에 따르면, 계급지위란 생산수단 및 명령 통제권을 가지고 있는가 여부에 따라 판별하는데, 자본가와 노동자를 주요 계급범주로 하고 자영업자와 빈곤층을 잔여 범주로 하고 있다. 킹스턴(Kingston, 2000)은 라이트의 모델에 따라 구분한 계급집단 간의 사고방식과 생활양식의 차이를 살펴본 결과 미국 사회에서 실체적인 계급집단을 발견할 수 없다고 보고한다.

마르크스만큼은 아니지만 베버 역시 어느 정도 동질적인 삶의 기회와 시장가치를 가진 집단이 존재한다고 주장한다. 베버의 계급론에 따라 미국 사회가 직업과 교육 및 소득에 따라 상호 구분되는 사고방식과 생활양식을 가진 동질적인 집단이 미국 사회에 존재한다는 주장은 계속 제기되어 왔다. 린드(Lynd) 부부의 고전적인 미들 타운(Middle Town) 연구에서부터 근래에 이르기까지 사회계층을 상중하로 나누는 방식은 대체로 베버의 입장을 따르는 것이다.

그렇다면 구체적으로 삶의 기회와 시장가치에서 유사하며 삶의 양식이나 생각이 동질적인 중간계층 집단이 미국 사회에 존재하는가? 존재한다면 어떤 기준에 따라 구분되는가? 일반적으로 미국인의 대다수는 중간계층(middle class)이나 근로계층(working class) 중에 자신이 속한다고 생각한다. 이때 중간계층(middle class)은 화이트칼라로 대표되며, 근로계층(middle class)은 생산직 근로자가 주종을 이룬다. 중간계층은 근로계층보다 소득이나 교육수준이 높은 것이 보통이다. 판매원이나 하위 사무직원과 같이 소득이나 교육수준이 낮은 하급 화이트칼라는 자신을 근로계층으로 인식한다. 반면, 상층 생산직 근로자들은 소득이 상당함에도 자신을 중간계층보다는 근로계층으로 인식하는 경향이 높다. 근로계층은 몸을 움직여 일하는 근로자라는 명확한 속성을 가진 집단인 반면, 중간계층은 사무실에서 일하는 사람이라는 특성은 가지지만 소득이나 교육수준이 낮은 사람은 포함하지 않는 듯하다(Beeghly, 2000). 미국 사회에서 '중간계층 소득(middle class income)'이라는 용어를 흔히 사용하는데, 이는 중간계층이 사무실 일을 하는 사람이라는 일의 성격 이외에 소득집단의 성격을 지님을 시사한다.[1)]

미국 남성 중 자신을 중간계층으로 인식하는 사람은 절반에 약간 못 미치는 것으로 조사된다. 〈표 1〉에서 보면 중간계층에 속한다고 응답한 사람은 근로계층이라고 응답한 사람과 거의 같은 비율을 차지한다. 반

1) 반면에 '근로계층 소득(working class income)'이라는 용어는 거의 사용하지 않는다. '근로계층(working class)'은 일의 성격에 따른 구분이므로 이들을 동질적인 소득집단으로 파악하지 않기 때문이다.

〈표 1〉 외환위기 이후 중간계층의 비중 변화(1996-2006)

(단위 : %)

계급 정체성	1945	1972	1996
상층(Upper Class)	3	3	5
중간계층(Middle Class)	43	47	45
근로계층(Working Class)	51	45	46
하층(Lower Class)	1	4	4
합계	98	100	100

* 1945년 조사 표본 중 2%는 응답하지 않음.
출처 : Beeghly(2000 : 36).

면 자신이 상층이나 하층이라고 응답한 사람들은 각각 5%에 못 미친다.

1970년대와 1990년대를 비교해 볼 때 중간계층은 약간 감소하고 상층은 증가하는 변화를 읽을 수 있다. 이는 1945년에서 1970년 사이에 중간계층이 증가하는 추세와 대비된다. 소득을 기준으로 구분한 집단의 상대적인 점유율의 변화를 보면 이러한 경향을 더욱 분명히 확인할 수 있다. 다음의 〈그림 1〉은 소득수준을 기준으로 구분한 집단의 상대적 점유율 변화를 보여준다.

이 그림을 보면 제2차 세계대전 직후에는 전체의 3분의 2에 달하는 가구가 빈곤선 이하의 생활을 영위했으며, 겨우 10%만이 소위 중류 생활을 할 수 있었다. 그 당시 부유층은 극소수에 지나지 않았다. 1950-1960년대의 높은 경제성장은 미국 사회 전체에 풍요를 가져왔다. 아주 넉넉하지는 않지만 빈곤을 벗어난 중간소득 생활자들이 1970년대 초에는 전체 인구의 절반을 넘어서는 단계에 도달했다. 전체의 5분의 1에 달하는 인구는 경제적인 어려움을 전혀 걱정하지 않아도 될 정도로 부유

〈그림 1〉 경제적 지위에 따른 집단의 점유율 변화(1940-1994)

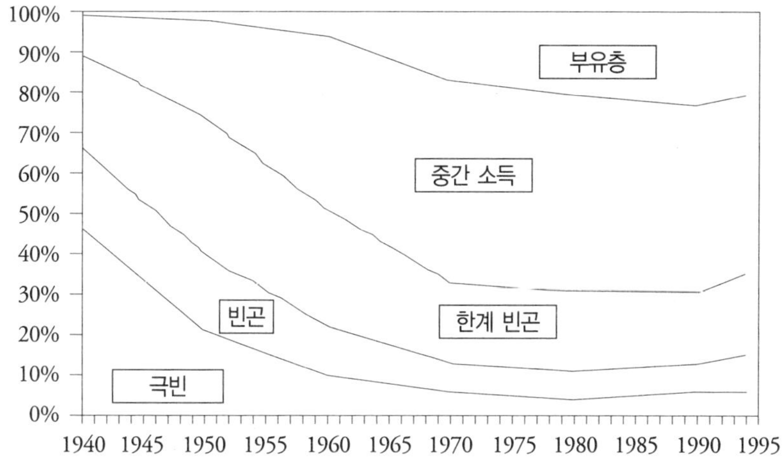

출처 : Farly(1996: 66).
* 집단 정의 :
  1) 극빈(very poor) : 세전 현금소득이 빈곤선의 50%에 못 미치는 집단.
  2) 빈곤(poor) : 세전 현금소득이 빈곤선의 50-99%에 해당하는 집단.
  3) 한계 빈곤(near poor) : 세전 현금소득이 빈곤선의 100-199%에 해당하는 집단.
  4) 중간 소득(middle class) : 세전 현금소득이 빈곤선의 200-499%에 해당하는 집단.
  5) 부유층(comfortable) : 세전 현금소득이 빈곤선의 500%이상에 해당하는 집단.
** 1995년 4인가구의 빈곤선은 세전 현금소득이 $15,719였음.

하게 살게 되었다. 빈곤선 이하의 인구비율은 1973년 11.1%를 기록하여 조만간 10% 이하의 수준으로 감소할 것처럼 보였다. 반면, 1990년 부유층의 비율은 23%로 증가한 반면 중간소득집단은 45%로 감소하였으며, 빈곤선 이하의 사람들은 15.1%로 증가하였다. 1970년대에서 1990년대 사이에 상위 소득집단과 하위 소득집단의 상대적인 점유율은 증가한 반면 중간 소득집단은 감소하였음을 확인할 수 있다. 이 시기에 상위 소득집단의 증가폭이 하위 소득집단의 증가폭보다 더 컸다는 사실은 아마도 중간소득층의 감소에 대해 미국 사회가 크게 우려하지 않는 가장 중요한 이유일 것이다.

〈표 2〉 가족소득분포의 변화(1947-2000)

(단위 : %)

	1947	1960	1970	1980	1990	2000
상위 5%	17.2	16.8	14.4	14.6	17.4	21.1
5분위	43.0	41.6	41.6	41.1	44.3	47.7
4분위	23.1	23.7	23.5	24.4	23.8	22.7
3분위	17.0	17.7	17.6	17.6	16.6	15.4
2분위	11.8	12.2	12.3	11.6	10.8	9.8
1분위	5.0	4.8	5.6	5.3	4.6	4.3
합계	100.0	100.0	100.0	100.0	100.0	100.0

출처 : Statistical Abstracts of the United States(1973 : 330 ; 2003 : 459).

위의 〈표 2〉에서는 미국 전체 가족을 5분의 1씩 구분하여 하위 소득집단부터 상위 소득집단까지 줄을 세웠을 때 각각의 집단이 소득 총계에서 차지하는 점유율을 보여주고 있다. 전후 1970년대까지는 최고 소득층인 5분위 집단을 제외하고는 1, 2, 3, 4분위 집단의 소득 점유율이 시간이 지나면서 조금이나마 증가한 것을 읽을 수 있다. 특히 최상위 5% 집단의 소득 점유율이 감소한 폭은 인상적이다. 그들은 전후에 소득 총계의 17.2%를 차지하였는데, 이후 지속적으로 감소하여 1970년에는 14.4%까지 감소하였다. 즉 1970년대까지는 소득분포가 어느 정도는 평준화하는 방향으로 진전하였다.

반면, 1980년대 이후에는 정반대 현상이 발생하였다. 이 시기 동안 상위 소득자의 점유율만 증가하였을 뿐 1-4분위 소득집단의 소득 점유율은 지속적으로 감소하였다. 최상위 5% 집단의 소득 점유율 증가는 경이롭기까지 하다. 1970년 14.4%에서부터 2000년에는 21.1%로 부풀어올랐다. 반면, 최하위 소득계층인 1분위 집단의 소득 점유율은 1970년에 5.6%에서 2000년에 4.3%로 이 기간동안 지속적으로 하락하였다.

앞의 표를 살펴보면 몇 가지 의미 있는 변화를 읽을 수 있다. 하나는 제2차 세계대전 이후 1970년대까지 불평등이 지속적으로 감소되었으며, 이 시기 동안 중간계층은 상당히 안정된 소득 점유율을 유지하고 있었다는 점이다. 반면, 1980년대 이후는 불평등이 확대되었으며, 최상층의 소득이 비약적으로 증가한 반면 다른 모든 소득집단의 상대 소득은 현저하게 감소하였다. 최상층을 제외하고 소득이 감소한 비율은 소득수준이 높을수록 덜하며, 소득이 낮을수록 소득이 감소한 정도가 크다. 즉 빈익빈 부익부 현상이 심화되었다.

1980년대 이후 빈익빈 부익부 현상이 심화되면서 중간계층의 소득 점유율이 감소하였다고 하여 중간계층이 과거보다 더 못살게 된 것은 아니다. 중간계층을 편의상 소득분포에서 중간(아래로부터 40-60%)에 위치하는 집단으로 정의하였을 경우, 다음 〈표 3〉에서 보면 1970-2000년 사이에 중간계층의 가족소득은 지속적으로 상승하였다. 2001년의 구매력을 기준으로 환산하여 보았을 때, 중간계층 가족의 소득 하한선은 이 기간 동안 32,633달러에서 41,980달러로 28.6%나 상승하였으며, 소득 상한선은 44,201달러에서 63,980달러로 30.9%나 증가하였다. 전체 가족의 중위소득을 보았을 때, 2000년의 소득은 1970년의 소득보다 30.3%나 높다. 즉 중간계층의 상대적인 소득 점유율은 1980년대 이후에 지속적으로 낮아졌지만 그들의 절대적인 소득수준은 지속적으로 향상되었다. 중간계층만을 보았을 때 그들의 소득 향상 속도는 1980년대 이후에도 이전과 비교하여 크게 둔화된 것처럼 보이지는 않는다.

〈표 3〉 중간계층의 가족소득 변화*

(단위 : 2001년 구매력 기준 달러)

	소득 하한선	소득 상한선	전체 인구의 중위 소득
1970	$32,633	$44,201	$40,008
1980	35,629	50,461	42,776
1990	38,144	55,211	46,429
2000	41,981	63,037	52,148

* 중간계층은 5분위 소득분포에서 가운데에 위치한 3분위에 해당하는 소득집단으로 정의함.
출처 : Statistical Abstracts of the United States(1993 : 462 및 2003 : 459)의 표에 근거하여 계산함.

3. 소득양극화와 중간계층 기혼 여성의 경제활동 확대

1970년대 이후 소득구조가 양극화되면서 중간계층이 축소된 원인에 관하여는 지금까지 많은 논의가 있었다. 대다수의 학자는 미국 경제구조의 변화에서 근본적인 원인을 찾는다(Levy, 1998). 1970년대 후반 미국 경제가 세계적 경쟁에서 위기에 처하면서 일자리와 산업 전반에 걸쳐 구조조정을 겪었으며, 결과 소득양극화가 초래되었다고 지적한다. 경쟁력이 떨어지는 산업은 해외나 혹은 임금이 싼 남부지역으로 이전하였으며, 정규직 고용이 축소되는 대신 임시직 고용이 늘어났고, 화이트칼라를 포함한 모든 일자리의 고용 유연성이 높아졌으며, 교육에 대한 보상률이 높아져 높은 교육을 받은 사람은 수입이 상승한 반면 교육수준이 낮은 사람의 수입은 정체되거나 하락하는 현상을 보였다.

여기에서는 양극화의 경제적 원인에 대한 재검토보다는 1970년대 이후 급속히 증가한 기혼 여성의 취업 확대가 소득양극화와 어떠한 관계를 갖는지에 초점을 맞춘다. 지금까지 계층이란 기본적으로 남성 가장을 중심으로 핵가족을 단위로 한 접근을 취해왔다. 우리는 일반적으로 가구(household)를 단위로 하여 경제적인 생활수준을 결정한다. 지금까지 어떤 사람의 계급 혹은 계층 지위는 그가 속한 가구의 남성 가장의 사회경제적 지위에 의해 결정되는 것으로 간주하였다. 기혼 여성의 역할은 가사에 한정되어 있거나 취업을 하여도 보조적인 수입에 머물렀으며, 그녀의 사회생활이나 계층의식은 주로 남편의 사회적 지위를 따르는 경향이 컸다. 그러나 1970년대 이후 많은 기혼 여성이 취업을 선택하면서 이러한 기존의 틀에 적지 않은 변화가 발생하였다.

1980년대는 기혼 여성의 경제활동 참여가 현저히 증가한 시기이다. 특히 어린 자녀를 둔 기혼 여성의 취업이 큰 폭으로 증가하였다. 미국 사회에서 기혼 여성의 경제활동 참여는 여러 가지 요인이 복합적으로 작용하면서 20세기 후반에 점진적으로 상승하였다. 제2차 세계대전 중 노동력 부족 상태에서 여성 노동력을 대규모로 동원하였던 점, 교육수준의 상승, 출산율 감소, 이혼율 상승, 여권주의 운동 및 여성 의식의 변화, 서비스 산업의 확대 등이 기혼 여성의 취업을 증가시킨 요인으로 지적된다. 1980년대 대규모 구조조정 속에서 임금이 하락하고 일자리의 안정성이 약화된 것은 기혼 여성의 취업을 확대시킨 또 다른 요인이다.

1970년대 후반 기름값 상승과 무역 및 재정적자로 촉발된 미국 경제의 위기는 경제 전반에 걸쳐 엄청난 구조조정의 바람을 몰고 왔다. 1970-1980년대 중반까지 심각한 경제위기는 이 시기 내내 높은 실업률과 두 자리 수의 인플레율을 기록했으며, 외국과 치열한 경쟁 속에서 제조업은 임금이 싼 외국이나 남부지역으로 이전하였고, 저축은행(Savings and Loan Bank) 산업 전체가 기금 고갈로 도산위기에 처하면서 금융산업 전체의 구조조정으로 확산되었다. 1980년대 중반 이후에는 생산직은 물론 화이트칼라 직종에서도 과거와 같은 고용의 안정성은 찾아볼 수 없게 되었다. 대부분의 직종에서 과거보다 낮은 실질 임금을 감수해야 하며, 언제라도 직장을 잃을 수 있는 상황으로 변하면서 남성은 밖에 나가 돈을 벌어오고 여성은 자녀와 가정을 돌본다는 전통적인 생활방식을 견지하는 것이 매우 힘들게 되었다.

〈그림 2〉 민간부문 비농업 근로자의 임금 및 가족소득 불평등의 변화 추이

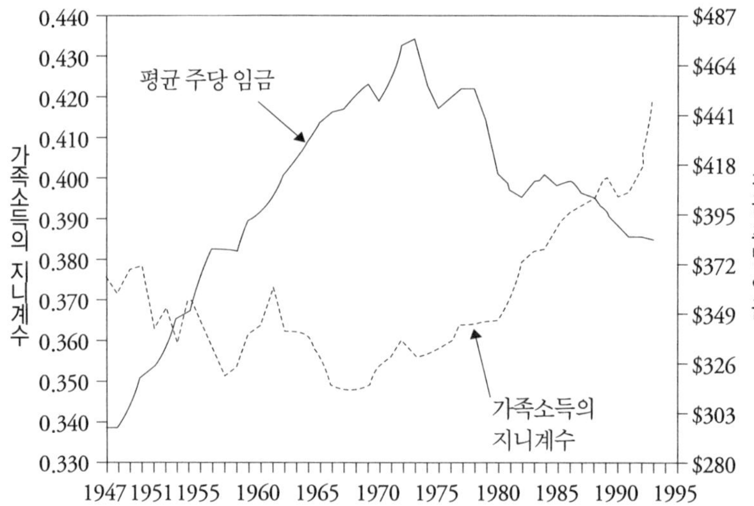

출처 : Farley(1996 : 343).

〈그림 2〉에서 보면, 제2차 세계대전 이후 1960년대까지 가파르게 상승하던 근로자의 실질 임금이 1970년대 초반을 기점으로 이후 계속하여 하강하는 모습을 관찰할 수 있다. 반면, 가족소득의 불평등은 같은 시

점을 기점으로 하여 감소에서 증가추세로 역전되었다. 기혼 여성의 경제 활동 참여가 증가하지 않았다면 미국 근로자 가족의 소득은 1970년대 초반을 기점으로 하여 계속 하락했어야 한다. 그러나 현실은 앞의 〈표 3〉에서 본 바와 같이 중간계층 가족소득의 지속적 상승으로 나타났다. 여기에는 기혼 여성의 취업 확대라는 새로운 요인이 개입했기 때문이다. 과거보다 근로자 일인당 실질 임금은 감소하였지만 한 가구에서 밖에서 일하여 돈을 벌어오는 사람의 수가 증가하였기 때문에 가구 전체의 소득은 상승하게 되었다. 여성 본인의 사회참여에 대한 사회적 및 심리적 욕구와 남성이 혼자만 벌어올 경우 가족의 생활수준이 하락하는 것을 막으려는 경제적 욕구가 함께 작용하여 이 시기 기혼 여성의 취업은 급격히 증가하였다. 부인의 취업으로 벌어오는 소득은 이 시기 가족소득의 실질적 상승에 견인차 역할을 하였다(Chafe, 1991 ; Levy, 1998).

1970년대 후반을 기점으로 하여 과거의 지배적 유형이던, 남자가 홀로 돈을 버는 가족보다는 부부가 함께 취업한 맞벌이 가구가 더 많아지는 역전현상이 발생하였다. 1940년에 전체 가구의 67%에 달하던 남성만이 홀로 돈을 벌어오는 전통적인 가구의 형태가 2000년에는 14%로 감소하였다. 반면, 2000년에는 전체에서 맞벌이 부부 가구가 차지하는 비율이 44%에 달하며, 여성만 돈을 버는 가구 또한 8%에 달하게 되었다(〈그림 3〉 참조).

새로이 증가한 이들 맞벌이 부부는 누구인가? 생계가 어려운 하층 가족의 경우, 과거에도 남편이나 부인 혹은 성인과 미성년의 구분 없이 돈을 벌 수 있는 사람은 모두 일을 하여 가계를 도왔던 것이 일반적이다. 남편 혼자 돈을 벌고 부인은 집에서 육아와 가사를 돌본다는 가족규범은 20세기에 들어 새로이 출현하였는데, 이는 중류층 이상의 가족이나 누

〈그림 3〉 가족의 근로유형(1940~2000)

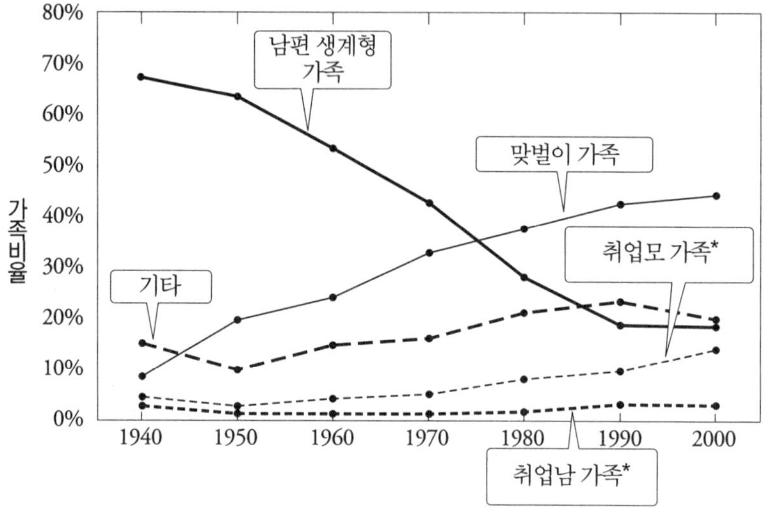

* 경제활동을 하는 어머니와 아버지 중 한쪽과 자녀가 함께 사는 가족.
출처 : Padavic and Reskin(2002 : 151).

릴 수 있었던 사치였다. 생활에 여유가 있는 중류층 가정 부인의 경우 20세기 후반까지 하층 가족의 부인보다 경제활동에 참여하는 비율이 현저히 낮았다. 여성 경제활동 참여율의 변화를 면밀히 검토해 보면, 1970년대 이후 기혼 여성의 경제활동 참여가 급격히 증가했으며, 그 중에서도 대졸 여성의 경제활동 참여가 두드러지며, 6세 미만 자녀를 둔 여성의 참여가 가장 큰 폭으로 증가한 것을 발견한다(〈표 4〉 참조). 1990년에는 기혼 여성의 58.4%가, 대졸 여성의 81.3%가 취업을 하며, 6세 미만 자녀를 둔 어머니의 58.9%가 취업을 하였다. 대졸 학력 여성의 가정은 대체로 중간계층에 속하는데, 어린 자녀가 있을 경우 가정에 머무는 경향이 높았던 과거의 행태와 뚜렷하게 대비된다. 즉 1970년대 이후에 두드러지게 증가한 기혼 여성의 경제활동 참여의 많은 부분은 중간계층 여성의

〈표 4〉 여성 경제활동 참여율의 변화(1970-2000)

	전체 여성	기혼 여성	대졸 여성	6세 미만 자녀 어머니
1970	43.3%	40.5%	60.9%	30.3%
1980	51.5	49.8	73.4	45.1
1990	57.5	58.4	81.3	58.9
2000	59.9	61.1	–	62.8

출처 : Statistical Abstracts of the United States(1993 : 394 ; 2003 : 386, 391).

취업 확대에 기인한다. 과거에는 집에서 자녀를 키우며 가사에 전념하던 중간계층 여성이 1970년대 후반 이후에는 집 밖에서 직장생활을 하는 것이 일반적인 규범이 되었다. 이제 특별한 사유가 없는 한 기혼 여성들은 자녀가 매우 어린 시기를 제외하고는 집 밖에서 일을 하는 것이 사회적인 규범이다. 0-2살까지의 영아를 둔 어머니가 밖에서 일하는 것이 바람직한가 여부는 사회적인 논란이 되고 있지만, 미국 사회의 현실은 거의 절반에 가까운 영아의 어머니가 직장에서 일을 하고 있다.

고학력 중간계층 여성은 1980년대의 구조조정 기간 동안 다른 어느 집단보다도 임금 상승률이 높았다. 남성 임금은 1970년대 이후 전반적으로 하락하였으나 여성은 학력이 높을수록 실질 임금의 상승이 두드러진다(〈표 5〉 참조). 앞의 〈표 3〉에서 중간계층의 실질 소득이 높아진 것의 상당부분이 이들 가족의 구성원인 대졸 부인의 취업률이 높아지고 그들의 임금이 상승한 것에 기인한다.

연구에 따르면 대학졸업자 사이에서 교육에 따른 동류혼의 경향은 근래로 올수록 보다 더 강화되고 있다. 과거에는 대졸자 남편과 고등학교 졸업자 부인 간의 혼인이 드물지 않았으나 근래에는 대졸자 남편은

〈표 5〉 교육수준에 따른 실질 임금의 변화율 비교(1974-1993)

교육수준	1974년 대비 1993년의 실질 임금의 변화율	
	남성	여성
대학원 재학 이상	0 %	+ 28%
대학 졸업	− 7	+ 20
대학 중퇴	− 14	+ 9
고등학교 졸업	− 18	+ 3
고등학교 중퇴	− 26	− 7
중졸 이하	− 27	− 8

출처 : Farley(1996: 342).

대졸자 여성을 배우자로 구하는 경우가 일반적이다. 반면, 고졸 이하의 남편은 대부분이 고졸 이하의 부인과 맺어진다. 미국 근로자의 실질 임금이 1970년대 이래 지속적으로 하락하고 있음에도 중간계층의 가족소득이 하락하지 않는 것은 바로 중간계층 기혼 여성의 취업이 증가하였으며, 이들 고학력 여성의 실질 임금이 상승한 것이 주요 원인이다. 학력에 따른 임금의 격차가 확대되고 고학력 남성이 고학력 여성과 결혼하는 경향이 강화되는 현상은 필연적으로 맞벌이 부부 사이에 소득격차를 벌리는 결과를 초래한다. 맞벌이 부부와 남편이 홀로 버는 부부 간의 소득격차는 말할 것 없거니와, 고졸자 부부와 대졸 이상 전문직 부부 간의 소득격차는 과거 모든 가구에서 남편만이 홀로 돈을 벌어올 때보다 훨씬 벌어지게 된다. 위의 〈표 3〉에서 중간계층 이상의 소득이 높아진 것은 교육수준에 따른 임금격차의 확대, 교육에 따른 동류혼의 경향 강화, 기혼 여성의 경제활동 참여라는 세 가지 요인이 함께 맞물려 초래된 결과이다.

4. 맺음말

1970년대를 계기로 하여 미국 경제는 큰 변화를 겪었다. 미국 경제의 국제 경쟁력 하락으로 초래된 외부 충격은 경제 전반에 걸친 구조조정을 촉발시켰다. 블루칼라와 화이트칼라를 막론하고 안정적인 일자리는 옛말이 되었으며, 일의 강도는 높아지고 임금은 전반적으로 하락하였다. 이러한 변화는 일자리 구조의 변화와 함께 중간계층 가족의 남녀 간 성역할 분업구조에 근본적인 변화를 가져왔다. 화이트칼라 남편이 벌어오는 소득이 줄어들고 직장에서 쫓겨날 위험이 상존하게 되면서 부인이 적극적으로 취업전선에 뛰어들고, 과거보다 상대적으로 높은 임금을 획득하게 되었다.

이러한 결과 과거에 비하여 중간계층의 소득은 높아졌으나 남녀 간의 역할 또한 근본적으로 변하였다. 이제 미국 사회에서 부인이 직장에 나가 벌어오는 소득 없이 남편 혼자의 벌이만으로는 중간계층의 지위를 유지할 수 없다. 중간계층 부인이 취업전선에 나서게 된 것은 가족 소득의 하락을 막기 위한 경제적인 동기 때문만은 아니다. 그러나 조사에 따르면 기혼 여성 취업의 가장 큰 요인은 하층은 물론 중간계층의 경우에도 여전히 경제적인 것으로 나타난다.

남성의 직업과 소득을 중심으로 하던 과거의 계층구분이나 소득 불평등에 대한 논의는 특히 중간계층의 경우 여성의 역할 변화를 반영하여 새로운 각도에서 접근해야 한다. 여전히 여성의 임금은 남성에 비하여 70%에 불과하며 가계 수입에서 보조적인 역할에 머물고 있지만, 여성의 취업활동이 확대되고 수입이 증가하면서 가부장적인 가족규범이 양성평등적인 방향으로 조금씩 변화하는 것을 본다. 가족 내에 여성의 의사결정권이 높아지며 남성의 가사참여가 늘어나고 있다. 남편의 사회적 지위와 생활방식이 부인에게도 동일하게 적용된다는 과거의 계급 · 계층론적 접근은 조만간 수정되어야 할 것으로 보인다. 중간계층 여성은 다른 어느 집단보다도 더 적극적으로 경제활동에 참여하는 경향이 두드러지므로 이러한 지적은 중간계층 가족에게 타당성이 높다.

부인의 취업이 중간계층 가족의 생활에 어떠한 변화를 가져올 것인가 하는 점은 아직 분명치 않다. 맞벌이 가족의 경우에도 중요한 결정은 남편이 한다거나, 부인의 소득은 상대적으로 덜 중요한 소비항목에 사용된다거나, 양육 및 가사의 상당부분을 여성이 담당한다거나, 여성의 계층 소속감은 남편의 직업에 따른다거나 하는 경향이 여전히 강하다. 그러나 부인의 바깥일에 대한 몰입(committment)의 정도가 높아지고 남편에 대한 부인의 소득 기여도가 커질수록 가정에서 부인의 결정권이 상대적으로 증가하며 가부장적인 가족운영으로부터 멀어진다는 보고 또한 줄을 잇고 있다.

요컨대 미국 사회에서 1970년대의 경제위기가 몰고 온 간접적인 영향 중 하나는 서구 사회에서 오랜 동안 삶의 방식을 지배했던 남녀 간의 성역할 분업관계의 변화이다. 기혼 여성의 경제활동 참여는 현재까지 확대 일변도로 전개되어 왔으므로 앞으로도 당분간 지속될 것이다. 여성 취업의 확대에 따른 성역할이나 가족의 규범도 계속하여 변화할 것이다.

일반적으로 사회제도나 가치관은 급격히 변화하기 어렵지만, 경제적인 변화에 따른 변화의 압력은 사회제도와 가치관을 점차적으로 변화시킬 것이다. 1970년대에 미국 경제위기에서부터 촉발된 남녀 간 성역할과 가족규범의 변화는 중간계층의 생활양식을 크게 바꾸어 놓을 것임에 틀림이 없다.

참고문헌

이현송. 2006. 『미국문화의 기초』. 한울아카데미.
홍두승. 2005. 『한국의 중산층』. 서울대학교출판부.

Farley, Reynolds. 1996. *The New American Reality*. New York : Russell Sage Foundation.
Levy, Frank. 1998. *The New Dollars and Dreams : American Incomes and Economic Change*. New York : Russell Sage Foundation.
Chafe, William. 1991. *The Unfinished Journey ; America since World War II*. 2nd ed., New York : Oxford University Press.
Beeghley, Leonard. 2000. *The Structure of Social Stratification in the United States*. 3rd ed. Needham Heights, MA : Allyn & Bacon.
Kingston, Paul W. 2000. *The Classless Society*. Standford University Press.
Padavic, Irene and Barbara Reskin. 2002. *Women and Men at Work*. 2nd ed. Thousand Oaks, CA : Pine Forge Press.

5

일본의 "중류" 붕괴와 사회적 격차

이종구(성공회대 사회과학부)

1. 문제의 제기

'잃어버린 10년'이라고 부르는 1990년대의 장기불황을 거치면서 세계적으로 유포되고 있던 일본 모델론은 설득력을 상실했다. 그 대신에 일본 내부에서도 글로벌 스탠다드와 영미식 주주자본주의 모델에 입각한 개혁을 추진해야 한다는 담론이 지배적 위상을 차지하게 되었다. 이와 함께 모든 사회영역을 시장경쟁 원리에 입각하여 재조직하는 작업이 진행되었다. 특히 일본 모델론의 핵심적 요소를 이루고 있는 일본적 노사관계는 노동시장의 유연성을 저해하는 낡은 관행으로 지탄의 대상이 되었다. 불황만이 아니라 생산공정의 해외 이전, 자동화 기술의 확산은 신규 고용을 축소시켰을 뿐만 아니라 기존 취업자들의 고용에 대한 불안감도 증가시켰다. 반면에 금융이나 정보통신과 같은 새로운 유망업종

종사자를 중심으로 파격적인 고소득을 실현하는 성공신화가 확산되었다. 사회적으로 경쟁의 승자와 패자의 차이가 뚜렷하게 부각되는 결과를 가져왔다. 일본 사회에서 한동안 사라졌던 계급과 분배라는 주제가 논점으로 다시 등장하게 되었다. 이와 같은 상황의 변화 속에서 일본 사회를 연구하는 시각의 재정립이 요청되고 있다.

최소한 1970년대 후반부터 1980년대에 걸쳐 대세를 이루고 있었던 일본 모델론의 핵심적 내용은 산업화와 근대화에 성공한 일본은 풍요하고 균질적인 대중소비사회로 변모하고 있다는 것이다. 일본을 산업화의 수렴효과를 입증하는 전형적 사례로 볼 수 있다는 주장에 대한 다양한 반론과 이견도 속출하였다. 특히 1973년 10월에 발발한 4차 중동전쟁과 석유파동의 여파로 초래된 세계적인 불황을 일본이 가장 신속하게 극복했다. 이 과정에서 고용규모의 감축과 노사관계의 안정이 병행될 수 있었으며, 일본 경제가 선진자본주의 국가 중에서 가장 우수한 성과를 내고 있는 현실을 앞에 두고 세계의 학계, 언론, 기업은 일본적 경영과 노사관계를 찬양하고 비결을 찾는 데 주력하고 있었다. 이와 함께 의외로 일본에서 사회적 재화를 분배하는 기제와 구조를 분석하려는 고찰은 드물었다. 그러나 일본 경제가 감량경영과 고용조정을 효율적으로 수행하며 석유파동을 극복하는 과정에서 중요한 사회구조적 변화가 일어나기 시작했다.

우선, 일본 기업은 생산성이 높고 노조가 보호하고 있는 정규직 종업원을 기업조직 내부에서 유연하게 재배치하는 방법으로 이들의 고용을 우선적으로 보장하였다. 반면에 고령자, 중도 채용자, 여성, 사내 하청, 파견 사원 등 주변적인 위상을 가지고 있는 종업원은 기업 외부로 퇴출되었다. 경기가 회복된 이후에도 정규직 종업원의 채용을 억제하면서

파트타이머를 비롯한 비정규직 종업원을 활용하여 노동력 수요 증대에 대응하였다. 이와 같이 정규직 종업원으로 구성된 내부 노동시장의 기능적 유연성과 비정규직 종업원을 활용한 외부 노동시장의 수량적 유연성을 결합할 수 있는 협조적 노사관계는 일본 모델론의 가장 중요한 구성 요소였다.

정규직 종업원을 우선적으로 보호하는 고용조정은 신규 구직자가 정규직으로 고용될 수 있는 기회만이 아니라 하층 계급 출신자가 능력을 발휘하여 양호한 일자리를 가질 수 있는 사회적 상승이동 기회 자체가 구조적으로 축소되는 결과를 가져왔다. 그러나 자동차 산업의 수출경쟁력을 기반으로 경기가 회복되고 누적되는 대미 무역수지 흑자를 축소하는 일이 최대의 정치적 현안으로 등장하는 낙관적 사회 분위기 속에서 분배문제는 사회적 쟁점으로 부각되지 않았다. 오히려 사회성원들이 물질적 풍요를 균질적으로 누리고 있다는 이미지를 가진 "일억 총중류(總中流)", "신중간대중사회", "분중(分衆)" 등의 키워드가 언론을 통해 유포되었다. 사회현상에 대해 이의를 제기하는 대중운동도 침체되어 전반적으로 일본은 고도로 통합된 안정된 사회라는 통념이 지배적인 담론이 되어 있었다.

반면에 정규직 종업원에 기반을 두고 조직된 일본의 기업별 노조는 임금인상 요구를 자제하면서 고용안정을 확보하는 전략을 채택하고 있었다. 즉 누적되는 무역흑자가 소득으로 환류되는 기제가 취약하였으므로 결국 자산가격이 폭등하는 '거품경기'가 1980년대 후반에 발생하였다. '거품경기'는 특히 부동산의 가격 급등을 가져와 상속이 경제적 지위 결정에 미치는 영향력이 증대되는 결과를 가져왔다. 이러한 사태는 전후 일본 사회에서 통용되던 '능력주의'에 입각해 처우가 결정되는 공정한 사회라는 가치관을 뒤흔드는 요인이 되었다. 사회성원들이 공유해 온 재벌 해체와 농지개혁으로 모두가 같은 조건에서 출발할 수 있었다는 암묵적 전제가 해체되는 것과 함께 '격차'에 대한 관심이 고조되기 시작했다. 1990년대 초에 들어와 자산가격을 비현실적인 수준으로 폭등시켰던 '거품경기'는 붕괴되었고, 장기불황과 함께 안정된 직장의 대명사였던 금융권에서도 도산과 해고가 현실화되었다. 또한 새로운 고용기회가 증가하지 않고 있으므로 청년층의 취업난이 가시화되고 사회적 위기감이 고조되었다.

일본의 사례는 세계화(globalization)의 흐름 속에서 사회적 재화의 배분이 시장원리에 의해 규정되는 수준이 높아질 때 개별 국민국가 내부에서 발생할 수 있는 변화를 보여주고 있다. 일본 모델론의 실체는 제조업의 경쟁력을 뒷받침하는 연공제를 기반으로 한 노사관계, 일반 노동자의 잠재적 능력을 동원하는 생산기술, 유연한 하청관계를 기반으로 한 생산조직이라고 할 수 있다. 그러나 생산공정이 중국을 비롯한 해외 저임금 지역으로 이전하고 정보통신 기술의 발달로 기업의 중간관리 조직이 간소화되는 구조적 변화가 진행되는 가운데 기업사회라는 말까지 나올 정도로 일본 사회의 주류를 형성하고 있던 '회사원'의 직업 안정성은 저하되고 양적 규모도 축소될 수밖에 없었다. 세계화가 진행될수록 기업조직에서 기술집약적 공정, 자본집약적 공정 및 연구개발이나 경영관리, 금융과 같은 구상기능을 수행하는 두뇌부분이 일본 국내에 남게 되므로 신중간계급과 노동자계급의 내부도 상하로 분화될 가능성이 높아졌다. 반면에 단순 서비스 노동은 공간적 이동이 불가능하므로 기업은 수량적 유연성이 높은 비정규직 종업원을 활용하여 노동비용을 절약하려는 행동을 하게 되었다. 또한 세계화의 가장 중요한 내용인 국내 시장의 개방은 자영업자와 농민을 비롯한 구중간계급을 위축시키는 압력으로 작용하고 있다.

그러나 일본 사회제도가 시장을 관리하며 사회복지가 정비된 라인형 자본주의에서 영미식 주주자본주의를 기반으로 한 시장원리가 강력하게 관철되는 사회로 빠른 시일 이내에 재조직되리라고 보기는 어렵다. 주주자본주의적 질서를 만들기 위해서는 원칙적으로 경제운용에 대한 정부의 규제와 개입을 극소화해야 하며, 사회제도가 개인을 보호하는 수준도 축소해야 한다. 특히, 이러한 질서에서는 집단적 노사관계 자체가 부인되며, 노동조건의 결정절차도 단체교섭에서 개별 계약으로 이행된다. 기존의 집단적 노사관계는 대규모 제조업 공장과 노동자 집단의 존재를 준거틀로 하고 있으며, 산업혁명 이후 시민적 권리의 확산 과정에서 형성된 것이다. 간단하게 말해 주주자본주의는 제조업이 공동화된 상태에서 서비스업이 주도하는 경제를 기반으로 하여 형성되는 질서라고 할 수 있다.

실제로 일본에서는 금융과 같은 고급 서비스업이 아니라 제조업이 여전히 가장 생산성이 높은 부문으로서 경제활동을 이끌어 가는 견인차 역할을 하고 있으며, 국제 경쟁력의 원천이기도 하다. 2000년대 중반 이후 첨단산업 부문의 신규 투자가 일본 국내에서 이루어지고 있는 배경에는 저임금 지역으로 이동할 수 없는 연구개발 거점과 숙련 노동력의 존재가 발휘하는 비교 우위가 있다. 이러한 기능을 수행할 수 있는 인력은 수량적 유연성의 적용대상이 아니며, 장기간에 걸쳐 기업조직 내부에서 양성되어야 한다는 특성이 있다. 즉 개인과 조직 사이에 눈에 보이지 않는 암묵적 합의가 존재할 필요가 있으며, 이를 보장할 수 있도록 기업 외부에서 작동하는 사회제도를 운영해야 하는 정부의 역할은 여전히 남아 있다.

이러한 현실을 보면 시장원리에 입각한 신자유주의적 사회 재편성이 진행될 수 있는 범위가 제한될 수밖에 없다. 일본이 영미형 주주자본주의에 입각한 사회로 급속하게 이행하리라는 판단은 아직 성급하다. 세계화 추세 속에서 금융과 정보통신 분야를 중심으로 새로운 고소득 직종이 등장하고 있으며, 개인의 능력에 따라 처우를 해야 한다는 원칙이 강화되는 반면에 비정규직 종업원이 증가하는 것은 사실이다. 그러나 분배구조나 사회이동 구조 자체가 급격하게 변화하고 있다고 확신할 수는 없다. 즉 집단 간 사회적 격차가 확대되고 있지만, 이를 근거로 하여 사회구조가 변화하고 있다고 규정할 수는 없다.

일본의 사회과학 연구 동향에도 이러한 사회적 상황의 변화가 미치는 영향이 뚜렷하게 반영되어 있다. 즉 "중류", "신중간대중"으로 부르는 두터운 중간계급이 붕괴되고 분배구조가 양극화되고 있어 사회적 격차가 확대되고 있다는 분석이 나오기 시작했다. 또한 세대 간 사회이동 통로가 좁아지고 있으므로 부모의 지위가 자녀에게 계승될 확률이 높아지고 있는 경향도 지적되고 있다. 이는 다시 사회성원이 능력주의 원리를 불신하도록 만드는 요인이 되므로 젊은 세대의 학습의욕이나 성취동기가 약화되는 "희망격차"의 문제로 발전하고 있다는 분석으로 이어진다.

여기에서 시장원리와 사회적 공정성 사이의 관계라는 사회철학적 쟁점이 제기된다. 즉 능력주의 사회라는 담론은 '기회의 공정성'이 보장되고 있으면 성과의 차이는 용인될 수 있다는 가치관을 내포하고 있다. 그러나 성과의 차이가 종합적으로 결과의 평등이라는 기준 자체를 무너뜨리지 않는 범위 내에서 한정적으로 용인될 때 사회통합이 유지될 수 있다는 양면성이 있다. 즉 경쟁에 참가할 기회를 불가항력적으로 가지지 못했거나, 경쟁에 패배함으로써 사회관계에서 배제되는 일은 최소한 없어야 한다. 반면에 기회의 공정성을 보장하기 위해서는 물질적 자산만이 아니라 비가시적 · 문화적 자산의 상속과정을 통제해야 한다. 이는 학력의 세대 간 상속을 차단하는 것과 함께 현직을 가지고 있는 직장인도 다른 직업을 갖기 위해 재도전할 수 있는 기회를 제공할 수 있는 정책이 필요하다는 의미가 된다. 그러나 기회의 공정성을 보장하고 패자부활전을 허용하는 사회적 유연성이 발휘될 수 있는 제도의 내용을 모색해야 하는 새로운 과제가 제기된다.

이상과 같은 현실 인식에 입각하여 일본에서 전개되어 온 중류계급과 신중간대중의 붕괴를 예측하는 담론의 유효성을 검토하기 위해서는 사회적 현실의 변화를 고찰할 필요가 있다. 이러한 고찰을 통해 거품경기의 소멸 이후 시장개방, 규제완화, 정보화 등의 환경변화가 사회구조에 미치는 영향을 파악할 수 있는 계기가 마련될 수 있을 것으로 보인다. 주제의 성격상 실증적 자료가 필요하지만 시간과 자원의 제약으로 1990년대 중반 이후 일본에서 실시된 사회조사 자료의 소개와 재해석에 의존하는 한계를 감수할 수밖에 없었다.

2. 신중간대중 시대의 종언

일본 경제가 최고의 번영을 누리고 있을 때인 1984년에 무라카미

야스스케(村上泰亮)의 저서인 『신중간대중의 시대(新中間大衆の時代)』가 발간되었다. '신중간대중' 론의 요점은 일본에서는 계층의 비구조화가 이루어져 있다는 것이다. 구체적으로는 1975년에 실시된 SSM(social stratification and social mobility)[1] 조사자료에 입각하여 약 50%에 달하는 지위 불일치 군락(cluster)이 일본 사회의 중간층을 형성하고 있으며, 이들과 상층 지위 일치 군락, 하층 지위 일치 군락 사이의 경계는 매우 낮다는 점이 지적되었다. 따라서 일본의 계층구조는 다차원화 · 다양화되어 있을 뿐만 아니라, 하층 지위 일치 군락(30%)의 생활상태도 결코 낮은 것이 아니며, 주택과 승용차 보유율 전국 평균 이상이라고 볼 수 있다. 특히 무라카미는 80% 이상이 중류라고 자신의 지위를 규정하는 일본의 대중이 엘리트에게 추종하는 무력한 존재가 아니라는 점을 거론하면서 '신중간대중' 이라는 용어의 사용이 정당하다는 주장을 폈다(村上 : 189-198, 226-237).

일본인이 모두 안정된 사회에서 중류생활을 영위하고 있다는 전제를 가진 '신중간대중론' 은 풍요와 이데올로기의 종언이라는 상황을 반영하고 있었다. 1990년대에 들어와 일본의 거품경기가 꺼지고 장기불황이 지속되자 사회적으로 비관론이 확산되는 것과 함께 학계에서도 사회 양극화에 대한 논의가 고조되었다. 이 문제에 대한 논의의 핵심은 자산격차가 심화되어 소득 분배구조를 부분적으로 개선하려는 노력은 무의미해지고 있으며, 개인은 근로의욕과 성취동기를 상실하고 있다는 것이다. 거품경기 시대를 거치면서 지니계수를 통해 본 일본의 소득 분배구

1) 1955년부터 10년 단위로 실시되는 일본 전국을 단위로 한 사회이동 조사.

〈표 1〉 선진자본주의 국가의 소득분배 지니계수

국가	연도	과세 후 소득	과세 전 소득	국가	연도	과세 후 소득	과세 전 소득
일본	1980	0.314	0.349	노르웨이	1979	0.346	
	1983	0.343	0.398		1986	0.330	
	1986	0.338	0.405	핀란드	1981	0.28	
	1989	0.364	0.433		1987	0.21	
	1992	0.365	0.439	캐나다	1981	0.395	
미국	1979		0.37		1988	0.404	
	1989		0.40	뉴질랜드	1981	0.29	
영국	1981	0.28			1985	0.30	
	1988	0.35		이탈리아	1986	0.310	
프랑스	1979	0.364		스위스	1982	0.323	
	1984	0.372		스웨덴	1989	0.220	
호주	1981	0.31		아일랜드	1987	0.330	
	1985	0.32					

자료 : 橘木俊詔(1998 : 5).

〈표 2〉 실물자산 분포의 지니계수

		1983	1984	1985	1986	1987	1988	1989	1990
타치바나키 추계	A 주택 소유자			0.428	0.452	0.548	0.525		
	B 주택 비소유자 포함			0.752	0.762	0.804	0.794		
경제기획청 추계	A 주택 소유자	0.467	0.433	0.434	0.441	0.482	0.535	0.520	0.516
	B 주택 비소유자 포함	0.668	0.668	0.668	0.672	0.704	0.734	0.726	0.723

자료 : 橘木俊詔 : 14.

조는 급속하게 악화되었으며(〈표 1〉), 선진자본주의 국가에서는 가장 불평등도가 높은 사회가 되었다. 특히 이러한 현상이 단기간에 진행되었으므로 '총중류'의 붕괴라는 사회적 불안감이 높아지게 되었다.

거품경기는 소득격차보다 자산격차에 대해 더욱 심각한 영향을 미쳤다. 특히 자기 집이 있는 집단과 자기 집이 없는 집단의 자산격차를 확대시키는 결과가 되었다(〈표 2〉). 즉 부모로부터 상속받은 재산의 규모가 개인이 누릴 수 있는 생활수준에 대해 미치는 영향력이 더욱 커지게 되었다. 따라서 전후에 일본이 개인이 노력하고 능력을 발휘하여 사회적 지위가 상승될 수 있는 "기회의 공정성"이 보장된 "개방된 사회"로 변모하였다는 주장에 대해 심각한 이의가 제기되기 시작하였다. 거품경기의 소멸은 자산가격의 폭락을 가져왔으므로 자산격차가 미치는 계층 간 격차에 대한 문제의식을 저하시켰다. 반면에 기회의 평등에 대한 관심은 더욱 고조되어 갔다.

3. 사회이동 기회의 축소

2000년에 발간된 사토 도시키(佐藤俊樹)의 『불평등사회 일본–총중류(總中流)여 안녕–(不平等社會日本–さよなら總中流–)』에서는 일본이 계급사회가 되고 있다는 시각이 제시되어 커다란 논란을 불러일으켰다. 자산가격의 폭등이 계속된 거품경기를 거치면서 자산과 소득 분배구조가 악화되었다는 측면을 입증하는 것에 머무르지 않고 사토는 SSM 조

사자료에 입각하여 무라카미가 제시한 모두가 중류가 될 수 있다는 기대감을 공유한 안정된 사회라는 이미지는 현실적이 아니며, 특히 1995년 조사에서는 40세 기준으로 상층 화이트칼라의 세대 간 직업이동 가능성은 급격하게 낮아지고 있다는 분석을 제시하였다. 1936-1955년 출생집단의 직업 계승성은 1896-1915년 출생집단과 비슷한 수준으로 높아지고 있으므로 계층의 고정화가 진행되고 있다는 사토의 지적은 기회의 평등이라는 공정성의 기반이 무너지고 있는 일본 사회의 구조적 변화를 설명하는 충격적 진단으로 받아들여졌다(佐藤 : 55-63). SSM 조사를 수행한 집단 내부에서 제기된 사토의 진단에 대한 반론은 표본 크기의 설정이나 분류기준을 중심으로 제기되었다. 그러나 방법론적인 문제에도 불구하고 사토의 지적은 교육의 황폐화에 대한 논의와 결합되어 다양한 논쟁으로 발전했다(中央公論編集部).

일본이 시장경제 체제를 갖춘 평등한 사회라는 통념을 부정하는 지표는 이미 전후 고도 경제성장이 종언된 1970년대 후반 이후 각종 자료에서 확인할 수 있다. 우선 SSM 조사자료를 이용한 학력, 직업위신, 소득 간의 상관관계를 측정하여 보면(《표 3》), 1955년에서 1965년에 걸쳐 모든 상관계수가 저하하여 지위 불일치화가 진행되는 모습이 나타난다. 그러나 고도성장이 끝난 1975년에 와서는 학력과 직업위신의 조합을 제외하고는 상관이 다시 높아지기 시작한다. 1985년에는 모든 조합의 상관이 높아지고 있어 지위가 다시 일치화되는 조짐이 보인다. 그러나 1995년의 자료를 보면 학력과 소득의 상관이 약간 저하하고 특히 직업과 소득의 상관이 낮아지고 있다. 이는 거품경기가 붕괴한 다음에 임금삭감과 대규모 노동력 구조조정이 진행되고 있었던 현실을 반영하고 있다. 즉 학력이 직업을 가지기 위해서는 여전히 중요하지만 소득과 직결

〈표 3〉 지위 3변수 간 상관계수의 변화

상관 변수	1955	1965	1975	1985	1995
학력 X 소득	.19	.10	.20	.24	.21
직업 X 소득	.30	.22	.41	.42	.37
학력 X 직업	.51	.44	.41	.46	.45
표본수	1,100	1,466	2,083	1,875	1,917

자료 : 今田(1999 : 5).

된다고 보기 어렵게 되는 경향이 나타나고 있다.

사회이동은 세대 간 직업이동을 의미하며, 산업구조가 변하면 개인이 가질 수 있는 직업의 종류도 달라질 수밖에 없다. 실질적으로 산업화가 사회적 유동성이나 개방성과 가지는 상관관계를 음미하기 위해서는 성장효과 때문에 발생한 착각을 감안할 필요가 있다. 즉 경제성장과 산업구조의 변동 때문에 발생하는 강제이동과 개인의 선택으로 발생하는 순수이동을 구분해야 한다.[2] 취업구조의 변화를 살펴보면(〈표 4〉) 노

2) 예시된 1995년도 직업이동표를 작성할 때 사용된 직업분류 범주는 상층 화이트칼라(전문직, 관리직), 하층 화이트칼라(사무직, 판매직), 상층 블루칼라(숙련직), 하층 블루칼라(반숙련, 비숙련직), 농업(임업, 어업 포함) 등이다.

세대 간 직업이동표(1995)

(단위 : 명, %)

아들의 직업 / 부친의 직업	상층 화이트칼라	하층 화이트칼라	상층 블루칼라	하층 블루칼라	농업	전체	%
상층 화이트칼라	209	106	32	31	5	383	19.3
하층 화이트칼라	109	148	54	51	5	367	18.5
상층 블루칼라	71	86	130	64	3	354	17.8

〈표 4〉 취업구조의 변화

(단위 : %)

	1955	1965	1975	1985	1990	1995	2000	2003
1차산업	41.1	24.7	13.8	9.3	7.2	5.7	5.1	4.6
2차산업	23.4	31.5	34.1	33.1	33.6	32.9	30.7	28.3
3차산업	35.5	43.7	51.8	57.3	58.7	61.0	63.7	66.1

자료 : 日本統計協會編, "統計でみる日本 2003"(1955-1985)
"統計でみる日本 2005"(1995-2003)

동력 유출이 계속된 1차산업 부문은 노동력의 자체 충원이 되지 않는 상태이고, 다른 산업으로 이동하는 인구를 공급하는 기능도 끝났다. 이는 2차, 3차산업 종사자의 자체 재생산이 이루어지고 있는 상황을 의미한다. 다시 말해 농촌 출신 청소년이 도시로 이동해 부모와 다른 직업을 찾는 형태의 사회이동은 종결되었다고 할 수 있다.

세대 간 직업이동을 기준으로 보면 전반적으로 일본 사회에서는 전체 이동률로 표시되는 유동성이 고도성장 시대에 높아지고 있었다(〈표

하층 블루칼라	68	81	74	78	3	304	15.3
농업	80	136	131	122	108	577	29.1
전체 %	537 27.0	557 28.0	421 21.2	346 17.4	124 6.2	1,985 100.0	

자료 : 原純補(2000 : 42).

세대 간 직업이동표를 해석할 때 사실 (전체) 이동률(「아버지와 다른 직업을 가진 아들의 수」/「표본수」)에서 직업구조의 변동을 반영하는 강제 (구조) 이동률(「주변도수의 차의 절대값」/「표본수×2」)을 빼면 실질적인 이동을 반영하는 순수이동률이 나타난다. 주변도수는 우단과 하단에 표시된 '전체' 숫자를 말한다.

〈표 5〉 세대 간 직업이동률

(단위 : %)

	1955	1965	1975	1985	1995
전체 이동률	44.7	60.2	63.8	64.6	65.8
구조이동률	17.1	29.4	30.1	27.9	22.7
순수이동률	27.6	30.8	33.7	36.7	43.1

자료 : 今田高俊(1999 : 9).

5〉). 그러나 산업구조와 직업구조의 변화 때문에 개인의 의사나 능력과는 독립적으로 일어나는 강제성을 가진 구조이동은 1975년 SSM 조사 이후 정체되고 있다. 사회적 개방성을 반영하는 개인적 속성에 기인하는 순수이동은 저성장 시대에도 증가하고 있다. 그러나 문제는 압도적 다수가 귀속되고 싶어하는 상층 화이트칼라가 자체 충원되는 경향이 높아지고 있다는 점에 있다. 여기에서 일본은 여전히 불평등 사회로 남아 있다는 비판이 제기되는 것이다.

사회이동의 추세를 보다 구체적으로 파악하기 위해서는 SSM 조사 자료에서 직업의 세습률(아버지의 직업이 아들에 이어지는 비율)과 동직률(아들이 아버지와 같은 직업을 가지는 비율)을 살펴볼 필요가 있다(〈표 6〉). 산업화를 반영하여 농업의 세습률은 30년간 급속하게 낮아지는 추세가 나타났다. 1995년의 농업부문 세습률은 18.7%로 이미 후계자의 대가 끊어질 지경에 이르렀다. 반면에 동직률을 보면 조사시점 현재 농업에 종사하고 있는 응답자의 부모는 대부분(87.1%) 농민이었다. 다시 말해 다른 직업을 가진 집안에서 자란 사람이 농업부문에 유입되어 취업하는 경우는 농업 종사자의 10% 수준에 불과할 정도로 희소하다는 것이 나타난

〈표 6〉 세대 간 직업 세습률과 동직률 추이(1955–1995)

(단위 : %)

	세습률					동직률				
	1955	1965	1975	1985	1995	1955	1965	1975	1985	1995
상층 화이트칼라	45.0	42.3	43.2	47.4	54.6	30.9	28.5	31.8	32.9	38.9
하층 화이트칼라	48.9	52.4	48.0	49.1	40.3	35.5	32.9	32.4	31.9	26.6
상층 블루칼라	40.6	39.5	39.2	41.7	36.7	33.7	30.3	26.8	31.4	30.9
하층 블루칼라	43.5	35.5	29.3	37.3	25.7	26.1	17.1	14.0	26.5	22.5
농 업	62.9	35.8	30.2	19.5	18.7	89.2	87.1	86.9	87.5	87.1
전 체	55.3	39.8	36.2	35.4	33.9	55.3	39.8	36.2	35.4	33.9

주 : 상층 화이트칼라-변호사, 대학교수, 의사 등 전문직과 회사 임원, 관리적 업무를 수행하는 공무원 등의 관리직
하층 화이트칼라-회사 근무 봉급생활자(일반사무원), 경찰관 등 사무직 및 판매점의 점원 · 점주, 방문판매원 등의 판매직
상층 블루칼라 -자동차조립공, 목수, 전기공사원 등 숙련직
하층 블루칼라 -합판공(合板工), 금속용접공 등 반숙련직, 배달원, 도로공사 등
비숙련직, 농업(임업, 어업 직업자 포함) -

자료 : 1) 1955–1985 자료는 今田高俊 : 68,
2) 1995는 原純補(2000 : 42)에서 계산.

다. 반면에 농촌 젊은이의 80% 이상이 다른 직업을 구해 떠나가는 모습이 보인다.

특히 사회적 개방성의 향상이라는 측면에서는 하층 블루칼라의 동향이 주목된다. 1955년에서 1975년까지는 세습률과 동직률이 지속적으로 감소했으나 1985년에 두 가지가 모두 증가하는 추세로 반전된 사실을 해석할 필요가 있다. 나머지 직업범주에서는 주목할 만한 변화가 보이지 않고 있다. 이를 간단하게 풀이하면, 경제성장과 함께 하층 블루칼라가 같은 계층에서 자체 충원되는 비율이 낮아지고 다른 계층으로 이동

〈그림 1〉 출생 코호트별 부친의 주요 직업과 본인 40세 당시 직업의 승산비

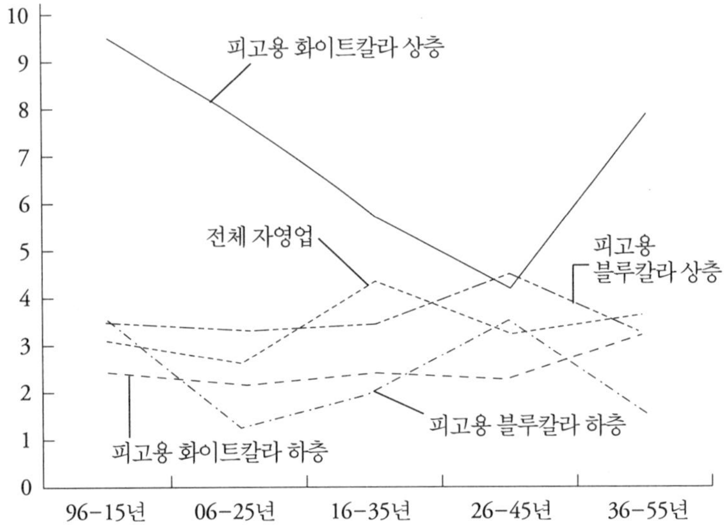

자료 : 佐藤 : 58.

할 수 있는 여지가 있었으나 고도성장이 끝나면서 상승이동 기회가 감소되는 현상이 나타나고 있다고 할 수 있다. 1995년 조사자료에는 하층 블루칼라의 세습률과 동직률은 급속하게 감소하는 것으로 나타난다. 특히 이것은 버블 경기, 서비스 산업화, 제조업의 해외 이전 등과 같은 구조적인 변화가 일어나 하층 블루칼라의 일자리 자체가 급속하게 줄어든 상황을 반영한다고 말할 수 있다.

상층 화이트칼라의 세습률이 1985년 자료에서 상승하는 경향이 나타나기 시작하는 것에도 주목할 필요가 있다. 상층 화이트칼라의 세습률이 1995년에 54.6%라는 뜻은 이 계층에서 다른 계층으로 유출되어 하향이동하게 될 가능성이 절반 이하라는 의미가 된다. 이 문제를 보다 구체적으로 보여주는 지표는 직장에서 관리직 사원에 대한 평가와 미래의

〈그림 2〉 출생 코호트별 출신계급과 본인 40세 당시 계급의 승산비(남성)

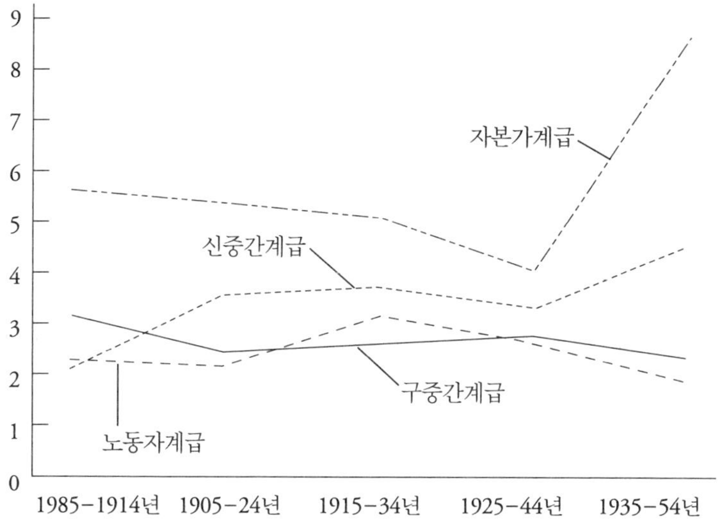

승진범위에 대한 판단이 일단락되는 40세를 기준으로 한 직업적 지위의 계승 여부이다(〈그림 1〉). 본인의 지위가 실질적으로 확정되는 40세에 도달한 시점에서는 피고용 화이트칼라 상층이 부모의 직업을 이어받는 경향이 보다 뚜렷하게 나타나고 있다. 이는 불평등의 구조화라는 문제와 결부되어 학계에서 관심의 대상이 되고 있다. 특히 1995년 SSM 조사자료에서도 피고용 전문관리직의 세대 간 계층 재생산 경향이 상승하는 것으로 나타난 것은(今田, 1999 : 10-11) 일본에서 사회이동 기회의 개방성이 축소되는 증거로 해석되어 치열한 논쟁을 불러일으키는 계기가 되었다(이지원, 2001 ; 原純補 · 盛山和夫, 1999 : 108).

이 논쟁이 가지는 함의에 대해서는 하시모토 켄지(橋本健二)의 해석을 참고할 필요가 있다. 마르크스주의 계급론의 시각을 가지고 있는 그는 사토가 중시한 문제의 '피고용 화이트칼라 상층'[3]의 내부가 자본가

계급 29%, 신중간계급 63%, 구중간계급 8%로 구성되어 있다는 점에 주목했다. 하시모토는 승산비(乘算比, odds ratio)를 지표로 사용하여 부친의 지위와 아들이 40세가 되었을 때 도달한 지위의 관계를 측정하여 지위가 계승되는 수준을 측정하였다.[4)]

그는 〈그림 2〉에서 나타난 출생 코호트, 즉 세대별 지위계승 수준의 변화유형에 주목하여 피고용 화이트칼라 상층과 자본가계급이 재생산되는 경향이 동일한 유형으로 변화하고 있으며, 자본가계급이 자체 충원되는 경향이 피고용 화이트칼라 상층에서 나타나는 세대 간 재생산 경향보다 큰 것으로 나타난다는 분석을 제시했다. 이는 결론적으로 중소기업 경영자가 중심이 된 자본가계급으로 기타 계급 출신이 진입하는 길이 폐쇄되고 있는 것이며, 신중간계급의 세대 간 지위계승 수준은 노동자계급이나 구중간계급보다 높기는 하지만 최근에 급격한 변화를 보이고 있다고 말할 수는 없다는 판단이다. 특히 사토가 피고용 화이트칼라 상층으로 분류한 집단의 34%가 고용규모 299인 이하인 중소기업의 경

3) 피고용 화이트칼라 상층–전문직과 관리직 피고용자(법인기업의 임원 포함)
피고용 화이트칼라 하층–판매직, 사무직 피고용자
전체 자영업–전문직, 관리직, 판매직, 사무직, 숙련직, 반숙련직, 비숙련직의 자영업자(가족 종사자 포함)
피고용 블루칼라 상층–숙련직 피고용자
피고용 블루칼라 하층–반숙련직과 비숙련직 피고용자
농업–농림수산업

4) 피고용 화이트칼라 상층(EUW) 승산비 = A ÷ B
A = 부친이 EUW로 본인도 EUW인 표본수 ÷ 부친이 EUW로 본인은 EUW가 아닌 표본수.
B = 부친이 EUW가 아니지만 본인이 EUW인 표본수 ÷ 부친이 EUW가 아니고 본인도 EUW가 아닌 표본수.

영자와 임원이므로 실질적으로 발생한 일은 평범한 가정에서 태어난 사람이 중소 영세기업을 일으켜 사장이 되기가 어려워지고 있다는 것이다(橋本 : 167-170). 여기에서 중소기업의 경영난은 세계화와 직결되어 있다는 측면에 주목할 필요가 있다. 실제로 제조업의 해외 이전과 중국제 저가 공산품의 역수입은 일본 국내 생산조직의 하부를 구성하고 있는 하청 중소기업의 부담을 가중시키는 결과를 가져왔다. 상당수의 중소기업이 대기업을 따라 해외 이전을 하거나 일본 국내에서 저가 중국제품과 경쟁해야 하는 어려운 입장에 놓이게 되었다.

결국 일본이 고급 화이트칼라가 자체 재생산을 하는 사회가 되고 있다는 사토의 문제제기가 큰 반향을 일으켰다는 사실 자체가 중요하다. 이는 상승이동 통로가 실제로 급속하게 폐쇄되고 있지는 않지만 장기불황을 겪으며 자기의 지위에 불안감을 느끼는 사람이 늘어나고 있는 사회적 분위기가 더욱 중요한 문제로 등장하고 있는 현실을 반영하고 있다. 내각부가 실시해 온 『국민생활세론(世論)조사』에 포함된 "귀하의 생활 정도는 세상의 일반적인 수준과 비교해 어떠한 상태입니까"라는 질문에 대한 응답을 보면(《표 7》), 1996년과 2004년 사이에 '중중'은 57.4%에서 52.8%로 감소한 반면 '중하', '하'는 28.2%에서 32.6%로 증가했다. '상', '중상'은 변화가 없었다. 이와 같은 규모의 변화는 제1차 석유파동으로 불황과 고용조정을 겪었던 시기인 1973년과 1980년 사이의 변화와 유사하다. 1980년과 1987년 사이에도 '중하', '하'가 증가했지만 '상', '중상', '중중'의 변화는 미미했다. 더구나 1987년과 1996년 사이에는 '중중'이 52.5%에서 57.4%로 증가하고, '중상'도 6.9%에서 10.8%로 증가했다. '중하'는 30.0%에서 23.0%로 감소했다. 이 시기에 일본인들은 전체적으로 상승의식을 가지고 있었으나 1990년대 후반 이후에 급격하

〈표 7〉 중류의식의 변화

(단위 : %)

	1958	1973	1980	1987	1996	2004
상	0.2	0.6	0.6	0.6	0.4	0.7
중상	3.4	6.8	7.4	6.9	10.8	9.6
중중	37.0	61.3	54.4	52.5	57.4	52.8
중하	32.0	22.1	27.5	30.0	23.0	27.1
하	17.0	5.5	6.7	7.1	5.2	6.5

자료 : 內閣府, 『國民生活世論調査』(三浦 : 25)에서 재작성.

게 지위 저하를 의식하게 되었다.

그러나 이와 같이 나타난 사회적 격차에 대한 의식이 반드시 고전적 의미의 착취에 대한 항의와 계급의식으로 연결되리라고는 보기 어렵다. 2005년 이후에 일본은 장기불황에서 벗어났지만 경제성장률은 낮은 상태를 유지하고 있다. 일반 시민들도 고도 경제성장과 계층상승을 절실하게 바라고 있지 않는다. 즉 모두가 이미 중류가 되어 있다고 생각하고 있으므로 더 이상 격차 시정을 요구하지 않으며, 사회적 지위의 상승을 목표로 추구하지 않는다. 이것은 자기에게 가장 적합한 생활방식과 소비행태를 추구하는 차별화를 중시하는 의식이라고 할 수 있다(三浦 : 24-29).

이와 같은 사회의식의 변화는 주관적으로 지위 저하를 느끼는 집단이 증가하고 있는 경향을 반영하고 있다. 그러나 이것이 계급사회로 진행하는 양극화의 결과라고 단정하기는 곤란하다. 오히려 풍요한 사회에서 나타나는 생활양식과 가치관의 다양화가 중류의식의 저하를 상쇄하는 모습을 볼 수 있다. 여기에서 상승 경쟁에 참가하여 남부럽지 않게 살기보다는 자신에게 맞는 소비생활을 누리며 자족하려는 태도가 확산되는 배경을 거시적 맥락에서 고찰할 필요도 있다. 세계화의 영향으로 한편에서는 노동시장의 유연성이 높아지고 기업조직 내부의 경쟁이 고조되지만, 다른 한편으로는 산업의 해외 이전으로 취직 기회 자체가 줄어들고 있으므로 경쟁에서 이길 자신이 없는 집단부터 교육투자를 포기하는 현상이 나타나고 있다는 점을 무시할 수 없다. 또한 내부 노동시장에서 보호되고 있는 정규직과 청년층 실업자나 비정규직의 격차는 '세대 간 일자리 분배 격차'와 함께 사회복지 비용을 부담하는 책임주체의 결정과 책임의 분담을 둘러싼 갈등을 촉발시키고 있다. 즉 사회성원이 생활의 압박을 느끼면서도 집합행동이 아니라 개별적 해결방안을 추구하게 되는 배경을 이해하려면 생활의식과 상호작용하는 거시적 사회구조의 변화를 고려할 필요가 있다.

4. 사회적 격차의 재생산

현재 사회적 양극화에 대해 일본에서 논의되고 있는 가장 중요한 쟁점의 하나는 사회이동 기회의 축소가 초래하고 있는 사회통합 수준의 저하라고 할 수 있다. 조직화된 경쟁의 존재는 기업 내부만이 아니라 사회 전체를 통합하는 기본 질서를 이루고 있었다. 이 질서가 유지되기 위해서는 경쟁에 참가하는 개인이 성과를 거둘 수 있다는 기대감을 유지하고 있어야 한다.

교육문제를 계층과 연관해 고찰한 카리야 다케히코(苅谷剛彦)는 계층이동의 개방성이 저하되면 결국 하층에 속하는 부모가 자녀 교육에 대한 의욕을 상실하게 되고, 이는 학생의 학습의욕 저하로 귀결되는 '유인 격차(incentive divide)'라는 문제를 낳는다고 지적하였다. 카리야는 산업구조의 변화가 초래하는 세대 간 직업이동이 사실상 종료되고 고교교육이 보편화되어 고졸 생산직 노동자가 세대적으로 재생산되고 있는 상태이므로 교육이 사회적 상승이동 기회를 보장할 것이라는 믿음은 약화되었지만 부모의 학력이 자녀의 학습의욕에 영향을 미치는 강도는 더욱 높아지고 있다는 사실을 지적하고 있다. 그의 분석에 의하면, 초중고교에서 인성교육을 강조하고 능력주의를 기피하는 방향으로 교육정책을 운용했기 때문에 결과적으로 문화적 자산이 많은 고학력 부모의 자녀들이 입시경쟁에서 유리하게 되었다. 특히 자녀가 학습의욕을 유지하기 위해서는 부모의 계층이 중요한 의미를 가지고 있으며, 사회 하층에 속하는 가정의 자녀들은 학교의 성적 경쟁 자체를 포기하는 경향이 있다는 측면이 방과후 학습시간의 차이에서도 나타나고 있다(〈표 8〉) (苅谷 : 9-21, 218-224).

하층 가정 자녀의 학습의욕 저하가 발생하는 배경에 대해 야마타 마사히로(山田昌弘)는 1997년에 발생한 아시아 금융위기의 여파를 들고 있다. 이는 기업에서 정리 해고된 중년층과 고령자가 늘어나고 취업난에 직면하여 임시직으로 전전하는 청년이 증가하므로 사회에서 승자와 패자 사이에 '희망격차'가 발생했기 때문에 학생들이 의욕을 가지기 어렵게 되었다는 시각이다. 특히 야마다는 기업의 장기고용 관행은 무너지고 있지만 개인을 보호하는 새로운 '중간집단'이 등장하고 있지 않으므로 범죄, 이혼, 자살, 사회적 불안과 도피심리가 확산되고 있다는 점을 거론

〈표 8〉 고교생의 부친 직업별 학교 외부 학습시간(평균치, 분/1일)

	1979			1997			A−B
	평균(A)	표준편차	사례 수	평균(B)	표준편차	사례 수	
전문, 관리	119.5	82.1	401	92.4	73.9	469	27.1
사무	109.2	80.3	203	67.5	62.1	172	41.7
판매, 서비스	87.4	75.2	114	61.0	68.9	148	26.4
자영업	90.0	77.0	153	56.1	69.5	92	33.9
생산직	83.6	77.1	342	50.8	69.6	260	32.8
농업	60.9	68.1	96	79.1	105.9	11	−18.2

자료 : 苅谷 : 154.

하고 있다. 여기에서 기업과 개인 사이에 존재하던 충성과 보장이라는 암묵적 합의가 지켜지지 않게 되었을 때 "기업사회"라고까지 일컬어지던 일본에서 사회통합의 위기가 발생할 수 있다는 지적에 주목할 필요가 있다. 또한 청년층의 비정규직화 경향이 지속되는 것은 결국 사회보험 재정의 부실화만이 아니라, 장기적으로 자립능력이 취약한 성인집단이 증가하고 새로운 가족구성을 저해하는 요인으로 작용할 수 있다는 문제가 드러나고 있다. 무엇보다도 장기간 기업조직 외부에서 비정규직으로 생활하는 청년층이 근로의욕을 상실하고 능력향상을 위한 노력 자체를 포기하게 되면 사회적 생산성만이 아니라 활력 자체가 저하될 우려가 있다(山田 : 3–6, 41–47).

사회적 자원을 배분하는 통로에 참가할 수 있는 기회를 확보하는 절차인 교육과 취업과정이 격차를 재생산하는 기제로 작용하는 상황이 조성되고 있다. 이것은 일본 사회에서 양극화가 초래하는 가장 심각한 문제로 등장하고 있다. 즉 현재 소득, 자산, 사회이동 기회에서 나타나기 시작한 격차는 계급의 고착화를 단언할 수 있는 수준이 아니다. 그러나 일본을 더 이상 '신중간대중사회' 라고 부를 수 없다는 사실은 확실하다. 상승 경쟁에 참가하는 행위에 의미를 부여하지 않는 집단이 증가하면 사회통합을 유지하기 위한 비용도 증대할 것을 예상할 수 있다.

5. 마무리

일본에서 사회적 화두로 등장한 '중류 붕괴' 로 상징되는 양극화 논의에는 두 가지 측면이 있다. 그 하나는 계층상승 기회가 축소되고 있다는 위기의식이 확산되고 있다는 것이며, 다른 하나는 시장원리에 입각한 경쟁이 격화되면서 승자와 패자가 뚜렷하게 구분되어 가고 있다는 당혹감이다. 더구나 패자가 재도전하거나 긴급 피난처를 확보할 수 있는 기회가 희소해지고 있으므로 좌절감을 느끼는 사람이 증가하고 있다는 사실도 무시할 수 없다. 현재까지 분배문제가 집단적 갈등을 유발할 가능성은 희박하지만 사회통합의 수준이 저하되고 있는 징후는 뚜렷하게 나타나고 있다.

일본에서는 물질적 풍요 속에서 분배의 문제는 쟁점으로 부각되지 않았다. 그러나 고평가된 자산의 거품이 붕괴되고 장기불황이 도래한 1990년대의 잃어버린 10년 동안에 불평등의 문제가 급격하게 다시 부각되었다. 반면에 이에 대한 해법에 있어서는 규제완화와 경쟁의 활성화를 강조하는 시장원리 강화의 방향으로 갈 것인가, 아니면 새로운 사회적 공정성의 개념을 모색하고 합의하여 제도화의 수준을 높이는 방향으로 갈 것인가를 둘러싼 정책 논쟁이 치열하게 전개되고 있다. 노동시장, 교육, 복지 시스템의 총체적 개혁이 필요하다는 점에 대해서는 사회적 인식이 일치되고 있다. 그러나 거시적 개혁을 수행할 수 있는 정치적 리더십에 대해서는 대안이 막연한 것도 사실이다. 이상과 같은 사회상황의 변화로부터 세계화에 따른 시장통합과 국민국가 내부의 사회관계 재편성을 연계시키는 준거틀에 입각한 일본 연구의 필요성을 지적할 필요가 있다.

참고문헌

이종구. 1994. “일본 중간층 귀속의식과 불평등의 구조화.” 최상용 외, 『일본 · 일본학–현대 일본연구의 쟁점과 과제–』. 오름.

______. 2003. “시장원리와 신중간대중 신화의 붕괴.” 장달중 외. 『일본은 회생하는가』. 삼성경제연구소.

______. 2004. “일본 노동시장의 유연성과 고용형태의 다양화.” 『산업노동연구』 10권 2호. 한국산업노동학회, 2004. 12. 31.

______. 2005. “일본적 노사관계와 노동시장의 유연성.” 김인춘 외. 『세계화와 노동개혁』. 백산서당.

______. 2005. “일본의 산업공동화와 노조의 제조업기반 활성화 운동.” 조돈문 외. 『산업공동화와 노동의 대응 방향』. 전국민주노동조합총연맹.

______. 2007. “일본 제조업의 국내 회귀와 마치고바.” 국민대학교 일본연구소 편. 『일본공간』 창간호, vol. 1.

이지원. 2001. “일본의 중류붕괴 논쟁.” 『일본자료센터 소식지』. 제13호, 서울대학교 국제지역원.

今田高俊. 1989. 『社會階層と政治』. 東京大學出版會.

______. 2001. “平等社會の神話を超えて–戰後日本の産業化と社會階層–.” 日本勞動研究機構. 『日本勞動研究雜誌』 1999年 10月 No. 472 ; 苅谷剛彦. 『階層化日本と教育危機』. 有新堂.

佐藤俊樹. 2000. 『不平等社會日本』. 中央公論社.

橘木俊詔. 1998. 『日本の經濟格差』. 岩波書店.

中央公論編集部 編. 2001. 『論爭 · 中流崩壞』.

直井優 · 原純輔 · 小林甫 編. 1986. 『リーディングス 日本の社會學 8 社會階層 · 社會移動』. 東京大學出版會.

直井優 盛山和夫 編. 1990. 『現代日本の階層構造1社會階層の構造と過程』. 東京大學出版會.

原純輔 編. 1990.『現代日本の階層構造2階層意識の動態』. 東京大學出版會.
菊池城司 編. 1990.『現代日本の階層構造3教育と社會移動』. 東京大學出版會.
岡本英雄・直井道子 編. 1990.『現代日本の階層構造4女性と社會階層』. 東京大學出版會.
長谷川公一. 1997.『社會學入門−紛争理解をとおして學ぶ社會學−』. 放送大學教育振興會.
原純輔. 2000. "近代産業社會日本の階層システム." 原純輔 編.『日本の階層システム 1−近代化と社會階層−』. 東京大學出版會.
山田昌弘. 2004.『希望格差社會』. 筑摩書房.
村上泰亮. 1984.『新中間大衆の時代 −戰後日本の解剖學−』. 中央公論社.
橋本健二.『2001. 階級社會日本』. 青木書店.

6

유럽의 복지국가와 중산층, 한국에의 교훈

안상훈(서울대 사회복지학과)

1. 서론

중산층은 사회 계층구조에서 허리를 점하는 계층이다. 중산층의 개념을 어떻게 정의하느냐, 어떤 측면을 강조하는가에 따라서 중산층의 내용은 달라질 수 있지만 한 사회를 떠받치는 중심축으로서 중산층의 의미는 사라지지 않는다. 여기서의 논의는 매우 복잡해질 수 있는 중산층 개념 논쟁을 살짝 비껴서 '소득분포에서 허리에 속하는 계층'이라는 상식에 근접하는 정의에서 출발하기로 한다. 따라서 여기서 말하는 중산층은 유럽적 의미로는 중간계급(middle class)에 가까울 것이다.

복지국가에 관한 정의 역시 학자마다 관점마다 다르다. 여기서는 복지국가가 몇 개의 대별되는 유형으로 구분된다는 복지국가체제론에 기대고자 한다. 복지국가체제론에 의하면 복지정책의 구성과 지향이 어떠한가에 따라 사회계층화의 양태가 매우 달라진다고 한다. 물론 우리의 관찰은 중산층과의 관계에 집중될 것이다.

유럽 복지국가에서 중산층이 가지는 의미를 살펴볼 때 궁금증을 불러일으킬 질문들은 다음과 같을 것이다. 유럽 복지국가의 중산층 크기는 어떤 유형에서 가장 큰가? 복지국가와 시장, 어떤 것을 강조하는 것이 중산층의 크기를 키울 수 있을 것인가? 복지국가가 정치적 상호작용의 산출물이라면 상이한 체제에서 중산층이 가지는 정치적 입장은 어떻게 다를 것인가? 이러한 궁금증들을 차례대로 풀어보는 것이 이 글의 중심 테마이다.

우리가 유럽의 중산층에 관심을 가지는 이유는 결국 한국 사회에서 어떻게 해야 중산층을 키울 수 있을 것인가에 관한 함의를 도출하기 위함이다. 이 글의 마지막 부분은 새로운 한국형 복지국가의 패러다임 전환을 위한 방향 제시로 채워진다. 적어도 학술적인 연구들의 결과를 보면 현대 자본주의의 계층화는 복지국가에 관한 논의로 모아짐을 알 수 있다. 시장에 기대어 있으나 시장의 실패를 극복하려는 정책적 노력의 산물을 복지국가라고 한다면, 중산층의 몰락을 방지할 혹은 건전한 중산층을 육성하는 방법은 복지국가를 일구는 것에 다름 아니다.

2. 유럽 복지국가의 유형과 사회계층화

에스핑-안데르센(Esping-Andersen, 1990, 1999)이 '복지자본주의 3

체제론' 을 제안한 이래 복지국가가 하나의 종류가 아니라는 인식은 비교사회정책학의 주된 분석틀로 확고한 위치를 점하게 되었다. 많은 연구들이 세계화의 진전과 함께 3체제의 구분선이 더욱 명확해지고 있다는 사실을 밝히고 있기도 하다(Allan and Scruggs, 2001 ; 안상훈, 2005 ; Huber and Stephens, 2001 등). 유럽의 복지국가로 논의를 한정하더라도, 미국 유형과는 어느 정도 차별적인 것으로 보이던 영국 유형이 최근에는 다른 유럽 국가들로부터 더욱 멀어짐과 동시에 점점 더 미국 유형에 가까워지고 있다는 증거가 계속 보고되고 있다. 스칸디나비아형과 대륙유럽형이라는 두 체제도 사회지출 혹은 복지지출 총량에서는 과거와 별반 다를 바 없지만, 지출의 구성과 개혁의 방향에서는 더욱 분명하게 구분되는 체제들로 변화하고 있다.

신자유주의가 대세인 지금, 대다수 유럽 국가도 범세계화라는 거대한 물결 속에서 신자유주의의 화두인 미시적 효율을 고양하기 위한 일련의 복지개혁을 시도하고 있다. 예컨대, 실업보험이나 공공부조에서 구직활동이나 교육활동에의 참여 등과 같은 활성화 조건을 강화하는 것이 새로운 변화의 공통된 줄거리이다. 그럼에도 불구하고 대부분의 유럽 국가에서는 복지의 부담을 개인의 책임으로 다시 떠넘기는 형태의 '사유주의로의 전반적 전환' 은 가시적이지 않다(Esping-Andersen, 1999, 1996 ; Pierson, 1991 ; Scharpf and Schmidt, 2000 ; Esping-Andersen and Regini, 2000 ; 안상훈, 2005).

무엇보다 사회계층화의 기본적인 틀거리를 소득 분배구조의 측면에서 찾을 경우[1)]에는 복지국가의 의미가 자못 중요해진다. 적어도 유럽 지역에서는 지난 세기를 통해 형성 · 발전한 복지국가라는 '나눔의 기제' 가 사회계층화의 중요한 요인으로서 여전히 작동하고 있기 때문이다. 만

약 복지국가가 사회계층화의 중요한 요인이 된다면 사회계층화의 방향이나 효과는 복지국가 유형별로 매우 다른 모습을 보일 수밖에 없다. 이런 점에서 에스핑-안데르센 이래 비교사회정책학의 주류적 접근법으로 떠오른 복지국가 유형론은 약간의 수정 · 보완을 거쳐서라도 다시금 되새길 가치가 있다.

복지국가 유형론의 인식론적 기반이 되어온 주류 사회학적 제도주의에서는 제도적 경로의존성을 강조한다. 한 시대, 한 국가의 정책적 구성은 과거 유산으로서의 정책적 제도에 종속적이라는 것이 이 관점의 핵심적 명제이다. 하지만 이러한 논의가 역사적 변곡점(historical turning point)에 관한 새로운 인식에 근거하지 않고서는 지나친 결정론으로 흐르게 된다는 것 또한 최근의 사회과학을 달구고 있는 논쟁점이다(Nee and Ingram, 1998 ; Rothstein and Steinmo, 2002 ; 안상훈, 2005). 이러한 새로운 관점은 어떠한 제도라도 역사적으로 중요한 변화를 겪으면 새로운 모습으로 바뀔 수 있다는 가능성을 제시한다는 점에서 제도주의적 결정론을 벗어던질 수 있는 계기를 마련하고 있다.

제도적 종속성이 완전한 결정력을 지닌 것이 아니며 새로운 변화의 단초는 언제든지 마련될 수 있다는 신제도주의적 각성을 수용할 때, 비로소 지속가능한 복지국가의 원칙을 도출하고 재구성할 수 있는 근거가 확보된다. 역사적 변곡점에 관한 각성은 '이미 만들어져 버린 어떤 것'으로 복지국가 제도를 바라보는 수동적 자세에서 벗어나서 새로운 복지국가의 제도적 계기를 확보할 수 있다는 적극적 신념으로 우리를 인도

1) 사회계층화를 문화적 혹은 사회적 자본과 연결시키는 인식의 확장도 중요한 이슈이지만, 여기서의 논의는 경제적인 물적 토대의 상대적 중요성에서 출발하기로 한다.

한다. 더구나 한국적 상황은 아직 복지국가의 틀이 완결된 상태가 아니며, 정치사회적 변화의 속도 또한 매우 빠르다. 따라서 한국적 복지국가를 지속가능하도록 설계하는 것, 그리고 그 속에서 중산층의 문제를 풀어내려는 시도의 실현가능성이 상대적으로 더 크다고 볼 수 있다. 선진복지국가 제도화의 경험과 중산층의 형성을 연결시키는 이 글의 작업이 의미를 가질 수 있는 까닭이 여기에 있다.

한국 복지국가를 개혁이 가능하고 그 과정에서 사회계층 문제도 풀어낼 수 있다고 보는 주장의 타당성은 다음과 같은 사실들로부터도 그 근거가 확보된다. 한국 복지국가의 성격에 관한 논쟁을 통해 잘 알려진 바와 같이, 한국 복지국가는 서구 선진복지국가의 혼성사례(hybrid case)로서 파악되는 경향이 있음과 동시에 성격이 변화하고 있다는 관찰이 도처에서 제기되고 있다(cf. 김연명 편, 2002). 현재 우리나라가 거시경제구조, 산업의 성격, 인구구성, 문화적 경향 등 매우 다양한 차원에서 급격한 변화를 겪고 있으며, 이러한 변화가 고용 없는 성장, 여성참여의 사회문화적 장애, 저출산 · 고령화와 같은 새로운 종류의 사회문제로 이어지고 있다는 것도 새로운 전략으로 한국 복지국가를 개혁해야 할 시점에 도달했음을 보여주는 상황변화라고 할 것이다.

새로운 유형화 분석틀의 첫걸음은 사회정책의 상대적 구성방식에 주목하고 복지국가의 안전망 개념을 소득보장에서 생활보장으로 확장하는 것에서 출발한다. 보다 포괄적인 생활보장의 개념에 입각한 새로운 유형화의 준거는 사회정책의 두 가지 분야인 현금이전과 사회 서비스의 상대적 구성에 따라 다음의 〈그림 1〉에서와 같이 설정가능하다.

복지국가들을 사회 서비스와 현금이전 구성비중의 높고 낮음에 따라 유형화하면 개념적 수준에서 '저 · 저', '저 · 고', '고 · 저', '고 · 고'

〈그림 1〉 복지국가의 재정구성에 따른 새로운 유형화
(OECD SOCX, 1995년 기준)

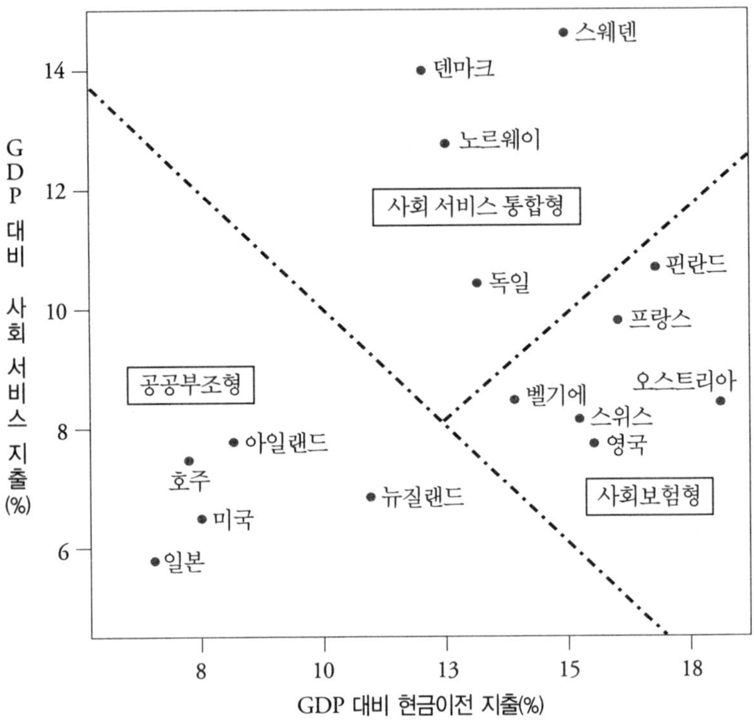

라는 4가지 조합이 가능하다. 하지만 '고 · 저'의 상황은 개념적으로는 가능하지만 현실을 반영하는 유형이라 할 수 없다.[2] 나머지 3개의 조합에 해당하는 복지국가 유형을 사회 서비스와 현금이전이 모두 높은 수준인 '사회 서비스 통합형', 사회 서비스와 현금이전이 모두 낮은 수준인 '공공부조형', 사회 서비스는 낮고 현금이전만 높은 '사회보험형'이

2) 적어도 지금 단계에서는 현금이전은 별로 없이 사회 서비스만을 강화하는 전략이 현실에 존재하지 않으며, 그러한 방식을 상상하는 것조차 힘들다.

〈표 1〉 3유형에 관한 군집분석 결과

	공공부조형	사회보험형	사회 서비스 통합형
현금이전 중심값	8.12	16.03	13.21
사회 서비스 중심값	6.77	8.77	12.85
해당국가	미국, 호주, 뉴질랜드, 아일랜드, 일본	오스트리아, 벨기에, 프랑스, 스위스, 영국, 핀란드	스웨덴, 덴마크, 노르웨이, 독일

주 : 3군집을 설정한 K-means 군집분석에서 투입된 두 기준변수로 분산분석을 실시한 결과 군집별로 유의도 0.001수준에서 통계적으로 유의미한 차이를 보임.

라 나누어 부르기로 한다.

1995년을 기준으로 현금이전과 사회 서비스의 구성에 따라 15개국을 3유형으로 묶는 군집분석을 실시한 결과가 〈표 1〉에 제시되어 있다. 에스핑-안데르센의 유형화와 유사하지만 몇 가지 예외가 보인다. 자유주의의 영국과 사민주의의 핀란드가 사회보험형으로 묶이고, 독일의 경우 사회 서비스 통합형으로 북유럽 국가들과 묶이고 있다.

〈표 2〉는 세 가지 체제의 특징을 요약한 것이다. 유럽 복지국가의 첫 번째 유형은 사회보험형이다. 흔히 보수주의(conservative) 복지체제로 불리는 오스트리아, 프랑스 등의 국가가 여기에 속한다. 보수주의 체제는 사회보험 방식의 사회보장 기제를 중심으로 작동한다. 사회보험은 피보험자의 보험료 납부를 재정적 근간으로 하며, 수급권의 획득조건 또한 사회보험료의 성실한 납부를 가장 중요한 기준으로 삼는다. 보수주의 복지체제의 재정적 근간은 활발한 노동시장 참여를 전제로 하며, 노동시장에서의 소득에 따른 재분배가 대륙유럽형 복지국가의 기본 원리이다. 사회보험 중심의 복지국가에서 중산층이 주요 복지 수혜집단이 되는 이유

〈표 2〉 유럽 복지국가 유형별 특징

유형		공공부조형	사회보험형	사회 서비스 통합형
복지국가의 일반적 특성	주요 표적대상	극빈자	보험 가입자	전 국민
	주요 정책내용	공공부조	사회보험 (공공부조)	사회 서비스 사회보험 (공공부조)
	사회지출 (국민부담)	GDP 대비 15%선	GDP 대비 30%선	GDP 대비 30%선
경제적 성과	경제성장률	약 4%	약 1.5%	약 3%
	실업률	약 3-4%선	약 9-10%선	약 5-6%선
사회적 성과	재분배 정도	낮음	중간	높음
	중산층 크기	작음	중간	큼
정치적 성과	조세저항 정도	높음	중간	낮음
	개혁용 이성	높음	낮음	높음

가 여기에 있다. 빈곤층을 위한 공공부조의 경우에는 열등수급의 원칙이 강조되며, 되도록 자활을 할 수 있도록 도와주는 것을 공공부문의 주된 역할로 규정한다. 자활의 강조 또한 노동시장정책을 통해 원조적인 형태로 이루어지며, 노동을 가장 중요한 공공복지 급여의 조건으로 내세우지는 않는다. 이미 사회보험에는 노동을 통한 소득과 보험 기여금 납부가 조건으로 포함되어 있고, 대부분의 복지욕구는 사회보험을 통해 일차적으로 걸러지게 되므로 소득 하층, 특히 빈곤층을 위한 공공부조는 노동을 강제하는 기제로서보다는 노동무능력자에게 사회통합의 견지에서 부여하는 최소한의 권리로 파악하게 되는 것이다(Esping-Andersen, 1999). 총 사회지출에서 공공부조의 비중이 낮아 공공부조의 내용이 넉넉해지더라도 재정문제를 곧바로 촉발하지 않는 것이다. 적어도 공공부조에 있어

서는 이후에 살펴볼 사민주의와 비슷하다고 할 수 있다.

생산적 복지에서 가장 중요한 것은 교육보장의 측면이다. 빈곤문제 해결의 장기적인 해결책은 교육을 통한 인적 자본의 획득 기회를 전 국민에게 보장하는 것이고, 합리적 혹은 공평성이 담보되는 계층화의 기본 전제가 기회의 균등에 있다면 교육보장의 의미는 예사롭지 않다. 이 체제에서는 교육의 비용이 보편주의적으로 사회화되는 경향이 있어 빈곤층뿐만 아니라 중산층도 주요 수혜그룹으로 부상한다. 사회보험형에서의 교육보장에는 일반 학교교육과 함께 적극적 노동시장정책의 일환으로서 직업 재교육도 일정 정도 포함된다. 노동시장에 참여한 경우, 보편적으로 제공되는 각종 사회보험의 보장수준은 소득에 연계되어 있는데, 소득은 기본적으로 개인의 인적 자본에 따라 정해지는 것이며, 인적 자본은 교육이라는 과정을 통해 증진되는 것이다. 이러한 점에서 보자면, 사회보험형 복지체제가 지향하는 복지국가의 평등전략은 기회평등에 경도되어 있다고 할 수 있다. 그리고 기회평등전략과 인적 자본 증진의 전략은 한 나라의 생산수준과 일차적 분배에 직접적으로 기여하게 되므로, 적어도 본격적인 경기침체 이전까지는 경제적으로 지속가능한 복지체제일 수 있었다.

공공부조형 복지체제 유형은 자유주의(liberalism)를 사상적 기반으로 한다. 미국이 대표적인 국가 사례인 이 체제의 가장 중요한 특징들은 현재 진행 중인 신자유주의의 조류에 가장 근접하는 형태로 보인다.[3] 공

3) 이 말은 신자유주의의 물결 속에서 자유주의적 복지체제가 가장 우월하다는 의미는 결코 아니며, 단 그 성격이 신자유주의 정책이 강조하는 시장 중심과 거의 일치한다는 것이다.

공부조형 복지체제에서는 복지를 협소하게 파악하는 경향이 있다. 이 체제에서는 전반적인 평등의 증진이 목표가 아니라 오직 빈곤해결만이 복지국가의 주요 관심거리이다. 따라서 자산조사에 의한 공공부조가 가장 중요한 복지 프로그램으로 기능하고 있는데, 자격 있는 빈자(deserving poor)를 가려내는 일이 복지행정의 중요한 업무가 된다. 결과적으로 중산층은 이 체제의 복지수혜 집단이 아니다. 자격 있는 빈자를 추출하는 데 많은 노력을 기울인다는 것은 일단 복지를 성장에 장애가 되는 것으로 파악하는 동시에, 복지가 잔여적(residual)으로만 주어질 때 시장이 제대로 유지될 수 있다고 인식하는 자유주의의 기본적 인식에서 출발한다.

이런 사고에서 출발하는 복지정책의 기조는 '거시적으로 생산적' 일 수 있는 교육이나 적극적 노동시장정책들을 등한시하는 것으로 이어진다. 노동을 위한 인적 자본의 증진은 기본적으로 개인들의 책임이며, 정당한 분배와 지위의 획득은 시장에서 해결되어야 하는 것으로 인식하는 것이다. 따라서 자유주의 맥락에서 복지를 논하는 것은 결국 '자격 없는 빈자(undeserving poor)'를 공공부조의 틀에서 축출하려는 의도와 깊은 관련을 맺게 되는 것이다. 즉 복지는 비생산적이므로 복지보다는 시장에서의 노동과 노동시장에의 일차적 분배에 입각한 소득증진을 통해 개인적 욕구를 해결하는 것이 옳다고 보는 것이다. 결국, 이 체제에서는 시장에서의 소득에 따른 계층화가 복지국가 기제를 통해 수정되는 정도가 매우 약하다.

또 하나의 유럽형인 사회 서비스 통합형 복지체제는 사민주의적(social democratic) 이데올로기를 기반으로 한다. 스웨덴, 덴마크, 노르웨이 등이 이 유형에 속하는 나라들이다. 사회 서비스 통합형의 가장 큰 특징은 복지와 노동의 완벽한 결합이다(Kuhnle, 2000). 이는 완전고용에 대한

국가적 보증의 형태로 드러나며(안상훈, 2001 ; Ahn and Olsson Hort, 1999), 복지의 개념을 상당히 광의로 해석한다는 것을 의미한다. 완전고용을 국가가 적극적으로 보장하고자 노력하는 다른 이유는 매우 규모가 큰 복지 시스템을 유지하는 비용은 결국 노동시장 소득에 부과되는 조세에서 얻어지기 때문이다.

사회계층화와 관련된 체제의 특징은 평등전략의 대상을 빈곤계층에만 두지 않고 포괄적으로 보면서 전 국민을 표적으로 하는 각종 복지정책을 추진한다는 데 있다. 이 체제에서는 중산층을 중요한 복지의 대상으로 포괄하고 있는데, 사회보험 외에도 각종 돌봄, 고용, 교육 등 중산층이 지니는 다양한 복지욕구에 대한 사회 서비스의 확장을 이루어 왔다(Ahn, 2000 ; Ahn and Olsson Hort, 2003).[4] 중산층을 포함한 대다수의 국민이 복지의 대상이 되는 경로는 주로 보육 · 교육보장이나 노동시장 안전장치와 관련된 사회 서비스 프로그램을 통해서이다. 이러한 종류의 복지프로그램들은 생산에 기여할 수 있는 미시효율적 프로그램들이며, 종국적으로 이 체제가 유지하는 복지국가의 거시 효율을 증진시키게 된다. 사민주의 체제의 복지노선은 전통적인 가족에서의 불합리한 부담에서 개

4) 이 말은 국가가 앞장서서 대다수 국민들이 목말라하는 욕구에 부응하는 쪽으로 복지정책을 수립한다는 것을 의미한다. 다른 한편으로는 국민 대다수를 포괄하는 복지정책은 보편적인 프로그램으로 시행되게 되므로 소득 하층도 자산조사나 노동조건과는 상관없이 복지의 혜택을 적어도 기초적인 수준에서는 보장받는다는 것을 의미한다. 중산층의 경우에는 소득과 기여에 따라 차등적인 혜택의 증가를 보장하므로 평등과 동시에 공평성도 확보하게 된다. 이러한 복지체제에서는 민간부문의 복지가 별 필요가 없게 되고, 국민 대다수가 복지국가의 수급자로서 친복지적 태도를 지니게 되므로 복지국가의 지속적인 발전 혹은 유지를 요구하게 되는 것은 당연한 수순일 것이다.

인들을 해방시키는 것도 포함하는데(Esping-Andersen, 1999), 전통적인 가족주의에서 여성이 무임으로 부양부담을 떠맡는 불합리를 국가가 적극적으로 도맡는 대신 여성의 사회활동 기회를 적극적으로 보장한다.[5] 이러한 종류의 복지 프로그램들은 노동시장 수급을 원활하게 하고 능력에 따른 노동시장 참여를 보장함으로써 복지국가의 효율을 높이는 기제로 작용함과 동시에 소득 하층을 축소하고 중산층을 확대하는 효과를 거두게 된다. 무엇보다 중요한 것은 확장된 복지국가의 일상적인 사회 서비스를 중산층 삶의 중요한 부분으로 승화시킴으로써 중산층을 중심으로 한 복지연대를 창출할 가능성이 높다는 점이다.

지금까지 우리는 복지체제 유형별로 중산층을 대하는 방식이 다르다는 사실을 정리하였다. 중산층을 복지국가의 주요 대상으로 삼는가의 여부는 중산층이 각종 사회적 위험상황에서 경제적으로 안정적인 지위를 확보하는가와 밀접한 관계를 가지게 된다. 만약 그렇다면 각 유형에서의 상이한 전략이 중산층의 크기를 결정하는 요인으로 작용할 수 있다. 중산층이 복지국가의 주요 수혜집단일 경우, 시장에서의 성취에 더하여 복지국가의 지원에 의해 중산층의 경제적인 지위안정성이 고양될 것이고, 이는 다시 중산층의 유지 혹은 확대에 기여할 것이기 때문이다.

〈표 3〉은 세 가지 유형의 복지국가 체제에서 중산층의 크기를 보여준다. 중산층의 범위를 어떻게 설정하는가와 관련된 논의는 차치하고 대

5) 탁아나 탁노 등의 서비스 분야가 강조되는 이유는 남여를 불문하고 능력이 있고 의지가 있으면 사회활동에 참여하여 자아를 실현하고, 경제적으로는 소득세 납세자이자 보험료 납부자로서의 지위를 유지하게 함으로써 복지재정의 충실화를 기하려는 정책적 의도의 산물이다(Ahn and Olsson Hort, 1999).

〈표 3〉 1995년 전후 국가별 중산층 가구비중(전체 가구 대비 %)

국가		중산층 가구비중 I*	중산층 가구비중 II**
사회 서비스 통합형	스웨덴	52.7	75.8
	노르웨이	45.3	70.5
	독일	43.9	66.5
사회보험형	프랑스	39.4	62.5
	영국	32.6	56.3
공공부조형	미국	27.3	50.4

출처 : Luxemburg Income Study(WAVE 4).
주 : * 중산층 가구 I은 중위 가구소득의 75%에서 125% 사이에 속하는 가구로 정의함.
** 중산층 가구 II는 중위 가구소득의 75%에서 200% 사이에 속하는 가구로 정의함.

략적인 크기만 비교해 보아도 세 체제의 차이는 분명히 드러난다. 1995년 전후의 가구소득 비중을 중심으로 중산층을 좁게 정의하건 높게 정의하건 사회 서비스 통합형, 사회보험형, 공공부조형의 순으로 서열화된다. 이같은 분화는 적어도 두 가지 사실을 시사한다. 먼저, 복지국가의 크기가 클 경우 경제성장이 둔화되고 결과적으로 중산층이 줄어들 수 있다는 논리는 사실과는 거리가 멀다. 둘째, 복지국가가 중산층을 주요 수혜집단의 하나로 보편주의화하는 체제일수록 중산층의 비중이 높다.

이러한 사실은 중산층 크기의 체제별 변화를 살펴보아도 유사한 모습을 보인다. 중산층 가구비중 I의 경우, 1980년 무렵(LIS WAVE 1)과 1995년 무렵(LIS WAVE 4) 사이의 변화는 유럽 국가들을 포함하는 사회 서비스 통합형과 사회보험형이 증가한 데 비해 미국이 대표 사례인 공공부조형은 감소한 것으로 나타난다. 사회 서비스 통합형의 증가분이 미미한 까닭은 이 유형에서 중산층 규모의 기초선이 높았기 때문이며, 무엇보다 주어진 시기에 시장을 강화한 공공부조형에서 중산층 규모가 줄어든 것과 비교하면 위에서 도달한 두 가지 결론은 여전히 유효하다.

3. 유럽 복지정치의 중심에 선 중산층

순수한 형태의 자본주의적 시장에 모든 것을 맡기는 국가는 없다. 신자유주의 경제학의 주창자들도 최소한 빈곤층 등 사회적 취약계층에 대해서는 일정부분 국가가 복지를 제공하여야 한다고 믿고 있다. 복지국가의 크기를 어떻게 설정하는가, 혹은 복지국가 프로그램의 구성을 어떻게 조정하는가에 따라 상이한 유형의 복지국가가 존재한다는 점은 위에서 밝힌 바와 같다. 자본주의적 시장실패의 수정기제로서 복지국가가 분배의 조정에 개입함으로써 사회계층화 효과(stratification effect)를 잉태하며, 사회계층화의 양태가 복지국가의 유형에 따라 다르게 전개될 수 있다는 실마리도 제시하였다(cf. Esping-Andersen, et al., 1993).

복지국가의 형태에 따라 사회계층화 효과가 상이하게 나타난다는 점은 에스핑-안데르센의 3체제론에서도 중요한 테마이다. 에스핑-안데르센에 의하면, 복지국가는 재분배 기제일 뿐만 아니라 사회계층화 기제이기도 하다. 특히 사회계층화 효과는 정책환류(policy feedback)의 정치적 효과를 통해 미래 복지국가의 변화에 다시 영향을 미치게 된다. 각 체제의 초기적 정책지향이 사회계층화 형태를 결정하고 사회계층화가 파생하는 정치지형상의 특징들은 다음 시기에서의 복지정책의 변화를 낳게 되는 것이다. 이것이 바로 성격적으로 구분되는 복지체제가 특유의 경로의존성(path dependency)을 갖게 되는 정치적 메커니즘이다. 그리고 이러한 메커니즘의 중심에 중산층이 자리한다는 점 또한 간과되어서는 안 된다. 중산층의 정치적 입장이 소득 상층과 하층 사이 어느 쪽과 동일시되는가에 따라 복지정치의 지형이 판이하게 갈리기 때문이다. 노동계급의 양적 축소가 진전됨에 따라 신중간계급(new middle class)을 포섭할 수 있는지의 여부가 복지국가의 정치적 성공을 좌우하는 가장 중요한 요인으로 작동하기 시작하였고, 신중간계급을 포함한 '중산층'의 선택은 복지국가 자체를 변화시켜 왔다.

〈그림 2〉 복지국가 유형별 재분배, 부담수준, 조세저항의 정치

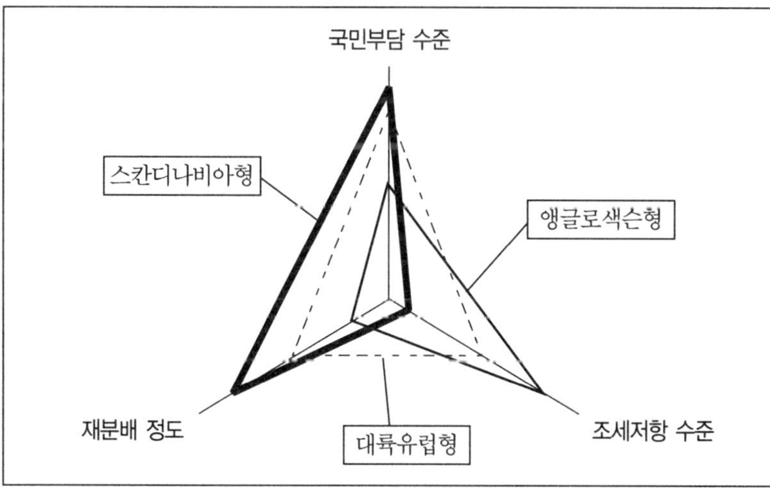

중산층의 선택이 복지국가의 정치에서 중요하다면 각 복지체제 유형에서 중산층의 정치적 입장은 어떻게 다를 것인가? 〈그림 2〉는 세 체제 유형에서의 복지정치 지형을 요약적으로 보여준다. 가장 흥미로운 점

은 국민부담 수준과 조세저항 수준이 정비례하지 않는다는 사실이다. 즉 국민부담 수준이 높되 중산층에게 혜택이 많이 돌아가는 체제에서는 조세저항이 낮게 나타나고 있는 것이다. 또 하나의 흥미로운 사실은 재분배 수준에 관한 체제별 차이점이다. 재분배의 정도는 소득 하층에 대한 국가의 지원에 중산층이 동의할 경우에만 높아질 수 있다. 복지국가에서는 중산층이 주요 납세자집단이기 때문이다. 보편주의적인 방식으로 중산층을 위한 복지가 발달할수록 빈곤층을 위한 재분배의 수준도 높아진다는 '재분배의 역설(paradox of redistribution)'을 다시 한 번 확인해 주는 결과이다.[6)]

이러한 사실을 체제별로 나누어 조금 더 자세히 짚어보자. 공공부조형에서는 시장을 중시하기 때문에 복지국가가 공공부조만을 중심으로 발달하고 노후 소득보장이나 의료보장 등과 같은 중요한 복지욕구들은 민간부문에 맡겨지는 체제이다. 여기서는 주요한 복지욕구들과 관련된 소비의 장이 소득계층별로 공공부문과 민간부문 사이에 철저하게 양분(dualism)되는 경향이 짙다. 소득서열상 중산층은 납세자로서의 의무만 담당하고 국가로부터 복지혜택을 거의 받지 못하기 때문에 공공부조형 국가에서 중산층의 복지국가에 대한 정치적 태도는 소득상층과 동일시되는 경향이 짙다. 이러한 과정에서 공공부조형 체제의 복지정치 지형은 반복지적(anti-welfare)인 양상을 띠게 된다. 따라서 공공부조류의 선별주

6) 재분배를 위한 표적집단을 빈곤층에게만 선별주의적으로 한정하고 복지지출을 집중할 경우 대상효율(target efficiency)이 높아질 것이라는 일반적인 예상은 객관적인 사실과 거리가 멀다. 이 점이 바로 재분배의 정치에서 중산층을 포섭하는 전략의 중요성, 보편주의적 복지제공의 정치적 강건성을 웅변한다.

의적 정책들마저 점점 더 인기를 잃게 되고 재분배의 정도는 낮아진다. 또한 공공부조형 복지국가가 GDP 대비 사회지출에서 가장 낮은 수준을 기록하고 있고, 조세부담률도 다른 두 체제보다 훨씬 낮음에도 불구하고 조세저항의 정도는 가장 높다는 역설로 이어지게 된다. 중산층이 소득상층과 연대하는 복지정치가 일반적인 이 체제에서 최근의 신자유주의적인 복지국가 축소 개혁이 유독 용이하게 진행되는 까닭도 동일한 이유로 설명가능하다.

사회 서비스 통합형에서는 조합주의와 국가주의의 전통으로 공무원, 고급 기술근로자 등이 복지국가 형성기부터 주요한 복지수혜자 계층이었다. 이 체제에서의 사회지출은 사회보험을 중심으로 한 현금급여에 집중되는데, 기여에 따른 분배라는 보험수리 원칙의 성격상 공평성을 중요하게 생각하는 중산층의 욕구에 온전히 부합하는 복지 프로그램이 아닐 수 없다.[7] 당연히 이 체제에서는 중산층이 복지국가의 정치적 지지자로 부상한다. 비록 공공부조라는 형태의 선별적인 프로그램이 있어서 납세 없이 혜택만 받는 계층이 존재하기는 하지만, 복지국가의 주요한 수혜자가 사회보험 가입자인 중산층이기 때문에 복지국가에 관한 정치적 지형은 친복지적으로 형성된다. 다만 노후, 장애, 실업과 같은 복지욕구들을 보장하는 사회보험의 수혜시점이 비일상적인 것이기 때문에 친복지적인 태도 형성의 정도가 아주 높지는 않다.[8] 보험원칙이 시장에서의

7) 사민주의 국가인 스웨덴의 경우에도 1940년대에 시행된 최초의 연금개혁은 노동자와 농민 사이의 타협으로 정액연금을 탄생시켰으나, 신중간계급이 정치적으로 중요해진 1960년대의 개혁에서는 신중간계급을 포섭하려는 의도에서 대륙유럽형의 사회보험 방식을 채택한 바 있다(Olsson Hort, 1993).

1차적 분배결과로서 사회계층화를 유지하는 경향이 있다는 사실과 결부되어 결과적인 재분배의 수준은 나머지 두 체제의 중간쯤에 위치한다. 자본주의 황금기, 복지국가의 발전을 도모하는 과정에서는 중산층의 지지가 매우 큰 정치적 자산이었으나, 복지국가의 합리적 개혁이 화두가 된 현 시점에서는 사회보험을 삶의 중요한 일부로 체화한 중산층의 기득권이 개혁의 걸림돌로 작용하고 있기도 하다. 사회보험의 소득대체율 하향조정, 일정부분의 민영화 등 사회보장 시스템의 효율화를 위한 개혁 자체를 반대하는 주요 세력이 유럽대륙 국가의 중산층인 것이다. 문제는 사회보험의 개혁을 위한 정치적 교환물의 제공이 불가능하기 때문에 이 체제에서의 복지 재편은 답보상태이다.

사회 서비스 통합형에서도 중산층은 복지국가의 최대 수혜계층이자 강력한 지지자이다. 엄청난 국민부담 수준에도 불구하고 조세저항의 정도는 가장 낮다. 중산층이 소득 하층과 복지국가의 수혜집단으로서 정치적으로 연대감을 고양하는 체제이고, 빈곤층의 생활상 곤란이 공공부조 이외에도 보편주의적인 사회 서비스들을 통해 1차적으로 제거되기 때문에 재분배의 정도도 가장 우수하다. 사회보험형과 다른 또 하나의 특징은 복지국가 재편 시기의 사회보험 개혁에 중산층이 비교적 쉽게 동의한다는 사실이다. 두 체제 모두 GDP의 30%선에 이르는 사회지출을 하고 있지만, 사회 서비스 통합형은 사회 서비스 부문을 높은 수준에서 발달시키고 있다는 면에서 특징적이다. 중산층에게 주어지는 사회 서비스는 일상적인 복지수혜이기에 잠재적인 혹은 비일상적인 수혜의 의미만

8) 돌봄, 교육, 주거, 고용 등과 같은 일상적인 사회 서비스와 비교하면 특히 그러하다.

〈표 4〉 복지국가 지출구성과 조세저항, 국민부담, 지니계수의 관계

유형	지출구성		조세저항				국민부담률	지니계수
	선별주의	총 사회지출	건강	노령연금	실업급여	총 조세저항		
사회 서비스형	2.44	27.96	0.05	0.06	0.65	0.77	44.83	0.26
사회보험형	2.70	26.16	0.16	0.21	1.03	1.40	43.60	0.31
공공부조형	–	16.34	0.07	0.14	1.99	2.19	30.55	0.34

주 1 : 퇴직세대 대비 근로세대의 지출비중 OECD, 2004 ; 선별주의는 총 사회지출 중 현금성 공공부조의 비중(%) ; 총 사회지출 OECD, 2004 ; 조세저항은 ISSP(Role of Government III), 1996의 조세부담을 전제로 한 정부역할 증가 질문에서 찬성 대비 반대의 비율로 계산함 ; 지니계수 LIS Wave V, 2000 ; 국민부담률 Forbes, 2001.

주 2 : 포함된 나라는 사회 서비스형은 스웨덴, 노르웨이, 독일, 사회보험형은 프랑스, 이태리, 공공부조형은 미국, 호주임.

을 지니는 사회보험보다 정치적으로 그 민감성의 정도가 높다. 사회 서비스의 유지를 사회보험 개혁의 반대급부로 약속할 경우 사회보험의 합리화 혹은 축소가 정치적으로 실현가능해질 것이라는 점은 쉽게 추측할 수 있을 것이다.

취약계층 위주의 선별주의적인 경향에서 벗어나 중산층을 주 대상으로 하는 보편주의로의 정책적인 방향전환이 조세저항을 줄일 수 있다는 사실이 확인된다. 〈표 4〉를 보면 선별주의를 표방하는 대표적 유형인 공공부조형에서 다른 두 체제보다 조세저항이 훨씬 크다는 점을 확인할 수 있다. 결국, 복지국가의 조세저항은 총 복지지출이나 국민부담률의 크기와는 상관이 없거나 오히려 반비례하는 경향이 있으며, 전 국민을 대상으로 수혜자의 폭을 확장할 경우에는 줄어들 수도 있음을 보여주는 결과이다.

또한 현금이전 중심에서 사회 서비스를 통합하는 방향으로 개혁을

〈표 5〉 오늘날 당신이 살고 있는 사회가 어떤 종류의 사회라고 생각하는가?

	A. xxx x x x x x x x xxxxxxxxxxxxxxxxxxxxx	B. x xx xxx xxxxx xxxxxxx xxxxxxxxx xxxxxxxxxxx xxxxxxxxxxxxx	C. x xxx xxxxx xxxxxxx xxxxxxxxx xxxxxxxxxxx xxxxxxx	D. x xxx xxxxxxx xxxxxxxxxxx xxxxxxx xxx	E. xxxxxxx xxxxxxxxxxx xxxxxxxxx xxxxxxx xxxxx xxx
호주	9.0	**31.9**	23.9	31.4	0.8
미국	15.2	**28.6**	16.7	25.3	2.5
일본	5.9	29.0	19.8	**31.6**	3.4
스웨덴	10.2	23.7	27.4	**32.7**	1.3
노르웨이	3.0	10.6	18.6	**54.3**	7.3
독일	10.4	**26.4**	25.2	23.6	2.0
프랑스	12.3	**49.5**	23.0	12.9	0.8
한국	22.6	**47.2**	15.2	9.2	5.7

자료 : 호주, 미국, 스웨덴, 노르웨이, 독일, 프랑스 ISSP 1999년, 한국 2006년.

할 경우에 조세저항이 낮아진다는 사실이 확인된다. 〈표 4〉를 보면 총 조세저항뿐만 아니라 모든 종류의 복지정책 프로그램에 대한 조세저항에서 사회 서비스 통합형의 경우가 가장 낮게 나타난다. 〈표 4〉는 조세저항, 국민부담률, 그리고 지니계수 사이의 상관관계를 보여준다. 먼저 GDP 대비 국민부담률의 경우, 사회 서비스형은 44.83%로 가장 높고, 그 뒤를 사회보험형, 43.60%, 공공부조형, 30.55%의 수준으로 나타나고 있다. 조세저항의 수준은 건강분야에 관한 것을 제외하고는 노령연금, 실업급여, 그리고 세 분야의 조세저항도를 합한 총 조세저항이 공공부조형, 사회보험형, 사회 서비스형 순으로 나타난다. 결론적으로 조세저항의 수준과 국민부담의 수준이 정확하게 반비례 관계를 보여주는 것이다.[9] 만약, 복지국가의 정치적 지속가능성의 선결조건 혹은 복지국가 발달을 추동하는

〈표 6〉 당신이 살고 있는 사회가 어떠한 사회가 되어야 한다고 생각하는가?

	A. xxx x x x x x x x xxxxxxxxxxxxxxxxxxx	B. x xx xxx xxxxx xxxxxxx xxxxxxxxx xxxxxxxxxxx xxxxxxxxxxxxx	C. x xxx xxxxx xxxxxxx xxxxxxxxx xxxxxxxxxxx xxxxxxx	D. x xxx xxxxxxx xxxxxxxxxxx xxxxxxx xxx	E. xxxxxxx xxxxxxxxxxx xxxxxxxxx xxxxxxx xxxxx xxx
호주	0.8	5.8	13.0	53.6	23.6
미국	2.0	7.9	13.9	40.4	22.0
스웨덴	1.1	4.2	10.5	44.2	31.0
노르웨이	0.6	3.4	6.6	52.5	29.2
독일	0.7	7.7	12.2	51.2	13.9
프랑스	0.5	8.1	22.2	44.0	20.9
한국	0.5	1.9	9.4	73.2	15.0

자료 : 호주, 미국, 스웨덴, 노르웨이, 독일, 프랑스 ISSP 1999년, 한국 2006년.

선결조건이 조세저항을 낮은 수준에서 묶는 것이라고 한다면, 중산층을 중심으로 사회 서비스를 강화하는 사회 서비스 통합형이 이 면에서 가장 성공적이라고 할 수 있는 것이다.[10)]

앞의 〈표 5〉는 각국의 사회모형에 대한 견해를 조사한 결과이다. '오늘날 당신이 살고 있는 사회가 어떤 종류의 사회라고 생각하는가?' 라는 질문에 대한 선진국과 한국의 선택비율을 〈표 5〉로 정리한 것이다. 공공부조형이나 사회보험형에 속하는 나라의 국민들은 우리나라 국민들

9) 재분배 정도는 국민부담 수준의 정도 혹은 총 사회지출의 정도에 비례하는 경향이 발견된다. 재미있는 사실은 조세저항이 높은 나라에서 재분배가 잘 안 된다는 사실이다.

10) 개혁가능성은 계량적인 지표로 나타내기 힘든 까닭에 위에서 설명한 질적인 비교로 마감한다.

〈표 7〉 소득격차 축소를 위한 국가의 역할이 필요한가?

	공공부조형		사회 서비스형			사회보험형		유형별 평균			한국
국가	호주	미국	스웨덴	노르웨이	독일	프랑스	영국	공공부조	사회 서비스	사회보험	
평균	2.42	2.60	1.96	1.94	2.23	1.89	2.07	2.51	2.02	2.29	1.94

자료 : 호주, 미국, 스웨덴, 노르웨이, 독일, 프랑스 ISSP 1999년, 한국 2006년.

과 마찬가지로 하층이 많다고 느끼고 있음을 볼 수 있다. 반면, 사회 서비스 통합형에 속하는 북유럽 국민들은 중간층이 비교적 튼실한 사회라고 평가하고 있다.

앞의 〈표 6〉은 바람직한 사회모형에 대한 견해를 각국 국민들을 대상으로 조사한 결과이다. 재미있는 현상은 모든 나라의 국민들이 D유형의 사회, 즉 중간층이 넓게 포진한 사회를 바람직한 것으로 인식한다는 점이다. 우리나라의 경우에도 마찬가지의 결과를 보이는데, 그 수준은 가장 높게 나타난다. 〈표 5〉와 〈표 6〉을 함께 살펴보면, 오직 사회 서비스 통합형 국가의 국민들만이 자신들이 원하는 사회의 모습과 현재 살고 있는 사회의 모습이 유사하다고 인식하고 있음을 알 수 있다. 국민적 인식의 차원에서도 사회 서비스 통합형의 중산층이 가장 튼튼하다는 사실을 확인할 수 있는 결과이다.

중산층을 넓히는 전략의 성취를 위해 국가의 역할이 필요한가를 묻는 질문에 대한 각 나라 국민들의 응답경향도 유형별 차이를 보인다. 위의 〈표 7〉은 부자와 빈자 사이의 소득격차를 줄이는 것이 정부의 책임인가에 대한 선진 7개국 및 한국의 조사결과를 나타낸 것이다. 값이 1에 가까울수록 소득격차를 줄이는 것이 정부의 책임이라고 생각하는 것이다. 호주, 미국이 속한 공공부조형 국가의 평균은 2.51, 사회 서비스 통합형 국가인 스웨덴, 노르웨이, 독일의 평균은 2.04, 사회보험형 국가인 프랑스, 영국은 1.98로 나타났다. 한편, 한국의 평균은 1.94로 조사되었다. 소득격차 축소에 관해서는 우리 국민이 바라는 정부역할의 수준이 다른 나라에 비해 상당히 높은 것으로 나타나고 있으며, 미국과 같은 작은 정부가 아닌 유럽형의 국가 역할을 선호하는 것으로 나타나고 있다. 요컨대, 우리 국민들은 중산층이 튼실한 사회의 창출을 위해서는 국가의 적극적 역할이 필수적이라고 판단하고 있는 것이다.

4. 결론

우리는 지금까지 복지국가의 유형구분을 중심으로 중산층의 의미를 타진하였다. 복지국가의 전략이 어떠한가에 따라 중산층의 모습은 선명한 차이가 있다. 몇 가지 중요한 결과를 살펴보자. 첫째, 신자유주의적 담론 하에서 손쉽게 예상하는 것과는 달리 시장을 수정하는 정도가 높은 나라들에서 오히려 중산층의 크기가 크다. 둘째, 중산층을 복지국가의 수혜대상으로 중요시하는 체제에서 중산층과 빈곤층의 연대는 활성화되고 사회통합적 재분배와 복지정치가 강화된다. 셋째, 복지국가의 분배정치에서는 일상적 수혜인 보편주의적 사회 서비스를 강화하는 것만이 중산층의 동의를 구할 수 있는 거의 유일한 전략적 선택이다.

여기서의 논의에서 강조하지는 않았지만, 동일한 수준의 복지국가를 가정할 경우에 경제적인 지속성은 사회 서비스를 강화하는 국가에서 훨씬 높아진다. 돌봄, 교육, 고용, 주거 등등과 관련된 사회 서비스는 일상적인 수혜자로서 중산층을 끌어안는 효과가 있을 뿐만 아니라, 그 자체로 인적 자원에 대한 투자로서 미래 성장의 동력이 되기 때문이다. 유럽을 둘러보고 얻어낸 이러한 교훈들은 우리나라가 앞으로 어떠한 변화를 취해야 할 것인지에 관한 정책적 지향의 기본적 원칙들이 될 수 있을 것이다.

전통적인 복지국가가 현금급여를 중심으로 발전하는 경향이 농후하지만 유럽의 몇몇 나라의 경우에는 사회 서비스도 더불어 발전시켜 왔다. 흥미로운 점은 사회 서비스를 중시한 나라들이 '무한경쟁'으로 요약될 수 있는 세계화 시대에도 여전히 생산과 복지를 조화롭게 끌고 나가면서 친복지정치에서도 성공하고 있다는 점이다. 하지만 현금급여에서 지나친 급여수준의 문제는 그들에게도 개혁의 대상이고, 최근의 개혁은 사회보험과 관련된 현금급여의 수준 재조정에 맞추어져 왔다. 사회 서비스의 보편주의적 발전 없이 현금급여에 지나치게 치중했던 나라들은 소위 유럽병의 증상에 괴로워하며 합리화 개혁을 추진하고 있다. 사회 서비스는 물론 보편적인 현금급여조차 발달시키지 못했던 나라들은 성장을 위한 동력은 확보하고 있으나 빈부격차 문제를 필두로 한 각종 사회문제에 적나라하게 노출되어 있다. 선진국 간의 신사협정인 국제기구에서의 협약들을 다시 들출 필요도 없이 현대 복지국가의 양대 목표를 성장과 분배의 조화에서 찾아야 한다면 무조건 작기만 한 복지국가도 정답은 아닐 것이다.

복지국가에 관한 논의가 시장의 실패보다는 정부의 실패에 근거한 담론으로 흐르고 있는 신자유주의적 세계화 시대에도 복지국가를 전반적으로 철폐하는 것은 불가능한 일이다. 그렇다면 우리에게 주어진 시급한 과제는 분배와 성장이 조화를 이룬 한국형 복지국가의 모형을 개발하는 일이다. 생산적 보완성이 높고 정치적으로 합의가 용이한 한국형 복지국가 전략이 필요하다면, 그 근본적 지향점은 현금급여의 지나친 팽창을 지양하는 대신 사회 서비스에 집중 투자하는 새로운 종류의 복지국가 창달에 있을 것이다.

더구나 보편적으로 제공되는 사회 서비스는 친복지적 정치의 활성화에 있어서도 우월한 전략이다(안상훈, 2003). 대부분의 사회보험과 관련된 현금급여는 잠재적 욕구에 대한 위험만 해결하기 때문에 보다 일상적인 욕구의 해결을 직접적으로 해결해 주는 사회 서비스보다 사람들을 감동시키기 힘들다. 사회 서비스의 확대가 가져올 이 부문의 서비스 고용 확대는 보다 많은 사회성원이 복지국가에서 직 · 간접적으로 일자리를 찾게 할 것이고, 복지국가에서 일자리를 확보한 사람들은 복지국가를 지지할 수밖에 없게 될 것이다. 복지국가에 대한 국민적 지지가 복지국가 유지에 필수적인 정치적 요소라면, 보편주의적인 사회 서비스 국가는 정치적인 차원에서의 지속가능성도 훨씬 높다.

이제 경제적으로 또 정치적으로 지속가능한 한국형 복지국가 전략은 사회 서비스 부문을 중시하는 새로운 복지국가 모형에서 찾아야 한다는 점이 어느 정도는 밝혀졌다. 그러나 우리나라의 경우 보편적 사회 서비스의 결여현상이 매우 가시적이며(Ahn and Lee, 2005 ; 홍경준, 2005), 이는 우리나라 복지국가의 지속성이 높지 않을 수 있다는 비관적 전망을 가능케 한다. 기존 연구들에 의하면, 서구의 복지국가는 재정적자, 실업, 소득불평등이라는 동시에 해결할 수 없는 트릴레마에 직면하고 있다. 하지만 상대적으로 국가 복지지출 총량이 낮은 수준인 우리나라의 경우 트릴레마에서 자유롭다는 주장이 제기되기도 한다(홍경준, 2005). 남겨진 문제는 취약계층 담론과 현금급여를 중시하는 정책적 관성이 전 국민 담론을 품어 안은 채 사회 서비스를 중시하는 방향으로 전환될 수 있을 것인가 하는 점이다. 국가경영의 틀거리로서 성장친화적이고 친복지정치적인 복지국가의 창달이 더 이상 부차적인 문제가 아니라는 사실은 분명하다. 복지국가 개혁의 시기를 놓칠 경우 악순환적 제도 종속성의 수렁에 빠지게 된다는 서구의 경험을 참고한다면 우리에게 주어진 시간은 그리 길지 않다고 생각된다. 요컨대, 중산층을 키우기 위해서는 보편적으로 제공되는 사회 서비스를 중심으로 우리나라의 복지국가를 키워야 한다. 아직 복지국가 성장의 여지가 매우 큰 우리의 경우, 현금급여를 합리적으로 묶고 사회 서비스를 강화하는 전략, 아직까지 누구도 해보지 못한 복지국가의 모습이 바람직한 답일 수 있다.

참고문헌

김연명 편. 2002. 『한국 복지국가 성격논쟁 I』. 서울 : 인간과 복지.

안상훈. 2001. 『스웨덴의 실업자 및 빈곤계층 지원정책과 창업지원제도. 실업자 및 자활대상자 고용지원 활성화 방안』. 한국노동연구원.

______. 2005. "생산과 복지의 제도적 상보성에 관한 연구 : 선진자본주의 국가를 중심으로." 『한국 사회복지학』. 57(2).

______. 2003. "친복지동맹의 복지지위균열에 관한 정치사회학적 비교연구 : 스웨덴의 경험과 한국의 실험." 『사회복지연구』. 제21호.

홍경준. 2005. "한국 복지체제의 전환을 위한 현실진단과 과제." 한국 사회복지학회 춘계학술대회 발표논문.

Ahn, S.-H. 2000. *Pro-Welfare Politics : A Model for Changes in European welfare states*. Uppsala : Uppsala University Press.

Ahn, Sang-hoon & Lee, So-chung. 2005. The Development of the South Korean Welfare Regime, in A. Walker and C. Wong (eds.). *East Asian Welfare Regimes in Transition : From Confucianism to Globalisation*. Bristol : Policy Press.

Ahn, Sang-hoon & Sven Olsson-Hort. 1999. The Politics of Old Age in Sweden. in Alan Walker & Gerhard Naegele (eds.). *The Politics of Old Age in Europe*. Buckingham : Open University Press.

______. 2003. The Welfare State in Sweden, in Christian Aspalter (ed.). *Welfare Capitalism Around the World*. Hong Kong : Casa Verde Publishing.

Allan, J. P. and Scruggs, L. A. 2001. Still Three Worlds of Welfare Capitalism? Comparing Welfare Regimes in Advanced Industrial Societies. Paper presented at the 59th AMMPSA, April 19-22.

Esping-Andersen, G. 1990. *The Three Worlds of Welfare Capitalism*. Cambridge : Polity Press.

______. 1996. After the Golden Age? Welfare State Dilemmas in a Global Economy. In

G. Esping-Andersen (ed.). *Welfare States in Transition : National Adaptations in Global Economies*. London : Sage Publications.

______. 1999. *Social Foundations of Postindustrial Economies*. Oxford : Oxford University Press.

Esping-Andersen, G. (eds.). 1993. *Changing Classes*. London : Sage.

Esping-Andersen, G. and Regini, M. 2000. Conclusions. In G. Esping-Andersen and M. Regini (eds.). *Why Deregulate Labour Markets?* Oxford : Oxford University Press.

Huber, E. and Stephens, J. D. 2001. *Development and Crisis of the Welfare State : Parties and Policies in Global Markets*. London : The University of Chicago Press.

Kuhnle, S. 2000. European Welfare Lessons of the 1990s. In S. Kuhnle (ed.). *Survival of the European Welfare State*. London : Routledge.

Nee, V. and P. Ingram. 1998. Embeddedness and Beyond : Institutions, Exchange, and Social Structure. in M.C. Brighton and V. Nee (eds.). *The New Institutionalism in Sociology*. Stanford : Stanford University Press.

OECD. 2004. *Social Expenditure Database* (SOCX), 1980-2001. Paris.

Olsson Hort, S. E. 1993. *Social Policy and Welfare State in Sweden*. Lund : Arkiv.

Pierson, P. 1994. *Dismantling the Welfare State?* New York : Cambridge University Press.

Rothstein, B. and S. Steinmo. 2002. Restructuring politics : Institutional Analysis and the Challenges of Modern Welfare States. in B. Rothstein and S. Steinmo (eds.). *Restructuring the Welfare State*. New York : Palgrave Macmillan.

Scharpf, F. W. and Schmidt, V. A. (eds.). *Welfare and Work in the Open Economy*. Oxford : Oxford University Press.

제3부

| 한국 중산층의 현실 : 실증적 분석

7

중산층의 사회경제적 특성과 주관적 계층의식

조동기(동국대 사회학과)

1. 서론

한국 사회에서 양극화에 대한 담론이 확산되면서 '중산층'에 대한 논의도 자주 등장하고 있다. '중산층'이라는 용어는 언론매체에서 빈번하게 사용되어 왔는데, 그 의미는 중간 이상의 소득집단, 일정 규모 이상의 아파트 소유자, 고학력 화이트칼라 등 사용되는 맥락에 따라 다양하게 정의되어 왔다(김경동, 1991 ; 김영모, 1997 ; 조돈문, 1996 ; 한상진, 1987 ; 함인희 외, 2001 ; 현대사회연구소, 1985). 전통적인 계층론이나 계급론에서는 중간계층이나 중간계급이 아닌 '중산층'이라는 용어는 존재하지 않지만 한국의 사회과학계에서는 이 용어가 1950년대부터 사용되기 시작하였다(홍두승, 2005 : 5). 이는 역사적으로 정치적 권위주의가 지배하던 시대에 계급이라는 용어가 공산주의 용어로 인식되면서 학술적으로도 사용이 금기시된 배경에서 유래된 것으로 보인다(신광영, 2006 : 25).

이재열(2006)에 따르면 '중산층' 개념은 국가별 특성과 경로의존성이 존재하여 국가마다 개념화되는 역사적 과정과 정책적 함의가 다르다. 서구의 경우 중간계급(middle class)은 본래 귀족과 농민으로부터 전문직과 상공인들을 구별하기 위해서 사용되기 시작하였다. 일본에서는 전통적으로 '중류'라는 개념이 사용되어 왔으나, 이들이 엘리트를 추종하는 무력한 존재가 아니라는 점을 강조하기 위하여 최근에는 '신중간대중'이라는 용어가 사용되고 있다.

한국 사회에서 '중산층'은 1960년대 자영업주와 소상공인을 포괄하는 개념으로 출발하여 1970년대 이후 화이트칼라와 블루칼라까지 포괄하는 개념으로 확대되었고, 1987년에는 중산층의 정치적 역할에 대한 재해석이 이루어졌다(이재열, 2006). 이와 함께 사회적 맥락에 따라 다양한 성격의 '중산층' 담론이 이루어져 왔다. 한국의 1980년대 '중산층'과 일본의 1970년대 '중류' 개념은 미래 변화의 주역이나 사회의 안정을 제공하는 중심축이라는 긍정적 역할을 강조하였다. 미국의 1970년대, 일본의 1990년대, 한국의 2000년대 중산층 담론은 계층 간 분절의 심화, 탈산업화, 몰락하는 중간계층 등의 위기감 속에서 문제가 제기되는 맥락을 가지고 있다. 최근 한국의 중산층론도 절망 혹은 추락의 경험을 배경으로 하여 대두하고 있음을 주목할 필요가 있다.

중산층에 관한 담론 변화와 관련하여 중산층 개념의 객관적 차원과 주관적 차원을 구별하는 것이 중요하다. 한국의 1980년대와 같이 중산층의 규모를 늘려서 사회적 안정을 도모하고자 하는 경우 객관적 기준의 중산층, 즉 '절대적 중산층'이 강조되고, 2000년대와 같이 상대적 박탈감으로 인한 계층양극화의 해소가 목적인 경우에는 주관적 기준인

'상대적 중산층'이 강조되어야 할 것이다(홍두승, 2005 : 104).

이 글은 '중산층'의 사회경제적 특성과 주관적 계층의식에 대한 실증적 분석을 시도한다. 주요 연구문제는 중산층을 판별하는 객관적인 지표설정 및 그 기준에 의한 한국 사회 중산층의 규모 추정 및 그 변화 분석, 중산층의 사회경제적 특성 분석, 주관적 계층 귀속 및 중산층 귀속 비교 분석, 중산층 귀속의식에 영향을 주는 요인 분석 등이다. 이를 통해 최근 한국 사회에서 언급되고 있는 계층양극화 담론의 성격을 진단하고 계층양극화 해소를 위한 주요 과제를 모색하고자 한다.

2. 중산층의 개념과 분석방법

1) 중산층의 개념화

한국 사회에서 독특하게 등장한 중산층의 개념은 전통적인 계급론의 맥락에서 보자면 '중간계급(middle class)'에 대한 논의와 닿아 있나. 고전적 계급이론은 중간계급의 독자성을 인정하느냐의 문제를 둘러싸고 크게 두 진영으로 발전되어 왔다. 자본주의 사회의 계급양극화를 주장하는 마르크스의 계급이론에서 부르주아와 프롤레타리아를 제외한 '중간계층'은 계급구조의 외부에 존재하면서 언젠가는 해소될 집단으로 인식된다. 그러나 19세기 말부터 공적 영역과 사적 영역에서 확산되는 관료제와 더불어 마르크스주의 내부에서도 성장하는 '중간계층'의 독자성을 인정하는 경향이 뚜렷해졌고, 현대의 신마르크스주의자들 사이에서도 '중간계층'은 중요한 위치를 차지하고 있다(Carchedi, 1977 ; Poulantzas, 1975 ; Szymanski, 1983 ; Wright, 1978).

개인과 집단의 시장상황을 강조하고 동질적인 삶의 기회와 시장가치를 가진 집단으로서의 계급을 강조하는 베버주의적 전통에서도 '중간계층'은 중요한 위치를 차지하여 왔다. 다렌도르프는 사회적 지위와 경제적 위치 외에 새로운 차원을 추가하여 관료적 구조 내에서 개인이 가지는 권위를 강조하면서 현대 사회에서의 조직체의 성장, 소유와 경영의 분리에 따라 다양한 신중간계급이 등장한다고 주장한다(Dahrendorf, 1959). 개인의 계급적 위치는 사회적 지위, 경제적 생활양식, 생산자원의 소유, 조직적 위치 등에 의해 영향을 받게 되며, 생산자원 소유와 같은 객관적인 지표가 계층적 차이를 모두 설명하는 것은 아니기 때문에 다양한 '중간계층'이 존재하게 된다는 것이다.

한국 사회에서 중산층에 대한 논의는 크게 세 가지 방향 또는 관점에서 이루어져 왔다(홍두승, 2005). 첫째는 사회학계의 중간계급에 대한 논의로서, 중산층은 자본가계급과 노동자계급의 중간에 위치하는 층이다(예 : 김경동, 1991 ; 김영모, 1997). 두 번째는 정부 및 정책연구기관에서 정의하는 중간소득 계층으로서 주로 중산층의 확대와 육성이라는 정책목표에 초점이 주어졌다(예 : 홍석표 외, 2003 ; 홍성민 외, 1999). 마지막으로 정치학계의 중간계층으로서, 다양한 이해관계를 조정하고 집단 간 갈등을 완충하는 집단으로서의 중산층이 강조되었다(예 : 유영준, 1985).

한국 사회에서 '중산층'이라는 용어는 오래 전부터 사용되어 왔지만 개념적으로 그 의미가 명확한 것은 아니다. 신광영(2006)은 '중산층'에는 두 가지 의미가 포함되어 있다고 분석하고 있다. 하나는 중산층이 경제적으로 서민 혹은 영세민보다 낫고 부자 또는 상류층보다는 못한 집단으로서, 경제적으로 어느 정도 안정된 계층을 지칭한다는 것이다. 이에 따르면 교육수준이 높더라도 소득이 낮으면 중산층에 포함될 수 없다. 다른 하나는 중산층은 근대화의 산물로서, 산업화와 도시화에 따라 등장한 계층으로 보는 입장이다. 이러한 입장에서 보면 중산층은 역사적으로 새롭게 형성된 계층으로 산업화와 더불어 나타난 도시화의 산물이라고 간주되어 흔히 도시중산층이라는 용어와 동일하게 사용되기도 한다.[1)] 요컨대 중산층은 중간계급 가운데 경제적으로 안정된 집단, 그리고 도시와 농촌의 쁘띠부르주아지 가운데 경제적으로 안정된 집단과 노동자계급 가운데 소득이 높은 상층 노동자계급을 모두 포함할 수 있다(신광영, 2006 : 26).

실증적인 분석을 위해서는 '중산층'의 의미를 기존의 계층 또는 계급의 개념으로 재정의할 필요가 있다. 홍두승(2005)은 지위집단(status group)의 관점에서 중산층을 정의하고 있다. 이에 따르면 중산층은 계급(class)의 관점에서 경제적 요소를 중심으로 한 단일 척도로 측정되는 중간계급과 구별된다. 지위집단의 관점에서 중산층은 비경제적인 요소까지 포함한 복합 척도로 측정된다. 이때 지위집단은 생활양식, 교육, 직업 직 위신 등에 기초한 것이다. 본 연구에서는 조작적 정의가 보다 용이한 홍두승의 중산층 개념화를 따르고자 한다. 이에 따르면 '중산층'은 중간계급, 중간소득 계층, 중간계층의 속성을 아우르는 포괄적인 계층집단으로서 한국 사회에 독특한 개념이다(홍두승, 2005 : 17).

1) 신광영(2006)은 최근에는 기업농의 등장에 따라 농촌에서도 중산층이 존재할 수 있게 되었다는 점을 주목하고 있다.

2) 자료와 분석방법

'중산층'을 경험적으로 판별하기 위해서는 조작적 정의가 필요하다. 홍두승(2005)은 중산층 판별을 위한 객관적 기준과 주관적 기준을 제시하고 있는데(〈표 1〉 참조), 객관적 기준은 다시 경제적인 것과 사회문화적인 것으로 나뉜다. 경제적 기준에는 생산 및 소유관계에서의 위치와 소비 및 경제수준이 포함되며, 전자는 직업 변수로 측정되고 후자는 가구소득과 자산으로 측정된다. 사회문화적 기준에는 학업성취와 문화가 포함되는데, 교육연수로 측정되는 학업성취는 객관적 기준이 있는 반면에 교육의 질이나 중산층 문화는 주관적인 판단을 필요로 한다(홍두승, 2005 : 97).

〈표 1〉 중산층 판별기준

기준	차원		주요 변수		최저기준
객관적	경제적	생산 · 소유관계	직업	명칭	화이트칼라 (신중간계급)
				종사상의 지위	소부르주아지 (구중간계급)
		소비 · 경제수준	소득	가구소득	중간소득
			자산	금융 · 부동산	중간 정도의 자산
	사회 문화적	학업성취	교육	양(교육연수)	대학
				질(학교 명성)	(주관적 판단 필요)
		문화	'중산층 문화'		(주관적 판단 필요)
주관적	귀속의식	계층의 단계구분	중 또는 중하		

출처 : 홍두승(2005 : 97) 〈표 5-2〉 재구성.

본 연구에서는 홍두승(2005)의 틀에 따라 중산층의 객관적 판별기준으로 직업, 소득, 자산(주택), 교육(연수)을 사용하였다. 객관적 기준 중에서도 주관적 판단을 필요로 하는 교육의 질과 '중산층 문화'는 제외시켰다. 중산층에 대한 포괄적인 이해를 위해서는 생활양식이나 소비문화에 대한 이해도 반드시 고려되어야 하고, 또 별도의 논의를 요하는 주제인 만큼(장미혜, 2006 ; 함인희 외, 2001 ; 홍두승 · 이동원, 1993) 외적 규모 파악에 주안점을 두고 있는 본 연구에서는 이 부분을 제외하였다.[2] 주관적 판별기준으로는 중간계층 귀속의식과 중산층 귀속의식을 사용하였다.

본 연구의 자료는 한국사회학회가 2006년 8월 7일부터 20일간 실시한 "한국 중산층 조사"를 통해 얻어진 것이다. 이 조사는 제주도를 제외한 전국의 만 19세 이상을 모집단으로 하여 지역, 성별, 연령 비례에 따른 다단계 층화표집의 방법으로 선정한 표본을 대상으로 구조화된 질문지를 이용한 면접조사로 실시되었다. 이 조사의 표집오차는 ±2.5% 포인트이며(95% 신뢰수준), 유효 표본은 1,515사례이다. 질문내용에는 중산층의 의식, 문화와 소비, 교육, 주관적 계층의식, 사회적 자본, 주택소유, 저축과 부채 등 다양한 내용이 포함되었다.

모든 주관적 척도가 그러하듯이 주관적 계층의식도 측정방식에 따라 상당히 다른 결과가 나타날 수 있기 때문에 주관적 계층의식을 측정하는 구체적인 질문을 살펴볼 필요가 있다. 우선 영역별 계층의식을 측정하기 위하여 "한국 사회를 10개의 층으로 나누었을 경우 귀댁은 대체

2) 참고로 정부나 연구기관에서는 소득을 기준으로 중산층을 구분하는데, 주로 소득 중앙값의 50%–150% 또는 소득 제4십분위수에서 제7십분위수의 집단을 중산층으로 간주하고 있다.

로 어디에 속한다고 생각하십니까?"라는 질문을 제시한 후 ① 월 소득수준, ② 가지고 있는 재산, ③ 사회적 지위, ④ 문화수준(교육, 교양)의 각 항에 대하여 11점 척도로 측정하였다. 전반적 계층귀속을 알아보기 위해 "[그렇다면 위의 여러 가지 측면을 고려했을 경우] 전체적으로 보아 귀하의 가족은 현재 한국 사회에서 어느 층에 속한다고 생각하십니까?"라는 질문에 대해 역시 11점 척도로 측정하였다. 마지막으로 '중산층' 귀속 여부를 측정하는 문항으로 "귀하가 스스로 생각하기에 귀하는 현재 '중산층'에 속한다고 생각하십니까?"라는 질문에 대해 '그렇다'와 '아니다'로 응답하도록 하였다.

본 연구는 우선 객관적 지표에 의거하여 중산층을 판별한 후 그 규모를 추정하고 선행연구와의 비교를 통해 중산층의 규모변화를 분석한다. 이어서 중산층으로 분류된 집단의 사회경제적 특성을 분석한다. 주관적 특성으로는 중간계층 귀속의식과 중산층 귀속의식을 분석한다. 특히 중산층 귀속의식의 경우 로지스틱 회귀모형을 통해 중산층 귀속에 영향을 미치는 요인들을 확인하고자 한다. 이 모형의 추정에서는 가구주 또는 가구주의 배우자만을 대상으로 하는데, 이는 주택소유 등의 일부 변수가 본인 또는 배우자로 한정되어 있어 자녀나 동거자 등이 포함될 경우 변수들의 관계에 간섭을 초래할 것으로 우려되기 때문이다. 그러나 객관적 특성 분석, 중간계층 귀속의식, 중산층 귀속의식의 분석에서는 다른 조사와의 비교를 위해 전체 응답자를 대상으로 하였다.

3. 중산층의 규모와 사회인구학적 특성

1) 중산층의 구분과 규모 추정

앞에서 제시된 중산층 판별기준은 구체적으로 다음과 같이 적용되었다(〈표 2〉 참조). 우선 계급적 지위는 직업과 종사상의 지위에 기초하여 중상계급, 신중간계급, 구중간계급을 중산층으로 판별하였다. 이 경우 실제로 직업정보가 있는 경우만 판별가능한데, 주소득자가 본인, 배우자, 부모인 경우만 포함되었다(전체 사례의 94.3%). 배우자와 부모가 주소득자인 경우 종사상의 지위 정보가 없기 때문에 이 경우 구중간계급이 적게 추정되는 문제가 발생한다. 소득은 월평균 가구소득 300만 원 이상을 기준으로 삼았다. 이는 2006년 도시근로자 월평균 가구소득(3,377,350원)의 약 90%, 2006년 최저생계비(1,170,422원)의 약 2.5배에 해당하는 것이다.[3] 자산은 주택규모로 측정하였는데, 자가소유나 전월세 구분 없이 30평 이상을 기준으로 삼았다. 홍두승(2005)에서는 자가 20평 이상, 전월세 30평 이상으로 최저기준을 정하고 있으나 본 연구에서는 자가, 전월세 구별 없이 국민주택 규모(전용 25.7=85m²) 이상을 기준으로 사용하였다. 마지막으로 교육수준은 2년제 대학 이상을 기준으로 삼았다.

3) 2006년 상반기 도시근로자 월평균 가구소득(3,377,350원)의 90%는 3,039,615원이고(자료 : 통계청 [가계조사연보] kosis.nso.go.kr), 2006년 최저생계비(1,170,422의)의 2.5배는 2,926,055원이다(자료 : 보건복지부 www.mohw.go.kr).

〈표 2〉 중산층의 판별과 규모 추정

기준	단위	판별기준	전체(%)		가구주(%)		중산층 점수
계급적 지위	가구주 (주소득원)	중상계급	10.3	54.3	9.5	58.1	2
		신중간계급	25.0		25.0		1
		구중간계급	19.0		23.6		1
교육 수준	개인 (응답자)	2년제 대학 이상 (재학 · 중퇴 포함)	39.9		31.5		1
소득	가구	월평균소득 : 300만 원	43.2		38.6		1
주택	가구	30평 이상	45.3		42.5		1

이러한 기준들은 중산층 판별에 적용된 최저기준이며, 이러한 기준을 어느 정도 충족시켜야 중산층으로 판별할지는 경험적인 문제이다. 중산층의 확정을 위해 가구주의 직업적 지위, 가구소득, 주택규모, 그리고 본인의 교육 정도를 기준으로 사용하여 각 변수별로 중산층 기준을 충족시키면 1점을 부여하고 그렇지 못하면 0점을 부여한다(〈표 2〉 참조). 그런데 중산층 판별에서 가구주의 계급적 지위는 다른 변수에 비해 더 비중 있게 고려될 필요가 있으므로(홍두승, 2006 : 95) 중상계급의 경우 소득이나 교육수준에 상관없이 적어도 주변적 중산층으로 분류되도록 2점을 부여하였다.

이러한 중산층 점수의 합이 3점 이상이면 '핵심적 중산층', 2점 이상이면 '주변적 중산층', 1점 이하이면 '하층'으로 개념화하였다. 계층구분에서 상층이 개념적으로 존재하나 본 조사에서는 실질적으로 제외되었다. 자료에 재산규모의 측면에서 상층으로 의심되는 일부 사례가 있었으나 서울과 경지지역에 해당되어 중산층으로 분류하였다. 한편 홍두승(2005)에서는 '하층'에 해당하는 층을 '비중산층'으로 표현하고 있으나

〈표 3〉 주요 조사별 중산층 규모

조사	유효 표본수	핵심적 중산층	주변적 중산층	하층	비고
2002(전국)	993	20.7	25.6	53.7	1)
2002(서울)	1,322	48.8	27.1	24.1	2)
2003(전국)	1,180	32.5	29.9	37.7	1)
2006(전국)	1,391	35.4	31.5	33.2	
2006(서울)	333	53.8	23.1	23.1	

출처 : 1) 홍두승(2005 : 181), 2) 홍두승(2005 : 100).

이는 개념적으로는 상층과 하층을 모두 포함할 수 있기 때문에 본 연구에서는 하층으로 국한시키는 의도에서 보다 명시적인 용어를 사용하였다. 이렇게 추산한 중산층의 규모는 핵심적 중산층, 주변적 중산층, 하층이 각각 35.4%, 31.5%, 33.2%를 차지하는 것으로 나타났다.

객관적 계층 판별이 가능한 몇몇 조사와 비교해 보면, 본 조사의 결과는 2002년 및 2003년의 다른 조사 결과와 상당한 차이를 보이고 있다(〈표 3〉 참조). 이러한 차이가 시간적 효과 때문인지 표집설계나 측정도구와 같은 조사방법의 차이인지 확인할 수 없으나, 2002년과 2003년의 전국 조사 간에도 차이를 보이고 있는 것으로 보아 조사방법에 따른 차이도 상당히 많을 것으로 보인다. 홍두승(2005)은 시울시정개발연구원의 2002년 조사에 근거하여 서울의 경우 핵심적 중산층이 48.8%, 주변적 중산층 27.1%, 하층(비중산층) 24.1%로 추정하고 있다(홍두승, 2005 : 100). 본 조사에서 서울만을 대상으로 하는 경우 핵심적 중산층 53.8%, 주변적 중산층 23. 1%, 하층 23.1%로, 2002년에 비해 핵심적 중산층이 다소 늘어난 것으로 나타난다.[4]

위의 〈표 3〉에서 보듯이 전국을 기준으로 할 때 서울보다 핵심적 중산층은 적은 반면에 주변적 중산층과 하층은 더 많다는 것을 알 수 있다. 시기상의 차이와 조사방법의 상이함 때문에 정확한 비교는 불가능하지만 객관적 기준으로 정의되는 중산층의 규모가 2000년대 중반 들어 줄어들었다고 보기는 어려우며, 오히려 다소 늘어난 것으로 추정된다. 따라서 최근의 언론이나 정치적 수사에서 등장하는 중산층 분해나 계층양극화 논의는 객관적인 변화를 반영한 것으로 보기는 어렵다.

2) 중산층의 사회인구학적 특성

여기서는 위에서 판별된 중산층을 직업, 소득, 교육, 지역 등과 같은 객관적인 기준의 측면에서 분석할 것인데, 이들 기준 중에서 직업, 소득, 교육은 중산층을 판별하는 기준으로 사용된 변수이기 때문에 동어반복적인 논의가 될 수도 있다. 그러나 앞에서도 언급되었듯이 이는 최소 기준이기 때문에 이들의 조합으로 판별된 중산층이 실제로 어떤 내적 구성을 보이는지는 분석해 볼 필요가 있다. 특히 핵심적 중산층으로 판별된 집단의 객관적 특성은 최소 기준과 어떤 차이가 나는지를 주목할 필요가 있다.

중산층의 직업, 소득, 교육의 분포를 보면 〈표 4〉와 같다. 핵심적 중산층은 전문직과 관리직의 비율이 다른 계층보다 크게 높은 반면에, 하층에서는 생산직과 농어민의 비중이 다른 계층보다 높은 편이다. 핵심적

4) 서울의 가구주만을 대상으로 하는 경우 핵심적 중산층 47.8%, 주변적 중산층 24.3%, 하층 27.8%로, 2002년 서울시정개발원의 조사결과와 유사하다.

〈표 4〉 계층별 직업, 소득, 교육의 분포

변수	구분	핵심적 중산층	주변적 중산층	하층	전체	카이자승
직업	전문 · 관리직	5.6	0.2	0.0	2.4	χ^2=161.681**
	준전문직	8.1	3.7	2.1	5.1	
	사무직	16.0	12.7	4.1	11.7	
	판매직	24.8	24.7	21.0	23.7	
	서비스직	12.2	20.5	21.3	17.2	
	생산직	2.5	5.9	12.3	6.3	
	농어민	1.4	3.4	6.4	3.4	
	기타	29.4	28.9	32.8	30.2	
	합계	100.0	100.0	100.0	100.0	
소득 수준	200만 원 미만	3.6	27.1	52.6	24.2	χ^2=593.922**
	200-400만 원 미만	27.8	49.0	46.9	39.4	
	400-600만 원 미만	41.0	15.8	0.5	22.3	
	600만 원 이상	27.6	8.1	0.0	14.2	
	합계	100.0	100.0	100.0	100.0	
교육 수준	중졸 이하	4.6	20.3	41.5	19.6	χ^2=599.514**
	고졸	22.1	46.9	57.7	39.4	
	대학 이상	73.3	32.8	0.8	41.0	
	합계	100.0	100.0	100.0	100.0	

* 〈 .05, ** 〈 .01에서 유의미.

중산층의 경우 준전문직의 비중도 다른 계층보다 상대적으로 높은 편이다. 그리고 기타 범주의 비중이 모든 계층에서 높은 것으로 나타나는데, 이는 응답자 중 주부의 비율이 높아서 나타난 결과로 보인다. 직업적 기준으로 중산층의 판별은 화이트칼라(전문직, 관리직, 준전문직, 사무직)와 구중간계급이었는데, 기타 범주를 제외하면 핵심적 중산층은 판매직의 비중도 상당히 높다.

다음으로 중산층의 소득분포를 보면 핵심적 중산층은 다수가 월평균 가구소득이 600만 원 이상 및 400-600만 원 미만 범주의 비율이 다른 계층에 비해 월등히 높은 반면에, 주변적 중산층은 200-400만 원 미만, 그리고 하층은 200만 원 미만 범주의 비율이 다른 계층에 비해 높은 편이다. 중산층을 판별하는 소득의 최저 기준은 월평균 가구소득 300만 원 이상이었는데, 핵심적 중산층은 대체로 400만 원 이상으로 구성된다. 범주형으로 측정된 문항에서 범주의 중간 값을 대입하여 원 단위의 연속형 변수로 변환하여 분석한 결과 핵심적 중산층 470만 원, 주변적 중산층 263만 원, 하층 147만 원으로, 하층에서 핵심적 중산층으로 갈수록 각 단계마다 월평균 가구소득이 두 배 이상 차이가 난다.

중산층의 교육수준을 보면 핵심적 중산층의 경우 다수가 대학 이상의 학력을 가진 반면에 주변적 중산층은 고졸, 하층은 중졸 이하 학력의 비중이 다른 계층에 비해 높은 편이다. 중산층 판별기준에서 핵심적 중산층이 대학 이상의 교육수준을 기준으로 하고 있기 때문에 핵심적 중산층에서 대학 이상의 비중이 높은 것은 당연하지만, 대학 이상의 학력을 가졌더라도 핵심적 중산층이 되지 못하는 층도 있고, 핵심적 중산층인데도 중졸 이하의 학력을 가진 사람도 있다.

〈그림 1〉은 지역별 중산층의 분포를 보여주는데, 핵심적 중산층의 비율이 가장 높은 지역은 대전(61.0%)이고, 서울(53,8%), 경기(50.3%), 충남(49.1%), 대구(46.5%)가 높은 편인 반면에 경남(20.7%)과 강원(25.0%)은 낮은 편이다. 주로 수도권과 몇몇 대도시에서 높게 나타나는 핵심적

〈그림 1〉 지역별 중산층의 분포

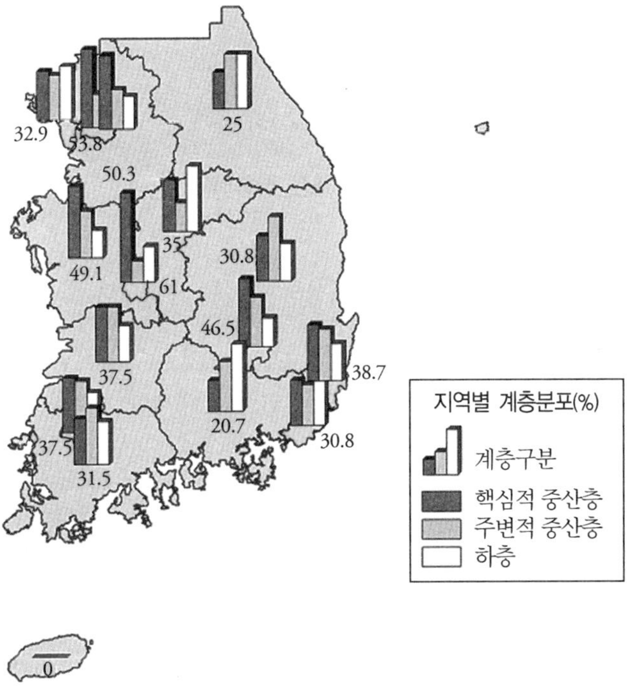

중산층의 지역적 분포는 주관적 지표와의 비교를 통해 그 의미가 제대로 밝혀질 수 있을 것이다.

중산층의 객관적 특성에 관한 이상의 결과를 요약하면, 핵심적 중산층은 직업적으로 전문직과 관리직의 비율이 다른 계층에 비해 크게 높고, 소득수준의 측면에서는 월평균 가구소득 400만 원 이상의 비율이 다른 계층에 비해 높다. 또한 교육수준의 측면에서는 대학 이상의 비율이 상대적으로 높고, 지역적으로는 주로 수도권과 일부 대도시에서 높게 나타난다.

4. 주관적 계층의식과 중산층

1) 계급의 주관적 지표와 중간계층 귀속의식

직업적 위신이나 생산관계에서의 위치를 기준으로 측정하는 계급은 개인의 계급적 위치에 대한 스스로의 인식, 즉 주관적 계급에 대한 정보를 포함하지 않는다. 그러나 개인의 인식을 배제한 어떠한 계급 개념도 완성된 것일 수 없다. 예컨대 주변의 사람들이 하층이라고 생각하는 사람이 자신을 중간계층으로 생각할 수도 있다. 이런 경우 어느 경우가 타당한 계급설정이라고 할 수 있을까? 대답은 쉽지 않지만 개인 스스로의 계급인식은 그의 행위에 영향을 줄 것이기 때문에 계급인식을 배제시킨 채로는 계급을 제대로 이해할 수 없을 것이다. 스스로를 중간계층이라 생각하는 사람들은 중간계층의 친구들과 사귀고, 중간계층의 여가생활을 즐기며, 자녀에게도 중간계층의 열망을 심어줄 것이다. 개인의 인식이 그의 객관적 계급적 위치와 완전히 일치하지는 않더라도 인식은 행위에 많은 영향을 미칠 수 있다. 따라서 개인의 행위를 이해하기 위해서는 개인의 객관적 사회계층과 주관적 계층의식을 동시에 파악해야 한다(Veenhoven, 2002).

개인의 계급적 위치에 대한 주관적 인식이 객관적인 조건의 변화를 어떻게 반영하는지를 분석해 볼 필요가 있다. 직업적 지위는 주관적 계층의식과 가장 밀접하게 관련된 객관적인 사회경제적 요인이며, 교육, 소득, 숙련수준, 업무관련 의사결정 능력 등도 중요한 요인으로 알려져

〈표 5〉 주요 조사별 중간계층 귀속비율(%)

연도	지역	표본수	계층단계	계층귀속			계	비고
				중의 상	중의 중	중의 하		
1968	서울	715	4	23.8		34.3	37.8	1)
1976	서울	776	5	14.6		35.1	49.7	1)
1979	전국	2,000	5	14.8		32.4	47.2	1)
1984	전국	1,016	7	6.1	37.2	31.6	74.9	1)
1995	전국	2,000	5	9.4	54.2	28.8	92.4	1)
1998	전국	1,000	6	5.1	35.2	36.7	77.0	1)
1999	전국	30,000	6	16.8		38.2	54.9	2)
2002	전국	2,002	9	12.0	43.6	24.5	80.1	1)
2003	전국	30,000	6	18.6		37.5	56.2	2)
2006	전국	1,515	11	8.1	38.9	26.8	73.8	

주 : 1) 홍두승(2005), 2) 통계청, 〈사회통계조사〉, 1999 및 2003.

있다(Jackman and Jackman, 1983). 잭맨과 잭맨의 연구에 따르면, 숙련노동자의 58%, 그리고 사무직 종사자의 거의 절반 정도가 노동자 또는 빈곤층과 동일시하고 있는 것으로 나타났다. 이는 라이트 등(Wright et al., 1982)의 연구결과와 유사하다. 미국 사회에서 계급은 인종과 마찬가지로 집합 정체성의 원천이 되고 있으며, 계급적 연대는 특히 하층과 동일시하는 사람들에게 강하게 나타나고 있다(Jackman and Jackman, 1983). 주관적 계층의식의 관점에서 계급을 접근하는 경우 접하게 되는 중요한 한계는 계층에 대한 질문이 어떻게 구성되는가에 크게 의존한다는 것이다. 또한 일부 사람들은 자신의 소득, 직업, 재산, 생활양식과 어긋나게 자신의 계급을 인식할 수도 있다.

응답자들의 주관적 계층귀속을 알아보기 위하여 본 연구에서는 우선 "전체적으로 보아 귀하의 가족은 현재 한국 사회에서 어느 층에 속한다고 생각하십니까?"라는 질문을 통해 중간계층 귀속 정도를 측정하였는데, 11점 척도상에서 8-10점을 상층, 6-7점을 중의 상, 5점을 중의 중, 3-4점을 중의 하, 0-2점을 하층으로 간주하였다. 즉 3-6점의 구간을 중간계층으로 보았다.

앞의 〈표 5〉에서 보는 바와 같이 본 조사에서 중간계층 귀속비율은 73.8%이다. 이를 다른 조사의 주관적 계층 귀속비율과 비교해 보면, 표본이 크고 가구조사 방식을 취하는 통계청 조사에서는 중간계층 귀속의식이 대체로 낮게 나오는 편이다. 일반적인 의식조사를 기준으로 보면, 1990년대 중반 90% 수준에서 IMF 금융위기 이후 70%대로 떨어진 후 2000년대 초반에 올라갔다가 현재는 다시 떨어지는 추세이다. 앞에서 판별한 계층범주와 중간계층 계층귀속을 교차시켜보면 예상대로 중간계층 귀속비율은 핵심적 중산층에서 가장 높고 하층에서 가장 낮은 것으로 나타난다.

〈표 6〉 중산층의 계층귀속

계층구분 귀속계층	핵심적 중산층	주변적 중산층	하층	전체
상층	2.5	0.0	0.0	1.1
중간계층	85.5	70.4	59.5	73.8
중의 상	13.9	5.4	2.1	8.1
중의 중	49.5	36.9	24.9	38.9
중의 하	22.1	28.1	32.6	26.8
하층	12.0	29.6	40.5	25.2
합계	100.0	100.0	100.0	100.0

1990년대 이후 조사된 조사에서 보면 중간계층의 세 범주 중 최하위 범주인 '중의 하'로 인식한 사람이 25-40% 수준에 달하고 있다. 이 층과 동일시하는 사람들은 엄밀히 보자면 스스로 '하층'이라고 생각하지는 않지만 '중간계층'에는 다소 못 미치는 층이라고 생각하는 집단이라 볼 수 있다(홍두승, 2005 : 13). 본 연구의 자료에서 만일 '중하층' 귀속을 중간계층에서 제외한다면, 상층을 포함하여 중간계층 이상과 동일시한 사람은 전체 응답자의 47%에 지나지 않는다. 말하자면 다수의 사람들이 큰 범주로서의 중간계층에는 속한다고 생각하지만 중간계층의 주변적 위치에 자신을 자리매김하고 있는 것이다. 이러한 의미에서 본다면

〈그림 2〉 지역별 중산층의 분포

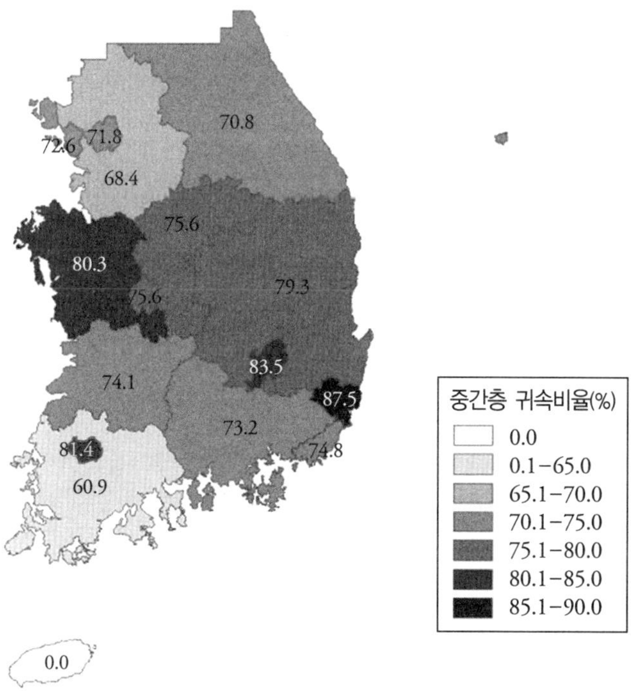

'하층' 범주의 증가뿐만 아니라 '중간계층' 내부에서 '중의 하'가 늘어나는 경우도 중산층의 위기를 나타내는 징표로 볼 수 있다(홍두승 · 김병조, 2006 : 9).

앞의 〈그림 2〉를 통해 지역별 중간계층 귀속의식을 보면 중간계층 귀속비율이 가장 높은 지역은 울산(87.5%)이고, 대구(83.5%), 충남(80.3%)도 높은 반면에 전남(60.9%)은 다른 지역에 비해 크게 낮은 편이다. 주관적 귀속계층에서 지역별 중간계층의 비율은 대체로 객관적 기준으로 측정된 중산층의 비율과 유사하거나 상승하는 경향을 보이지만 서울, 경기, 전남 일부 지역에서는 등에서는 오히려 낮아지는 경향이 있다. 이는 서울과 경기, 인천 등이 핵심적 중산층의 비율이 상대적으로 높다는 점을 감안 할 때 흥미로운 결과이다. 반면에 객관적 기준으로 측정되는 중산층 비율이 낮은 충북에서 중간계층 귀속비율이 상대적으로 높게 나타나고 있다. 이러한 결과는 앞에서 고려한 객관적 중산층과 중간계층 귀속의식 간의 지역적 괴리를 보여준다.

2) 중산층 귀속의식과 결정요인

응답자들의 중산층 귀속의식을 알아보기 위하여 "귀하가 스스로 생각하기에 귀하는 현재 '중산층'에 속한다고 생각하십니까?"라는 질문에 '그렇다'와 '아니다'로 응답하게 한 결과 스스로를 중산층이라고 생각하는 비율은 20.1%로 나타났다. 이를 계층별로 보면 핵심적 중산층에서 35.1%가 스스로를 중산층이라고 생각하는 반면에 주변적 중산층에서는 12.2%만이 중산층이라고 생각하는 것으로 나타났다(〈표 7〉 참조).

다른 조사와 비교해 보면 중산층 귀속의식은 과거에 비해 낮아졌다. 중산층 귀속을 측정한 한국정신문화연구원(현 한국학중앙연구원)의 1999년 조사(신뢰조사)에 따르면 34.6%가 자신을 중산층으로 귀속시키는 것으로 나타났다(한국정신문화연구원, 1999). 그런데 14.5%의 차이는 측정도구의 차이에서 기인하는 바도 큰 것으로 보인다. 중산층 귀속을 측정하는 문항을 보면 한국정신문화연구원의 신뢰조사에서는 본 연구에서와는 달리 "우리말에 '중산층'이라는 용어가 있습니다. 귀하는 그 '중산층'에 속한다고 생각하십니까?"라고 되어 있다. 이와 동일한 방법으로 중산층 귀속의식을 측정한 2006년의 또 다른 조사결과를 보면(한상진 외, 2006) 중산층 귀속은 31.0%로서 본 연구와는 큰 차이를 보이지만, 한국정신문화연구원의 1996년의 조사결과와는 근소한 차이만 보인다. 따라서 2006년의 중산층 귀속의식은 1999년에 비해 다소 줄어든 것으로 해석할 수 있다.

〈표 7〉 계층별 '중산층' 귀속

(단위 : %)

계층구분 / 귀속의식	중산층 조사(2006)				신뢰 조사 (1999)[1]	가치관 조사 (2006)[2]
	핵심적 중산층	주변적 중산층	하층	전체		
중산층이다	35.1	12.2	5.6	20.1	34.6	31.0
중산층이 아니다	64.9	87.8	94.4	79.9	65.4	69.0
합계	100.0	100.0	100.0	100.0	100.0	100.0

주 : 1) 한국정신문화연구원(1999), 2) 한상진 외(2006).

20-30%로 나타나는 이러한 중산층 귀속의식은 객관적 기준으로

측정된 중산층 비율(주변적 중산층을 포함하여 66.9%)이나 계층귀속에서 중간계층으로 분류된 비율(73.8%)과 큰 차이를 보이고 있다. 이는 일반적으로 사람들이 '중산층'에 대해 상당히 높은 기준으로 생각하고 있다는 것을 알 수 있다. 실제로 본 연구의 자료가 수집된 조사에서 "귀하는 '중산층' 하면 가장 먼저 무엇이 생각나십니까?"라고 질문한 결과 70% 이상의 응답자들은 재산과 소비 등 주로 경제적인 측면에서 중산층을 생각하고 있는 것으로 나타났다. 특히 고급주택, 고급승용차, 명품, 강남 등 상층적 속성을 중산층과 연관시키고 있다.[5)]

중산층 귀속 여부를 결정하는 데 있어 중요한 영향을 미치는 요인을 찾아보기 위하여 이항 로지스틱 회귀분석(binary logistic regression)을 실시하였다. 로지스틱 회귀분석은 이항 또는 다항 변수의 확률에 영향을 주는 독립변수들의 영향을 분석하는 다변량 분석기법이다(Menard, 1995 ; Hardy and Bryman, 2004). 중산층 귀속은 '그렇다/아니다'의 이분변수로 측정되었기 때문에 이항 로지스틱 회귀분석은 효과적인 분석전략이라 할 수 있다.

여기서 검증하고자 하는 모형은 중산층 귀속 여부에 영향을 미치는 독립변수로 객관적 지표와 주관적 지표를 구분하여 포함시키고 있다.

5) 보다 직접적으로 "귀하는 우리나라에서 '중산층'이라고 불리려면 한 달에 평균적으로 얼마나 벌어야 한다고 생각하십니까?"라는 질문에는 응답자들은 월평균 소득이 약 500만 원 정도 되어야 중산층이라고 생각하는 것으로 나타났다. 이것으로 응답자들은 도시근로자 월평균소득 약 340만 원보다 크게 높은 기준으로 중산층을 바라보고 있음을 알 수 있다. 또한 "중산층은 부동산이나 주식, 저축 등을 모두 합해서 평균 얼마 정도의 재산을 갖고 있어야 한다고 생각하십니까?"라는 질문에 대해서도 월평균 가구소득과 마찬가지로 응답자들은 약 10억 정도라는 상당히 높은 기준으로 중산층을 구별하고 있는 것으로 나타났다.

〈표 8〉 중산층 귀속에 대한 로지스틱 회귀분석

구분	변수	B	Wald	Exp(B)
블록 I (객관적 변수)	상수	-4.658**	111.905	.009
	가구소득	.254**	39.995	1.289
	직업		15.752	
	전문직 · 관리직	.217	.221	1.242
	준전문직 · 사무직	-.479	3.483	.619
	판매직 · 서비스직	-.737**	13.018	.478
	주택소유	1.232**	30.695	3.427
	교육수준	.110**	12.801	1.116
블록 II (객관적 변수 및 주관적 변수)	상수	-7.448**	149.692	.001
	가구소득	.089	3.444	1.094
	직업		5.816	
	전문직 · 관리직	.224	.187	1.250
	준전문직 · 사무직	-.356	1.485	.701
	판매직 · 서비스직	-.490*	4.452	.613
	주택소유	.725**	8.194	2.064
	교육수준	.043	1.422	1.044
	주관적 소득수준	.536**	23.727	1.708
	주관적 재산수준	.410**	17.677	1.507
	주관적 사회적 지위	.141	2.102	1.151
	주관적 문화수준	.083	1.098	1.087

* 〈 .05, ** 〈 .01에서 유의미.

객관적 지표라 할 수 있는 월평균 가구소득 수준, 주택소유, 교육수준, 직업과 더불어 주관적 지표인 주관적 소득수준, 주관적 재산수준, 주관적 사회적 지위, 주관적 문화수준이 포함된 것이다. 소득수준은 가구주의 소득과 기타 가구원의 소득을 합산한 것으로 1-22의 범위를 가지며, 주택소유는 범주형 변수로서 주택을 소유한 경우와 그렇지 않은 경우로 구분하였다. 교육수준은 학업연수를 측정하여 1(무학)-20(대학원 이상)의 범위를 가진다. 직업은 범주형 변수로서 직업(1)=전문·관리직, 직업(2)=준전문직·사무직, 직업(3)=판매직·서비스직으로 범주화되어 있으며 기타 직업(생산직, 농어업직, 기타)이 참조범주로 설정되었다. 네 개의 주관적 변수는 소득, 재산 정도, 사회적 지위, 문화수준에 대한 주관적 평가를 측정하는 것으로 모두 0-10의 11점 척도로 측정하였다. 앞에서 언급했듯이 여기서는 가구주만을 대상으로 하였다.

앞의 〈표 8〉에서 보는 바와 같이, 객관적 지표만을 고려했을 때 중산층 귀속 확률에 의미 있는 영향을 미치는 변수는 주택소유, 소득, 교육이다. 가구소득과 주택소유는 밀접한 관련이 있기는 하지만 적어도 중산층 귀속에는 서로 독립적인 영향을 미치고 있음을 알 수 있다. 특히 주택소유는 중산층 귀속 여부에 매우 큰 영향을 주고 있다. 이러한 결과는 한국 사회에서 중산층을 정의하는 데 있어 주택의 중요성을 강조하는 장세훈(2006)의 논의와 맥을 같이하고 있다. 직업은 전반적으로는 의미 있는 변수이기는 하지만 이는 판매직·서비스직 범주에 의한 것이며, 전문직·관리직이나 준전문직·사무직의 범주는 유의미한 변수가 되지 못한다. 판매직·서비스직 범주의 경우 유의미하고 그 로짓 계수(B)가 음수로 나타나 다른 조건이 동일할 경우 판매직·서비스직 직업을 가진 응답자일수록 기타 직업에 비해 중산층 귀속을 하지 않는다는 것을 알 수 있다.

객관적 지표와 주관적 지표를 동시에 고려해 보면 위와는 상당히 다른 결과를 보여준다. 주관적 지표로 추가된 변수 가운데 통계적으로 의미 있는 변수는 주관적 소득수준과 주관적 재산수준이며, 주관적 사회적 지위와 주관적 문화수준은 유의미한 변수가 아니다. 주관적 지표가 모형에 포함됨으로써 나타난 변화 중에서 흥미로운 것은 객관적 지표만을 고려했을 경우에는 유의미했던 가구소득과 교육수준은 더 이상 의미 있는 변수가 아니라는 점이다. 이는 이들 변수의 영향이 주관적 지표들을 통해서 나타난다는 것을 보여준다. 가구소득 수준이나 교육연수 자체보다는 그것을 스스로가 어떻게 받아들이는가에 따라 중산층 귀속의식이 달라진다는 것이다.

전체적으로 중산층 귀속에 영향을 주는 변수로 주택소유가 가장 중요하며, 그 다음으로는 주관적 소득수준과 주관적 재산수준의 순이다. 주택변수의 로짓 계수(B)는 .725이고 $e^{.725} = 2.064$이므로, 소득범주의 한 단위 변화에 따라 중산층 귀속의 승차(odds)는 2.064배로서, 주택소유 변수의 영향은 다른 유의미한 변수보다 월등히 큰 것으로 나타난다. 주관적 소득수준과 주관적 재산수준의 승차는 각각 1.708과 1.507로서, 다른 조건이 동일할 때 이들 변수의 변화가 중산층 귀속 여부에 큰 영향을 준다는 것을 알 수 있다. 이러한 결과는 응답자들은 주로 경제적인 변수를 기준으로 중산층을 생각하고 있으며, 상층에 버금가는 기준으로 중산층을 설정하고 있다는 앞의 결과와도 이어진다. 요컨대 중산층 판별에 적용된 객관적 변수, 즉 직업, 소득, 재산, 교육 중에서 중산층 귀속의식에 영향을 주는 변수는 주택소유 여부로 측정된 재산변수뿐이며, 소득과 재산에 대한 주관적 인식도 중산층 귀속의식에 중요한 영향을 미치고 있다.

5. 맺는 말

'중산층' 은 경제적 요소뿐만 아니라 생활기회, 교육수준, 직업적 지위 등 비경제적인 요소를 포함하는 계층범주로서, 핵심적 중산층과 주변적 중산층으로 구분 가능하다. 객관적으로 중산층은 직업, 교육수준, 소득, 주택 등의 기준으로 판별하며, 화이트칼라와 구중간계급, 2년제 대학 이상, 월평균 소득 300만 원 이상, 30평 이상의 주택 거주가 판별기준이 된다. 주관적으로는 중간계층 귀속의식과 중산층 귀속의식으로 측정할 수 있다. 객관적 기준으로 측정된 중산층의 규모는 약 66.8%로서, 그 중에서 핵심적 중산층 35.4%이고 주변적 중산층 31.5%이다. 다른 조사의 결과와 비교 분석해 본 결과 객관적 지표상으로 2000년대 중반 들어 중산층이 크게 감소했다는 증거는 찾을 수 없었다.

주관적 지표를 통해 계층 귀속의식을 분석해 본 결과 사람들은 매우 높은 기준으로 중산층을 구분하는 것으로 나타났다. 사람들은 주로 경제적인 기준으로 중산층을 생각하는 가운데 월평균 가구소득 500만 원 이상, 그리고 재산 10억 이상을 기준으로 생각하고 있어서 사실상 상층에 버금가는 기준으로 중산층을 정의하고 있음을 알 수 있다. 추세로 보면 주관적인 중간계층 귀속과 중산층 귀속은 낮아지고 있다. 본 연구에서 중간계층 귀속은 약 74%, 중산층 귀속의식은 약 20%로 나타나 2000년을 전후하여 실시된 다른 조사에서보다 다소 낮게 나타났다. 객관적 중산층 비율과 주관적 중간계층 귀속비율 간의 괴리 정도가 지역별로 상이하게 나타났다. 객관적 기준으로 측정된 중산층의 비율이 낮은 지역에서 중간계층 귀속비율이 오히려 높은 반면에, 객관적 지표로는 높은 지역에서는 주관적 귀속비율이 낮게 나타났다. 중산층 귀속 여부를 종속변수로 하고 객관적 지표와 주관적 지표를 독립변수로 하는 로지스틱 회귀분석을 실시한 결과 중산층 귀속 여부는 주택소유 변수에 의해 매우 큰 영향을 받는 것으로 나타났다. 주택소유를 제외하면 소득, 교육, 직업과 같은 객관적 지표보다는 주관적 소득수준과 주관적 재산 정도와 같은 주관적 지표가 보다 큰 영향을 미치는 것으로 나타났다.

사회적 양극화를 극복하고 균형 있는 사회를 만들기 위해서는 중산층의 규모도 커야 할 뿐만 아니라 이들이 사회에서 제대로 된 역할을 수행해야 할 것이다. 이는 중산층이 두터운 사회는 지나친 쏠림이 없으면서 사회통합이 잘 된 사회이고, 사회적으로 중산층은 균형자나 완충지대의 역할을 함으로써 빈곤층의 박탈감을 이용하려는 민중주의를 억제하고 사회적 타협의 가능성을 높이는 역할을 하기 때문이다(이재열, 2006). 그런데 중산층의 규모를 키우는 것과 계층 간의 격차를 줄이는 것은 서로 관련되어 있으면서도 강조점이 다르다는 것을 주목할 필요가 있다. 즉 중산층이 두터운 사회에서도 계층의 양극화는 나타날 수 있다는 것이다.

최근 한국 사회의 상황에서 나타나는 양극화 논의는 바로 이러한 조건을 반영하고 있다. 서두에서도 언급되었듯이 중산층의 규모를 늘려서 사회적 안정을 도모하고자 하는 경우 객관적 기준의 중산층, 즉 '절대적 중산층'이 강조되고, 박탈감으로 인한 계층양극화의 해소가 목적인 경우에는 주관적 기준의 중산층인 '상대적 중산층'이 강조되어야 할 것이다. 최근 한국 사회에서 언급되고 있는 계층의 양극화 현상은 객관적인 조건의 변화보다는 주관적인 인식의 변화를 보여주는 것으로, 중산층에 대한 인식의 기준이 상승하는 동시에 다른 사람이나 집단에 비해 자신이 더 나아지지 못했다는 상대적 박탈감이 작용한 결과로 보인다. 본 연구에 따르면 이러한 양극화의 해소를 위해서는 주택문제의 해결과 아울러 소득 및 재산과 관련하여 사람들이 느끼는 상대적인 박탈감의 해소가 주요한 과제이다.

참고문헌

김경동. 1991. “한국 중간계급 연구동향.” 『사회계층-이론과 실제』.

김영모. 1997. 『한국의 중산층 연구』. 중앙대학교 출판부.

류상영 · 강석훈. 1999. 『중산층의 변화실태와 정책방향』(연구보고서). 삼성경제연구소.

신광영. 2006. “중산층 살리기는 사회양극화 해소의 해법인가?”. 『중산층 확대와 양극화의 해법』(중산층 포럼 1차 발표자료집). 한국사회학회.

유영준. 1985. “국가발전에 있어서의 중간계층의 역할에 관한 소고.” 『개인과 국가』. 한국정신문화연구원.

이재열. 2006. “한국의 사회통합과 중산층 육성의 과제.” 『중산층과 한국의 사회통합』(중산층 포럼 3차 발표자료집). 한국사회학회.

장미혜. 2006. “한국 중산층의 양극화와 생활양식의 변화.” 『중산층과 한국의 사회통합』(중산층 포럼 3차 발표자료집). 한국사회학회.

장세훈. 2006. “중산층의 주거현실에 비춰본 중산층 육성 정책의 방향.” 『중산층과 한국의 사회통합』(중산층 포럼 3차 발표자료집). 한국사회학회.

조돈문. 1996. “중간계급의 계급적 성격과 계급적 이질성.” 『한국 사회학』 302집(여름호).

한국정신문화연구원. 1999. 『한국 사회의 신뢰 실태조사』(연구보고서). 한국정신문화연구원.

한상진. 1987. “한국중산층의 개념화를 위한 시도.” 『한국 사회학』 21집(여름호).

한상진 · 김병조 · 은기수 · 정철희 · 조동기. 2006. 『한국 사회의 가치관과 문화변동 비교연구』(연구보고서).

함인희 · 이동원 · 박선웅. 2001. 『중산층의 정체성과 소비문화』. 집문당.

현대사회연구소. 1985. 『한국 중산층의 규모와 생활실태 및 의식에 관한 연구』. 연구보고 '85-13.

홍두승. 2005. 『한국의 중산층』. 서울대학교 출판부.

홍두승 · 김병조. 2006. “한국 사회발전과 중산층의 역할”. 『중산층 확대와 양극화의 해법』(중산층 포럼 1차 발표자료집). 한국사회학회.

홍두승 · 이동원 편. 1993. 『집합주거와 사회환경 : 소형 아파트단지 과밀의 사회적 함의』. 서울대학교 출판부.

홍석표 · 원종욱 · 백화종 · 김성일 · 홍미. 2003. 『경제위기 직후의 중산 · 서민층 생활 실태 변화와 대책』(연구보고서). 한국보건사회연구원.

홍성민 · 민주홍. 1999. 『IMF 시대의 중산층 약화실태와 재구축방안』. VIP Report, 현대경제연구원.

Carchedi, Guglielmo. 1977. *On the Economic Identification of Social Classes*. London : Routledge and Kegan Paul.

Dahrendorf, Ralf. 1959. *Class and Class Conflict in Industrial Society*. Stanford : Stanford University Press.

Goldthorpe, John H. 1980. *Social Mobility and Class Structure in Modern Britain*. Oxford : Clarendon Press.

Hardy, Melissa. and Bryman, Alan (eds.). 2004. *Handbook of Data Analysis*. Thousand Oaks, CA : Sage.

Jackman, Mary R. and Jackman, Robert W. 1983. *Class awareness in the United States*. Berkeley. CA : University of California Press.

Menard, Scott. 1995. *Applied Logistic Regression Analysis* (Sage University Paper Series on Quantitative Applications in the Social Sciences, 07.106). Thousand Oaks, CA : Sage.

Poulantzas, Nicos. 1975. *Classes in Contemporary Capitalism* (translated by David Fernbach). London : Verso.

Szymanski, Albert. 1983. *Class Structure : A Critical Perspective*. New York : Praeger.

Veenhoven, Ruut. 2002. "Why Social Policy Needs Subjective Indicators." *Social Indicators Research*, vol. 58, pp. 33–45.

Wright, Erik O. 1978. *Class, Crisis and the State*. London : Verso.

Wright Erik O., Cynthia Costello, David Hachen, and Joey Sprague. 1982. "The American Class Structure." *American Sociological Review*, Vol. 47 (December), 709–726.

8

중산층의 양극화와 생활양식의 변화

장미혜(한국여성정책연구원 연구위원)

1. 들어가며 : 생활양식 변화의 측면에서 본 중산층의 양극화

중산층의 양극화에 대한 최근의 논의들은 소득, 가계신용증감액, 금융자산 및 부채증감률을 비롯한 거시 경제지표를 통해서 우리 사회의 양극화 현상을 설명하는 경제학적인 접근이 주류를 이루고 있다(삼성경제연구소, 1999 ; KDI, 2006). 실제로 1980년대에는 높은 경제성장세 속에서 실질 임금이 상승함에 따라 중산층의 비중이 확대되었으나, 외환위기를 겪으면서 중산층이 축소되고 하위 소득계층의 비중이 늘어나는 소득 양극화 현상이 심화되고 있다(삼성경제연구소, 1999). 그러나 사회학적 시각에서 볼 때 중산층의 양극화란 단순히 소득을 비롯한 경제적 자산분포의 변화만을 의미하지 않으며, 진보와 보수 사이의 정치적 가치관의 대립, 생활양식의 분화, 중산층의 내부 구성원들이 느끼는 상대적 박탈감이나 중산층에 대한 주관적 계층 소속의식의 변화까지 포함하는 보다 포괄적인 현상으로 이해한다.

이러한 시각에서 중산층의 양극화 현상을 볼 때 다음과 같은 질문이 제기될 수 있다. 첫 번째, 중산층의 양극화란 한국 사회만의 독특한 현상인가, 아니면 경제발전의 일정한 단계를 경과하는, 혹은 유사한 경제정책을 실시하거나 산업구조를 가지고 있는 모든 국가들에게서 공통적으로 발견되는 현상인가? 두 번째, 중산층의 양극화로 인해 탈락한 계층은 누구이며, 그들의 특성은 무엇인가? 그리고 중산층의 양극화로 인해 생활양식은 어떻게 변화하였는가? 만일 생활양식에서도 중산층의 양극화 현상이 발견되고 있다면 중산층 내부의 균열이 가장 잘 드러나는 생활영역은 어디인가?

그럼 중산층의 양극화 현상은 한국 사회에서만 고유하게 나타나고 있는 현상인가라는 첫 번째 문제에 대해서 살펴보고자 한다. 기존의 경제학적 연구들에서는 중산층의 양극화가 외환위기라는 특수한 상황에서 발생한 일시적인 현상이라기보다는 '경기변동적 요인보다는 추세적·구조적 성격이 강하므로 경기회복 여부와 상관없이 상당기간 지속될 가능성이 높다'고 보는 경향이 있다(KDI, 2006 : 22). 그러나 이러한 시각은 중산층의 양극화를 지나치게 한국적인 현상으로 국한시켜 보고 있다는 제한점을 지닌다. 물론 외환위기라는 한국 사회가 경험했던 고유한 상황이 중산층의 양극화 현상을 촉발시킨 기폭제가 되기는 하였지만, 전 지구화가 급속히 진전되고 있는 현재의 상황에서 한국 사회의 중산층을 바라볼 때는 다른 시대나 국가의 상황과 비교할 필요가 있다.

우선 아시아 지역의 중산층에 대한 연구들을 살펴보면, 급속한 경제성장을 경험하던 아시아 국가들의 중산층에 대한 연구들에서는 대체로 경제위기 이후 중산층의 규모가 축소되고 있다고 보는 점에는 견해를 같이 하고 있다(Smih, 2002). 그러나 이들 지역을 제외한 다른 지역을 대상으로 한 중산층에 대한 대부분의 연구에서는 오히려 소득수준과 구매력이 향상된 결과 유사한 라이프 스타일을 공유하는 새로운 중산층이 등장하고 있다는 사실을 강조한다(Chip, 1995). 예컨대 브라질의 경우 자가주택을 소유하고 사립학교에서 자녀교육을 시키거나 해외여행을 하는 것과 같은 몇 가지 소비형태들을 통해서 서로 이질적인 브라질인들은 중산층이라는 공통된 정체성을 가지게 되었다고 한다(O'Dougherty, 2002).

자본주의적 시장경제에 편입되기 시작한 1990년 이후부터 사회주의 국가에서도 새롭게 중산층이 등장하고 있다고 보는 또 다른 연구에서도 서구의 중산층과 유사한 소비수준과 생활양식을 공유하고 있다는 점이 강조된다(Sitnikov, 2000). 아시아 국가들 중에서 중산층이 팽창하고 있는 유일한 국가로는 중국을 들 수 있다. 중국의 경우 연간 가구소득이 10,000달러 이상이며, 아파트와 소형자동차를 구입할 수 있는 구매력을 갖춘 계층이 등장하고 있는데, 이들의 직업을 보면 교육을 받은 정부의 관료나 의사, 엔지니어, 교수 등의 전문직 종사자들로 구성되어 있다. 천안문 사태 당시 대학생이었던 이들은 기본적으로 중국인들의 대다수를 차지하고 있는 농민들에게 정치적 의사결정권을 넘겨주기를 원하지 않기 때문에 기성세대가 된 현재의 정치적 성향은 보수적이고 엘리트주의적이다(Unger, 2006).

사회주의 국가부터 개발도상국에 이르기까지 연구대상 지역은 다양하지만, 중산층에 대한 최근 연구들에서는 직업이나 소득보다는 주로 소비의 대상이 되는 특정한 상품이나 서비스의 소비과정에서 형성되는 취향이나 계층에 대한 이미지, 생활양식(life style)에 근거하여 어떤 특성을 공유한 집단으로 중산층을 규정하고 있다는 점에서 공통점을 보인다. 그리고 IMF 이후 경제불황을 경험한 아시아 지역의 일부 국가에 대한 연구를 제외하고 대부분 전 지구적 중산층(global middle class)의 등장을 주된 흐름으로 본다.

계급 간 생활양식의 차이가 중요하게 부각된 배경을 보면, 한편으로는 특정한 상품을 소비하는 데서 오는 물질적 쾌락이 한 개인의 생활 전체에서 차지하는 비중이 커지는 데서 비롯되는 것일 수도 있고(Maycroft, 2004 : 62), 다른 한편으로는 물질적 가치라기보다는 특정한 상징적인 의미를 지닌 상품이나 서비스, 혹은 경험을 공유함으로써 자신의 개인적 정체성이나 특정한 집단에 대한 소속감이 강화되는 데서 비롯되는 것일 수도 있다. 아울러 특정한 생활양식을 공유하는 중산층의 등장에 대한 이들 연구에서 기본적으로 전제하고 있는 바는 한 계층의 생활양식은 초역사적인(trans-historical) 개념이 아니라는 점이다(Maycroft, 2004 : 61). 중산층의 형성과 팽창은 일상생활 속에서 필요로 하는 모든 대상이 점차 상품화되어 가는 자본주의 사회가 형성되고 팽창되는 역사적 과정과 밀접하게 연관되어 있기 때문이다. 이러한 관점에서 볼 때 중산층이란 특정한 시점에서 사회 내의 다른 집단과 구분해서 중간에 속한 집단을 구분하는 정태적 개념만은 아니며, 역사적 시기나 사회적 맥락에 따라서 다르게 정의될 수 있는 동태적 개념이라고 하겠다.

생활양식의 차이에 대한 이론적 관심은 물질적 자원의 배분보다는 문화적인 스타일의 차이가 집단 간 차이를 결정하는 데 있어서 보다 중요하다는 인식이 확산되면서 시작되었다(Crompton, 1992 ; Featherstone, 1991). 일반적으로 생활양식은 '특정한 상황에서 제한된 자원을 고려하여 일정하게 일상생활이 조직화되었을 때 발견될 수 있는 상대적으로 안정된 어떤 형태' (Zapf, 1987) 혹은 '개별적이고 특수한 개개인의 (라이프) 스타일이 보다 일반화된 것' (Simmel, 1978 : 473)을 의미한다. 이때 단순히 개인이 보유하고 있는 소득이나 자산보다는 그것이 어떠한 형태의 생활양식으로 드러나는가가 보다 중요하다. 생활양식은 스타일이 되어 가시적으로 드러나기 때문에 특정한 삶의 스타일을 공유한 사람들은 서로를 바라보는 순간에 서로의 공통점을 느끼고, 그로 인해 자연스럽게 내적인 동질감과 소속감이 형성된다. 그러나 이와 동시에 그 집단에 속하지 않는 사람들에게는 서로 다르다는 벽을 느끼게 하는 일종의 장막으로 작용한다(Simmel, 1978 : 473).

생활양식과 소비행위에 대한 연구 흐름을 나누어 보면, 소비자 개개인의 소비행태에 대한 연구와 생활양식의 사회집단에 대해 어디에 초점을 맞추느냐에 따라 방법론적으로나 이론적인 측면에서 구분되는 서로 다른 흐름을 형성해 왔다. 크게 보면 한 개인의 평생 동안 변화하지 않는 취향이나 미학적 성향에 초점을 둔 구조주의적 접근과 개인의 다양한 정체성의 등장을 강조하는 이론적 접근(Beck, 1992 ; Kellner, 1992), 특정한 상품에 대한 신호나 구매행위 같은 개인의 소비행태에 초점을 둔 보다 개인주의적인 접근(Holt, 1997 : 324), 그리고 생활양식에서 드러나는 집단적인 차이는 인정하되 그러한 집단이 인종이나 종교, 지역에 따라서 점차 다양화되고 있으므로 사회집단 간의 경계가 계급이나 계층과 같은 하나의 기준에 의해서만 결정되지 않는다는 점을 강조하는 중간적인 입장으로 구분할 수 있다(Castells, 1992 ; Maffesoli, 1993, 1996).

정체성에 중점을 둔 이론에서는 풍요로운 대중소비사회에서 다양하지만 불안정한 개인의 정체성이 등장하고 있다는 점에 초점을 맞추고,

전반적으로 생활수준이 향상되면서 노동자계급을 포함한 사회 내의 하층계급마저 물질적 풍요로움의 혜택을 받게 되어 직업집단 간 생활양식의 차이는 점차 사라지는 대신 점차 다양한 개성이 존중되는 사회로 변해가고 있다고 본다. 아울러 복지정책을 통한 국가의 개입이 강화되면서 경제적인 불평등이 완화됨에 따라 소비과정에서 선택할 수 있는 개인의 자유가 보다 중요해진다는 점도 강조한다(Warde, 1994). 이러한 과정을 소비문화의 확산과정으로 보는 포스트모더니즘 계열의 연구들은 소비문화가 대중화되어 가는 소비주의(consumerism)의 역사적 형성과 확산과정, 그리고 소비주의의 문화적 특성을 규명하는 데에 초점을 두기 때문에 개인이나 집단 사이의 유형화나 구별짓기 전략에는 관심을 두지 않는 경향이 있다(Bauman, 1992).

이들 연구에서 지적하듯이 소비의 과정에서 얻는 쾌락에 매혹당하는 사람들이 늘어나는 동시에 보다 많은 대상들이 상품화되고 구매의 대상이 되어가는 소비주의(consumerism)의 팽창은 현대 사회의 중요한 특성이라 하겠다. 그러나 다른 한편에서는 광고에 의해 욕구를 조정당하면서 끊임없이 돈을 쓰고 싶어하는 욕망만을 강조하고, 소비사회를 구성하는 개개인의 특성을 지나치게 수동적인 존재로 평가절하하는 동시에 대중사회 구성원의 특성을 과도하게 일반화하고 있다는 점은 소비주의에 대한 문화주의적 연구가 가지는 이론들이 지니는 한계로 지적할 수 있다(Lodziak, 2000 : 72).

소비자들의 구매행태(consumer behavior)에 대한 연구에서는 자유롭게 자신이 원하는 물건을 구매하는 개인의 합리적인 의사결정 과정에 초점을 둔다. 그러나 이들 입장에서도 개개인의 소비행태의 특성만을 규명하는 것은 아니다. 단지 개개인의 소비취향의 이질성을 보다 중시하는 접근법으로 사회계층이나 집단 혹은 계급과 생활양식을 일 대 일로 대응시켜서 특징을 규명하는 대신에 특징적으로 유형화될 수 있는 생활양식을 먼저 찾아낸 뒤 그러한 생활양식을 보이고 있는 집단의 특성, 예를 들어 소득이나 성, 세대, 인종이나 교육수준, 지역의 특성을 기술하는 방법론을 채택하기도 한다(Hughs & Peterson, 1983 ; Douglas & Urban, 1977).

반면에 음악에 대한 취향과 같이 한 개인에게 체화되어서 평생 동안 변하지 않고 남아 있는 취향, 성향, 생각, 행동을 포괄하는 개념인 아비투스(habitus)가 지닌 계급적 속성을 밝혀주는 연구는 비교적 구조주의적 전통에 근접해 있는 소비연구라고 할 수 있다(Bourdieu, 1984). 정통적인 계급이론과 비교해 볼 때 발견할 수 있는 차이점이 있다면 계급 혹은 사회집단 간 경계의 비계급적 토대로서 문화의 중요성을 강조한다는 점을 들 수 있다. 소비행위를 통해서 생활양식을 구성해 가는 개별 행위자는 자신만의 개성과 정체성을 구성해 나가기보다는 사회구조와 제도적 상황 속에서 자신이 처한 계급적 위치를 아비투스를 통해서 구현해내는 존재로 인식된다. 따라서 동일한 계급적 위치에 있는 행위자들은 계급적 위치를 내면화시켜서 유사한 성향과 이해를 지니게 된다고 보기 때문에 동일한 집단에 속한 개인들이 서로 다른 문화적 실천과 행위를 할 가능성이나 생활양식을 통해서 드러나는 상징적인 경계가 서로 다를 수 있다는 점에 대해서는 고려하지 않는다.

소비양식에 대한 각각의 이론적 접근법이 서로 대립되면서도 보완적인 이유는 개인의 소비행위에는 이를 통해서 한 집단의 구성원임을 드러내고 싶어하는 욕구와 다른 누구와도 구별되는 자신만의 고유한 개성을 발휘하고 싶은 모순된 욕구가 동시에 숨어 있기 때문이다.

다음으로 소비양식에 대한 경험적인 연구를 통해서 한국 사회에서의 중산층의 양극화현상을 밝히는 데 있어 고려해야 할 가장 중요한 문제는 현재 한국 사회에서 중산층으로부터 탈락하고 있는 사람들의 실체는 과연 무엇인가라는 점이다. 사실 사람들이 스스로 생각하는 사회 내에서의 위치, 소득, 교육수준, 문화적 취향이나 라이프 스타일 등 사회 내의 다른 층과 구분해서 중산층을 규정하는 기준은 매우 다양할 수 있다. 이처럼 중산층은 사회적 관계 속에서 규정되는 관계적이며 인위적인 개념이기 때문에 어느 사회에서든지 중산층을 어떤 사람들이라고 볼 것인가는 가장 중요한 쟁점이 되어왔다(Maza, 1997).[1]

실제로 최근 중산층의 양극화를 둘러싼 논쟁에서 중산층의 규모가 연구에 따라 차이가 나는 이유는 사실 중산층을 어떠한 사람들로 규정하는가와 관련되어 있다. 중산층의 양극화 현상에 관심을 가지는 이번 연구에서는 먼저 주관적인 계층소속감과 생활양식의 특성에 대해서 살펴보고자 한다. 중산층의 양극화란 시간의 경과를 통해서 나타나는 현상이라는 점을 감안해서 주관적인 계층소속감의 변화과정 속에서 중산층으로부터 탈락했다고 생각하는 사람들과 새롭게 진입했다고 생각하는 사람들, 그리고 여전히 자신이 중산층으로 남아 있다고 생각하는 사람들의

1) 중산층의 역할이나 개념에 대한 연구들은 사회적인 맥락에 따라서 그 초점이 달라져 왔다. 예를 들어서 중산층의 등장에 대한 서구 사회의 연구들은 주로 18세기와 19세기에 집중되어 있다. 예를 들어서 중산층의 등장과 성장은 서구 사회의 맥락에서 설명된다. 왜 프랑스 혁명 이전에는 중산층 의식이 존재하지 않았는가라는 질문을 제기하면서 마자는 귀족은 아니지만 엘리트이며 사회변화에 대한 열망을 가지고 있었던 영국의 젠트리에 비교될 수 있는 계층이 등장한 시기는 대략 18세기로 본다. 이 시기에 들어서면서 비로소 자신이 어느 집단에 소속되었는가, 즉 정체성의 원천을 혈연이나 신분, 특권에서 찾는 데 대해서 반감을 갖는 계층이 등장했다는 것이다. 반면에 미국의 경우 중산층이 등장하기 시작한 시기는 산업화가 진전되면서 기회가 확대되기 시작한 19세기 이후이다(Melanie et al. 1993).

소비형태가 어떻게 변화했는가를 생활비 지출항목의 변화를 통해서 살펴보았다.

그 다음 사회계층을 중산층과 하층으로 구분한 뒤, 다시 중산층 내부에서 핵심적 중산층과 주변적 중산층 사이에 생활양식의 차이가 존재하는가를 밝히게 될 것이다. 중산층의 계층상승과 유지의 열망을 위한 가장 중요한 도구가 되는 것이 바로 고등교육을 받을 수 있는 기회라고 보고, 중산층 내부에서 교육받는 기간을 통해서 측정한 교육의 양과 질에 있어서 차이가 존재하는지에 대해서 살펴보게 될 것이다.

2. 연구결과

1) 주관적인 계층소속감과 생활양식의 특성

한 개인이 생각하는 계층 귀속의식은 상층, 중층, 하층이라는 세 개의 층으로 나눌 수 있기도 하지만 많게는 수십 개, 혹은 극단적으로는 각 개인의 수만큼 달라질 수 있다. 더구나 미시적인 수준에서의 계층 귀속의식 자체를 거시적인 수준에서의 한 사회의 특성이나 사회변동과 직접적으로 연결지어 설명할 수 있는 인과기제는 존재하지 않는다(Maycroft, 2004). 예를 들어서 소득 배분구조의 악화와 중산층으로부터 탈락되었다고 생각한 사람들 사이의 비율이 정확하게 일치하는 것은 아니다. 따라서 주관적인 계층소속감으로 사회집단을 구분하는 방법에 대해서 거시적인 수준에서 사회변동의 견인차 역할을 하는 집합적인 행위로 연결되지 않는 한, 개인이 주관적으로 생각하는 파편화된 계층귀속감 자체는 큰 의미가 없다는 반론이 제기될 수 있다. 그럼에도 불구하고 사람들이 실생활에서 체감하는 계층소속감의 변화는 양극화가 진행되고 있는 과정에서 사람들이 스스로의 사회위치 변화에 대해서 어떻게 느끼고 있는가를 보여준다는 점에서 중산층의 양극화 현상을 설명할 수 있는 중요한 척도가 된다.

이번 조사에서는 '한국 사회 전체를 10개의 층으로 나누었을 때 귀하의 가족은 어느 층에 속한다고 생각하십니까?' 라는 질문을 통해 현재의 계층위치를, 그리고 중산층 지위변화에 대한 사람들의 생각을 측정하였다. 일반적으로 주관적인 계층소속감의 경우 객관적인 기준에 의해 분류할 때에 비해서 사람들이 자신이 중산층에 속한다고 응답할 가능성이 훨씬 크다고 알려져 있다. 따라서 이러한 중산층 지향적 속성을 감안하여 중산층의 범주를 3점에서 7점에 속한 사람들로 다소 넓게 설정하였다. 그리고 최근 10년 사이의 계층귀속감의 변화를 측정하기 위해서 사람들에게 '귀하의 가족은 현재 한국 사회에서 어느 층에 속한다고 생각하십니까?' 와 '10년 전쯤에는 어느 층에 속했다고 생각하십니까?' 라는 질문을 하였다. 그리하여 현재와 과거의 계층 귀속의식을 서로 비교해서 다음의 세 집단으로 구분하였다. 각 집단은 1) 중산층 진입층이란 10년 전에는 중산층이 아니었으나 현재의 위치는 중산층에 속한다고 생각하는 사람들, 2) 중산층 유지층이란 10년 전과 변함없이 현재의 위치도 중산층에 속한다고 생각하는 사람들, 3) 중산층 탈락층이란 10년 전에는 중산층이었으나 현재의 위치는 중산층에 속하지 않는다고 생각하는 사람들로 구성되어 있다. 10년 전과 현재를 비교해 보았을 때 중산층이었다가 중산층에서 탈락했다고 생각하는 사람들의 비중은 전체의 12.75%인 데 반해서 중산층으로 새로이 진입한 계층은 전체의 5.36%로 나타났다. 이러한 수치는 사람들이 일상생활에서 주관적인 계층의식의 하락을 통해 중산층 규모의 축소 내지는 양극화 현상을 경험하고 있다는 점을 시사해 준다.

특히 중산층을 핵심적 중산층과 주변적 중산층으로 나누어 보았을 때, 주변적 중산층의 16.8%가 10년 전에는 중산층이었다가 현재는 중산층에서 탈락했다고 응답하고 있어 주관적인 계층소속감의 측면에서 볼 때 중산층 중 하층을 중심으로 계층하락 현상이 진행되고 있음을 확인할 수 있다.

〈표 1〉 주관적인 계층소속감을 기준으로 본 10년간의 중산층의 변화

	중산층 범주		
	핵심적 중산층	주변적 중산층	합계
중산층에서 탈락한 계층(%)	61 (10.4)	58 (16.8)	119 (12.8)
중산층에 남아 있는 계층(%)	503 (85.5)	261 (75.7)	764 (81.9)
중산층으로 새로이 진입한 계층(%)	24 (4.1)	26 (7.5)	50 (5.4)
합계(%)	588 (100.0)	345 (100.0)	933 (100.0)

중산층으로 새롭게 진입한 이들의 직업구성을 보면, 경기변동의 영향을 받는 도·소매 상점주인들과 같은 자영업자들이 중산층으로 새로이 진입한 비율도 높지만 중산층으로부터 탈락한 비율도 높은 것으로

〈표 2〉 중산층의 위치변화를 경험한 사람들의 직업

직업범주	주관적 계층의식		
	중산층에서 탈락한 계층	중산층으로 남아 있는 계층	중산층으로 새로이 진입한 계층
1순위	도 · 소매 상점주인 12명(10.1%)	도 · 소매 상점주인 95명(12.4%)	수위 · 경비원 6명(12.0%)
2순위	일반사무직 회사원 10명(8.4%)	전화교환수 · 집배원 47명(6.2%)	도 · 소매 상점주인 5명(10.0%)
			기타 서비스직 5명(10.0%)
3순위	기타 서비스직 7명(5.9%)	기타 서비스직 33명(4.3%)	부동산중개인 3명(6.0%)
			음식점 · 여관 등의 주인 3명(6.0%)

* 도 · 소매 상점주인(5인 미만 고용).
* 일반사무직 회사원(계장 · 대리 이하).
* 음식점 · 여관 등의 주인(5인 미만 고용).

나타났다. 그 다음으로는 일반사무직 회사원이 2순위를 차지하고 있는데, 여기에는 고용안정성의 상실로 인한 조기퇴직이나 높은 이직률 등이 영향을 미친 것으로 보인다.

다음에는 주관적인 계층의식의 변화가 생활비 지출항목에 어떤 영향을 미쳤는지에 대해서 살펴보았다. 생활비 지출항목은 사람들이 자신의 생활에서 무엇에 비중을 두는지를 보여준다. 자신이 중산층에 새로이 진입했다고 생각하는 사람들이 가장 많이 늘리는 생활비 항목은 자녀교육비였다. 이와 동시에 중산층에서 탈락했다고 생각하는 사람들이 가장 나중에 줄이는 생활비 항목 역시 자녀교육비였다. 이는 중산층에서 탈락했다고 응답한 사람들이 생활비 중에서 외식, 여가, 레저 문화생활을 위

〈그림 1〉 중산층에 대한 주관적 소속감의 변화에 따른 생활비 중 지출이 줄어든 항목

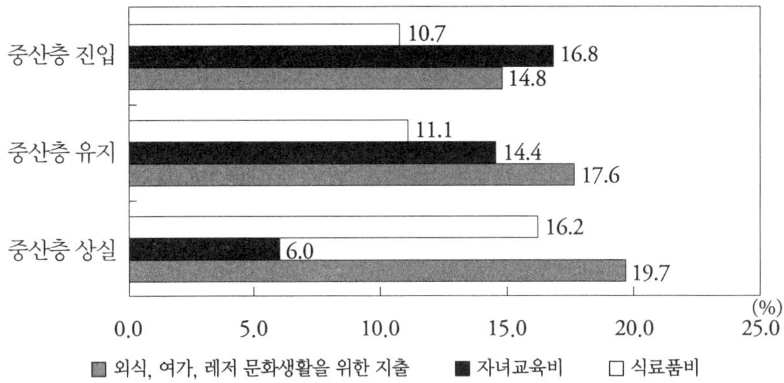

〈그림 2〉 중산층에 대한 주관적 소속감의 변화에 따른 생활비 중 늘어난 항목

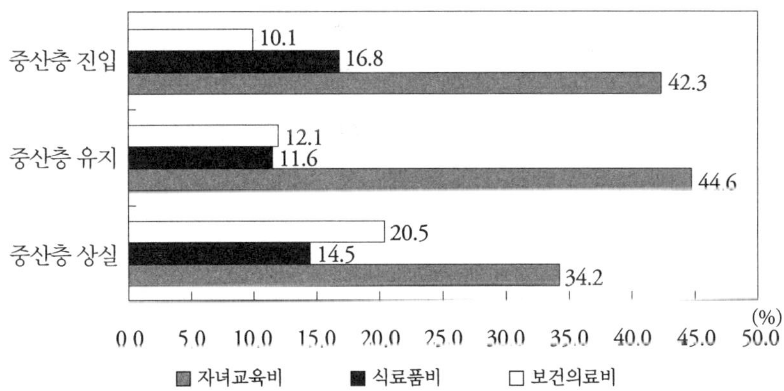

한 지출을 가장 먼저 줄이는 것과 비교되는 현상이다. 결국 사람들이 자신들의 계층 귀속의식과 무관하게 자녀교육에 들어가는 비용은 가장 최후에 줄이는 생활비 지출항목임을 알 수 있다.

똑같은 사실은 중산층의 계층소속감의 변화에 따라 생활비 중 어

느 항목이 늘어났는가에서도 드러난다. 새로 중산층이 되었다고 생각하고 있는 사람이나 중산층에서 탈락했다고 생각한 사람들 모두 생활비 중 가장 늘어난 항목은 교육비라고 응답하고 있었다. 이와 같은 계층소속감과 생활비와의 변화관계를 통해서 우리는 사회 전 계층의 교육열을 확인할 수 있었다.

2) 소비양식의 측면에서 본 중산층의 양극화

소비행위가 지니는 사회적 의미에 대한 연구를 거슬러 올라가면 지위와 계층에 대한 베버(1978)의 연구, 상층계급의 소비에 대한 하층계급의 모방성향을 연구한 트리클다운 효과에 대한 짐멜(1957)의 연구, 유한계급의 과시적 소비성향에 대한 베블렌(1899)의 연구를 들 수 있다. 이들 연구는 이후 소비양식, 라이프 스타일, 혹은 생활양식(way of life)에 대한 연구로 이어져 직업, 조직 내에서의 승진이나 구직과정, 임금의 격차에 초점을 두는 노동시장에 관한 연구와 구분되는 다른 흐름을 형성하면서 계층연구에서 중요한 부분을 차지하여 왔다. 예를 들어 베버는 계급과 계층을 구분하면서 계급은 사람들이 생산관계에 따라 어떻게 상품을 구입하게 되는지에 따라 나누어진다고 보았다. 소득수준 자체만으로 사회계층을 구분하려는 연구와 생활양식에 대한 연구 사이의 차이점은 특정한 소득만으로 사회 내에서의 개인의 위치를 파악하려는 연구에서는 포착될 수 없는 점이 생활양식에 대한 연구를 통해서 드러날 수 있다고 본다는 것이다. 왜냐하면 동일한 수입을 가지고 있다고 해도 그것을 소비하는 방식은 개인마다 달라질 수 있기 때문이다. 이론적 개념으로서의 생활양식은 경제적인 차원만으로 환원시켜 설명할 수 없는 사회계층의 문화적이고 상징적 차원을 설명하고자 하는 동시에 개별 행위자의 수준에서는 자신의 존재론적 의미를 일을 통한 생산행위가 아닌 소비행위에 비중을 두는 이론적 흐름의 변화를 반영하고 있다.

개인의 선호로 이루어지는 소비성향 사이에서 유사점이 발견된다면 우리는 그들을 하나의 집단으로 분류할 수 있을 것이다. 그럼에도 불구하고 생활양식을 구성하는 상품을 구매할 수 있는 기회의 차이는 권력의 불균등한 배분이 지배와 복종의 관계로(베버리안적인 의미에서), 재산 소유의 불평등이 착취의 관계로 이어지지 않으며, (마르크시스트적인 의미에서) 사람들이 서로를 지배하거나 착취하는 관계를 만들어내지는 않는다. 생활양식을 통해서 구성되는 집단들 사이의 경계는 명료하지 않으며 유동적이기 때문이다. 따라서 소비를 통해서 구성된 집단들 사이에는 적대감이 형성되지 않기 때문에 특정 상품에 대한 불매운동과 같은 예외적인 경우를 제외하고는 노조활동이나 정당활동과 같은 소비자들의 이해가 직접적인 집단행위로 연결되는 경우도 드물다.

상품의 구매과정은 개인적인 수준에서 이루어지며, 소비행위를 통해서 개개인은 스스로의 정체성 혹은 자신만의 이미지를 형성한다. 하시만 널리 알려진 유명한 브랜드의 옷을 입는다거나 헬스클럽에 다니는 것과 같은 행위들은 언뜻 보기에는 지극히 개인적인 선호가 반영된 사적인 의사결정 과정에 의해 이루어지는 듯이 보이지만, 타인의 이목과 사회의 문화적 맥락과 제도 속에서 결정된다는 점에서 사회적 행위이기도 하다(Bögenhold, 2001). 예컨대 사람들이 자동차를 구매하고 싶은 욕구를 가지게 되는 이유는 보다 편리하게 공간의 이동을 가능하게 해주는 자동차 자체가 주는 기능에 대한 개인의 주관적인 필요성도 작용하지만, 그

것을 소유함으로 인해서 지니게 되는 사람들 사이의 관계 속에서 생겨나는 상대적인 위계도 중요하다. 이것이 바로 특정한 상품에 대한 욕구가 지니는 문화적이고 사회적인 의미이다. 생활양식 자체는 대중에게 보여질 때 비로소 하나의 스타일로 완성되는 것이다(Bryson, 1996).

〈표 3〉 소비성향에 대한 요인분석 결과(Varimax Rotation)

변수	요인적재값		공통성 (communality)
	요인 1	요인 2	
1. 나는 비싸더라도 이왕이면 유명상표의 물건을 산다.	.730	.007	.533
2. 나는 능력이 되면 골프나 해외여행을 즐기고 싶다.	.632	.042	.402
3. 나는 가격보다 나만의 스타일을 잘 선택해 주는 브랜드를 선택한다.	.641	.235	.466
4. 내가 선호하는 특정 품목의 상품을 구매할 때는 아낌없이 투자한다.	.793	.109	.641
5. 나는 조금 비싸더라도 유기농 농산물 같은 무공해 식품을 주로 구입한다.	.500	.276	.326
6. 나는 건강과 체중관리를 위해 헬스나 휘트니스 클럽에 나가서 지속적으로 운동한다.	.582	.170	.368
7. 나는 사전에 구입계획이 없던 물건도 눈에 띄면 사는 경우가 있다.	.559	−.008	.313
8. 쇼핑을 가기 전에 쇼핑품목을 미리 작성한다.	.012	.792	.627
9. 갖고 싶은 것을 살 때는 여러 가지 정보를 모아서 따져본다.	.191	.810	.693
10. 세일기간을 기다렸다가 제품을 구매한다.	.122	.752	.581
고유치(Eigenvalues)	3.357	1.593	
분산설명(% of Variance)	33.57%	15.93%	

〈표 4〉 계층별 소비성향의 차이

	중산층 범주	평균	표준편차	사례수	F
웰빙지향성	핵심적 중산층	14.99	3.23	684	147.821***
	주변적 중산층	12.85	3.43	510	
	하층	11.28	3.46	321	
실용지향성	핵심적 중산층	7.43	1.96	684	22.045***
	주변적 중산층	6.92	2.09	510	
	하층	6.55	2.27	321	

〈표 5〉 계층별 소비성향의 차이

	중산층 범주(I)	중산층 범주(J)	평균차이(I−J)	표준오차
웰빙지향성	핵심적 중산층	주변적 중산층	0.449*	0.058***
		하층	0.932*	0.059***
	주변적 중산층	핵심적 중산층	−0.449*	0.058***
		하층	0.483*	0.064***
	하층	핵심적 중산층	−0.932*	0.059***
		주변적 중산층	−0.483*	0.064***
실용지향성	핵심적 중산층	주변적 중산층	0.003	0.064***
		주변적 중산층	0.228*	0.065***
	주변적 중산층	핵심적 중산층	−0.003	0.064***
		하층	0.225*	0.070***
	하층	핵심적 중산층	−0.228*	0.065***
		주변적 중산층	−0.225*	0.070***

이번 조사결과 중산층의 소비성향에 대한 개인의 태도에 대한 요인분석의 결과는 크게 두 가지 요인으로 구분되고 있다. 요인분석 결과 제1요인의 고유치는 3.357이며, 제2요인의 고유치는 1.593으로 나타났다. 고유치가 1이상인 경우 요인을 선택하는 것이 일반적이므로 소비성향에 대한 태도를 측정할 수 있는 변수들 중에서 두 가지 요인이 추출되었으며, 이 두 가지 요인은 전체 6개의 질문문항이 지닌 변량의 69%를 설명해 주고 있다. 추출된 두 가지 요인을 범주화해 보면 요인 1은 웰빙지향성을 보여주는 설문문항으로 구성되어 있으며, 요인 2는 실용지향성을 보여주는 설문문항으로 구성되어 있다.

〈표 6〉 계층별 소비성향의 차이

	지역	평균	표준편차	사례수	t
웰빙지향성	수도권	0.108	0.993	737	4.09***
	비수도권	−0.102	0.996	778	
	계	0.000	1.000	1515	
실용지향성	수도권	0.049	0.963	737	1.87*
	비수도권	−0.047	1.032	778	
	계	0.000	1.000	1515	

각 집단 간의 평균의 차이가 유의미한지를 분석해 본 결과 웰빙지향성에서는 핵심적 중산층과 주변적 중산층, 그리고 하층 각각의 집단 차이가 통계적으로 유의미한 것으로 나타난 반면, 실용지향성 면에서는 핵심적 중산층과 주변적 중산층 사이의 차이는 유의미하지 않은 것으로 나타났다.

지역별로 소비성향의 차이를 비교해 보았을 때 웰빙지향성과 실용지향성 모두에서 수도권과 비수도권 사이에 통계적으로 유의미한 차이가 존재하는 것으로 나타났다. 이러한 차이는 두 지역의 계층분포 차이에서 기인하는 것으로 보인다. 다음의 〈표 7〉에서 볼 수 있듯이 수도권의 경우 핵심적 중산층이 50% 가까이 거주하는 반면, 비수도권은 35.5%에 불과한 것으로 나타났다.

소비대상이 되는 물질 자체는 소비대상을 소유하거나 사용하는 사람들에게 상품이 지닌 사용가치 이상의 상징적 의미를 지닌다. 예를 들어 자가용 자동차를 소유하여 보다 편안하고 손쉽게 이동하게 됨으로써 사람들 생활의 많은 부분이 변화되었다. 자동차를 통해서 먼 거리로의 이동이 자유롭게 된 사람들에게 이제 여행은 생활에서 즐길 수 있는 보다 일상적인 행위로 변화되었다. 뿐만 아니라 자동차를 통해서 한꺼번에 구입한 많은 상품을 집으로 운반하는 것이 가능하게 된 사람들은 시장에서 하루하루 생활에 필요한 상품을 소량씩 구매하는 대신 대형 할인매장에서 일 주일치의 많은 상품을 구입하는 방식을 선호하게 되는 데서 볼 수 있듯이 1회에 구매하는 상품의 양도 변화했다.

〈표 7〉 지역별 계층분포의 차이

	중산층 범주						계	
	핵심적 중산층		주변적 중산층		하층			
수도권	340	49.9%	175	25.7%	166	24.4%	681	100%
비수도권	252	35.5%	234	33%	224	31.5%	710	100%
계	592	42.6%	409	29.4%	390	28.0%	1391	100%

가족 또는 개인이 소유한 자동차가 대중화되기 시작한 시기에는 단순히 자동차의 보유 여부 자체는 중산층만의 여유 있고 안락한 삶을 상징하는 중요한 소비대상이었다. 하지만 대다수의 사람들은 자동차를 보유하게 되면 자동차의 소유 여부 자체보다는 자동차의 크기나 가격을 통해 계층을 구분한다. 자동차를 생산하는 사람들은 새로운 차종이나 성능, 혹은 가격이 지닌 의미를 끊임없이 상품화하고, 단순한 자동차의 사용가치는 새롭게 하나의 이미지와 상징으로 재창조된다. 사람들이 원하는 것은 자동차라는 상품을 통해서 얻는 단순한 사용가치가 아니라 그것이 지니는 상징적 가치이기 때문이다.

또 다른 예를 들자면, 가전제품이 국산화되어서 보급되기 시작했던 1970년대 초에는 흑백 텔레비전을 보유하는 것은 중산층의 생활양식을 특징지을 수 있는 중요한 상징이었지만, 이 연구의 배경이 된 2006년 시점에서 텔레비전은 더 이상 계급적 위치를 드러내 주는 상징재로서의 기능을 수행하지 않는다. 기술의 혁신과 함께 가격이나 기능의 급속한 변화를 겪는 물적 자산은 제한된 한 시점에서만 중산층의 지위를 상징하면서 하층계급과 중산층을 구별시키는 기능을 수행한다.

따라서 특정한 소비재가 항상 동일하게 중산층의 위치를 규정할 수 있는 상징적인 배제의 기능을 한다고 보기는 힘들다. 기술변화의 과정에서 출현하는 새로운 상품은 상품에 대한 선호체계의 지형을 변화시킴으로써 사회적 위치재(positional goods)로 등장한다. 기존의 사회적 위치재로 기능하던 상품이 다른 상품으로 변화해 가는 과정에서 기존의 생활양식이 변화되는 순환과정은 지속된다(James, 1993). 기존의 상품은 더 이상 새로운 욕구와 상상력을 충족시켜 줄 수 없기 때문에 새로운 상품이 소비자 자신의 계층적 위치를 드러내 줄 수 있는 역할을 수행하게 된다.

이번 조사에서 중산층 중 핵심적 중산층을 다른 사회계층과 구분시켜 줄 수 있는 물적 자산으로 대형자동차, 스포츠센터 회원권, 골프회원권, 콘도회원권을 선정하였다. 그 이유는 재충전시켜 줄 수 있는 여가생활과 스포츠 활동이 점차 생활양식에서 중요한 부분을 차지해 가고 있는 상황에서 그것을 즐길 수 있는 소비수단을 보유하고 있는가를 통해서 계층 간 경계를 보여줄 수 있다고 생각했기 때문이다. 헬스클럽의 회원권 역시 그것을 구입하는 데는 운동을 통해서 다져진 몸이 중요한 가치를 지니게 되는 사회통념의 변화가 중요한 영향을 미쳤다고 볼 수 있다. 물적 자산의 계층별 보유현황은 다음과 같다.

〈표 8〉 물적 자산의 보유형태

객관적 지위	대형자동차 (3,000cc) 이상	스포츠센터 회원권 보유	골프회원권 보유	콘도회원권 보유
핵심적 중산층	102 (17.2%)	92 (15.5%)	19 (3.2%)	48 (8.1%)
주변적 중산층	18 (4.4%)	17 (4.2%)	2 (0.5%)	10 (2.4%)
하층	10 (2.6%)	1 (0.3%)	1 (0.3%)	1 (0.3%)
전체 사례수	130	110	22	59

3000cc이상 대형승용차의 보유율이 핵심적 중산층은 17.2%인 데 반해서 주변적 중산층은 4.4%에 불과하고, 스포츠센터 회원권의 경우 핵심적 중산층의 15.5%가 보유하고 있는 데 반해서 주변적 중산층은 4.2%를 보유하고 있는 데서 알 수 있듯이, 위에서 지목된 몇몇 물적 자산은 2006년 현재 조사시점에서는 중산층 내부의 소비분화를 보여주는 위치

재로 기능하고 있다고 할 수 있다.

3) 교육은 중산층으로 살아남을 수 있는 기회인가?

중산층의 계층상승과 유지의 열망을 위한 가장 중요한 도구가 되는 것이 바로 고등교육을 받을 수 있는 기회이다. 다른 계층과 자신을 구분짓기 위해 중산층이 동원하는 다양한 전략이나 도구 중에서 국가에 의해서 공식적으로 인정되는 학위의 부여를 통해 제도화되었다는 점에서 생활양식의 다른 영역과 구분된다. 사람들은 교육을 통해서 사회적으로 인정받는 대학의 학위라는 자격증을 획득함으로써 앞으로의 삶에서 좀 더 나은 위치에 있으리라는 희망과 학업성취감으로부터 얻는 내적인 만족감(Weber, 1978 : 302)을 동시에 얻을 수 있게 된다.

교육이 다음 세대로의 계층이동 과정에서 어떠한 역할을 하는가는 사회학의 오랜 관심주제였다. 교육의 역할을 바라보는 이론은 하나의 계급이 교육을 통해서 동일한 계급으로 재생산되는 과정에 초점을 맞춘 구조주의적 접근(Althusser, 1972 ; Bowles & Gintis, 1976)과 미래에 자신이 얻게 될 보상이 교육을 통해서 얻게 될 수혜라고 생각하고 이에 투자하는 개인의 선택과정에 초점을 맞춘 합리적 행위이론과 저항이론은 구조주의적 접근과 다른 흐름을 형성하는 미시적 접근이라고 볼 수 있다(Goldthorpe, 1996). 구조주의적 접근에서는 결과적으로 나타나는 교육기회의 계급 간 불평등이라는 거시적 결과와 그러한 과정이 구체적으로 어떠한 개인의 의사결정과 선택의 과정을 통해서 결정되는지를 서로 연결시켜 주는 메커니즘을 밝혀주지는 못한다. 반면에 저항이론은 교육을 통한 급진적인 개혁의 가능성을 타진하고 그러한 과정에서 변화의 주체로서 교사의 역할을 강조한다는 점에서 현재의 계층구조의 안정적인 고착화에 초점을 둔 구조주의적 접근과 대비되는 또 다른 이론적 흐름을 형성한다(Giroux, 1983 ; Mclaren, 1995). 이러한 접근법은 교육을 통한 사회변화의 가능성에 대한 모색에 치중한 나머지 현상적으로 드러나는 계층 간 교육수혜의 불평등에 대한 설명에는 소홀히 하고 있다는 비판을 받는다(Davis, 1995).

합리적 행위이론에서는 비용과 수혜를 계산하는 방식 내지는 고등교육에 대한 선호도는 고정되어 있는 것이 아니라 계급에 따라 달라진다고 본다. 하층계급의 사람들은 자신들이 가진 자원에 비해서 고등교육을 받는 데 들어가는 비용이 너무 크다고 생각하는 반면에, 중간계급은 교육을 통한 성공에 대해 확신을 가지기 때문에 이러한 확신이 교육비용의 부담에 대한 우려를 상쇄시켜 준다고 생각한다(Lynch & O'riordan, 1998 : 447). 그러나 이러한 시각이 갖는 제한점으로는 개인의 합리적 선택의 결과인 교육을 받을 수 있는 기회의 집단적 불평등 현상에 대해서 적절히 게 설명하지 못한다는 점을 들 수 있다.

각각의 이론적 입장에서 교육이 계층 간 불평등의 확대나 축소에 어떠한 영향을 미치는지를 보는 시각은 상이하다. 미국에 있는 아시아계 학생들의 뛰어난 학업성취력은 그들이 백인들에 비해서 좋은 직장에서의 경력을 쌓아갈 수 있는 기회가 적은 것을 만회하는 데서 볼 수 있듯이(Louie, 2001), 경우에 따라서 교육은 상대적으로 사회적 지위가 낮은 사람들이 보다 높은 지위를 획득하기 위한 도구가 되기도 한다. 하지만 이와 동시에 기존의 지배계급 혹은 특권층은 자신보다 계층이 낮은 사람이 자신의 계층으로 들어오는 것을 배제(exclusion, Parkin, 1971)시키기 위해서 전략으로 동원되기도 한다.

중산층이 지속적으로 확대되는 경제성장기에 노동시장에 진입해서 비교적 안정되게 중산층으로의 위치를 유지할 수 있었던 이전의 세대와 달리 최근 10여 년간 전반적인 경제상황의 악화와 고용불안정을 경험하였던 현재의 중산층은 지속적으로 현재와 같은 사회적 위치를 고수하기 힘들다는 불안감을 지니게 되었다. 앞서 중산층 귀속의식과 생활비 지출과의 관계에서 보았듯이 현재 한국 사회의 경우 중산층, 특히 핵심적 중산층에게 있어 교육의 목적은 미래의 불확실성에 대비할 수 있는 수단으로 인식되고 있다. 교육에 대한 기회는 크게 각 교육단계에 접근할 수 있는 기회의 차이, 다시 말해서 고등교육을 받을 수 있는 기회의 차이와 학생들이 받는 교육의 질의 차이로 구분해 볼 수 있다. 계층 간 불평등 현상을 설명하는 데 있어 교육기회가 보다 약한 개념이라면 교육경험은 보다 강한 개념이라고 볼 수 있다(Lynch & O'riordan, 1998 : 449). 기회의 차이는 대학진학률의 차이로 드러나는 반면에, 교육경험의 차이는 비싼 교육비를 내는 사립학교에서 교육을 받는다거나 영어를 배울 수 있는 캠프나 해외연수에 참여하거나 해외유학을 갈 수 있는 데서 드러난다.

이번 연구에서는 교육기회의 차이에 대해서는 사람들이 자신의 자녀가 앞으로 얼마나 더 긴 기간 교육의 혜택을 받을 수 있다고 기대하는가를 통해서, 그리고 보다 양질의 교육경험의 차이는 해외유학 경험이 있는가를 통해서 측정하였다. 예를 들어서 자녀를 해외에 유학을 보낼 것인가에 대한 결정은 일차적으로는 그러한 비용을 감당할 수 있을 것인가, 그것이 자녀에게 유익할 것인가를 고려한 개인의 결정에 따른 것이다. 하지만 그러한 의도가 의사결정과 행동으로 이어지는 데는 국내가 아닌 해외의 대학에서 수여하는 학위가 지니는 사회적 가치가 증대하는 것이 영향을 미친다.

우선 교육의 양의 측면에서 드러나는 계층 간 차이를 자녀의 교육에 대한 기대연수를 통해서 보면, 핵심적 중산층과 주변적 중산층의 경우 젊은 층으로 갈수록 길어져서 평균적으로 대학교육에 소요되는 기간(16년)의 고등교육을 받기를 원하고 있음을 알 수 있다. 연령대와 계층을 서로 비교해 보았을 때 재미있는 현상은, 하층계급의 경우 50대 이상의 연령대들은 자녀의 교육에 대한 기대연수가 오히려 증가하는 추세를 보이고 있다는 점이다. 이는 경제성장기에 계층이동을 경험했던 이들 세대에게 있어 교육은 여전히 열려진 기회의 장으로 인식되고 있기 때문인 것으로 추정된다. 그러나 40대 미만의 젊은 층은 사교육비의 부담에 대한 압박을 받고 있기 때문에 희망하는 교육에 대한 기대연수는 핵심적 중산층 〉주변적 중산층 〉하층계급의 순으로 나타나고 있었다.

그 다음 교육의 질을 가장 잘 보여주는 지표로서 최근 유행처럼 번지고 있는 해외유학에 대한 경험에서 드러나는 계층 간 차이에 대해서 살펴보았다. 다음의 〈표 10〉에서 자녀가 고등교육을 받게 되는 중장년층인 40대 중에서 자녀를 해외에 유학보낸 경험이 있다고 응답한 핵심적 중산층의 비중은 9.9%인 데 반해서, 주변적 중산층은 2.8%에 불과한 것으로 나타났다. 50대 이상은 15%의 핵심적 중산층이 그러한 경험이 있다고 응답하고 있는 반면, 주변적 중산층은 그렇다고 응답한 사람이 한 명도 없었다.

웰빙지향성이나 실용지향성과 같은 소비성향에서는 명확하게 드러나지 않았던 차이가 자녀교육 면에서는 핵심적 중산층과 주변적 중산층으로 구분되고 있다고 볼 수 있다. 조심스럽지만 이러한 교육행태의 차이에서 우리는 핵심적 중산층이 안정되게 다음 세대로 재생산될 수 있

〈표 9〉 연령 코호트별 자녀의 교육에 대한 기대연수

중산층 범주	구분	연령		
		40대 미만	40대	50대 이상
핵심적 중산층	평균	16.85	16.81	16.2
	표준편차	1.22	1.02	1.44
	사례수	97	131	20
주변적 중산층	평균	16.41	16.25	15.57
	표준편차	1.43	1.35	1.6
	사례수	59	71	14
하층	평균	16.00	16.20	16.80
	표준편차	1.44	1.33	1.10
	사례수	32	41	5
합계	평균	16.56	16.54	16.05
	표준편차	1.36	1.21	1.49
	사례수	188	243	39

는 조짐을 발견할 수 있다. 핵심적 중산층이 주변적 중산층이나 하층과 구분되는 이러한 교육전략의 차이는 다른 계층의 사람들이 갖는 계층상승을 할 수 있는 기회의 장이라는 교육에 대한 환상을 희석시킨다.

대학진학률이 높아지게 되자 중산층에게 교육은 단순한 대학교육을 의미하는 것이 아니며, 한국 사회에서는 위계화되어 있는 대학 내에서 조금 더 높은 위치를 차지하고 있는 대학, 소위 말해서 명문대의 진학을 의미하며, 최근 들어서 그 범위는 국가의 경계를 넘어서 다른 국가로 확대되고 있다. 최근 번지고 있는 조기유학 열풍은 이러한 현상을 단적으로 보여주는 예라고 할 수 있다. 조기유학과 같은 특정한 경로의 교육

기회를 받은 사람은 그렇지 못한 사람과 달리 국제화 시대에 필요한 통용화된 영어를 습득할 수 있는 사회화 과정을 거치게 되고, 동일한 기회를 부여받은 사람들과의 상호작용 과정을 통해서 친분을 쌓아갈 수 있게 된다. 이러한 기회의 차이는 사회 내의 다른 집단을 배제시킬 수 있는 중요한 기제로 작용한다. 중산층을 두 집단으로 구분했을 때, 핵심적 중산층의 경우 자녀를 해외에 유학 보낸 경험이 있는 사람의 비중이 40대의 경우는 9.9%, 50대 이상은 15.0%로 나타났다. 반면에 주변적 중산층의 경우는 40대의 2.8%만을 제외하고는 자녀를 해외에 유학 보낸 경험이 없다고 응답하고 있었다.

〈표 10〉 연령대별 자녀를 해외유학 보낸 경험

	40대 미만	40대	50대 이상	합계
핵심적 중산층	2 (2.1%)	13 (9.9%)	3 (15.0%)	18 (7.3%)
주변적 중산층	0 (0.0%)	2 (2.8%)	0 (0.0%)	2 (1.4%)
하층	1 (3.1%)	1 (2.4%)	3 (7.7%)	2 (2.6%)
전체 사례수	188	243	39	470

3. 나오며 : 중산층의 미래

한국 사회의 경우 IMF 이후 중산층의 경제적 사정이 나빠지면서 중산층의 양극화에 대한 주장이 대두되고, 사회운동의 주체가 되는 하나의 결집된 집단으로서의 중산층이 지니는 내적 동질성보다는 소득이나 소비, 다른 여러 가지 요인에 의해서 양극화되어 가는 중산층 내부의 이질성이 부각되는 경향을 보이고 있다. 이번 연구는 생활양식이라는 측면에서 볼 때 과연 하나의 독립된 집단으로서 중산층을 규정할 수 있을 것인가라는 질문에서 시작되었다. 생활양식에 의해서 중산층을 범주화할 때 이들 내부에서 공통점이 증대하고 있는가, 아니면 중산층 내부의 새로운 균열과 갈등의 양상이 발견되고 있는가를 살펴보았을 때, 이번 연구에서 우리는 일부의 생활양식의 영역에서 중산층 중 핵심적 중산층과 주변적 중산층 사이에 새로운 차이가 만들어지고 있음을 확인할 수 있었다. 그러한 차이가 가장 두드러지게 나타나는 것은 교육의 영역이었다.

그렇다면 향후 중산층의 미래를 어떻게 볼 것인가? 중산층의 미래는 장기적으로 국가의 사회복지정책, 조세정책, 시장에 대한 개입방식, 국제분업 속에서 한국이 앞으로 선진국으로 진입해 갈 수 있는가의 여부에 따라, 그리고 단기적으로는 경기변동과 이에 따른 실업률의 변화 등의 영향을 받을 것이다. 이 장에서는 전체의 계층구조의 변동과 무관하게 한국의 중산층이 스스로 생각하는 미래에 대한 전망의 차이를 보면서 글을 마무리하고자 한다.

사회 전체를 10개의 층으로 보았을 때, 현재의 자신이 속한 계층의 위치와 미래의 위치와의 차이 점수를 비교해 본 결과 핵심적 중산층은 자신의 미래의 위치가 현재보다 더욱 상승할 것이라고 본 반면, 주변적 중산층과 하층은 현재보다 더 하락하리라고 보고 있다. 중산층 내부에서 미래에 대한 비관적 전망과 낙관적 전망이 계층에 따라 서로 교차하고 있는데, 이것이 실재하는 현상으로서의 양극화에 비해 사람들이 주관적으로 느끼는 심리적 양극화를 더 크게 만드는 요인으로 작용한다. 미래가 없다고 느끼는 사람들은 현재의 계층 간의 거리보다 더 큰 박탈감을 느낄 것이다. 자신의 사회적 위치가 10년 뒤에는 더 하락하리라고 생각한다는 점에서 하층에 속한 사람들에게 양극화 현상은 해소될 수 없이 고착화되어 가는 구조로 받아들여지기 때문이다. 한국 경제가 고도성장을 하던 시기에 사람들은 계층과 무관하게 보편적으로 자신이나 자식의 미래에 대한 희망적인 전망을 공유하였다. 그러나 최근의 양극화 현상은 그러한 희망이 이제는 더 이상 공유될 수 없음을 보여준다. 양극화의 해법은 사람들에게 '잃어버린 미래에 대한 희망'을 되찾아 주는 데서 찾을 수 있을 것이다.

참고문헌

문숙재 · 최혜경 · 정순희. 2000. 『한국 중산층의 생활문화』. 집문당.
삼성경제연구소. 1999. 『중산층의 변화실태와 정책방향』.
______. 2006. 『소득양극화의 현황과 원인』.
신광영 · 조돈문 · 조은. 2003. 『한국 사회의 계급론적 이해』. 한울 아카데미.
신행철 외. 1999. 『한국 사회의 계급연구』. 아르케.
장상수. 2001. 『한국의 사회이동』. 서울대출판부.
한국개발연구원. 2006. 『양극화 극복과 사회 통합을 위한 사회경제정책 제안』.

Althusser, 1972. Ideology and ideological state apparatuses in B. Cosin Ed. Education. *Structure and Society*. Harmondsworth, Middlesex. Penguin.

Bauman, Z. 1992. *Intimations of Postmdoernity*. London, Routledge.

Beck, U. 1992. *Risk Society : Towards a New Modernity*. Sage.

Berger, P. 1987. *The Capitalist Revolution*, Aldershot, Wildwood House.

Bourdieu, P. 1984. *Distinction*. Cabbridge, MA : Havard University Press.

Bowles, S. & Gintis, H. 1976. *Schooling in Capitalist Americ*. London, Routledge & Kegan Paul.

Bögenhold, D. 2001. "Social Inequality and the Sociology of Life Style." *American Journal of Sociology* 60 (4) : 829–827.

Bryson, B. 1996. "Anything but heavy Metal : Symbolic Exclusion and Musical Dislikes." in *American Sociological Review* 61 : 884–899.

Buhle, P. 2001. "The Myth of the Middle–Class Society." *Monthly Review* 52 (10) : 52–80.

Castells, M. 1992. "The Net of the Self." *Critique in Anthropology* 16 : 9–38.

Chip, W. 1995. "The Global Middle Class." *American Demographics* 17 (9) : 1–4.

Crompton, R. 1992. "Patterns of Social Success : The Impact of Status Culture Participation on the Grades of U. S. High School Students." *American Sociological Review* 47 : 189–201.

Davis, S. 1995. "Leaps of faith : shifting currents in critical sociology of education." *American Journal of Sociology* 100(6) : 8–78.

Douglas & Urban, 1977.

Dunleavy, P. 1980. *The Political implications of sectorial cleavages and the growth of state employment : part Change and the Middle Classes.* London, UCL Press.

Featherstone, M. 1991. *Consumer Culture and Postmodernism.* Sage.

Giroux, H. 1983. *Theory and Resistance in Education : a pedagogy for the opposition.* Amberst, Bergin and Garvey.

Goldthorpe, J. H. 1987. *Social Mobility & Class Structure in Modern Britain*(2nd ed.), Oxford : Clarendon Press.

______. 1996. "Class Analysis and the re–orientation of class theory : the case of persisting differentials in educational attainment." *British Journal of Sociology* 47 : 481–505.

Holt, D. B. 1997. "Poststructuralist Lifestyle Analyisis : Conceptualizing the Social Patterning of consumption in Postmodernity." *Journal of Consumer Research* 23(4) : 326–350.

Hughs, M. & R. Peterson. 1983. "Isolating Cultural Choice Patterns in the U.S. Population." *American Behavioral Scientist* 26 : 459–478.

James, J. 1993. *Consumption and Development.* St. Martin's Press.

Kellner, D. 1992. "Popular Culture and the Construction of Postmodernism." in Modernity and Identity, edited by S. Lash and J. Friedman. Blackwell.

Lynch, K. & C. O'riordan. 1998. "Inequality in higher Education : a study of class barriers." *British Journal of Sociology* 19(4) : 445–478.

Lodziak, 2000. "On Explaining Consumption." *Capital and Class* 72 : 111–133.

Louie, V. 2001. "Parents's Aspirations and Investment : The Role of Social Class in the Educaitonal Experiences of 1.5–and Second–Generation Chinese Americans." *Havard Educational Reviews* 71(3) : 438–473.

Maffesoli, M. 1993. "The Social Ambianc." *Current Sociology* 41 : 7–15.

______. 1996. *The Time of the Tribes : The Decline of Individualism in Mass Society.* Sage.

Maycroft, N. 2004. "Cultural consumption and the myth of life–style." *Capital & Class* 84(61) : 61–75.

Maza, S. 1997. "Luxury, Morality, and Social Change : Why There Was No Middle–Class Consciousness in Prerevolutionalry France." *The Journal of Modern History* 69(2) : 199–229.

Mclaren, P. 1995. *Critical Pedagogy and Predatory Culture.* New York, Routledge.

Melanie, A. J. R. Blau. 1993. "Class formation in nineteenth–century Amerca : The Ccase of th middle class." *Annual Review of Sociology* 19 : 7.

O'Dougherty, D. 2002. "The Politics of Middle Class Daily Life in Brazil." Durham, NC : Duke University Press.

Parkin, F. 1971. *Class Inequality and Political Order*. Englewood Cliffs, NJ : Prentice–Hall.

Smih, p. 2002. "Whither the Emerging Middle Class?" *World Policy Journal* 19 : 49–55.

Simmel, G. 1957. "Fashion." in *On Individuality and Social Forms*, ed. Donald N. Levine, Chicago : University of Chicago Press.

______. 1978. *The Philosophy of Money*. London : Routledge & Keegan Paul.

Sitnikov, A. 2000. "Is a 'Middle Class' Forming?." *Russian Social Science Review* 41 (6) : 66–80.

Unger, J. 2006. "China's Conservative Middle Class." Far Eastern Economic Review : 169 (3) : 27–31.

Warde, A. 1994. "Consumers, Identity, and Belonging : Reflections on Some Theses of Zygmunt Bauman." in The Authority of the Consumer, edited by Russell Keat, Nigel Whiteley, and Nicholas Abercrombie. Routledge.

Weber, M. 1978. *Economy and Society*. ed. Guenther Ross and Claus Wittich. Berkeley : University of California Press.

Wells, W. 1975. "Psychographics : A Critical Review." *Journal of Marketing Research* 12 (May) : 196–213.

Wright, E. O. 1985. *Classes*. London : New Left Book.

Veblen, T. 1899. *The Theory of Leisure Class*. London : Unwin.

Vicih, A. 1995. *The New Middle Classes*. New York University Press.

Zapf, W. et al. 1987. Indicidualisterung und Sicherbiet. Untersuchungen zur Lebensqualität in der Bunderepublik Deutschland. Munich : Beck.

9

중산층의 정치의식과 정치행태

장원호(서울시립대 도시사회학과) · 김병조(국방대학교 국제관계학부)

1. 머리말

중산층에 대한 논의는 양극화에 대한 논의와 맞물려 있다. 혹자는 중산층과 양극화에 대한 논의가 서로 다른 이데올로기의 반영이라고 주장하지만 실제로 중산층과 양극화에 대한 논의는 그 지향점이 같다. '양극화'가 부정적인 현상이라는 점과 더 이상의 양극화는 곤란하다는 점은 중산층을 강조하건 양극화를 강조하건 모든 논자가 논의의 전제로써 공유하고 있다. 이는 양극화를 방치하면 사회분열이 조장된다는 우려에서 비롯된 것으로 볼 수 있다. 이러한 점에서 볼 때 양극화에 대한 논의는 사회가 분열되는 것을 방지해야 한다는 소극적인 논의뿐만 아니라 어떻게 '사회통합'을 이루어 갈 것인가에 대한 적극적인 논의로 승화될 필요가 있다. 중산층에 대한 논의는 이런 의미에서 양극화 논의와 그 맥락을 같이 하고 있는 것이다.

그런데 사회통합이란 단순히 경제적 차이를 줄이는 것만을 의미하지는 않는다. 이것은 각 집단의 정치적 · 문화적 · 가치관적 차이, 그리고 상대 집단에 대한 평가와 관련되어 있다. 이런 점에서 중산층의 정치의식과 정치행태를 살펴보는 것은 향후 한국 정치에서, 그리고 더 나아가 한국 사회에서 중산층이 어떤 역할을 감당할 것인지 알게 해주는 지표가 될 것이다.

'한국 중산층의 정치의식은 어떠하며, 중산층은 정치적으로 어떤 역할을 담당하고 있는가?' 이 질문에 대해서 기존 연구는 긍정적인 평가와 부정적인 평가로 엇갈리고 있다. 한편에서는 권위주의에 대항하여 한국의 민주화를 이루어낸 1987년의 경험을 바탕으로 중산층의 변화지향성을 높이 평가하고, 다른 한편에서는 중산층을 기득권층으로 바라보고 그 보수성을 비판하기도 한다. 그리고 경우에 따라서는 정치적인 이중성과 가변성 자체를 중산층의 특성으로 제시하기도 한다.

이 글에서는 다음과 같은 세 가지 질문을 풀어가고자 한다. 첫째, 중산층은 어떤 이념적 지향을 가지고 있는가, 그들의 정치적 정체성은 무엇인가에 대한 질문이다. 이 질문을 통해 과연 중산층이 정치적으로 변화지향성을 보이고 있는지, 아니면 보수지향성을 보이는지 살펴보고자 한다. 둘째, 중산층의 정치성향과 정치행태는 어떠한가에 대한 물음이다. 이와 관련하여 중산층의 정치관심도와 정치참여, 그리고 중산층의 정치행태가 어떠한가를 분석하여 한국 중산층이 어떤 정치문화를 보유하고 있는 집단인지 알아보고자 한다. 마지막으로 한국 중산층이 '사회통합'에 어느 정도 기여할 수 있는가에 대한 물음이다. 이를 평가하기 위해서 먼저 중산층의 지역주의 성향과 대외개방성을 살펴보아 중산층이 다른 집단을 포용할 수 있는 역량이 있는지 알아보고자 한다. 또한 다른 집단의 중산층에 대한 평가를 통해 중산층이 과연 통합주체로서의 정당성이 있는지도 분석할 것이다.

위의 논의와 더불어 이 글에서는 경험적 자료를 통해 확인된 한국 중산층의 정치의식과 정치행태를 현재 활발히 논의되고 있는 '새 정치문화론'이라는 이론적 시각에서 재조명해 보고자 한다. 이러한 재조명은 중산층의 정치의식과 정치행태의 향후 전개양상을 전망하는 데 도움을 줄 것이다.

2. 중산층의 이념적 지향

이 절에서는 중산층의 주관적 이념성향, 현안 쟁점에 대한 의견, 북한에 대한 인식, 대북정책에 관한 의견, 주변국에 대한 호감도를 통해 중산층의 이념적 지향과 정치적 정체성을 드러내고자 한다.

이념적 성향은 '귀하의 정치적 성향은 다음 중 어디에 해당한다고 생각하십니까?'라는 질문을 통해 조사하였다. 응답자로 하여금 '매우 보수적이다'에서 '매우 진보적이다'에 이르는 5점 척도 중에서 자신이 해당하는 위치를 선택하도록 하였다. 다음의 〈표 1〉은 중산층의 주관적인 이념성향을 나타낸 것으로서, 응답선택지 중 '매우 보수적이다'와 '약간 보수적이다'를 '보수적'으로 묶고 '매우 진보적이다'와 '약간 진보적이다'를 '진보적'으로 묶어 제시한 것이다.

〈표 1〉 중산층의 지지정당 비율

(단위 : %)

이념성향	핵심적 중산층	주변적 중산층	하층	전체
보수적	29.1	36.7	37.7	37.7
중도적	46.3	41.1	48.5	45.4
진보적	24.7	22.2	13.8	20.9
계(N)	100(592)	100(409)	100(390)	100(1391)

전체적으로 보면 자신의 정치적 성향을 보수적이라고 표명하는 경우가 33.7%, 중도적이라고 표명하는 경우가 45.4%, 진보적이라고 표명하는 경우가 20.9%로 자신의 이념적 성향에 대해 스스로 중도라고 표명하는 비율이 다수이다. 중산층 변수에 따라 이념적 성향을 살펴보면, 자신의 정치성향이 보수적이라고 생각하는 사람의 비율은 핵심적 중산층이 29.1%, 주변적 중산층이 36.7%, 하층이 37.7%로 핵심적 중산층보다 주변적 중산층과 하층에서 보수가 차지하는 비율이 더 높다. 반면, 자신이 진보적 정치성향을 가졌다고 생각하는 사람의 비율은 하층이 13.8%인 것에 비해 주변적 중산층이 22.2%, 핵심적 중산층이 24.7%로 중산층일수록 스스로를 진보적이라고 평가하는 사람들이 많다. 보수－진보가 의미하는 바를 응답자가 어떻게 받아들였는지 응답자마다 다를 수 있다는 한계가 있긴 하지만, 이와 같은 결과는 중산층이 사회경제적 기득권층이기 때문에 정치의식 면에서 보수적일 것이라는 일반적인 짐작이 잘못되었다는 것을 보여주고 있다.

이러한 사실은 중산층의 지지정당 비율에서도 나타나고 있다. 〈표 2〉를 보면 핵심적 중산층의 경우 열린우리당, 한나라당, 민주노동당에 대한 지지율이 각각 16.4%, 44.8%, 11.0%로 세 당의 지지율이 모두 타집단보다 높게 나타났다. 이는 핵심적 중산층이 보수와 진보 정당을 고르게 지지하고 있음을 보여주는 것이다. 오히려 하층의 경우 열린우리당의 지지율이 10.3%로 중산층보다 상대적으로 낮고 민주당의 지지율이 10.7%로 중산층의 지지율에 비해 높다.

〈표 2〉 중산층의 지지정당 비율

(단위 : %)

	전체	핵심적 중산층	주변적 중산층	하층
열린우리당	14.3	16.4	14.3	10.3
한나라당	43.9	44.8	43.1	43.6
민주당	7.8	5.7	8.7	10.7
민주노동당	9.9	11.0	9.7	8.2
국민중심당	1.3	1.1	2.0	0.6
기타	1.2	1.6	0.6	1.3
모르겠다	21.5	19.3	21.7	25.4
계(N)	100(1427)	100(611)	100(497)	100(319)

그러나 다음의 〈그림 1〉을 보면 주관적 이념성향은 중산층 여부보다 연령계층의 영향을 크게 받고 있음을 알 수 있다. 연령대 별로 보면, 20대의 경우 자신의 이념성향을 '중도적'이라고 평가한 비율이 매우 높은 것으로 보아 20대의 이념적 성향을 보수와 진보라는 기존의 축으로 설명하기 곤란하다는 것을 알 수 있다. 30-40대 연령층의 경우, 스스로 진보적인 정치이념을 가지고 있다고 평가하는 비율이 유난히 높다. 이는 그들이 1980년대 민주화를 주도하고 1990년대 IMF 경제위기를 가장 뼈

〈그림 1〉 연령 · 계층별 주관적 이념성향

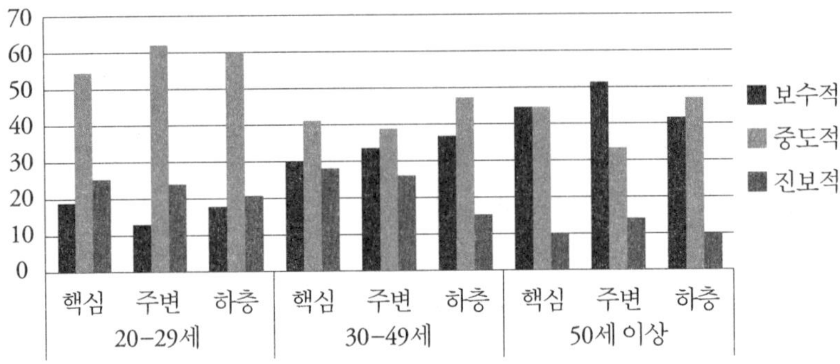

저리게 체험한 세대이기 때문에 다른 세대보다 변화지향적인 성향을 갖게 된 것이다.

이어서 국가보안법 폐지를 비롯한 6가지 구체적인 현안 쟁점에 대한 의견을 바탕으로 중산층의 정치성향을 알아보고자 한다. 〈표 3〉은 국가보안법 폐지, 미국과의 자유무역협정 체결 문제, 평택으로의 주한미군기지 이전, 대형주택에 대한 중과세, 북한 인권개선결의안 참여, 공주/연기지역의 행정복합도시 건설 문제에 대한 찬반의견을 구하고 반대(매우 반대+약간 반대), 보통, 찬성(약간 찬성+매우 찬성)에 각각 1점, 2점, 3점을 부여한 다음 평균점을 계산한 것이다.

〈표 3〉을 보면 국가보안법 폐지와 미국과의 FTA 체결에 대해서는 찬성보다 반대의견이 다소 우세하고, 대형주택에 대한 중과세 및 북한 인권개선결의안 참여에 대해서는 찬성의견이 다소 우세함을 알 수 있다. 이와 같은 결과는 중산층 여부에 관계없이 한국인들이 정치적 쟁점에 대해서는 다소 보수적인 반면, 경제적 쟁점에 대해서는 취약층의 입장을 옹호하는 경향이 있음을 보여준다. 반면, 평택으로의 주한미군기지 이전 및 행정복합도시 건설에 대해서는 찬성과 반대의견의 비율이 비슷하다는

〈표 3〉 현안 쟁점에 대한 찬반의견

쟁 점	전체	핵심적 중산층	주변적 중산층	하층	F값
국가보안법 폐지	1.78	1.86	1.77	1.65	6.90**
미국과의 FTA (자유무역협정 체결)	1.89	1.92	1.82	1.92	1.82
평택으로의 주한미군기지 이전	2.04	2.03	2.07	2.01	0.62
1가구 1주택 대형주택에 대한 중과세	2.21	2.13	2.22	2.31	4.83**
북한 인권 개선 결의안 참여	2.19	2.19	2.25	2.15	1.83
공주/연기지역 행정복합도시 건설	1.99	1.95	2.04	1.98	1.21

비고 : 반대(매우 반대+약간 반대) = 1, 보통 = 2, 찬성(약간 찬성+매우 찬성) = 3.

것을 알 수 있다. 평택으로의 주한미군기지 이전이나 행정복합도시 건설은 정치 · 경제적 쟁점이기도 하지만 '지역'이라는 또 다른 변수가 결합된 쟁점으로, 이 두 가지 쟁점에 대해서는 거주지역이 주요 변수가 되기 때문에 찬반의견이 엇갈리는 것이라 할 수 있다.

6가지 쟁점 중에서 4가지는 중산층 여부에 따라 의견차이가 없다. 따라서 중산층이 현안 쟁점에 대해 하층과 명백하게 구분되는 독자적인 의견을 갖고 있다고 주장할 수는 없을 것 같다. 나머지 두 가지 쟁점, 즉 국가보안법 폐지와 대형주택에 대한 중과세에 대해서는 중산층 여부에 따라 의견이 다르다. 국가보안법 폐지에 대해서 핵심적 중산층은 1.86점, 주변적 중산층은 1.77점으로서 하층의 1.65점에 비해 반대의견이 약하다. 반면에, 대형주택에 대한 중과세에 대해서는 핵심적 중산층이 2.13점, 주변적 중산층이 2. 22점으로 하층의 2.31점에 비해 찬성의견이 약하

〈표 4〉 북한에 대한 인식

(단위 : %)

북한에 대한 인식	전체	핵심적 중산층	주변적 중산층	하층
지원대상	18.8	17.9	17.4	21.5
협력대상	41.0	44.8	44.0	32.3
경쟁대상	3.7	2.9	3.4	5.1
경계대상	17.5	16.2	15.4	21.5
적대대상	19.1	18.2	19.8	19.5
계 (N)	100.0 (1391)	100.0 (592)	100.0 (409)	100.0 (390)

$\chi^2 = 21.3$ p 〈 0.01

다. 그렇지만 이상과 같은 조사결과를 바탕으로 중산층이 국가보안법에 대해서는 '진보적'이고 대형주택 중과세에 대해서는 '보수적'이라고 단정하는 것은 곤란하다. 앞서 언급하였지만 중산층 역시 하층과 마찬가지로 국가보안법 폐지에 대해서는 '반대'가 많고 대형주택 중과세에 대해서는 '찬성'이 많기 때문이다. 오히려 찬반으로 구분되는 두 가지 쟁점에 대해 중산층, 특히 핵심적 중산층일수록 '보통(2점)'에 가깝다는 점에 주목하고 싶다. 즉 중산층은 정치 · 경제적으로 민감한 쟁점에 대해 특정 의견을 선호하기보다 찬성과 반대가 어우러져 전체적으로 중간자적인 입장을 보이는 집단이라고 해석할 수 있다.

한국 사회에서 사회갈등은 주로 국내 정치 · 경제 · 사회적 쟁점과 관련해서 발생하지만 최근에는 북한에 대한 인식이나 대북정책, 미국에 대한 인식 등과 관련된 남남갈등이 논의되고 있다. 중산층이 남남갈등과 관계가 있는지 북한 및 통일과 관련된 의식 및 주변국에 대한 의식을 통해 살펴보기로 한다.

〈표 4〉는 북한을 어떻게 생각하고 있는지 질문한 결과이다. 전체적으로 북한을 협력대상으로 보는 비율이 41.0%로 가장 높고 그 다음으로 적대대상(19.1%), 지원대상(18.8%), 경계대상(17.5%)의 순이다. 북한을 협력대상으로 보는 비율은 핵심적 중산층이 44.8%, 주변적 중산층이 44.0%로 하층의 32.3%보다 높다. 지원과 경계 · 적대를 양극단으로 보면 중산층은 중도적인 입장에서 북한을 바라보는 비율이 높다. 하층의 경우 북한을 지원대상으로 인식하는 비율과 경계대상으로 인식하는 비율이 동일하게 21.5%를 차지하여 북한에 대한 인식이 양극적이다.

중산층이 다소 중도적인 입장에서 북한을 인식하고 있다는 것은 대북정책과 관련된 의견을 물어본 〈표 5〉를 통해서도 확인할 수 있다. 조사결과를 보면 '김정일은 그런 대로 북한을 잘 이끌어 가는 지도자이다' 라는 물음에 찬성하는 비율은 핵심적 중산층이 15.1%, 주변적 중산층이 17.1%로 하층의 찬성비율(24.0%)보다 낮다. 북한의 김정일에 대해서는 핵심적 중산층이 하층에 비해 비판적 의견을 가지고 있다. 그러나 통일정책이나 대북관계, 대북지원 등에 있어서는 핵심적 중산층이 주변적 중산층과 하층의 중간적인 의견을 보이고 있다. 물론 〈표 5〉의 결과는 통계적 유의성이 낮기 때문에 조사결과를 지나치게 강조하면 곤란하다. 그러나 최소한 중산층 여부가 남남갈등을 확대하는 요인이 아님을 확인할 수 있다.

중산층이 정치의식 면에서 양극적이 아님은 주변국에 대한 호감도에서도 나타난다. 〈표 6〉은 주변국에 대한 호감도를 조사한 결과로 기록된 수치는 해당국가에 대해 호감(약간 호감이 같다+매우 호감이 간다)을 나타내는 응답자 비율에서 비호감(전혀 호감이 가지 않는다+별로 호감이

〈표 5〉 대북정책 관련 의견(찬성 %)

	전체	핵심적 중산층	주변적 중산층	하층	χ^2(df=4)
경제사정이 나빠지더라도 통일은 빨리 이루어지는 것이 좋다.	24.3	24.5	25.9	22.4	2.22
북한과의 관계 개선이 미국과의 동맹관계 유지보다 중요하다.	32.9	29.7	38.4	32.1	8.39
김정일은 그런 대로 북한을 잘 이끌어 가는 지도자이다.	18.1	15.1	17.1	24.0	12.13*
북한이 핵무기 개발을 계속하더라도 대북지원은 계속되어야 한다.	18.0	17.9	20.6	15.2	4.39

* $p < 0.05$

〈표 6〉 주변국에 대한 호감도(호감－비호감 %)

	전체	핵심적 중산층	주변적 중산층	하층	χ^2(df=4)
미국	10.1	7.3	7.6	17.2	4.26
중국	1.3	3.1	3.1	−2.9	1.66
북한	−22.2	−19.8	−20.1	−28.2	7.22
러시아	−26.7	−23.9	−25.7	−22.5	5.36
일본	−51.8	−45.6	−50.9	−62.5	14.14*

* $p < 0.05$

가지 않는다)을 나타내는 응답자의 비율을 뺀 수치이다.

특정 국가에 대해 호감을 갖느냐 호감을 갖지 않고 있느냐가 중산층 여부에 따라 다른 것은 아니지만, 핵심적 중산층은 다른 층에 비해 주변국에 대한 인식이 편중되어 있지 않다는 특성을 보인다. 북한에 대한 인식이나 대북정책에 대한 의견, 주변국에 대한 인식을 살펴볼 때, 대외적인 면에서 핵심적 중산층은 정치적으로 신중한 성향이 있다고 평가할 수 있을 것이다.

이상의 결과들을 요약하자면, 중산층의 이념적 지향성은 일반인들이 짐작하는 것처럼 보수지향성이 아니라는 점이다. 중산층은 오히려 많은 이슈에서 하층보다 진보적인 정치성향을 보이고 있다. 또 여러 쟁점에 대해 핵심적 중산층은 하층과 주변적 중산층의 중간자적 입장을 취하고 있다는 점도 주목할 만한 조사결과이다. 정치의식이라는 측면에서만 볼 때 이것은 핵심적 중산층이 사회통합을 위한 주요 집단이 될 수도 있음을 시사한다.

3. 중산층의 정치행태

이 절에서는 중산층의 정치행태를 정치관심도와 정치적 담론 주도, 투표참여 비율, 지지정당 비율을 통해 분석해 보고자 한다. 중산층은 정치에 대해 어느 정도 관심 있으며 어떤 정치행태를 보이는가? 〈표 7〉은 중산층의 정치관심도를 물어본 질문에 대한 결과를 요약해 놓은 것이다. 조사에 의하면, 2006년 전체 응답자의 평소 정치에 대한 관심은 '있다(많이 있다+어느 정도 있다) 28.3%', '보통(이다) 23.6%', '없다(별로 없다+전혀 없다) 48.1%'로 없다는 의견이 절반 정도를 차지한다. 하지만 하층의 정치관심도가 26.2%인 것에 반해 핵심적 중산층과 주변적 중산층의 정치관심도는 각각 30.4%, 27.4%로 중산층은 하층에 비해 정치에 대해 관심이 높으며, 중산층 중에서도 핵심적 중산층이 정치에 대한 관심이 높다는 것을 알 수 있다.[1)]

〈표 7〉 중산층의 정치관심도

(단위 : %)

정치에 대한 관심	전체	핵심적 중산층	주변적 중산층	하층
있다	28.3	30.4	27.4	26.2
보통	23.6	27.0	24.4	27.4
없다	48.1	42.6	48.2	56.4
계 (N)	100.0 (1391)	100.0 (592)	100.0 (409)	100.0 (390)

$x^2 = 20.3$ $p < 0.001$

중산층의 상대적으로 높은 정치에 대한 관심은 비교적 활발한 정치담론으로 이어진다. 〈표 8〉을 보면 모임에서 정치 이야기를 먼저 끄집어내는 비율은 하층이 33.1%인 것에 비해 주변적 중산층이 40.3%, 핵심적 중산층이 47.3%로 높게 나타났고, 가족 이외의 사람에게 특정 후보를 투표하라고 권유한 적이 있다고 응답한 비율은 하층의 21.3%보다 핵심적 중산층과 주변적 중산층에서 각각 30.6%, 28.1%로 높게 나타났다. 이와 같은 결과를 통해 중산층은 다른 집단에 비해 모임에서 정치 이야기를 먼저 끄집어내며, 가족 이외의 사람에게 특정 후보를 투표하라고 권

1) 연령별로 분석하면 연령이 낮은 층에서 정치에 대한 관심이 적다.

〈표 8〉 중산층의 정치적 담론 주도

(단위 : %)

정치활동 참여	전체	핵심적 중산층	주변적 중산층	하층	x^2(df=2)
모임에서 정치 이야기를 먼저 끄집어낸 적이 있다	41.3	47.3	40.3	33.1	19.82***
가족 이외의 사람에게 특정 후보를 투표하라고 권유한 적이 있다	27.2	30.6	28.1	21.3	10.46**

** $p < 0.01$, *** $p < 0.001$

유하는 등 상대적으로 활발하게 정치에 참여하고 있음을 알 수 있다.

그렇다면 중산층의 상대적으로 높은 정치관심도와 정치적 담론 주도는 중산층의 정치참여에 어떤 영향을 미치는가? 이를 알기 위해 기본적인 정치행태라 할 수 있는 투표에 참여하는 비율, 그리고 보다 적극적인 정치참여라 할 수 있는 정당원 활동과 시위집회에의 참여율을 통해 중산층의 정치행태를 파악해 보고자 한다. 〈표 9〉는 대통령 선거와 국회의원 선거, 지방선거 투표에 참여한 비율을 제시하고 있다. 전체적으로 보면 하층의 선거 투표비율은 각각 87.2%, 80.1%, 73.2%인 것에 반해 핵심적 중산층의 투표 참여비율은 각각 86.5%, 78.6%, 68.0%로 하층의 투표율보다 낮게 나타나 핵심적 중산층의 투표 참여비율이 전체 비율과 비교하여 낮다는 것을 알 수 있다. 또한 정당원으로 활동한 경험을 묻는 질문에 대해서도 전체 응답자의 7.3%가 정당원으로 활동한 적이 있다고 대답한 것에 반해 핵심적 중산층은 하층(6.9%)보다도 낮은 5.6%를 나타내고 있다. 그러나 정치적인 집회나 시위에 참석해 본 경험은 핵심적 중산층과 주변적 중산층이 각각 11.3%, 11.5%로 하층(7.4%)보다 높게 나타나 중산층이 하층보다 시위나 집회와 같은 직접적인 정치활동에 보다

〈표 9〉 중산층의 정치참여 비율

(단위 : %)

정치참여	전체	핵심적 중산층	주변적 중산층	하층	χ^2(df=2)
투표 : 대통령 선거 (2002년)	87.6	86.5	89.3	87.2	1.63
투표 : 국회의원 선거 (2004년)	79.8	78.6	81.1	80.1	0.89
투표 : 지방 선거 (2006년)	70.2	68.3	70.1	73.2	2.69
정당원으로 활동한 적이 있다.	7.3	5.6	10.3	6.9	7.78*
정치적인 집회나 시위에 참석해 보았다.	10.3	11.3	11.5	7.4	4.76

* $p < 0.05$

적극적으로 참여하고 있음을 알 수 있다.

〈표 8〉의 결과와 〈표 9〉의 결과를 연결하면 중산층의 정치행태를 파악하기 쉽지 않음을 알 수 있다. 중산층은 정치에 관심이 많고 정치적 담론을 주도하는 경향이 있다. 그런데 그들은 전통적인 정치참여 행태인 투표나 정당활동에는 소극적이다. 하지만 정치적 시위나 집회의 참여율은 하층보다 높다. 새 정치문화를 논의하면서 이 점을 보다 자세히 설명하겠지만 중산층은 기존의 정당 중심 정치참여보다 직접적인 정치참여를 선호하는 경향이 있다고 해석할 수 있다.

4. 중산층과 사회통합

지금까지의 분석을 종합해 보면 중산층은 이념적으로 통합된 집단이라기보다 다양한 이념적 지향을 가진 집단으로 보아야 할 것이다. 하지만 30–49세 중산층 중에서 스스로 진보라고 평가하는 집단이 상대적으로 많다는 점은 주목할 만하다. 그리고 30–40대가 민주화와 IMF 경제위기라는 위기상황을 경험한 세대라는 것을 염두에 둔다면 여기서 '진보' 라는 것은 좌익과 우익이라는 개념보다 '변화지향성' 을 의미한다. 그런 점에서 경제적으로 안정된 집단이 사회 위기시에 현상유지적인 의식이 강하다는 사회적 통념이 한국 사회 중산층 전부에 해당하는 것은 아니다. 물론 경제문제에만 한정해 본다면 중산층의 경우 현상유지를 선호하는 특성이 나타나기도 한다. 하지만 경제외적 문제에 있어서는 중산층은 자신의 입장을 내세우기보다는 중간자적 입장을 모색하는 집단으로 나타나고 있다.

대외의식 면에서도 중산층의 특성이 엿보인다. 핵심적 중산층은 통일정책이나 대북관계, 대북지원 등에 있어서 주변적 중산층과 하층의 중간 형태 의견을 보인다. 다만, 김정일에 대해서는 타집단보다 비판적인 의견을 표명하고 있는데, 이는 중산층의 변화지향성이 기존의 정치체제, 경제체제 내에서의 안정적 변화를 지향하는 특성을 가지고 있기 때문이다. 즉 중산층은 급격한 변화를 원하는 것은 아니지만 그렇다고 해서 폐쇄적인 정태성을 원하지도 않는다. 이제 중산층과 사회통합 문제를 살펴보기 위해 한국 정치에서 중요하게 논의되고 있는 지역주의 성향과 대외개방성에 대한 조사결과를 분석해 보기로 하자.

〈표 10〉은 지역주의 성향을 친구를 사귈 때, 결혼상대를 고를 때, 동업 또는 금전적인 거래를 할 때, 대통령 선거 후보자를 뽑을 때라는 네 가지 경우로 나누어 조사한 결과이다. 〈표 10〉의 수치는 조사결과를 '중요하지 않음(전혀 중요하지 않다+중요하지 않다)=1', '보통이다=2', '중요하다(중요하다+매우 중요하다)=3'과 같이 점수를 부여하고 집단별 평균을 구한 것이다.

〈표 10〉을 보면 모든 질문에서 2점을 밑돌고 있음을 알 수 있다. 즉 현재는 지역주의 정치성향을 가진 자보다 그렇지 않은 사람이 보다 많다는 것이다. 현실적으로 지역주의 행태를 나타내는 집단이 존재하는 것은 사실이지만 전체적으로 보아 지역주의 성향이 강하다고 주장할 수 없으며, 중산층 여부 역시 지역주의와 큰 관계가 없음을 알 수 있다. 오히려 통계적으로 크게 유의하지는 않지만, 핵심적 중산층의 지역주의 성향 수치가 전체의 수치보다 낮게 나타나는 것으로 보아 핵심적 중산층이 조

〈표 10〉 중산층의 지역주의 성향

출신지역 고려	전체	핵심적 중산층	주변적 중산층	하층	F값
친구로 사귈 때	1.60	1.54	1.62	1.66	2.99†
결혼상대를 고를 때	1.69	1.67	1.68	1.73	0.48
동업 또는 금전적인 거래를 할 때	1.78	1.77	1.79	1.80	0.13
대통령 선거 후보자를 뽑을 때	1.78	1.73	1.78	1.86	2.03†

비고 : 중요하지 않음(전혀 중요하지 않다+중요하지 않다)=1, 보통이다=2, 중요하다(중요하다+매우 중요하다)=3.

† $p < 0.1$

〈표 11〉 연령별 지역주의 성향

출신지역 고려	전체	20-29세	30-49세	50세 이상	F값
친구로 사귈 때	1.59	1.38	1.58	1.75	21.71***
결혼상대를 고를 때	1.69	1.54	1.64	1.85	14.54***
동업 또는 금전적인 거래를 할 때	1.78	1.59	1.77	1.94	15.63***
대통령 선거 후보자를 뽑을 때	1.79	1.55	1.77	1.96	21.38***

비고 : 중요하지 않음(전혀 중요하지 않다+중요하지 않다)=1, 보통이다=2, 중요하다(중요하다+매우 중요하다)=3.
*** p 〈 0.1

금이나마 지역주의에서 보다 자유로운 생각을 하고 있다고 할 수 있다. 이와 같은 결과는 사회통합 세력으로서의 중산층의 포용성을 어느 정도 나타내고 있다.

그러나 여기서 한 가지 지적하고 넘어갈 것은 지역주의를 결정하는 변수로 계층보다 연령의 영향력이 크다는 사실이다. 〈표 11〉은 지역주의 성향을 연령별로 나누어 살펴본 것이다. 전체적으로 연령이 높을수록 친구를 사귀거나 결혼상대를 고를 때, 동업이나 금전적인 거래를 할 때, 대통령 선거 후보자를 뽑을 때 출신지역을 고려한다는 응답비율이 높게 나타나고 있다. 나이가 많을수록 지역주의 성향이 강하고 젊을수록 지역주의 성향이 약하다고 할 수 있는데, 이런 점에서 향후 한국 사회에서 지역주의의 영향력은 점차 감소할 것으로 예측할 수 있다.[2)]

2) 물론 젊은 사람들도 나이가 들면 지역주의 성향이 강화된다는 연령효과(aging ef-

〈표 12〉 중산층의 대외개방성(찬성-반대 %)

	전체	핵심적 중산층	주변적 중산층	하층	χ^2(df=4)
사랑한다면 다른 나라 사람하고 결혼해도 좋다.	39.7	42.6	41.4	33.2	6.74
외국인 노동자가 원한다면 한국에 살도록 허락해야 한다.	44.5	46.1	43.5	43.2	9.63

〈표 12〉는 중산층이 사회통합에 기여할 수 있는가에 대한 문제를 대외개방성을 통해 살펴본 것이다. 앞에서 살펴본 중산층의 이념적 성향과 연결해서 분석해 보면, 중산층은 대북정책이나 주변국 정책에 신중함을 보이지만 외국인에 대해서는 비교적 개방된 인식을 갖고 있다는 것을 알 수 있다. 〈표 12〉에서 보듯이 '사랑한다면 다른 나라 사람과 결혼해도 좋다'는 의견에 대해 찬성에서 반대의견을 뺀 비율은 전체가 39.7%인 것에 비해 핵심적 중산층 42.6%, 주변적 중산층이 41.4%로 중산층의 개방성이 좀더 높게 나타났다. '외국인 노동자가 원한다면 한국에 살도록 허락해야 한다'는 의견에 대해서도 전체의 개방성이 44.5%인 것에 반해 핵심적 중산층은 46.1%로 좀더 높은 개방성을 보이고 있다. 즉 핵심적 중산층이 다른 층보다 외국인에 대해 좀더 개방적이며 포용적이라는 것을 알 수 있다.

〈표 10〉과 〈표 12〉의 결과를 볼 때, 사회통합 주체로서의 중산층의 가능성을 어느 정도 발견할 수 있다. 즉 중산층은 하층에 비해 타집단에

fect)의 가능성도 생각해 볼 수 있지만, 한국의 지역주의에는 70-80년대의 정치경제적 특성이라는 시기효과(period effect)의 영향력이 컸다는 점을 가정할 때, 지역주의는 한국 사회에서 점점 영향력이 줄어들 것으로 전망된다.

〈표 13〉 중산층의 대외개방성(찬성-반대 %)

	전체	핵심적 중산층	주변적 중산층	하층	x^2(df=4)
중산층은 우리 사회의 발전에 큰 기여를 해왔다.	39.7	41.6	39.9	39.7	9.13
중산층은 공중도덕이나 질서를 잘 지킨다.	25.5	26.1	26.3	23.7	5.88
중산층은 못 사는 사람들의 요구에 무관심하다.	37.9	32.8	37.0	47.0	21.88***
중산층은 점진적인 개혁은 바라지만 급진적인 개혁은 반대한다.	49.6	51.3	49.3	47.2	1.99

*** p 〈 0.001

대한 개방성과 포용성이 높으며, 이것은 중산층이 다른 계층을 아우르면서 사회통합을 달성할 계층이 될 수도 있다는 점을 시사한다.

하지만 중산층이 사회통합의 세력으로 인식되기 위해서는 다른 계층이 중산층을 어떻게 평가하고 있는가가 중요하다. 이를 알기 위해 중산층에 대한 평가를 조사하였고, 그 결과가 〈표 13〉에 제시되어 있다. 〈표 13〉을 보면 중산층은 한국 사회의 발전에 기여해 왔다고 평가되고, 사회질서를 지키는 집단으로 인식되고 있다. 또한 위에서 살펴본 바와 같이 중산층이 점진적인 개혁을 바라는 집단이라는 것은 중산층뿐만 아니라 다른 층에서도 공히 인정하고 있다. 그러나 〈표 13〉에는 중산층에 대한 비판도 동시에 존재하고 있는데, 그것은 '못 사는 사람들의 요구에 무관심하다' 는 항목에서 나타난다. 핵심적 중산층, 주변적 중산층, 하층 모두 '중산층이 못 사는 사람들의 요구에 무관심하다' 는 질문에 찬성하는 의견이 반대하는 의견보다 30% 이상 많다. 특히 하층에서 이 점을 더욱 강하게 지적하고 있다는 점에 유의해야 할 것이다. 중산층은 다른 집단들에 대해 개방적이고 포용적인 태도를 가지고 있지만 이것이 다른 집단, 특히 하층을 배려하는 구체적인 행동으로 연결되지는 못했다고 할 수 있다.

5. 새 정치문화와 중산층

이 절에서는 지금까지의 논의결과를 바탕으로 현재 활발히 논의되고 있는 '새 정치문화론'이라는 이론적 시각에서 한국 중산층의 정치의식과 정치행태를 재조명하고자 한다. 이러한 작업은 중산층의 정치문화를 전 세계적인 정치문화의 변화라는 측면에서 객관적으로 위치짓게 하고, 동시에 향후 한국의 정치문화 변화방향을 예측하는 데 도움을 줄 것이다.[3)]

'새 정치문화'는 한마디로 '정치 시스템에서의 새로운 게임의 법칙'으로 정의할 수 있지만 그 구체적 내용은 각 국가별로 또 발현되는 시기별로 다르다. 따라서 새 정치문화의 개념을 이해하기 위해서는 우선 기존의 정치문화에 대한 설명이 필요하다. 즉 포스트모던의 개념을 모던의 개념과 비교하면서 이해하는 것처럼 새 정치문화 개념도 기존 정치문화 개념과의 비교를 통해서 구체적으로 이해할 수 있다고 하겠다.

3) 이 글의 새 정치문화에 대한 설명은 이승종 · 장원호(2005)의 논의를 바탕으로 하고 있음.

기존 정치문화는 민족국가(Nation-state)와 자본주의의 발전이라는 근대사회의 두 가지 변화축과 관련이 있다. 민족국가란 명확하게 규정된 영토와 국민을 가지고 있고, 그 영토와 국민에 대한 최고 지배권을 가진 국가를 의미한다. 민족국가는 위계제를 바탕으로 한 중앙집권적 · 관료제적 구조를 가지면서 다양한 방법으로 국민을 통제하게 된다. 정치의 형태 역시 시민에 의한 직접참여보다는 정치 엘리트를 통한 간접적 정치참여가 대부분이고, 이 경우 정치 엘리트의 조직인 정당이나 노동조합 등이 강력한 힘을 가지게 된다. 따라서 정치 엘리트들도 일반시민보다는 정당조직에 더욱 의존하는 정치를 행하게 된다.

근대사회의 또 다른 축인 자본주의의 발전은 정치적으로 계급정치라는 특징을 만들었다. 즉 자본주의의 발달과 더불어 노동자와 자본가의 대립이 발생하였고, 이를 바탕으로 노동자의 이익을 대변하는 정당과 보다 부유한 계층을 대변하는 정당이 출현하게 된 것이다. 이와 같은 상황에서는 모든 정치적 판단이 자기의 경제적 수준과 직업에 의해서 내려지게 된다. 즉 블루칼라나 빈곤층은 진보적인 좌파 정당을 지지하고 화이트칼라나 부유층들은 보수적인 우파 정당을 지지하게 되는 것이다.

이상의 논의를 정리해 보면, 기존 정치문화의 특징은 중앙집권적이고 위계적인 국가조직이 시민을 통제하고, 일반시민은 정당이나 노동조합과 같은 정치 엘리트 조직에 의해 정치에 참여하며, 경제적 입장이 정당 지지의 가장 중요한 요인이 되는 것 등을 들 수 있다. 이와 같은 상황에서 정치적으로 중요한 이슈는 고용이나 산업화와 같은 소위 '생산정치'의 영역에 머물러 있는 경우가 많다. 또한 후발산업국가나 혁명적 상황을 겪은 국가에서는 불확실성을 줄이기 위한 정치적 도구로서 후견주의적 정치가 발달하게 된다. 한국의 경우, 지역주의에 의한 후견주의가 그 대표적 예라 할 수 있다.

그러나 20세기 후반에 들어서서 기존 정치문화는 서구 사회를 중심으로 크게 변화하기 시작한다. 기존 정치문화를 변화시킨 사회변화는 크게 세 가지로 나누어 설명할 수 있다. 첫째, 사람들의 가치관이 경제적 안정을 최우선시하는 물질주의적 가치관(materialistic value)에서 삶의 질을 추구하는 탈물질주의적 가치관(post-materialistic value)으로 바뀐 점이다(Inglehart, 1990). 이것은 제2차 세계대전 이후의 풍요로운 시기에 사회화 과정을 겪은 세대들에서 보다 뚜렷이 나타난다. 두 번째 변화로는 고등교육의 일반화를 들 수 있다. 이에 따라 일반 사람들이 정치 엘리트에 순종하기보다는 정치 엘리트에 도전하여 자신의 선호를 실현시키고자 하는 시도들이 많이 일어났다. 셋째, 마지막으로 후기산업사회의 발전에 따른 직업구조의 변화를 들 수 있다. 실질적으로 2차산업에 종사하는 블루칼라의 수는 감소하고 전문직과 기술직의 수는 증가하였다. 전문직과 기술직의 증가는 컴퓨터 및 정보통신 기술의 발달로 더욱 가속화되는데, 이들은 위계적 조직보다는 평등한 수평적 조직을 선호하는 가치지향성을 보인다. 또한 후견주의에 따른 비효율성에 반대하여 효율지향성을 보인다.

이러한 근본적인 사회변화 과정 속에서 정치적 게임의 법칙 또한 변하게 되는데, 이에 따라 출현한 것이 새 정치문화라 할 수 있다. 새 정치문화의 특징을 몇 가지로 살펴보면 먼저 중앙집권적, 그리고 위계적 조직(국가, 정당, 노동조합)의 강력한 권력에 반대하는 대신 분권화, 평등, 효율성을 추구한다는 점을 들 수 있다. 또한 정치 엘리트만의 정치가 아닌 일반시민의 정치참가에 의한 정치, 더 나아가 시민 중심의 거버넌스를 추구한다. 정치에서의 중요한 이슈도 과거의 '생산정치'의 영역에서

〈그림 2〉 기존 정치문화와 새 정치문화

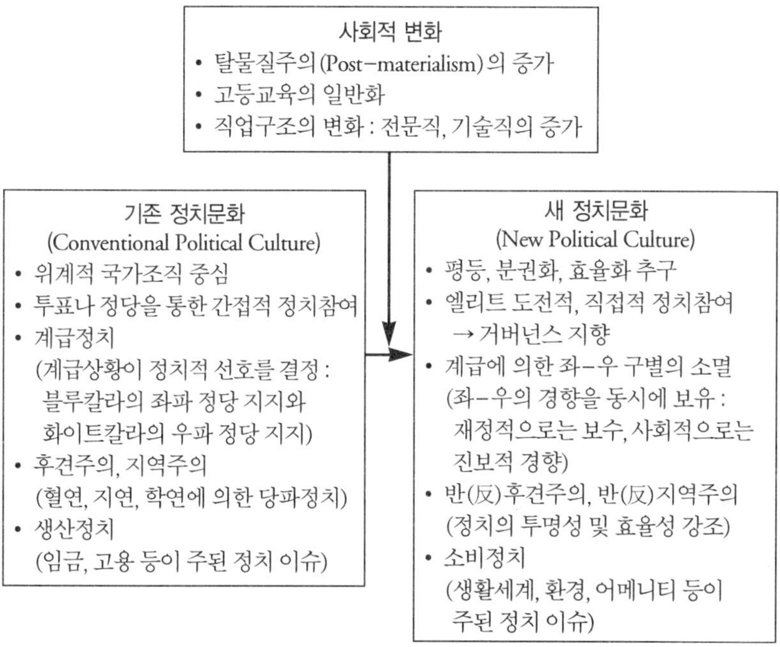

벗어나 환경, 어메니티(또는 쾌적새)와 같은 소위 '소비정치'의 영역에 초점을 맞춘다. 마지막으로 새 정치문화는 후견주의에 강하게 도전하는데, 한국에서는 반(反)부패, 반(反)지역주의의 특성으로 나타난다. 이상의 과정을 요약한 것이 〈그림 2〉이다.

이러한 새 정치문화론에 입각해서 중산층의 정치문화를 살펴보면 중산층의 정치문화가 새 정치문화의 특징과 일치하는 것을 알 수 있다. 먼저 중산층은 대형주택에 중과세 반대 등과 같이 경제적 정책에는 보수지향성을 보이지만, 외국인 노동자에 대한 개방성과 같은 사회적 이슈에서는 진보적인 성향을 보인다는 점에서 새 정치문화적 경향을 보인다고 할 수 있다. 또한 한국의 전통적인 정치문화인 지역주의에 대해서도 중산층은 하층보다 반지역주의 성향을 보이고 있다는 점에서도 중산층의 새 정치문화 지향성을 알 수 있다. 국가보안법의 폐지에 대한 중산층의 입장도 기존 정치문화의 국가중심적이고 위계적인 경향에 대한 반대라는 점에서 새 정치문화적 경향이라고 할 수 있다. 정치참여의 영역에서 중산층은 새 정치문화 지향성을 명확히 보여주고 있다. 즉 중산층은 투표나 정당원 활동과 같은 전통적 정치참여보다는 정치적 담론을 주도하고 시위와 집회와 같은 엘리트 도전적인 직접적 정치참여를 선호한다는 점에서도 새 정치문화의 특징을 보인다. 조사항목의 제약으로 중산층의 '소비정치' 경향을 파악할 수 없었지만, 이상의 결과를 볼 때 중산층은 현재 전 세계적으로 나타나고 있는 새 정치문화의 담지자 집단으로 파악할 수 있다.

그렇다면 중산층이 새 정치문화적 경향을 보인다는 것이 무엇을 의미하는가? 이것은 먼저 한국의 중산층이 개혁을 반대하는 집단이 아니라 오히려 새로운 개혁의 주체세력이 될 수 있다는 것을 의미한다. 위의 조사에서 중산층은 점진적인 개혁을 바라지만 급진적인 개혁은 반대하는 것으로 분석되었다. 중산층은 기존의 계급정치 상황에서 이루어지는 국가 주도의 급진적 혁신에는 반대한다. 하지만 직접적 정치참여를 강조하는 새 정치문화의 시각에서 본다면 중산층은 개혁지향적이다. 즉 중산층은 새로운 정치적 게임의 방법으로 개혁하기 바라는 집단이라고 파악할 수 있는데, 이 새로운 정치적 게임의 방법은 기존의 엘리트 중심, 위계적 국가 조직 중심, 체계 중심의 정치문화가 아니라 일반시민의 정치참여를 통한 거버넌스 지향과 생활세계 중심의 정치를 지향하는 것이다.

중산층이 새 정치문화를 지향한다고 한다면 중산층은 정치적으로 사회통합에 기여할 수 있는 집단으로 새롭게 인식될 수 있다. 즉 중산층이 보여주고 있는 새 정치문화—소비정치, 생활세계 지향정치, 거버넌스 지향정치—가 양극화로 대표되는 계급정치의 균열(cleavage)을 넘어서서 새로운 통합기제로 작용할 수 있을 것이다.

6. 맺는 말

중산층의 정치의식, 정치행태를 분석한 결과 중산층이 새 정치문화라고 하는 새로운 정치 패러다임과 친화력이 높다는 것을 알게 되었다. 우리는 이 논의를 전개하면서 한국 사회의 통합이라는 주제를 항상 염두에 두었다. 이는 양극화가 심화되고 있는 한국 사회가 사회통합의 위기에 처해 있다는 문제의식을 바탕으로 하고 있다.

논의를 요약하자면, 중산층이 사회통합을 저해하는 주된 집단은 아니다. 오히려 중산층의 다양한 이념지향과 정책선호는 양극화된 논의구조 속에서 균형을 잡아줄 수 있는 중간자적인 역할을 담당하기에 적합하다. 또한 중산층은 나십난에 대한 포용성과 이해심이 상대적으로 높은 집단이다. 이런 점에서 우리는 올바른 방향제시만 있다면 중산층이 사회통합의 주체세력이 될 수 있다고 생각한다. 즉 중산층이 민주화에 기여하였고 IMF 위기에서 탈출할 수 있던 것처럼 현재의 양극화의 위기를 해결하는 데도 중산층은 중요한 역할을 감당할 수 있다고 본다.

그러나 기존의 생산정치적인 패러다임에 대한 중산층의 입장은 부정적이다. 양극화의 문제를 국가 주도의 분배정책이나 복지 프로그램으로 해결하고자 하는 방법은 중산층의 지지를 받기 어렵다. 중산층의 새 정치문화 지향성은 위계적 국가조직의 분배정책과 복지정책의 효율성을 의심하기 때문이다. 하지만 양극화 문제를 삶의 질과 생활세계의 회복이라는 소비정치의 시각으로 그 해결책을 모색한다면 사회적으로 진보적인 중산층의 지지를 얻을 수 있을 것이다. 향후 새 정치문화 패러다임에 의한 아젠다가 개발되고 진행되어 중산층이 사회통합의 주체로서의 역할을 담당하기를 기대해 본다.

참고문헌

이승종 · 장원호. 2005. "한국의 새 정치문화." 『새 정치문화는 정말로 존재하는가』. 성균관대학교 출판부.

Clark, Terry Nichols. 2004. *The City As an Entertainment Machine*. Osford : Elsevier.

Clark, Terry Nichols and Vincent Hoffman-Martinot. 1998. eds. *The New Political Culture*. Boulder, Colo : Westview Press.

Clark, Terry Nichols and Mike Rempel. 1997. eds. *Citizen Politics in Post-Industrial Societies*. Boulder, Colo : Westview Press.

Inglehart, Ronald. 1990. *Culture Shift*. Princeton : Princeton University Press.

Jang, Wonho. 1997. "The New Political Culture, changing Policy Preferences of Mayors, and Changes of Urban Policies in Japan." *Korea Journal of Population and Development*. 27(2) : 55-78.

10

중산층의 주거현실에 비춰본 중산층 육성정책의 방향

장세훈(동아대 사회학과)

1. 문제제기

우리 사회는 소득지표상으로는 대단히 평등한 사회로 비춰지고 있지만 사회구성원들이 느끼는 사회적 불평등의 체감도는 대단히 높은 것으로 나타나 있다. 이는 평등의식, 좀더 정확하게는 사회적 성취의식이 대단히 높기 때문이기도 하지만(송호근, 2006) 자산소유의 불평등이 극심하기 때문이다(신광영, 2004). 1960년대 이후의 고도성장 과정에서 '부동산가격은 하락하지 않는다'는 '부동산 불패의 신화'가 굳건히 자리잡은 데다가, 안정성장으로 전환하는 최근에도 정부 주도의 각종 개발사업으로 부동산가격이 폭등하는 까닭에 정부의 잇따른 부동산시장 안정대책에도 불구하고 자산소유에 따른 사회 · 경제적 불평등은 완화되기는 커녕 오히려 더욱 심화되고 있다.

문제는 자산소유의 불평등이 사회의 허리에 해당하는 중산층의 하향 분해를 재촉하고 있다는 데 있다. 이미 IMF 외환위기와 신자유주의 경제체제로의 전환과정에서 소득격차의 불평등과 고용불안정이 심화되어 중산층의 위기의식이 고조된 상태에서 토지, 주택의 소유에 따른 경제적 격차의 확대는 중산층의 생계안정을 위협하고 이들의 계층하락을 압박하는 또 다른 요인으로 작용하고 있다.[1)]

중산층은 사회안정과 지속적인 사회발전의 토대가 된다는 점에서 어느 시대, 어느 사회에서나 중산층 육성을 통해 사회 체제의 안정과 발전을 모색해 왔다. 우리 사회에서도 1970년대 중반부터 무주택 서민의 내집 마련을 통해 자가소유 중산층을 확산시키려는 정책이 추진된 바 있다. 최근의 주택가격 폭등사태에 대처해서 정부가 내놓은 아파트 분양가 규제방안이나 '반값 아파트 공급' 방안 등도 중산층을 안정시켜 체제불안을 가라앉히려는 정책의도를 담고 있다는 점에서 이같은 정책노선의 연장선상에 있다. 이같은 투기규제정책으로 부동산시장은 일시적인 안정세를 유지하고 있지만 중산층이 무너지고 있다는 위기의식은 쉽사리 가라앉지 않고 있다. 따라서 자가소유의 확산을 통한 중산층 육성정책이 여전히 실효성을 발휘할 것인지에 대한 의구심이 커져가고 있다.

이에 본 연구에서는 최근 중산층을 중심으로 계층별 주거실태, 행태 및 의식을 살펴봄으로써 자가소유를 통한 중산층 육성방안의 정책적 실

1) 이와 관련해서 실제로 중산층이 해체되고 사회 · 경제적 양극화가 진행되고 있는가 여부를 둘러싸고 사회학계 내에서 논란이 거듭되고 있지만(신광영, 2006 ; 유팔무 외, 2005 ; 홍두승, 2005 ; 홍두승 · 김병조, 2006) 중산층의 심리적 불안이 확산되고 있다는 데에는 일정한 학문적 합의가 이루어져 있다.

효성을 따져보고, 중산층 육성정책의 대안을 모색해 보고자 한다.

2. 주택소유와 중산층

1) 주택의 특수성

자본주의 사회에서 모든 재화는 상품형태로 생산되고 거래되고 소비된다. 주택도 시장에서 거래되는 상품이라는 점에서 여느 재화와 크게 다를 바 없다. 그러나 주택은 상품 일반과 구별되는 몇 가지 고유한 특성을 지니고 있다.

주택은 인간 생존의 3대 필수요건으로 꼽히는 의 · 식 · 주의 한 축을 구성하고 있다. 따라서 주택소유를 통한 주거공간의 확보는 경제적으로 뿐만 아니라 사회 · 문화적으로 안정된 삶을 보장해 준다. 주택은 이 같은 생활의 안정이라는 보편적인 기능에 더해 현대 사회에서는 존재론적 안정감(ontological security)을 제공하는 기능을 갖고 있다. 즉 전근대사회에서의 공동체적 유대를 통한 존재론적 안정이 근대화 과정에서 '시공간의 거리화(time-space distanciation)'와 이에 따른 공동체의 해체로 인해 와해되면서 현대인들은 사적 공간에서 자신의 존재론적 안정을 되찾고자 하는데, 자가소유의 열망이야말로 이같은 욕구의 발현이라고 할 수 있다(Giddens, 1981 ; 1984). 다시 말해 내 집에서 '안락하게(at home)' 느끼고 생활함으로써 사회적 소외와 무규범 상태로부터 개인이 스스로를 보호하고 자신의 정체성을 찾게 된다는 것이다(Cooper, 1976 ; Saunders, 1984 ; Saunders & Williams, 1986 : 81-93). 이러한 점에서 주택은 단순한 소유 및 소비의 대상이 되는 다른 상품과 구분된다고 할 수 있다.

다음으로 주택은 누구나 쉽게 사고 팔 수 있는 일반 상품과 달리 매매가 용이하지 않은 고가의 상품이다. 따라서 주택의 소유나 그 규모가 주택소유자의 사회·경제적 지위를 드러내는 계급적 표지가 되곤 한다. 여기서 한 걸음 더 나아가 주택의 내부 장식이나 가구 등은 거주 가구의 생활양식이나 문화를 드러낸다는 점에서 주택은 일종의 '지위재(a positional good)'가 되고, 그에 관련된 주거양식은 문화자본(cultural capital)으로 기능하게 된다(Hirsch, 1978 ; Bourdieu, 1995). 물론 시장경제체제에서 대다수의 일상 생활용품이 지위재 또는 문화자본의 성격을 띠지만 특히 주택에서 그러한 속성이 두드러진다.

그리고 주택은 소비주체의 욕망을 충족시키는 단순한 소모품이 아니라 보유자산의 가치 보존 및 증식의 수단으로도 기능한다(Saunders, 1984 ; Forrest, et al., 1990). 즉 주택은 마르크스적 의미에서 잉여가치를 생산하는 생산재가 아니라 소비재이기는 하지만, 토지와 건물이 결합된 부동산이라는 특수성 때문에 특히 인플레 상황에서 보유자산의 가치를 축장하거나 증식하는 역할을 수행한다. 또한 주택은 이처럼 보존되고 증식된 자산가치를 담은 재화이기 때문에 상속을 통해 자산과 '소유의 문화(culture of ownership)'를 세대 간에 전승하는 수단으로도 활용된다(Hamnett, 1995).

문제는 이러한 주택의 특수성이 현대 한국 사회에서 더욱 확연하다는 데 있다. 1960년대 이후 인구폭증에 더해진 급속한 산업화와 도시화로 도시로의 인구집중이 가속되면서 도시에서는 각종 도시기반 시설의 부족 문제가 심각했고, 그 중에서도 특히 주택 부족은 만성적인 사회

〈그림 1〉 주택보급률 추이(1970-2004)

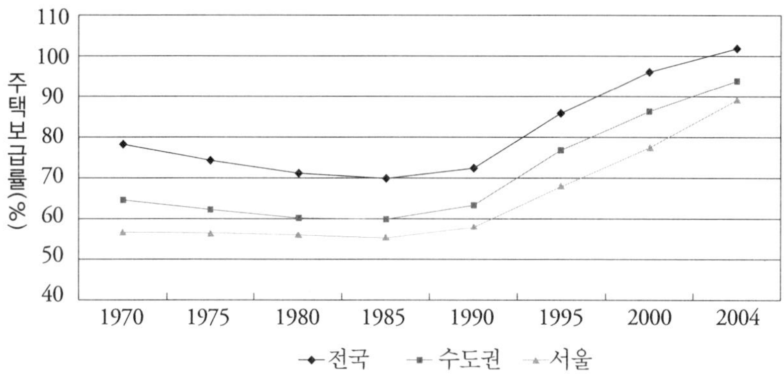

자료 : 통계청, 각 연도, 『인구 · 주택 센서스』.

문제로 자리잡았다. 그 결과 〈그림 1〉에서 보듯이 전국의 주택보급률이 1980년대 중반 70% 이하로까지 떨어졌고, 수도권 지역의 그것은 60%를 밑돌았다. 이에 더해 내 집을 장만한 자가소유 가구의 비중도 갈수록 낮아져 전국적으로 1970년 71.7%였던 것이 계속 하락해서 1990년에는 50% 이하로 떨어졌다가 그 이후에 다소 반등해서 2005년 55.6%에 이르렀을 뿐이고, 도시지역의 사정은 더욱 나빠 1990년 42.7%까지 하락했다가 2000년 간신히 자가소유율 50% 수준을 넘어섰을 뿐이다. 이같은 주택 부속과 저조한 자가소유 상황은 연평균 20%를 맴도는 높은 이주율에서 잘 나타나듯이 무주택자의 잦은 이사를 부채질해 이들이 지역사회에 뿌리내리고 안정된 생활을 영위하기 어렵게 했다. 또한 무주택 저소득층은 주택 부족 사태의 최종적 희생자로 전락해 불량한 주거환경과 철거위협 등에 내몰리며 생존의 위기에 직면해야 했다. 그 결과 생활의 안정과 생존의 안전을 보장하는 수단으로서 주택의 위상과 기능이 더욱 높아질 수밖에 없었다.

또한 지속적인 경제성장에 따른 지가상승과 만성적인 인플레 상황은 개별 경제주체로 하여금 부동산의 매입 및 보유를 부추겼다. 이에 따라 기업 차원에서는 비업무용 부동산을 포함한 부동산의 대규모 매입에 앞장섰고, 개별 가계 차원에서는 가구의 경제력을 총 동원해서 무주택 서민층은 내 집 마련을 서둘렀으며, 자가소유 가구는 주택규모 늘리기에 주력했다(장세훈, 1996a ; 한상진 · 한상연, 1990). IMF 외환위기와 같은 특수한 위기상황을 제외하고는 부동산가격이 하락한 일이 거의 없었기 때문에 부동산가격 상승의 신화는 사실로 받아들여졌고, 그 결과 주택소유를 통한 자산가치 보전 및 증식이 보다 광범위하게 확산될 수 있었다.

그리고 이에 더해 식민지 해방으로부터 전쟁, 산업화, 민주화 등의 극심한 역사적 굴곡을 겪은 한국 현대사의 흐름 속에서 사회구성원들은 사회 · 경제적 지위의 급격한 변동을 경험해 왔다(신광영, 2004). 집단적으로든 개인적으로든 계층적 지위의 오르내림이 심한 상황에서 사회구성원들은 자신의 사회 · 경제적 지위를 과시함으로써 스스로의 신분적 · 계층적 정체성을 확고히 하고자 했다. 이러한 과시적 행태는 특히 주택, 자가용 등과 같은 고가 자산의 보유 및 소비행위에서 잘 드러났다. 따라서 무주택 서민층은 내 집 마련을 통해 중산층에 진입했음을 드러내고자 했고, 중상층은 고가의 대형 아파트나 대규모 저택을 보유해서 자신의 재력을 내보이고자 했다. 이에 따라 우리 사회에서 주택은 지위재 또는 문화적 자본으로서의 의미를 더욱 공고히 해나갔다.

2) 중산층과 주택소유의 선택적 친화성

위와 같은 주택상품의 특성은 중산층의 계층적 욕구와 긴밀히 연관되어 '중산층=자가소유 가구'라는 인식이 폭넓게 확산되어 있다. 어떠한 점에서 중산층과 주택소유가 연관을 맺게 된 것일까?

중산층을 계급 또는 계층으로 볼 것인가, 또 정치적 · 경제적 · 사회문화적 측면 중 어느 차원에서 접근할 것인가 등에 따라 중산층 개념은 제각각이다. 그러나 사회 · 경제적으로 안정된 지위를 차지한 사회집단이라는 점에 대해서는 대체로 인식을 같이 하고 있다(홍두승, 2005 ; 신광영, 2006 ; 유팔무 외, 2005 ; 한상진, 1991). 이처럼 안정된 지위를 유지하기 위해 중산층은 일정 수준의 생산재 또는 소비재를 보유하게 된다. 즉 이들은 내구성 소비재, 특히 주택이나 부동산의 소유를 통해 생계안정을 확보하거나, 또는 생산수단이나 전문기술의 소유를 통해 경제활동의 안정을 획보힘으로써 자족적 경제생활을 지속직으로 영위하려 한나. 별날리 잃을 것이 없는 무산층과 달리, 이러한 자산의 보유로 인해 중산층은 체제안정을 희구하는 성향이 강할 수밖에 없다.[2] 중산층의 안정 희구 성향은 생활의 안정과 존재론적 안정감을 가져다 주는 주택의 기능과 어우러져서 중산층과 자가소유가 유기적으로 결합할 수 있는 배경요인으로 작용한다.

다음으로 중산층은 경제적 안정을 바탕으로 개별 가구단위의 자족

2) 바로 이러한 점에 주목해서 Poulantzas(1975)는 소자산가층(petty Bourgeoisie)의 특징으로 개인주의와 개량주의를 거론한 바 있다.

적 삶을 영위하고자 한다. 이는 가족단위의 사생활(privacy)을 중시하는 태도로 이어져서 외부 세계와 분리된 독자적인 생활공간을 확보하려는 노력으로 표출된다. 서구 사회의 근대화 과정에서 시 외곽의 자가소유 전원주택을 구하려는 중산층의 교외화 움직임이나 우리 사회에서 근대적 집합주택으로서 아파트가 대량 공급되고 중산층이 아파트 보유 및 입주의 주축이 된 사실 등이 이를 뒷받침해 준다(Fishman, 2000 ; 천현숙, 2002 ; Gelézeau, 2007). 나라마다, 또 시대에 따라 그 형태를 달리 하지만 중산층은 자가소유 주택을 사회로부터 가족단위의 사생활을 보호하는 성채로 삼아왔던 것이다.

그리고 중산층은 빈곤층과 상류층 사이에 낀 중간자적 위치에 놓여 있기 때문에 빈곤층으로의 추락을 경계하면서 상류층으로의 계층상승을 도모한다. 실제로 빈곤탈출이나 계층상승의 기회를 사실상 박탈당해 자포자기 상태에 빠지기 쉬운 빈곤층이나 계층하락의 위험이 상대적으로 적은 상류층에 비해 중산층은 사회적 이동의 기회에 더 많이 노출되어 있기 때문에 보유자산을 효과적으로 활용해서 생활의 안정을 유지하고자 한다. 특히 이들이 보유한 자산의 대부분이 자가소유 주택이기 때문에 내 집 장만이나 주택 넓혀가기 등을 통해 보유자산을 보존하거나 증식하는 데 적극적이다. 주택을 생존공간으로 여기는 빈곤층이나 여가 · 문화공간으로 삼는 부유층과 달리, 주택을 생활공간이자 자산 보존 및 증식의 수단으로 삼는다는 점에서 중산층과 주택소유는 더욱 밀접히 연관된다.

이렇게 볼 때, 중산층과 자가소유가 선택적 친화성(elective affinity)을 지닌다고 할 수 있다.[3] 이에 기반해서 무주택 서민층에 대한 주택공급 활성화 조치는 중산층 육성으로, 중산층의 확대는 자가소유에 대한 수요

폭증으로 이어진다는 발상이 뒤따르게 된다.

3) 중산층 육성을 위한 자가소유 확충정책

사회 · 경제적 안정을 희구하는 중산층이 체제안정을 위한 디딤돌 구실을 하기 때문에 특히 보수적인 정치세력은 중산층 육성에 주력하게 마련이다. 그런데 앞서 보았다시피 중산층과 자가소유가 긴밀한 연계성을 갖고 있기 때문에 이들은 자가소유의 확충을 통해 무주택 서민층을 중산층에 새로이 편입시키거나 중산층의 경제적 안정과 사회적 지위를 보장하는 방안에 주목해 왔다. 1980년대 이후 영국 보수당의 자가소유 중산층 육성정책이나 1970년대 중반 이후 자가소유 확산을 통한 한국 권위주의 정권의 중산층 육성정책은 이러한 양상을 잘 보여주는 대표적인 사례들이다.

영국에서는 일찍이 20세기 초반부터 노동자를 대상으로 한 공공임대주택(Council Housing)이 공급되었고, 특히 제2차 세계대전 이후의 본격적인 사회복지정책에 힘입어 1970년대 후반에는 공공임대주택이 총 주택의 1/3에 육박할 정도로 크게 증가했다(Merrett, 1979 ; Cole & Furbey, 1994 ; Ginsburg, 1979). 이같은 공공임대주택이 각종 사회복지 혜택과 함께 노동당에게는 든든한 정치적 보루로 작용했지만 보수당에게는 집권의 걸림

3) 이같은 양자관계에 주목해서 영국의 신베버주의자들은 중산층을 자가소유층으로 파악할 수 있는 '주거계급 이론(Housing Class Theory)'을 주창한 바 있다(Rex & Moore, 1967 ; Pahl, 1975 ; Saunders, 1984 ; 1990).

돌로 기능했다.

이에 1970년대 후반 대처(M. Thatcher)를 앞세워 집권에 성공한 보수당은 노동자를 주축으로 한 '케인즈주의적 복지정책'을 해체하고, 그 대안으로 일종의 중산층 육성 프로그램인 '자산소유 민주주의(Property-owning Democracy)' 체제를 구축하고자 했다. 이는 노동자로 대변되는 무산자층의 확산과 정치세력화를 우려해서 중소 자산가층을 육성해서 기득권층과 보수세력의 정치적 · 경제적 권익을 옹호하려는 발상으로, 이미 19세기 말부터 보수당의 정강에 반영되어 오다가 1980년대 이후 실제 정책으로 구현되었던 것이다(Offer, 1981 : 105-136 ; Saunders, 1990 : 204-262 ; 장세훈, 1997 : 17-21).[4] 당시 이 프로그램의 중핵을 구성한 것이 바로 공공주택의 민영화 방안, 즉 공공임대주택에 거주하는 무주택 서민층에게 공공임대주택을 분양해서 이들을 자가소유 중산층으로 육성하는 방안이었다.

그 결과 공공임대주택의 비중이 총 주택의 1/6 이하로 줄었고, 숙련노동자 및 하층 화이트칼라 중 상당수가 내 집 마련에 성공하면서 이들이 보수당의 새로운 정치적 지지층이 되어 보수당의 집권을 도왔다. 그러나 다른 한편으로 자가소유층의 과도한 사회적 확산은 보수주의자들의 애초 기대와 달리 자가소유층의 내부분화를 촉발시켜 새로운 사회적 긴장을 낳았다. 즉 공공주택의 민영화로 늘어난 자가소유 가구가 모두 안정 희구 성향의 중산층으로 자리잡은 것이 아니라, 중하층 자가소

4) 이는 무산층이 주택과 같은 주요 소비재를 보유하거나 주식거래를 통해 생산재를 소유하도록 문호를 개방한다는 점에서, 즉 일반대중을 자본가로 변신시킨다는 점에서 '대중자본주의(Popular Capitalism)'로도 불렸다(Saunders & Harris, 1994).

유 가구의 상당수는 주택분양에 따른 과도한 재정적 부담으로 '채무 자가소유자(Debtor Occupier)'가 되었다. 이에 영국 보수당의 자가소유 중산층 육성정책은 영국을 '자산소유자의 나라(Property-owners' Nation)', '자가소유자의 나라(A Nation of Home Owners)'가 아니라 '채무자의 나라(A Nation of Debtors)'로 만들었다는 비판으로부터 자유롭지 못하다(Saunders, 1990 ; Gentle, et al., 1994 : 182-183 ; Hamnett, 1995 : 257-272 ; Savage, et al., 1992 : 80-98).

1970년대 중반부터 한국의 권위주의 정권도 자신들의 정치적 지지기반 조성을 위해 중산층 육성에 관심을 기울이기 시작했다. 당시 물리적 폭력을 통한 강압정치가 일상화될 정도로 정권의 정치적 정당성을 상실한 데다가 '여촌야도(與村野都)'의 정치적 분위기에서 잘 나타나듯이 특히 도시 서민층의 지지를 이끌어내지 못했다. 이에 정부는 1970년대 중반부터 공동주택의 선분양(先分讓) 제도와 분양가 규제정책을 결합시켜 무주택 서민층의 내 집 마련을 지원해서 사회·정치적 안정을 희구하는 자가소유 중산층을 육성하는 방안을 시도했다(장세훈, 1996b). 그 과정에서 우선 주택건설업체는 아파트 선분양을 통해 별다른 자금부담 없이 대규모 주택건설에 참여할 수 있었다. 또 입주예정자는 선분양으로 초기 자금조달의 부담을 떠안았지만, 분양가 규제를 통해 싼 값에 주택을 분양받을 수 있어 상당한 개발이익을 차지할 수 있었다. 그리고 정부는 별도의 재정지출 없이 만성적 주택부족 문제를 해결하는 동시에 무주택 서민층을 자가소유 중산층으로 변신시켜 체제안정과 지지기반 확충이라는 정치적 효과를 얻을 수 있었다. 그러나 초기 자금조달이 어려워 무주택 서민 신세를 벗어날 수 없었던 하층은 정책적으로 소외되었을 뿐만 아니라,[5] 개발이익을 노린 투기적 가수요로 주택가격이 폭등하면서 더욱 극심한 주택난을 겪는 등, 내 집 마련을 통한 중산층의 육성방안이 무주택 서민층으로 적체된 하층민의 상대적 박탈감과 주거불안을 더욱 가중시키는 부작용을 낳았다.

초기에 이처럼 민간주택 건설에 대한 선분양/분양가 규제라는 행정조치로 일관하던 정부는 1980년대부터 공공부문이 재정투자를 통해 주택공급에 직접 참여하고 이를 주도해서 무주택 서민층에게 주택구입 문호를 넓히는 방안을 새로이 추가했다. 1980년 제정된 택지개발촉진법에 기반해서 토지개발공사, 주택공사 등의 공공부문이 택지개발 및 주택공급을 주도하면서, 비록 무위로 끝났지만 1980년대 초반에 기획된 주택 500만호 건설계획, 그리고 만성적인 주택부족 사태의 종식을 앞당긴 1990년대 초반의 주택 200만호 건설 등이 잇따랐다. 이를 통해 염가의 주택이 대규모로 공급되면서 무주택 서민층의 자가소유 중산층으로의 변신이 보다 신속하게 이루어질 수 있었다. 특히 1980년대 후반의 3저 호황에 힘입어 서민층의 가계가 윤택해지면서 자가소유를 통한 중산층 육성 프로그램은 더욱 효력을 발휘할 수 있었다(손정목, 2003 : 267-289 ; 한상진 · 한상연, 1990 ; 김태동 · 이근식, 1989).

이미 공공임대주택이 일반적인 주거형태로 자리잡은 영국과 공공주택이 전무했던 한국의 사정이 크게 다르지만, 대규모 주택공급 및 자가소유 촉진을 부추긴 이들의 주택정책은 중산층 육성을 통한 체제안정

5) 선분양 및 분양가 규제정책이 1977년 주택청약제도를 기점으로 시행된 반면에, 무주택 서민층의 주거안정을 위한 최소한의 법제적 보호장치인 '주택임대차보호법'은 그마저도 미흡한 내용을 담은 채 1981년에야 제정되었다는 사실이 주택정책에서의 계층적 차별성을 잘 보여준다.

및 보수세력의 정치적 입지 강화라는 정치적 의도를 담고 있었다는 점에서는 크게 다르지 않다. 이는 무주택 서민층의 내 집 마련이 중산층으로의 계층상승의 디딤돌이 되고 중산층은 내 집 마련을 발판으로 자신들의 계층적 지위를 공고히 한다는 '자가소유=중산층'의 인식이 학문공동체뿐만 아니라 사회현실에서도 깊숙이 뿌리내리고 있음을 여실히 보여주고 있다.

3. 접근방법

이상에서 살펴본 바와 같이 적어도 1990년대 중반까지의 한국 사회에서는 내 집 마련을 통한 무주택 서민층의 중산층으로의 지위상승이 일정 정도 보장되었고, 이는 권위주의 체제 하에서도 정치 · 사회적 안정이 유지되는 밑거름이 되었다고 할 수 있다. 그렇지만 외환위기를 거친 현 단계에도 이러한 중산층 육성 전략이 유효할 것인지 여부는 논란의 소지가 있다. 또한 이러한 전략이 유효하다고 하더라도 구체적으로 그 정책 수요의 대상을 누구로 삼아야 하고 어떠한 방안을 구사해야 할 것인지에 대해서는 본격적인 논의가 요구된다. 이러한 점에서 자가소유 확산을 통한 중산층 육성 전략의 대상과 방법을 면밀히 검토할 필요가 있다. 이러한 문제의식에 입각해서 이 글에서는 2006년 8월 한국사회학회가 주관해서 실시한 '중산층 관련 국민의식' 조사자료를 활용해서 중산층을 중심으로 사회계층별 주거현실 및 인식을 살펴보고자 한다.[6]

중산층의 주거실태 및 인식은 이들만을 대상으로 해서는 그 특성을 판별하기 어렵다. 따라서 다른 계층집단과의 비교나 내부집단 간의 비교 등을 통해 그 대외적 차별성과 대내적 이질성을 밝힐 필요가 있다. 여기서는 조사대상자들의 계급적 지위, 교육수준, 소득수준 및 주택규모 등을 기준으로 삼아 핵심적 중산층, 주변적 중산층, 하층으로 구분한 뒤에 한편으로는 중산층과 비중산층을, 그리고 다른 한편으로는 중산층 내부에서 핵심적 중산층과 주변적 중산층을 비교하는 방식을 취하고자 한다.[7)]

중산층의 주거실태와 인식수준을 살핀다고 하더라도 여러 관점에서 다각도로 접근해 볼 수 있다. 그러나 주거실태의 관건은 주택보유 여부와 보유주택의 가격 및 규모 등과 같은 객관적 지표와 언제 어떻게 주택을 마련하는가 하는 구체적인 주거행태에 있다고 할 수 있다. 또 주거에 대한 인식에서는 자가소유의 욕구, 주거 만족도, 주택 관련 조세에 대한 태도, 그리고 미래에 대한 전망 등이 중요하다. 따라서 주거실태와 인식수준을 살피고자 한다면 적어도 이러한 사항들을 종합적으로 검토할 필요가 있다. 이하에서는 이를 감안해서 계층별 주택보유 실태, 주거행태, 현 주거에 대한 인식, 그리고 향후 전망을 중점적으로 살펴볼 것이다.

6) '중산층 관련 국민의식' 조사는 전국의 만 19세 이상 성인 남녀를 모집단으로 표집한 1,515명을 설문조사한 결과이다. 이 자료의 조사방법 및 구체적인 조사내용에 관해서는 조동기(2006 : 5–6)를 참조.

7) 중산층을 중심으로 한 이러한 계층분류의 구체적인 기준 및 방법에 관해서는 홍두승(2005 : 91–104), 조동기(2006 : 8–12)를 참조.

〈그림 2〉 계층별 주택소유 현황

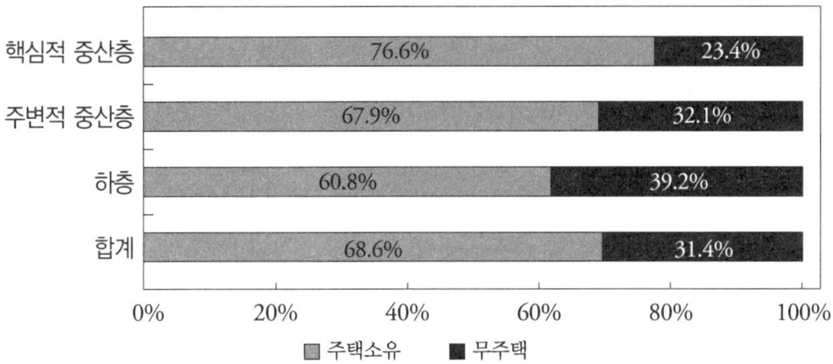

자료 : 한국사회학회(2006), 「'중산층 관련 국민의식' 조사」결과.

4. 중산층의 주거현실과 인식

1) 주택보유 실태

앞서 살펴보았다시피 중산층과 자가소유는 일반적으로 선택적 친화성을 갖는다고 할 수 있다. 그렇다면 과연 현 단계 우리 사회의 중산층 대다수는 자가소유 가구로 구성되어 있는가? 〈그림 2〉를 보면 핵심적 중산층의 3/4 가량이 내 집을 보유하고 있어 이러한 추정을 어느 정도 뒷받침해 주고 있다. 그러나 주변적 중산층의 경우에도 2/3 정도가 자가소유 가구이고, 하층도 그 중 3/5은 내 집을 지니고 있다. 특히 자가소유 가구의 상당수는 핵심적 중산층에 편입되지 못하고 있으며, 아예 중산층이 아닌 자가소유 가구의 비중도 30%에 육박하고 있다. 이처럼 계층에 따

른 주택소유 비중에서 결정적인 차별성을 발견하기 어렵다.[8]

이러한 계층별 주택소유 실태는 한편으로 중산층의 대다수가 자가소유 가구의 형태를 띠고 있어 중산층이 자가소유를 자신들의 계층적 지위의 발판으로 삼고 있음을 보여준다. 그러나 다른 한편으로 내 집을 장만했다고 해서 곧바로 중산층에 진입하는 것이 아니라는 사실도 뒷받침해 주고 있다.

또한 이러한 주택소유 분포현황은 자가소유를 통한 중산층 육성방안에서 그 목표집단(target group)을 좀더 구체화할 필요가 있음을 보여준다. 물론 모든 무주택 서민층을 그 대상으로 삼아야겠지만, 제한된 정책자원을 효과적으로 활용하기 위해서는 그 대상을 좀더 좁힐 필요가 있다. 이러한 관점에서 접근할 경우, 하층의 무주택 가구는 그 대다수가 저임금 불완전 고용에 시달리며 주택보유에 필요한 경제적 여력도 빈약한 집단이어서 자가소유를 통한 계층상승의 가능성이 극히 낮다. 그 반면에 주변적 중산층에 머무는 무주택 가구는 전체의 1/10 가량 되는데, 이들은 최근의 주택가격 폭등으로 하층으로 전락할 위험이 높은 계층집단이지만 내 집을 장만할 여력도 있고 자가소유를 통해 중산층의 지위를 유지할 가능성도 높은 집단이다. 이러한 점에서 후자를 자가소유 촉진정책의 목표집단으로 설정하고, 전자에게는 과중한 주거비 부담을 덜어줄 공공임대주택을 제공하는 방안을 모색할 필요가 있다.

다음으로 계층별 주택가격을 비교해 보자. 〈표 1〉을 보면 핵심적

8) 전체 조사대상 가구의 주택소유 비중이 68.6%로, 2005년 인구 · 주택 센서스의 60.3%에 비해 다소 높게 나타나는 등 자가소유 가구가 '과잉표집'된 데 따른 문제일 수도 있지만, 이를 감안하더라도 계층 간 주택소유 비중의 차별성이 뚜렷하지 않다.

〈표 1〉 계층별 보유주택의 가격

(단위 : 명, %)

계층구분	1억 미만	1-3억	3-5억	5-10억	10억 이상	전체
핵심적 중산층	71 (20.4%)	166 (47.7%)	57 (16.4%)	37 (10.6%)	17 (4.9%)	348 (100.0%)
주변적 중산층	143 (50.7%)	104 (36.9%)	26 (9.2%)	9 (3.2%)	0 -	282 (100.0%)
하층	210 (72.2%)	76 (26.1%)	5 (1.7%)	0 -	0 -	291 (100.0%)
전체	424 (46.0%)	346 (37.6%)	88 (9.6%)	46 (5.0%)	17 (1.8%)	921 (100.0%)

자료 : 한국사회학회(2006), 「'중산층 관련 국민의식' 조사」결과.

중산층이 보유한 주택가격은 대부분 1-3억 원에 집중되어 있고, 5억 원 이상의 주택은 대부분 이들이 보유하고 있다. 이에 반해 주변적 중산층의 절반 이상, 하층의 3/4 가까이가 1억 원 미만의 주택에 거주하고 있다.

무주택 가구의 주택보증금을 비교해 보더라도 이와 동일한 양상을 발견할 수 있다. 〈표 2〉에서 무주택 핵심적 중산층은 주로 5천만 원에서 2억 원 사이에 몰려 있는 반면에, 주변적 중산층의 주택보증금은 1억 원 미만에 폭넓게 분산되어 있다. 그리고 하층의 경우에는 주로 5천만 원 미만에 집중되어 있다.

이를 앞서의 계층별 주택보유 현황과 연관지워 살펴보면 중산층과 비중산층 간, 또 핵심적 중산층과 주변적 중산층 간을 구획하는 데 있어 주택을 보유했느냐 여부보다는 어느 정도 가격의 어떠한 수준의 주택에 거주하느냐가 더 중요하다는 점을 발견할 수 있다.

주거실태에서 또 하나 살펴봐야 할 사항은 주거면적이다. 〈표 3〉을 통해 계층별 주거면적을 살펴보면 핵심적 중산층은 30-50평형대 주택

〈표 2〉 무주택 가구의 계층별 주택보증금 수준

(단위 : 명, %)

계층구분	3천만 원 미만	3-5천만 원	5천만-1억 원	1-2억 원	2억 이상	전체
핵심적 중산층	4 (5.4%)	11 (14.9%)	28 (37.8%)	23 (31.1%)	8 (10.9%)	74 (100.0%)
주변적 중산층	19 (25.7%)	18 (24.3%)	22 (29.7%)	13 (17.6%)	2 (2.7%)	74 (100.0%)
하층	39 (37.5%)	36 (34.6%)	23 (22.1%)	5 (4.8%)	1 (1.0%)	104 (100.0%)
전체	62 (24.6%)	65 (25.8%)	73 (29.0%)	41 (16.3%)	11 (4.4%)	252 (100.0%)

자료 : 한국사회학회(2006), 「'중산층 관련 국민의식' 조사」결과.

〈표 3〉 계층별 주거면적

(단위 : 명, 평, %)

계층구분	30평 미만	30-50평	50평 이상	전체	평균 주거면적
핵심적 중산층	88 (22.6%)	275 (70.7%)	26 (6.7%)	389 (100.0%)	34.3
주변적 중산층	194 (56.1%)	134 (38.7%)	18 (5.2%)	346 (100.0%)	28.5
하층	345 (94.5%)	18 (4.9%)	2 (0.5%)	365 (100.0%)	20.7
전체	627 (57.0%)	427 (38.8%)	46 (4.2%)	1100 (100.0%)	28.0

자료 : 한국사회학회(2006), 「'중산층 관련 국민의식' 조사」결과.

에 주로 거주하고, 하층의 대다수는 30평 미만의 주택에 거주하고 있다. 가구당 평균 주거면적을 보면 이러한 차이가 더욱 선명하게 드러나는데, 평균적으로 핵심적 중산층은 34.3평, 주변적 중산층은 28.5평, 하층은 20.7평의 주택에 거주하고 있다.

이처럼 주거면적에서 계층적 차별성이 확연한 것은 중산층 판별기준의 하나로 주택면적 30평 이상이라는 기준을 활용했기 때문이라고도 할 수 있다. 그러나 주택규모를 여러 판별기준 가운데 하나로 활용했음에도 불구하고 그 차이가 뚜렷하다는 사실은 주거면적이 사회적 불평등을 드러내는 핵심적인 지표 가운데 하나임을 뒷받침해 준다.

2) 주거행태

보유주택의 크기나 가격에서 이처럼 계층별 차별성이 드러나고 있는데, 주거행태, 특히 주택구입 시기나 그와 관련된 자원동원 방식, 주택선택의 기준 등과 같은 주택 마련 전략에서도 이러한 차이를 발견할 수 있을까?

먼저 자가소유 가구만을 대상으로 이들의 주택 마련 시기를 살펴보면 그 중 핵심적 중산층은 결혼 전이나 결혼 후 5년 미만에 주택을 장만한 경우가 절반이 넘고, 적어도 결혼 후 10년 이내에 2/3 가량이 내 집을 보유하는 것으로 나타나 있다. 이에 빈해 결혼 후 5년 이내에 자가소유를 이룬 경우가 주변적 중산층은 1/3을 갓 넘고, 하층은 28.2%에 지나지 않는다. 주변적 중산층은 결혼 후 10-15년 사이에 내 집 장만에 성공한 사례가 가장 많이 몰려 있고, 하층은 결혼 후 20년 이후에도 자가소유를 이룬 경우가 21.8%에 지나지 않는다(〈표 4〉 참조).

이와 같이 상위계층으로 올라갈수록 내 집 마련 시기가 앞당겨진다는 사실은 핵심적 중산층이나 상층의 경우에는 상속이나 증여와 같은 부의 세대 간 이전을 통해서, 또는 가구주 본인의 안정된 일자리와 높은

〈표 4〉 계층별 주택 마련 시기

(단위 : 명, %)

계층구분	혼전	5년 미만	5-10년	10-15년	15-20년	20년 이상	전체
핵심적 중산층	24 (8.2%)	124 (42.6%)	48 (16.5%)	58 (19.9%)	22 (7.6%)	15 (5.2%)	291 (100.0%)
주변적 중산층	20 (8.7%)	59 (25.5%)	31 (13.4%)	70 (30.3%)	18 (7.8%)	33 (14.3%)	231 (100.0%)
하층	23 (10.6%)	38 (17.6%)	28 (13.0%)	49 (22.7%)	31 (14.4%)	47 (21.8%)	216 (100.0%)
전체	67 (9.1%)	221 (29.9%)	107 (14.5%)	177 (24.0%)	71 (9.6%)	95 (12.9%)	738 (100.0%)

자료 : 한국사회학회(2006), 「'중산층 관련 국민의식' 조사」결과.

소득이라는 우월한 사회 · 경제적 지위를 활용해서 조기에 내 집을 장만한다는 추정을 가능케 한다. 이들은 이를 기반으로 '집 늘리기'에 한 발 앞서 나감으로써 주택가격 폭등상황에서 주택을 통한 자산가치 보전 및 자본이득 취득에 보다 유리한 위치를 차지할 수 있었다.

그런데 고가의 내구재라는 주택의 속성상 개별 가구의 자체 보유 자산만으로는 내 집 마련에 이르기가 쉽지 않다. 따라서 무주택 가구들은 내 집 마련을 위해 자신이 보유한 갖가지 사회 · 경제적 자원을 최대한 활용할 필요가 있다. 이때 외부 재원, 특히 금융기관의 장기 대출 자금을 적절히 활용하는 것이 필수적이다. 그렇다면 각 사회계층은 이같은 자원을 어떻게 동원해서 내 집을 장만하는 것일까?

각 계층별 가계 부채의 주요 원인을 살펴본 〈표 5〉를 보면, 핵심적 · 주변적 중산층을 가리지 않고 중산층의 40% 이상이 가계 부채의 주요 원인으로 주택자금을 첫 번째 원인으로 꼽고 있다. 다만 핵심적 중산층의 경우에는 사업자금이 그 다음으로 큰 비중을 차지하는 반면에, 주변적

〈표 5〉 계층별 가계 부채의 주요 원인

(단위 : 명, %)

계층구분	생활비	사업자금	주택자금	교육비	빚 보증	기타	전체
핵심적 중산층	11 (6.3%)	64 (36.6%)	80 (45.7%)	10 (5.7%)	6 (3.4%)	4 (2.3%)	175 (100.0%)
주변적 중산층	17 (13.0%)	38 (29.0%)	55 (42.0%)	6 (4.6%)	14 (10.7%)	1 (0.8%)	131 (100.0%)
하층	18 (13.0%)	52 (37.7%)	37 (26.8%)	14 (10.1%)	17 (12.3%)	0 –	138 (100.0%)
전체	46 (10.4%)	154 (34.7%)	172 (38.7%)	30 (6.8%)	37 (8.3%)	5 (1.1%)	444 (100.0%)

자료 : 한국사회학회(2006), 「'중산층 관련 국민의식' 조사」결과.

중산층은 생활비나 빚 보증으로 인한 가계 부채의 비중이 상대적으로 높다는 점에서 차이를 보여줄 뿐이다. 그런데 하층은 사업자금을 가계 부채의 첫 번째 원인으로 꼽고 있으며, 주택자금이 두 번째를 차지하고 있다. 생활비, 빚 보증, 교육비 등은 거의 같은 비중을 차지하며 그 뒤를 잇고 있다.

이는 하층의 경우 미래에 대한 장기적 전망이 불투명하기 때문에 거액의 주택 관련 채무 부담을 감당하기도 어렵고, 또 신용 부족으로 금융기관으로부터 주택 관련 대부를 받을 수도 없기 때문에 당장의 교육비나 생활비 등과 같이 생계에 직결되는 소액 부채가 주종을 이루고 있다. 이들과 달리 중산층은 고소득과 고용안정을 발판으로 단기적으로는 가계에 다소 무리가 되더라도 거액의 장기 대출을 받아 주택을 장만하는 데 적극적으로 나서고 있다. 이러한 점에서 하층이 가용자원의 부족으로 주택금융에 대한 접근성이 떨어져 당장의 생계유지에 필요한 소액

〈표 6〉 주택 선택의 주요 요인

(단위 : 명, %)

계층구분	교통편의	교육여건	주택가격	투자가치	생활환경	출퇴근	기타	전체
핵심적 중산층	59 (15.2%)	32 (8.2%)	33 (8.5%)	46 (11.8%)	194 (49.9%)	24 (6.2%)	1 (0.3%)	389 (100.0%)
주변적 중산층	59 (17.1%)	32 (9.2%)	42 (12.1%)	31 (9.0%)	160 (46.2%)	20 (5.8%)	2 (0.6%)	346 (100.0%)
하층	84 (23.1%)	15 (4.1%)	61 (16.8%)	24 (6.6%)	166 (45.6%)	14 (3.8%)	0 –	364 (100.0%)
전체	202 (18.4%)	79 (7.2%)	136 (12.4%)	101 (9.2%)	520 (47.3%)	58 (5.3%)	3 (0.3%)	1099 (100.0%)

자료 : 한국사회학회(2006), 「'중산층 관련 국민의식' 조사」결과.

부채에 치중하는 소극적인 생존형 전략을 취하는 데 반해, 중산층은 풍부한 보유자원을 최대한 동원해서 주택금융에 접근한 뒤에 대규모 대출을 받아 내 집 마련 및 집 늘리기에 나서는 적극적인 자산증식 전략을 취한다고 할 수 있다.

그렇다면 주택을 선택할 때 중산층은 어떠한 점을 중시하는 것일까? 〈표 6〉을 보면 우선 전 계층에 걸쳐서 응답자의 절반 가까이가 주변의 자연환경이나 생활기반 시설 등과 같은 생활환경을 중시하는 태도를 취하고 있다. 그렇지만 계층별 차이에 주목한다면, 중산층의 경우에는 상대적으로 주택의 투자가치와 자녀의 교육여건에 좀더 치중하는 태도를 보이고, 하층으로 갈수록 주택가격과 교통 편의에 관심을 드러내는 미묘한 차이를 발견할 수 있다.

이는 대다수의 사람들이 주택을 주거수단, 즉 생활공간으로 인식하고 있지만, 중산층의 경우에는 앞서 보았듯이 중·대형 주택을 보유할 경제적 여력을 갖추고 있기 때문에 자산증식의 방편으로 삼으려는 생각이 상대적으로 강할 뿐만 아니라, 자녀 교육을 통한 계층적 지위의 세대 간 재생산에 대한 높은 관심 탓에(신명호, 2004 참조) 양호한 교육환경에 관심을 두고 있음을 보여준다. 이들과 달리 하층의 경우에는 어려운 경제적 형편을 감안해서 주거지를 선택하는 경우가 적지 않기 때문에 주택 선택과정에서 그 가격에 보다 민감하게 반응한다. 또한 대중교통 의존도가 상대적으로 높기 때문에 교통의 편의성 또한 중시하는 태도를 보인다.

이처럼 주택 선택과 관련한 행태에서 중산층은 주택을 계층적 지위 유지 및 상승을 위한 발판으로 삼는 데 반해, 하층은 주택을 생존을 위한 수단으로 활용하는 데 급급하다는 점에서 계층적 차별성을 드러내고 있다.

3) 주거 인식

그렇다면 주거실태 및 행태에 이어 주거 인식에서도 계층적 차별성이 발견되는가? 먼저 〈표 7〉을 통해 자가소유의 필요성에 대한 인식을 살펴보자. '나는 반드시 우리 가족 소유의 집이 필요하다고 생각한다' 는 질문에 대해 응답자의 2/5 가량이 절실하게 필요하다는 의견을 피력했고, 별 필요를 느끼지 못한다는 응답이 1/10을 갓 넘는 것으로 나타났다. 내 집을 장만하지 못한 하층 가구가 자가소유의 절박성을 조금 더 강하게 피력하고 있지만 유의미한 차이를 보이지는 않는다.

주택가격이 폭등하는 상황에서 내 집 마련은 자산가치의 하락을

〈표 7〉 자가소유의 필요성에 대한 인식

(단위 : 명, %)

계층구분	전혀 그렇지 않다	별로 그렇지 않다	보통이다	약간 그렇다	매우 그렇다	전체
핵심적 중산층	11 (2.8%)	36 (9.3%)	46 (11.8%)	146 (37.5%)	150 (38.6%)	389 (100.0%)
주변적 중산층	6 (1.7%)	30 (8.7%)	43 (12.4%)	130 (37.6%)	137 (39.6%)	346 (100.0%)
하층	3 (0.8%)	28 (7.7%)	46 (12.6%)	127 (34.8%)	161 (44.1%)	365 (100.0%)
전체	20 (1.8%)	94 (8.5%)	135 (12.3%)	403 (36.6%)	448 (40.7%)	1100 (100.0%)

자료 : 한국사회학회(2006), 「'중산층 관련 국민의식' 조사」결과.

방지하는 최소한의 방어기제이자 보유자산을 증식시키는 경제적 기반이 된다. 따라서 계층을 가리지 않고 자가소유에 대해 적극적인 태도를 취하는 것이 당연하다. 이러한 까닭에 자가소유의 필요성에 대한 인식에서 계층적 차이가 발견되지 않는다. 그렇지만 보유자산의 규모나 가용자원의 폭에서 계층별 차이가 존재하기 때문에 이러한 인식의 공유에도 불구하고 앞서 보았듯이 실제 행태에서는 상당한 차별성이 드러나게 되는 것이다.

다음으로 현재 거주하는 주택에 대해서는 어떻게 생각하고 있을까? 〈그림 3〉의 계층별 주거 만족도를 보면 여기서도 그리 뚜렷한 차이가 나타나지 않는다. 물론 핵심적 중산층의 경우 만족도가 다소 높게 나타나고 하층에서 불만족스러운 반응이 다소 많기는 하지만 유의미한 차이라고 할 수는 없다.

계층별로 주택의 입지나 규모, 설비 등에서 현저한 차이가 있는데,

〈그림 3〉 계층별 주거 만족도

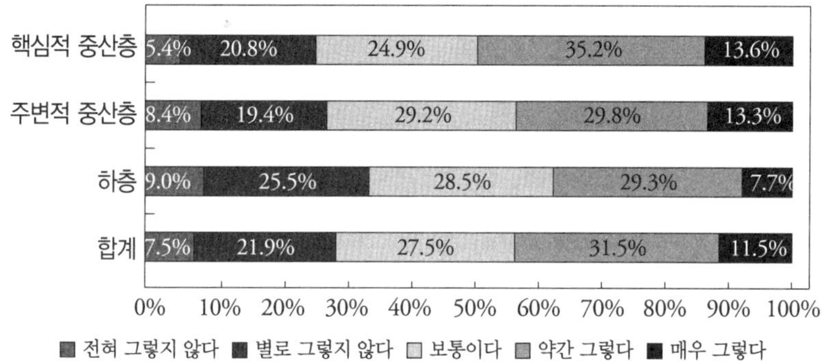

자료 : 한국사회학회(2006), 「'중산층 관련 국민의식' 조사」결과.

주거 만족도에서 이처럼 미미한 차이를 보이는 것은 쉽사리 납득하기 어렵다. 그러나 주거 만족도가 객관적 조건과 함께 주관적 인식이 더해지기 때문에 주거조건과 주거 만족도 사이에 차이가 있을 수 있다. 특히 주택가격의 만성적 폭등상황이 연출되는 우리 사회에서는 주택이 생활공간이라는 본래 의미보다는 자산증식이라는 파생적 의미가 부각되기 때문에 이러한 괴리가 더욱 벌어지고 고착화될 가능성이 높다. 예컨대 자산증식을 목적으로 필요 이상의 중대형 주택을 무리해서 구입한 대형주택 거주자의 경우, 실제 주거생활에 대한 만족도가 그리 높지 않을 수 있고,[9] 허름한 소형주택이 자산증식에는 도움이 되지 않지만 생활공간으로는 만족스러울 수 있다. 이같은 주택의 두 가지 기능들 간의 충돌과 괴리가 더해지면서 중대형 주택에 거주하는 핵심적 중산층의 주거 만족도가

9) 실제로 〈그림 4〉를 보면 30-40평형대 주택에 거주하는 가구에서 현 주거에 만족하는 사례가 60%로, 30평 미만 사례(31.5%)뿐만 아니라 50평 이상 사례(41.8%)에 비해서도 월등히 높아 주택규모와 주거 만족도가 반드시 비례하지 않음을 보여준다.

〈그림 5〉 고가의 대형 주택의 중과세 조치에 대한 계층별 태도

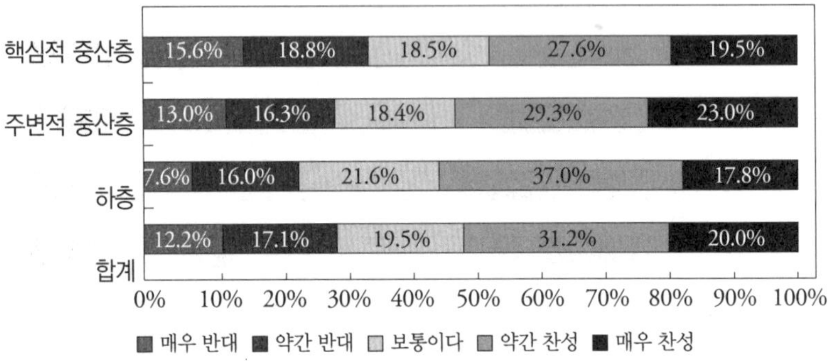

자료 : 한국사회학회(2006), 「'중산층 관련 국민의식' 조사」결과.

그렇지 못한 하층의 그것과 큰 차이가 없는 결과가 빚어진 것으로 보인다.

그리고 자산증식을 목적으로 주택을 보유한 중산층 이상의 경우에는 주택 관련 보유세 중과세 조치에 대해 대단히 민감한 반응을 보일 것으로 추정된다. 그런데 〈그림 5〉를 보면 고가의 대형 주택 중과세 조치에 대한 적극적 찬성 응답에 대해 통계적으로 유의미하지는 않지만 오히려 핵심적 중산층이 하층보다 조금 더 높은 지지를 보이고 있다. 또 전체적

〈그림 4〉 주택규모별 주거 만족도

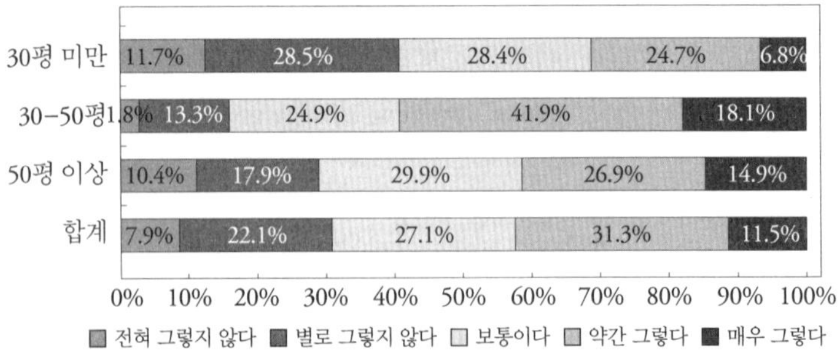

자료 : 한국사회학회(2006), 「'중산층 관련 국민의식' 조사」결과.

〈그림 6〉 고가의 대형 주택의 중과세 조치에 대한 주택가격대별 태도

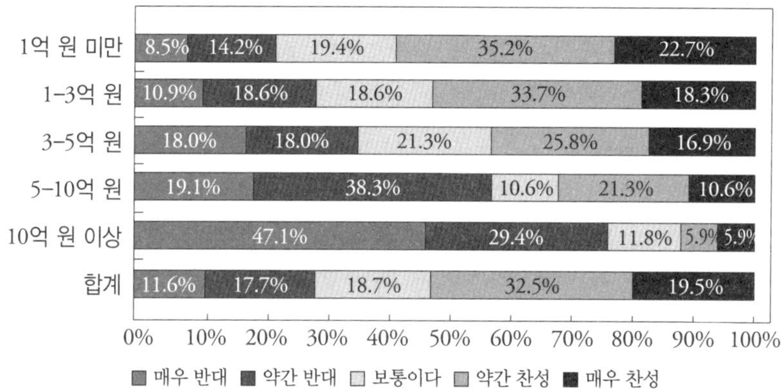

자료 : 한국사회학회(2006), 「'중산층 관련 국민의식' 조사」결과.

으로 이러한 조치에 대한 찬 · 반의견에 대해 계층적 차별성이 그리 확연하지 않다.

그렇지만 이러한 응답결과가 주택을 통한 자산증식을 억제하려는 정부 정책에 대해 계층별 차이가 없음을 뜻하지는 않는다. 최근 정부가 종합부동산세제를 강화하는 등 주택의 투기적 보유 및 거래를 억제하는 조치를 잇달아 시행하고 있는데(재정경제부 외, 2005), 그 적용대상이 극소수의 고가주택소유자이기 때문에 이들만이 앞장서서 반대하고 있을 뿐이다. 보유주택 가격대별 집단을 나눠 이러한 중과세 조치에 대한 각 집단별 태도를 비교해 보면 이러한 양상을 쉽게 확인할 수 있다. 〈그림 6〉을 보면 중과세 조치와 무관한 3억 원 이하 주택을 보유한 집단은 적극적 찬동의사를 밝힌 반면에, 조만간 중과세 적용이 예상되는 5-10억 원 규모의 주택보유 집단에서는 반대의견이 높고, 중과세 적용이 확실한 10억 원 이상의 주택을 보유한 집단은 적극적인 반대의사를 피력하고

있다. 이는 자가소유 중산층이 하나의 동질적 집단이 아니라 다양한 이질적 집단으로 분화되어 있음을 잘 보여준다.

4) 향후 전망

이상에서 주거상태와 주거에 대한 태도 및 의식과 관련해서 계층별 차별성을 살펴보았는데, 마지막으로 향후의 사회 · 경제적 지위에 대한 계층별 전망을 살펴보자.

〈표 8〉 향후 10년 뒤 계층적 지위변동에 대한 계층별 전망

(단위 : 명, %)

계층구분	상층 진입	중산층 유지	중산층 진입	중산층 상실	하층 유지	전체
핵심적 중산층	65 (17.2%)	267 (70.4%)	32 (8.4%)	4 (1.1%)	11 (2.9%)	379 (100.0%)
주변적 중산층	33 (9.7%)	198 (58.2%)	68 (20.0%)	8 (2.4%)	33 (9.7%)	340 (100.0%)
하층	10 (2.8%)	195 (54.3%)	74 (20.6%)	16 (4.5%)	64 (17.8%)	359 (100.0%)
전체	108 (10.0%)	660 (61.2%)	174 (16.1%)	28 (2.6%)	108 (10.0%)	1078 (100.0%)

자료 : 한국사회학회(2006), 「'중산층 관련 국민의식' 조사」결과.

〈표 8〉을 보면 중산층 유지 및 진입, 상층 진입 등과 같은 긍정적인 전망이 전체적으로 87.3%에 달해 대다수 응답자가 미래에 대해 낙관적인 시각을 견지하고 있음을 알 수 있다. IMF 외환위기 이후 신자유주의

〈표 9〉 향후 10년 뒤 계층적 지위변동에 대한 주택소유 여부별 전망

(단위 : 명, %)

구분	상층 진입	중산층 유지	중산층 진입	중산층 상실	하층 유지	전체
자가소유	83 (10.8%)	491 (63.8%)	85 (11.0%)	28 (3.6%)	83 (10.8%)	770 (100.0%)
무주택	29 (8.1%)	192 (53.3%)	98 (27.2%)	0 –	41 (11.4%)	360 (100.0%)
전체	112 (9.9%)	683 (60.4%)	183 (16.2%)	28 (2.5%)	124 (11.0%)	1130 (100.0%)

자료 : 한국사회학회(2006), 「'중산층 관련 국민의식' 조사」결과.

적 경제체제가 구축되는 과정에서 일자리 감축과 조기 퇴직, 계층구조의 고착화에 따른 상향적 계층이동의 봉쇄 등이 광범위하게 전개되는 현금의 상황을 감안할 때, 이같은 낙관적 전망을 그대로 수긍하기는 어렵다. 이는 현 단계의 객관적 상황을 엄밀히 판단해서 미래를 예측했다기보다는 전체 사회계층의 상향이동이 이루어지고 일자리가 풍부하게 공급되던 압축적 고도성장 단계의 역사적 경험에서 얻은 기대감을 표출한 결과로 해석해 볼 수 있다.

그렇지만 계층별 차별성이 없지는 않다. 핵심적 중산층은 상층 진입 및 중산층적 지위 유지를 기대하는 경우가 87.6%에 이르는데, 하층의 경우에는 그 비중이 57.1%에 지나지 않는다. 또 중산적 지위를 잃거나 하층에 머물 것이라는 비관적 전망을 하는 사례가 핵심적 중산층에서는 4.0%인데 하층에서는 22.3%로 나타나 뚜렷한 차이를 보여주고 있다. 이는 전반적으로 낙관론적인 전망이 견지되고 있는 상황에서도 현재의 계층적 지위가 미래의 전망에 적지 않게 영향을 끼치고 있음을 보여준다.

그렇다면 주택소유 유무 역시 향후 계층적 지위에 대한 태도에 영

〈그림 7〉 향후 10년 뒤 계층적 지위변동에 대한 교육수준별 전망

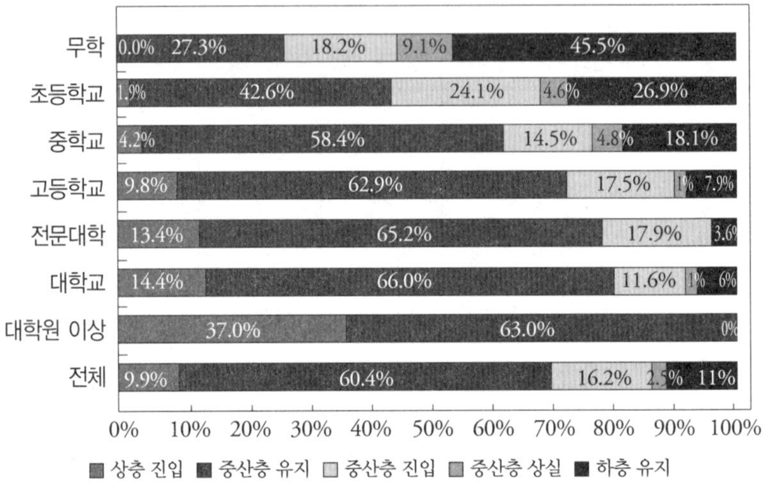

자료 : 한국사회학회(2006), 「'중산층 관련 국민의식' 조사」결과.

향을 미칠 것인가? 〈표 9〉를 보면 자가소유 가구는 중산층적 지위를 유지하리라는 전망에 좀더 치중하고, 무주택 가구는 상대적으로 중산층에 진입하리라는 전망에 다소 기울었을 뿐, 상층에 진입한다거나 중산층적 지위를 상실하거나 하층적 지위를 유지하리라는 전망에 대해서는 양자가 거의 비슷한 비율을 보여주고 있다. 즉 앞서의 계층적 지위와 달리 주택소유 유무가 향후의 계층적 지위에 대한 전망에 거의 영향을 끼치지 못하고 있다. 따라서 무주택 서민층에 주택을 공급하더라도 이들이 자신들의 암울한 미래가 개선되리라고 생각하지 않으며, 중산층으로의 계층상승에 매진할 것이라고 예측하기도 어렵다.

이와 달리 교육수준별 전망을 비교해 보면 교육수준별로 미래에 대한 기대감이 뚜렷하게 나뉘고 있음을 볼 수 있다(〈그림 7〉 참조). 무학의 경우에는 45.5%가 하층적 지위를 유지할 것이라는 비관적 전망에 몰

려 있는 반면에, 대학원 이상을 졸업한 경우에는 37%가 상층에 진입할 것으로, 그리고 이들 중 나머지는 모두 중산층적 지위를 유지하리라는 낙관적 전망에 집중되어 있다. 이러한 사실은 교육수준이라는 문화적 자본 또는 학력이라는 인적 자본이 미래의 계층적 지위에 대한 전망을 결정짓는 핵심적 변수로 작용한다는 주장을 뒷받침하고 있다.

5. 맺음말 : 요약 및 정책적 함의

최근 들어 '중산층 위기론'이 확산되면서 중산층 육성방안에 대한 관심이 커지고 있지만, 무주택 서민층의 내 집 마련을 통한 중산층 확산이라는 기존의 정책방안이 여전히 지속되고 있다. 이 글에서는 이같은 자가소유 확충 전략의 정책적 효용을 따져보기 위해 중산층을 중심으로 계층별 주거의 특성을 살펴보았다. 주거 특성은 주거실태와 주거 관련 행태 및 주거에 대한 인식, 그리고 향후 전망 등으로 나누어 김토했는데, 여기서 발견한 사항을 요약하면 다음과 같다.

먼저 계층별 주거실태를 주택보유 유무, 주택가격 및 규모를 중심으로 살펴본 결과 주택소유 유무에 따른 계층별 차별성은 확연하지 않지만 주택의 가격이나 규모에서는 그 차별성이 두드러졌다. 이는 비록 최근 우리 사회에서 주택가격 폭등에 따른 사회 · 경제적 불평등이 심화되어 왔지만, 주택의 소유 여부에 따라 계급 · 계층적으로 구획된다고 주장하는 주거계급론적 접근이 우리 사회의 불평등을 설명하는 데에는 그리 유효하지 않음을 보여주고 있다. 오히려 자가소유층과 무주택층 각각에서 주택가격 및 규모에서의 차별성, 즉 이들 내부의 균열과 이질성이 더욱 문제가 됨을 알 수 있다.

다음으로 주거 관련 행태를 살펴보면, 특히 핵심적 중산층은 가용한 자원을 총동원해서 조기에 내 집을 장만한 후에 자산가치를 점차 늘려나가는 적극적인 자산증식 전략을 구사하는 반면에, 하층은 가용자원의 절대적 부족으로 내 집 장만에 실패하거나 뒤늦게야 자가소유에 성공할 뿐이어서 주택을 자산증식의 수단으로 활용하지 못한 채 생존의 공간, 생활의 공간으로 활용하는 데 그치는 소극적인 생존형 전략을 구사하고 있다.

그러나 주거에 대한 인식에서는 계층별 차이가 분명하지 않다. 즉 자산가치의 보전 및 증식을 위해 계층을 가리지 않고 누구나 자가소유를 필수적이라고 생각하고, 자산증식의 수단으로서의 주택에 대한 만족도는 천차만별이지만 생활공간으로서의 주택에 대해서는 대체로 만족하며, 정부의 고가주택 중과세 조치에 대해서도 과세대상이 되는 극소수를 제외하고는 대체로 찬성하고 있다. 이는 만성적인 주택가격 급등 사태로 인해 모든 계층에게 주택이 생활공간이라기보다는 자산증식의 수단으로 인식된 데 따른 결과로 보인다. 그러나 자가소유에 필요한 여건이나 자원동원 능력에서 계층별로 확연한 차이가 있고, 하층의 경우에는 주택을 보유하더라도 주택이 자산가치의 보전기능도 제대로 수행하지 못하며, 또 주택 관련 중과세 대상인 극소수의 고가주택 보유자들은 정부의 중과세 조치에 격렬하게 반발하는 등, 주거에 대한 인식의 동질성과 달리 주거 관련 행태에서는 계층적 이질성이 발견된다.

마지막으로 미래 지위에 대한 전망을 살펴보면, 전반적으로 낙관적인 전망을 피력하지만 다소의 계층별 차별성을 드러내고 있다. 즉 핵심적 중산층일수록, 또 학력수준이 높을수록 미래에 대해 밝은 전망을 지니고 있다. 그러나 이와 달리 주택소유 여부가 향후의 계층적 지위에 대한 전망을 규정짓지는 못하고 있다. 이는 주택자산의 소유 자체가 미래에 대한 낙관론을 뒷받침할 만한 물적 토대가 되지 못하는 반면에, 고학력이나 높은 사회 · 경제적 지위 등과 같은 인적 자본이나 고소득의 안정된 일자리가 밝은 미래를 꿈꾸게 하는 굳건한 토대로 작용하고 있음을 시사해 주고 있다.

그렇다면 이같은 발견을 통해 우리는 '자가소유를 통한 중산층 육성방안'에 대해 어떠한 정책적 함의를 도출할 수 있을까? 우선 과거와 같이 무주택 서민층을 대상으로 주택을 건설하고 분양해서 이들을 자가소유층으로 '격상' 시키더라도 이들이 안정된 중산층으로 자리 잡으리라고 전망하기 어렵다. 왜냐하면 앞서 주거실태에서 보았듯이, 주거에 따른 계층적 분단이 주택보유 여부보다는 주택의 가격 및 규모에 의해 크게 좌우되기 때문이다. 이러한 상황에서 정부나 금융기관의 대대적인 행정적 · 재정적 지원을 통한 무주택 서민층의 무리한 내 집 마련은 이들이 더 많은 자산 소득을 획득해서 안정된 중산층으로 발돋움하기에 앞서 이들의 가계부담을 가중시킴으로써 오히려 계층적 지위 하락을 재촉할 우려가 크다. 공공임대주택 분양정책을 통해 무주택 노동자 가구의 광범위한 자가소유화를 달성했지만, 그 과정에서 자산소유자 내부의 격차를 확대시키고 신규 자가소유 가구의 생활수준을 하락시킨 영국의 역사적 경험은 이러한 우려가 현실화된 대표적인 사례라고 할 수 있다.

이러한 추정은 계층별 주거행태를 감안한다면 더욱 확연해진다. 중산층과 달리 하층의 경우에는 가용자원의 절대적 부족으로 자가소유를 통한 자산증식에 소극적인 태도를 보이고 있어 자가소유 가구가 되더라도 중산층으로 상승하거나 안착하기보다는 자가소유 빈곤층에 머물거나 중산층적 지위 자체가 불안정한 주변적 중산층에 머물 것으로 전망된다.

그러나 그렇다고 해서 사회적 불평등 및 갈등을 완화하기 위한 사회정책에서 주택 및 주거문제가 무의미하다고 볼 수는 없다. 먼저 사회구성원 대다수가 주택을 자산증식의 수단으로 인식하고 있지만 자산증식이 가능한 주택을 소수만이 차지하고 있다는 점에서 주택은 사회적 불평등과 갈등을 부채질하는 요인으로 작용하고 있다. 또 생활공간으로서의 주택에 대해서는 대다수가 높은 만족도를 보인다는 사실은 대단히 불안정하고 급변하는 우리 사회에서 주택이 내 집을 마련한 가구에게 '존재론적 안정감'을 부여하는 중요한 기능을 담당하고 있음을 시사하고 있다. 따라서 자가소유 확산정책이 '자산소유 민주주의'에 입각한 중산층 육성정책의 수단으로서 과거와 같이 높은 효용을 발휘하지는 못하겠지만 사회정책의 관점에서 주택의 공급 및 분배문제에 좀더 많은 정책적 관심을 기울일 필요가 있다.

이러한 정책적 함의에 입각할 때, 중산층 육성과 관련한 주택정책은 앞으로 어떠한 방향으로 전개되어야 할 것인가? 이와 관련해서 다음과 같은 두 가지 점을 생각해 볼 수 있다.

첫째, 중산층 육성정책의 무게중심이 주택정책에서 인력정책으로 전환할 필요가 있다. 향후 계층적 지위에 대한 전망에서 보았다시피 주택소유는 과거와 달리 개별 가구의 경제적 안정을 뒷받침할 물적 자산이 되지 못한다. 1990년대까지 주택 재고의 절대적 부족으로 인해 우리 사회에서 자가소유는 중산층적 지위를 드러내는 지위재의 역할을 담당했다. 그러나 주택보급률이 100%를 넘어서면서 주택의 지위재 역할은 약화되었고, 특히 지방에 소재한 저가 중소형 주택은 자산가치의 보전효과조차 기대하기 어렵게 되었다. 또한 IMF 외환위기를 전후해서 신자유주의적 경제질서가 자리 잡아 가면서 고용불안이 확산되어 주택자산의 보유만으로는 중산층의 지위를 안정적으로 견지할 수 없게 되었다. 따라서 최근에 올수록 고용불안에 대처할 인적 자본, 문화자본이 중산층으로의 계층상승이나 중산층의 지위 공고화에 결정적인 요인으로 자리 잡아 가고 있다. 교육수준 변수가 계층적 지위의 향후 전망을 규정짓는 주요 변수로 작용한다는 본 연구의 발견 또한 이러한 예측을 뒷받침하고 있다. 이에 따라 인적 자본의 계발정책이 자가소유 확산정책을 보완하거나 대체하는 중산층 육성방안의 새로운 대안으로서 중시될 필요가 있다. 즉 앞으로는 전문지식, 고숙련기술 등의 교육과 훈련을 통해 인적 자본을 강화시켜 안정된 일자리를 보장하는 것이 중산층 육성정책의 관건이 되어야 할 것이다.

둘째로, 자가소유 가구에게 존재론적 안정감을 부여하는 등 주택의 사회 · 문화 · 심리적 기능이 여전히 작동하고 있다는 점에서 주택을 통한 사회안정을 도모하는 정책기조를 잃어서는 안 될 것이다. 이를 위해서는 한편으로 지금까지와 같이 무주택 서민층을 자가소유 가구로 전환시켜 중산층의 저변을 넓히는 '중산층의 외연 확장전략'에 골몰하기보다는 자가소유 중산층, 그 가운데 특히 내 집을 보유한 주변적 중산층을 계층 지위 하락의 위협으로부터 보호하는 '(주변적) 중산층의 공고화 전략'을 중시할 필요가 있다. 특정 지역의 주택가격 폭등으로 인한 자산가치의 불균등한 과잉증식을 억제하고 그로 인한 과도한 불로소득을 원천적으로 환수하는 주택투기 규제가 그 하나의 예일 것이다. 이러한 조치는 중하층 자가소유 가구의 주택 자산가치의 상대적 하락 및 이들의 상대적 박탈감 확산을 차단함으로써 사회·경제적 불평등 및 갈등을 완화할 수 있을 것이다.

다른 한편으로 자가소유가 사실상 불가능한 하층민을 대상으로 한 공공임대주택의 공급이 보다 강화되어야 할 것이다. 앞서의 '중산층 공고화 전략'이 중산층 내 균열의 골을 메우는 조치라면, 이는 중산층과 하층간의 계층적 단절을 완화함으로써 하층민의 사회·경제적 불안을 해소하고 계층 간 갈등을 미연에 방지하는 데 크게 기여할 것으로 전망된다.

참고문헌

김태동 · 이근식. 1989.『땅 : 투기의 대상인가 삶의 터전인가』. 비봉출판사.

손정목. 2003.『서울 도시계획 이야기(4)』. 한울.

송호근. 2006.『한국의 평등주의, 그 마음의 습관』. 삼성경제연구소.

신광영. 2004.『한국의 계급과 불평등』. 을유문화사.

______. 2006. "중산층 살리기는 사회 양극화 해소의 해법인가." 한국사회학회 편. 『중산층의 역할과 사회발전 제1차 포럼 자료집』.

신명호. 2004. "교육과 빈곤 탈출." 한국도시연구소 편.『도시연구』. 제9호.

유팔무 외. 2005.『중산층의 몰락과 계급 양극화』. 소화.

장세훈. 1996a. "자본의 토지 소유 및 개발에 대한 국가 정책 연구." 서울대학교 박사학위논문.

______. 1996b. "아파트 분양가 자율화 정책의 현황과 과제"(현안분석 제123호). 국회도서관 입법조사분석실.

______. 1997. "영국 공공주택정책의 현황과 전망 : 공공주택의 민영화를 중심으로"(국제문제분석 제30호). 국회도서관 입법조사분석실.

재정경제부 외. 2005. "서민 주거 안정과 부동산 투기 억제를 위한 부동산제도 개혁방안"(2005. 8. 31).

조동기. 2006. "한국 중산층의 사회경제적 특성." 한국사회학회 편.『중산층의 역할과 사회발전 제3차 포럼 자료집』.

천현숙. 2002. "아파트 주거문화의 특성에 관한 사회학적 연구." 연세대학교 박사학위논문.

한상진. 1991.『중민이론의 탐색』. 문학과지성사.

한상진 · 한상연. 1990.『알기쉬운 집의 경제학』. 실천문학사.

홍두승. 2005.『한국의 중산층』. 서울대학교 출판부.

홍두승 · 김병조. 2006. "한국 사회 발전과 중산층의 역할." 한국사회학회 편.『중산층의 역할과 사회발전 제1차 포럼 자료집』.

Bourdieu, Pierre.(최종철 옮김). 1995.『구별짓기 : 문화와 취향의 사회학(상 · 하)』. 새물결.

Cole, I. & R. Furbey. 1994. *The Eclipse of Council Housing*. London : Routledge & Kegan Paul.

Cooper, C. 1976. "The House as a Symbol of Self" (Univ. of Berkeley Working Paper).

Forrest, R., A. Murie & P. Williams. 1990. *Home Ownership : Differentiation and Fragmentation*. London : Hyman.

Gentle, C. et al. 1994. "Negative Equity and British Housing in the 1990s : Cause and Effect." *Urban Studies* Vol. 31, No. 2.

Giddens, Anthony. 1981. *A Contemporary Critique of Historical Materialism* Vol. 1, London : Macmillan.

______. 1984. *The Constitution of Society : Outline of the Theory of Structuration*. Cambridge : Polity Press.

Ginsburg, N. 1979. *Class, Capital and Social Policy*. London : MacMillan.

Fishman, R. 1987. *Bourgeois Utopias : The Rise and Fall of Surburbia*. Basic Books.(박영한 · 구동회 옮김). 2000.『부르주아 유토피아 : 교외의 사회사』. 한울.

Gelézeau, Valérie.(길혜연 옮김). 2007.『아파트 공화국』. 후마니타스.

Hamnett, Chris. 1995. "Home-ownership and the Middle Classes." in Butler, Tim & Mike Savage(eds.). *Social Change and the Middle Classes*. London : University College London.

Hirsch, F. 1978. *Social Limits to Growth*. London : Routledge.

Merrett, S. 1979. *State Housing in Britain*. London : Routledge & Kegan Paul.

Offer, A. 1981. *Property and Politics, 1870-1914*. Cambridge : Cambridge Univ. Press.

Pahl, R. E. 1970. *Whose City? and Further Essays on Urban Society*. Harmondsworth : Penguin Books.

Poulantzas Nicos. 1975. *Classes in Contemporary Capitalism*(translated by David Fernbach). London : New Left Books.

Rex, J. & R. Moore. 1967. *Race, Community and Conflict*. London : Oxford Univ. Press.

Saunders, Peter. 1984. "Beyond Housing Classes : The Sociological Significance of Private Property Rights in Means of Consumption". *International Journal of Urban and Regional Research* Vol. 8.

Saunders, Peter. 1990. *A Nation of Home Owners*. London : Unwin Hyman.

Saunders, Peter & Colin Harris. 1994. *Privatization and Popular Capitalism*. Buckingham : Open Univ. Press.

Saunders, Peter & P. Williams. 1986. "The Constitution of the Home." *Housing Studies* Vol. 3.

Savage, Mike, James Barlow, Peter Dickens & Tony Fielding. 1992. "The Housing Market and the Middle Classes : Class, Tenure and Capital Accumulation." *Property, Bureaucracy and Culture : Middle-Class Formation in Contemporary Britain*. London : Routledge.

11

중산층의 사회적 관계의 특징

이재열(서울대 사회학과) · 남은영(성균관대 서베이리서치 센터)

1. 문제제기

이 글에서는 사회적 관계를 맺는 방식에 있어서 중산층이 다른 계층과 구별되는 어떠한 특성을 갖는지, 사회적 관계의 양상에 대해 계층별 차이를 살펴보고, 그러한 사회적 관계를 특징지우는 요인들에 대해 고찰해 보고자 한다. 즉 중산층의 사회적 관계의 차이가 연고집단과 결사체 참여 및 신뢰와 관련하여 어떠한 특징을 갖는지에 초점을 두고자 한다.

사회적 자본은 학자들에 따라 사회적 연결망(social network) 혹은 사회적 자원(social resource) 등 다양한 개념으로 표현되지만, "사회구성원들은 사회관계를 통하여 사회적 자본을 형성하고 개인이나 집단의 목적을 실현하기 위하여 사회적 자본을 활용한다"는 것을 공통적으로 주장한다

(Lin, 2001 ; Coleman, 1988 ; Bourdieu, 1986). 사회적 자본의 형성은 면대면 상호작용에서 출발하는 원초적인 신뢰가 단초가 되며, 다양한 결사체의 활동을 통해 지속적인 상호작용을 함으로써 구축된다(이재열, 2003). 부르디외(Bourdieu, 1986)에 의하면, 사회적 자본은 사회적 장이 형성되는 논리를 이해하기 위해 사용되는데, 지속적인 사회적 관계망의 점유 혹은 특정 집단의 소속이 사회적 자본이 된다. 즉 한 개인이 소유하는 사회적 자본의 양은 그가 친지나 연고 등 활용할 수 있는 관계망의 범위와 그가 관계맺는 타인들의 자본들까지 포함하며 각종 사적 모임과 사교조직 등이 그 예가 된다.

최재석(1979)은 한국인은 개인의식보다는 집단의 동질성과 유대를 강조하며, 공동체로부터 개인이 미분화된 것을 한국인의 성격의 하나로 보면서 "한국에는 집단이나 계층만이 존재하고 개인은 존재하지 않는다"고 보았다. 이와 같이 함께 모이고 즐기는 집합적 삶을 중시하는 전통적인 문화로 인해 한국인에게 있어서 사회적 자본은 매우 중요한 삶의 일부가 되고 있다. 혈연, 지연, 학연 등을 중시하는 관계망 속에서의 삶이 인맥형성의 중요한 준거점이자 원초적 유대감을 형성시켜 주기도 한다(정수복, 1996).

사회적 자본에 관한 연구에는 세 가지 중요한 개념적 관점이나 연구 패러다임이 나타나고 있다. (1) 사회적 연결망과 배태된(Embedded) 자원들, (2) 지역사회에 대한 참여나 시민적 참여, (3) 일반화된 신뢰나 불신 등이다. 첫 번째 입장인 '사회적 연결망과 이러한 연결망 속에 배태된 자원'은 모든 학자들에게 있어 사회적 자본의 개념에서 중심적인 개념으로 제시되고 있다(Coleman, 1988, 1990 ; Bourdieu, 1986 ; Lin, 2001 ; Burt, 1992). 일반적으로 개인과 개인의 관계는 사회적 자본의 토대를 형성하는데, 이것은 집단의 거시적 결과뿐만 아니라 개인들에게 미시적 결과를 초래한다. 직업적 지위, 감독으로서의 지위, 승진, 보너스 등과 같은 다양한 도구적 성과들에 대한 연결망 효과가 실제 경험적인 연구들을 통해 축적되어 왔다. 구직과정과 취업에 관한 사회학적 시각은 그라노베터(Granovetter, 1983)의 연구에 의해 체계화되기 시작했는데, 그라노베터는 사회연결망 형성에 필요한 시간, 감정의 정도, 개인적 친밀도, 호혜적 행위 등에 따라 사회연결망을 약한 연결(weak tie)과 강한 연결(strong tie)로 나눈다. 이 중에서 취업자에게 더 유리한 것은 약한 연결이다. 약한 연결을 활용하여 얻는 취업정보는 중첩성이 더 낮아 취업자에게 폭넓은 정보가 되기 때문이다. 이러한 그라노베터의 약한 연결 개념을 발전시켜 버트(Burt)는 '구조혈(Structural holes)이 많은 연결망'이라는 개념을 제시하고 있는데, 여기에서 구조혈이란 중복적이지 않은 연결들 사이에 생기는 빈 틈을 말한다. 이러한 구조적 여지에 의해 서로 중첩되지 않은 정보들이 전달된다는 것이다. 한편, 린(Lin, 1999)은 개인의 지속적인 연결망을 통해 표현되는 자원들이 특히 노동시장에서의 지위 획득에 유의미한 영향을 미친다는 것을 보여주었다.

이와 같이 개인과 개인 간의 연결망을 자원으로 보는 관점으로부터 사회적 자본에 관한 두 가지 관점이 형성되는데, 즉 시민적 참여와 일반화된 신뢰이다. 이와 같은 차원에서 사회적 자본은 한 사회의 집합적 자산으로 이해되며, 사회적 규범(Coleman, 1988, 1990)이나 시민사회에 참여하는 정도(Putnam, 1993, 2000)를 사회적 자본으로 보고 있다. 여기에는 두 가지 가정이 있는데, 첫째 가정은 두 관점 모두 사회적 연결망이 사회적 자본의 근본적인 토대라는 것을 인정한다. 둘째 가정은 연결망의 밀도(관계에서의 호혜성의 정도)는 자본의 공급이라는 면에서 더 바람직하다는 점이다. 퍼트남(Putnam, 2000)은 이와 같은 기본적인 가정에 기초하여 사회적 연결망과 시민적 참여와의 관계를 공식화하고 있다. 즉 밀도가 높은 사회적 연결망은 사회적 참여를 증진시키고, 이것은 집합적 자원(권력 혹은 부)의 형성에 기여한다. 이러한 관점은 잠재적 형태의 사회적 자본은 조직의 구성원인 개인들이라는 콜만(Coleman, 1990)의 견해와 일치한다. 그러나 대체로 이러한 연구들은 시민적 참여의 원인이나 결과에 대해 직접적인 관심을 가지고 있지 않으며, 자발적 결사체에 참여하는 것과 회원들 간의 실질적인 연결망이 어떠한 관련성이 있는지의 문제를 다루지 않는다.

밀도가 높은 연결망에 대한 두 번째 관심은 일반화된 신뢰이다. 이 관점은 밀도가 높거나 폐쇄된 연결망은 신뢰에 기초하고 있으며, 신뢰를 증진시키기 위해 더욱 호혜적인 관계가 나타난다는 것이다. 콜만은 사회적 자본을 일반화된 신뢰의 기초를 이루는 것으로 보고있는데, 이러한 밀도가 높은 연결망이나 친밀한 연결망에서는 상호 의무, 규범, 참여 등이 더 큰 중요성을 갖는다.[1] 이와 같이 사회적 자본은 개인과 개인의 사회적 관계로서의 연결망, 이것이 집합적인 자원이 되었을 때의 시민적 참여와 일반화된 신뢰라는 다차원적인 측면을 포함하고 있다.

오늘날 한국 중산층의 사회적 자본의 특징은 어떠할까? 이 연구에서는 위의 세 가지 측면들을 모두 포함하여 한국 중산층의 사회적 자본

1) 콜만(Coleman, 1990)은 폐쇄된 공동체(부모들이 서로 알고 신뢰한다는 의미에서 연결망의 형태가 기하학적으로 닫혀 있는 경우)에서는 그렇지 않은 경우와 비교하였을 때, 부모들이 자신의 자녀들에 대하여 상대적으로 더 많은 권력을 행사할 수 있음을 보여주고 있다.

의 특징을 밝히고 개인들의 연결망이나 시민단체의 활동의 효과에 대해 살펴보고자 한다. 여기에서는 개인의 연결망으로서의 인맥과 면대면의 상호작용을 하는 사람들 중 일정한 지위를 가진 사람들이 가족이나 친지, 친한 친구, 동창 중에 있는지의 여부를 질문하는 연결망의 범위와 동창회, 향우회, 계모임과 같은 연고단체와 취미단체, 시민단체, 사회봉사단체, 이익단체 등의 자발적 결사체에의 참여도에 대해 살펴보고 신뢰와의 관계를 살펴봄으로써 한국 중산층의 사회적 자본을 고찰하고자 한다.

2. 이론적 배경

1) 사회적 자본의 정의

사회적 관계의 효과에 대해 논의할 때 '사회적 자본' 에 관한 논의와 분리해서 생각할 수 없다. 다만, 사회적 자본 개념은 학자들에 따라 매우 다양하고도 상이한 맥락에서 사용되어 왔기 때문에 개념의 용례를 분명하게 하여야 불필요한 오해를 줄일 수 있을 것이다. 지금까지의 논의들을 종합할 때 사회적 자본은 '개인이 자신의 사회적 관계나 집단 소속 여부를 이용하여 가치 있는 자원이나 상징적 자원을 획득하는 능력' 을 의미하거나 '복수의 개인들이 공동의 참여나 제도에 대한 신뢰, 혹은 확립된 생활양식에 대한 헌신을 통해 집합행동의 이득을 누리는 것' 을 의미하기도 한다. 이때 전자의 의미를 '관계적 사회자본(relational social capital)'이라 정의하고 후자를 '제도적 사회자본(institutional social capital)'이라고 정의하기도 한다(Krishna, 2000). 굳이 나누자면 전자가 개인적 수준 혹은 개인 간 관계에 주목하는 것이라면, 후자는 사회 전반적 수준(societal level)에 대한 논의라고 할 수 있다.

사회적 자본 개념은 학자들에 따라 다양하게 사용되고 있다. 개념이 담고 있는 역사성과 무게, 그리고 기능과 형태에 대해 매우 다양한 접근들을 하고 있는 것인데, 이 글에서는 크게 세 사람의 논의에 주목하여 비교하고자 한다. 그 첫 번째는 합리적 선택이론을 활용한 콜만(Coleman)이고, 나머지 두 사람은 프랑스의 사회학자인 부르디외(Bourdieu)와 미국의 정치학자인 퍼트남(Putnam)이다.

콜만의 사회적 자본 개념은 합리적 선택이론의 맥락에서 정의되고 있다. 그는 사회적 자본이란 "폐쇄(closure)"로 특징지어지는 사회구조에서 주로 발견되는 의도치 않은 출현적 현상으로 이해한다. 폐쇄적인 사회관계는 상대방의 행위에 대한 효과적인 감시와 제재를 가능케 하는데, 이것이 궁극적으로 대인간 신뢰를 촉진시키고, 집합행동을 위한 권위를 만들어내며, 행위자들로 하여금 자신들의 자원을 한데 모아 새로운 일과 작업에 공동 투입할 수 있도록 유도한다는 것이다. 그래서 콜만은 사회적 관계 형성의 긍정적 기능에 주목하며 미시와 거시를 연결하는 대안으로서 효용을 극대화할 수 있는 방법임을 강조한다. 예를 들면 두 사람 사이의 강한 신뢰관계는 상호 불신상태일 때에 의존할 수밖에 없는 계약에 따른 다양한 거래비용을 감소시킴으로 해서 윈-윈 게임의 원천이 될 수가 있고, 또한 서로 연결되지 않았을 때에 비해 상호 연결되었을 때 결과적으로 정보의 소통을 원활하게 해주어서 제3자에 대한 감시와 통제를 쉽게 해줄 수 있다는 점을 들고 있다.[2)]

콜만의 문제의식은 린(Lin)과 버트(Burt)에 의해 계승되었다. 이들은 모두 사회구조적 조건에 대한 의도적 투자를 통해서 행위자들이 자기 자신과 타인을 위한 이득을 만들어낼 수 있다는 점을 강조한다. 린은 그의 저서 『사회적 자본(*Social Capital*)』에서 이 분야의 연구들을 포괄적으로 검토한 후, 12개의 정식으로 이러한 사회적 자본의 투자와 효과에 대한 논의를 정리하고 있다(Lin, 2001). 버트는 네트워크의 양상이 보여주는 특징에 주목하여 전략적으로 위치지워진 노드(node)에게 구조적 자율성을 부여하여 그 위치를 점유한 인물로 하여금 정보소통이나 자원에 대한 통제권을 활용하는 데서 이득을 취할 수 있는 상황에 주목하였다. 그는 서로 상이한 위치에 놓인 행위자들의 사회적 자본에 영향을 미치는 네 가지의 메커니즘을 구별해냈는데, 예를 들면 전염(contagion), 현저성(prom-inence), 폐쇄(closure), 브로커 역할(brokerage) 등이 그것이다(Burt, 2002). 그는 이러한 논의를 통해 구조혈(structural holes)을 점하고 있는 사람들이 높은 사회적 자본을 점유한다고 주장한다.

2) 그가 첫 번째로 들고 있는 사례는 뉴욕의 유태인 보석상들 간의 관계이다. 엠파이어스테이트 빌딩을 거래하기 위해서는 수십 명의 변호사들이 매달려 수백 페이지에 달하는 계약서를 작성해야 하는 반면에, 유태인 보석상들 간에는 상호 신뢰가 내재되어 있기 때문에 별다른 계약서의 작성 없이도 밤새 보석의 가공을 위한 위탁과 재배달이 신속하게 이루어지기 때문에 훨씬 효율적이고 비용도 절약된다는 것이다. 그가 두 번째로 들고 있는 사례는 학부모들 간의 관계이다. 학교에 다니는 아이들을 둔 부모들 간의 관계에 대해 생각해 보자. 만일 학생들 간에는 서로 긴밀한 관계가 형성되었다 하더라도 부모들이 서로 알지 못할 경우에는 부모가 아이들을 통제할 수 있는 가능성은 제한되어 있고, 아이들은 부모를 속일 수 있다. 반면에 아이들뿐만 아니라 부모들 간에도 서로 긴밀한 관계가 형성되어 있는 경우에는 부모들 간에 숙제와 학교생활에 대한 활발한 정보소통이 이루어져 아이들에 대한 지도가 훨씬 강화될 수 있다는 것이다(Coleman, 1988).

부르디외의 사회적 자본 개념은 훨씬 역사적이고 구조적이다. 그는 사회적 자본을 "상호 면식과 인식이 제도화되고 지속화된 관계망을 소유하는 현실적 · 잠재적 집합이며, 집단적으로 소유된 자본을 소속원에게 신용으로 보증해 주는 역할"이라고 정의한다(Bourdieu and Wacquant, 1992). 이러한 정의 이면에는 마르크시즘적 축적의 논리가 작동하고 있다. 굳이 '자본'이라는 개념을 사용하는 이유도 그것이 장기적으로는 투자의 대상이 되며, 또한 경제적 자본과 마찬가지로 불평등과 착취의 대상이 될 수 있다는 것이다. 부르디외는 현대 사회가 상대적으로 자율적인 장(field)들의 집합으로 구성되었다고 주장하는데, 특이한 것은 종교의 장, 언어의 장, 경제의 장 등은 모두 각자 전략적인 논리와 구체적인 형태의 자본을 갖춘 것으로 이해한다는 것이다. 예를 들면 종교의 장에는 종교자본이, 언어의 장에는 언어자본이, 그리고 경제의 장에는 경제자본이 존재한다는 주장인 것이다. 이 중에 가장 큰 영향력을 행사하는 것은 경제의 장이고 경제자본이다. 반면에 그는 사회적 자본은 직접적인 사회적 관계의 영역에 국한되는 것으로 이해했으며, 그의 대부분의 경험적 연구는 문화적 장에서 작동하는 문화자본에 대한 분석에 집중하였다.

부르디외가 사용한 또 다른 중요한 개념인 문화자본과 마찬가지로 일단 사회적 자본이 형성되기 위해서는 장기간에 걸친 투자가 선행되어야 하는데, 이러한 투자를 감당하기 위해서는 치러야 하는 비용이 만만치 않고, 또한 비용뿐만 아니라 생활의 장에서 내면화된 관행과 의식이 필요한데, 이는 화폐교환처럼 일시에 이루어질 수 없다는 점을 강조한다. 사람들 사이의 관계는 관계설정 그 자체가 목적이 아니라 다른 목적을 달성하기 위해서 만들어지는 경우가 대부분이다. 함께 감정적인 교류를 하거나, 동일한 과거의 경험에 의해 묶이거나 혹은 어떤 목적을 함께 하기 때문에 친밀해지는 경우도 있다. 이처럼 다양한 내용으로 다른 사람들과 어울리게 되면 상호 인지와 신뢰의 감정이 생겨나게 되는데, 그것이 특정한 시점에서 거래에 이득을 줄 수 있는 형태로 활용될 수 있다면 마치 자본과 같은 효과를 내게 된다는 것이다.

그러나 부르디외가 콜만과 대비되는 점은 사회적 자본을 효율성의 관점에서만 본 것이 아니라, 그것이 구조화되는 역사적 과정과 불평등의 측면에 주목하였다는 것이다. 만일 오랜 기간에 걸쳐 많은 사람들과 관계를 형성해 온 사람과 그렇지 못한 사람 사이에 사회적 혜택의 배분에서 차이가 나게 된다면 그러한 차이가 과연 온당한 것인가에 대한 의문을 제기할 수 있다. 결국 사회적 자본은 구조화된 불평등을 발현시키되 단기적이 아닌 장기적인 효과로 지속되는 특수한 형태의 불평등 구조가 된다는 것이다.

퍼트남은 제도주의적이고 공동체주의 지향적인 관점에서 사회적 자본에 대해 접근하고 있다. 그는 사회적 자본을 보다 포괄적으로 정의하는바, "참여자들이 협력하도록 함으로써 공유한 목석을 보다 효과적으로 성취하도록 만드는 신뢰, 규범, 연결망과 같은 사회조직의 특질"이라고 보았다. 그는 명백하게 정의하지는 않았지만 개인들 간의 관계에만 국한하지 않고 공적이고 정치적인 영역에서 작동하는 시민의식의 토대가 곧 사회적 자본이라는 생각을 한 것이다. 퍼트남이 이처럼 시민의식과 문화의 차원에 주목하게 된 데는 이태리에 대한 사례연구에서 얻은 결론에 힘입은 바 크다. 그는 1970년에 출범한 이태리의 20개 지방정부의 정책집행의 효과성에 대한 비교분석을 통해 경제성장이나 정책효과의 뚜렷한 남북 간 차이를 설명하는 요인이 성공한 지역 내 존재하는 강한 시민의 참여의식이라는 점을 발견하였다(Putnam, 1993). 그는 그 핵심이 사회적 자본이라고 보았고, 그 구체적인 지표로 자발적인 결사체 참여, 투표참여 등을 꼽았다.

지방자치제가 실시된 이태리에서 유독 북부지역이 남부지역에 비해 훨씬 효율적인 지방정부 운영을 했고 주민들의 만족도도 높은 이유를 탐색해 본 결과, 남부지역이 '비도덕적 가족주의'의 폐해로 심각한 문제점을 안고 있는 반면, 북부지역에서는 그러한 문제가 별로 드러나지 않고 있는 데 주목한 것이다. 그는 그 이후의 저작에서는 미국의 공동체와 주로 유사한 분석의 대상을 옮겨 연구하였다(Putnam, 2000). 그는 이 연구에서 미국 사회 내 사회적 자본이 1960년대 이후 매우 급속하게 감소하였다는 점을 발견하였다. 그리고 비교적 높은 사회적 자본을 유지하고 있는 주나 공동체는 훨씬 안전하고 생산적인 이웃관계를 유지하며, 또한 학생들의 학업성취도도 높고, 탈세행위가 적으며, 집단 간 포용성의 정도가 높다는 것을 발견하였다.

퍼트남에게서 사회적 자본은 집단행동의 딜레마를 극복하고 공공선의 구현을 용이하게 해주는 집단적 신뢰관계를 의미한다. 남부지역에서는 그 신뢰가 가족관계 안에 갇혀 있기 때문에 사회 전반의 신뢰수준 향상에 저해가 되는 반면, 북부지역에서는 공공성에 대한 강조가 이루어지기 때문에 결과적으로 사회 전체의 시민의식이 높아지고 공공기관에 대한 견제와 감시가 활발해져서 결과적으로 사회 전반의 공공의식이 높아지는 결과를 가져왔다는 것이다.

2) 사회적 자본의 유형과 분석수준

이처럼 사회적 자본에 대한 논의들은 논자들에 따라 그 유형구분이 다양하다. 주목하는 특징과 사회적 자본이 만들어지는 과정에 대한 이론적 설명방식이 다르기 때문이다. 먼저, 사회적 자본의 발생기제에 대한 논의의 차이를 살펴보면, 콜만에게 있어서 사회적 자본은 사회적인 폐쇄를 시도했을 경우에 의도치 않게 얻어지는 관계의 맥락 효과로 이해된다. 따라서 그 기원은 사적인 것이고, 관계양상을 통해 구현되는 개인들의 효용극대화가 주요 관심사가 된다. 또한 사회적 자본의 효과도 미시적인 맥락에 기인하는 것으로 설명되고 있다. 반면에 부르디외에게 사회적 자본의 형성은 의도적이기보다는 일상의 생활의 장에서 오랜 기간에 걸쳐 구조화되고 개인에 대해 영향을 미치는 장기적인 축적 효과로 이해된다. 이에 비하면 퍼트남의 연구에서 사회적 자본은 가장 거시적인 수준에서 측정과 분석이 이루어지는 그 사회의 제도적 규칙이라는 특성을 갖는다.

이처럼 사회적 자본을 정의할 때 어떤 수준에서의 논의인가가 매우 중요하다. 가장 기본이 되는 것은 개인 간 관계의 수준인데, 이때 사회적 자본의 기능은 주로 유유상종 효과(homophily), 이종교류 효과 (heterophily), 그리고 구조혈(structural hole) 등의 개념으로 이해할 수 있다. 유유상종 효과란 행위자들 간의 긴밀한 결합과 상호 중첩성의 증대, 즉 관계밀도의 강화가 가져오는 소속감과 상호 친밀성의 증대, 그리고 강한 집단귀속감 등의 효과를 의미한다. 이종교류 효과란 정보나 희소자원의 분배와 유통에 관련된 사항일 경우에 상호 연결성의 증대가 가져오게 되는 연결 효과에 주목한다. 대표적인 예는 그라노베터의 명제인 약한 유대의 강한 연결 효과(strength of weak ties)이다. 그의 명제는 서로 긴밀히 연결되지 않은 상이한 집단들 간을 연결하는 약한 유대관계가 강한 결속감을 가져다 주지는 않지만 상이한 정보의 소통과 확산에 크게 기여한다는 점에 주목하였다. 특히 취업정보와 같이 비일상적인 정보일수록 이를 접할 가능성은 강한 연계에 둘러싸인 사람들보다는 약하지만 폭넓은 인맥을 유지하는 사람들에게서 훨씬 빠르다는 점에 주목하였다.[3)]

이러한 다리놓기 효과는 새로운 기술혁신의 전파 등에서도 나타난다. 네트워크 과학에서는 무작위 네트워크가 많아질수록 네트워크 전반에 걸친 정보전파가 급속하게 빨라진다는 결과를 내놓고 있는데, 이는 모두 같은 현상을 설명하는 것이다. 파당들 간을 연결하는 다리로서의 약한 연계는 파편화된 사회의 소통 채널로 작동함으로써 집합행동이나 혁신을 용이하게 하는 기능을 한다. 만일 약한 연계에 의한 다리놓기가 없다면 대부분의 조직은 외부와 단절된 파당으로만 구성되어서 파당 간의 분파주의적 갈등에 휘말리게 될 가능성이 높다. 따라서 약한 연대 개념은 개인들 간 양자관계의 증대가 조직이나 공동체의 전반적 응집성이나 파편화의 정도를 결정하는 요인으로 이해할 수 있다.

구조혈은 버트의 개념으로서 감성적인 신뢰관계에 관한 그라노베

3) 그라노베터는 보스톤 교외에 거주하는 전문기술관리직 종사자 54명을 대상으로 하여 인맥을 통하여 구직을 할 때 16.7%만이 빈번하게 만나는 사람을 통해 직장을 구했고, 55.6%는 가끔 만나는 사람을 통해, 그리고 27.8%는 거의 만난 적이 없는 사람을 통해 직장을 구했다는 점에 주목하였다. 여기서 약한 연계란 가끔 혹은 거의 만난 적이 없는 사람들을 의미하는데, 이들은 주로 이제는 더 이상 자주 만나지 않는 대학 동창이나 옛날 직장동료 등이었다(Granovetter, 1974).

터의 논의와는 내용상으로 구분된다. 그라노베터에게서 관계의 강도는 정서적인 애착의 정도 혹은 신뢰의 정도를 의미한다면, 환경과의 관계에서 보면 조직 간 혹은 개인 간 관계의 정도를 설명하는 데는 환경의 성격이 중요한 역할을 한다. 비교적 단순한 지식을 전달하는 데는 파편화된 파당들 간의 약한 연계를 통해서도 충분하지만 복잡한 지식과 정보를 전달하는 데는 약한 연계가 적합하지 않을 수 있다. 약한 연계 이론은 개인행위자나 조직 등이 자신을 둘러싼 파당을 넘어서 네트워크를 확대하는 것이 사회적 자본을 증대시키는 것으로 이해할 수 있는 이론적 기반을 제시한다. 한편 구조혈 이론은 기존에 한 행위자가 가진 연계의 총량이 바뀌지 않더라도 연계의 대상을 달리할 경우에 중첩성(redundancy)을 줄일 수 있게 되고, 그 결과로 상이한 파당들을 한데 연결함으로 해서 네트워크 전체에서 차지하는 영향력을 높일 수 있는 것으로 이해하고 있다.

사회적 자본에 대한 보다 거시적인 논의는 공동체 수준의 분석이다. 집단이나 공동체 수준에서 높은 신뢰나 협력, 그리고 참여 확대는 제도의 효과성, 변화하는 거시적 조건에 대한 유연한 적응력 등을 공통의 결과변수로 산출하는 것으로 인식된다. 이때 제도적 수준의 사회적 자본으로는 (1) 사회구조의 다양한 수준들 간의 수직적 연계 정도, (2) 지역적인 사회적 네트워크들 간의 수평적 연계 정도(bridges), (3) 집합행동의 문제에 대해 외부기관의 개입이 윈-윈의 해법(positive-sum solution)을 가져다 주는 정도 등을 들 수 있다.

문제는 개인 수준과 공동체 (집단) 수준에서의 사회적 자본이 항상 같은 것은 아니라는 점이다. 그 이유로는 여러 가지를 들 수 있을 것이다. 첫째, 사회적 자본은 개인보다는 관계 속에 내장되기 때문에 한 개인이 좌지우지하기 어려운 관계적 속성으로 존재한다. 둘째, 사회적 자본은 공공재적 특성을 지닌다. 공공재란 이를 사용하면 할수록 공급이 많아지고 사용하지 않으면 고갈된다. 그래서 사용하는 사람들이 많고 신뢰관계에 참여하는 사람들이 많아질수록 공동체 성원 모두에게 도움이 되는 긍정적 효과들이 커진다. 셋째, 사회적 자본은 도덕적 자원의 특성을 가진다. 도덕적 자원이란, 그것의 형성을 위해서는 많은 시간과 노력이 투입되어야 하며, 일단 형성된 후에는 관여하는 사람들 모두에게 일정한 긍정적 효과를 가져다 주는 것이다. 넷째, 어떤 개인들 간 관계인지, 그리고 관계가 동질성과 이질성 중 어떤 측면을 강화시키는지에 따라 공동체 수준의 사회적 자본의 성격이 결정된다. 구성의 동질성이 태도와 가치의 동질성을 강화시키는 방향으로 이어질 경우, 심각한 배타주의나 자기집단 중심주의로 흐를 가능성이 있다. 반면에 공통의 관심이 이질적 배경을 가진 사람들을 묶어주는 경우, 공동체 수준의 사회적 자본은 개방성과 상호 호환성을 촉진시키는 결과를 가져올 수 있다.

3) 관계자본으로서의 인맥

이처럼 복합적인 맥락에서 작동하는 사회적 자본 개념의 타당성을 높이기 위해서는 한국 사회에서 사회적 관계가 형성되는 맥락에 대한 성찰이 필요하다. 한국은 전통적인 농업사회였고 근대적 의미의 자발적 결사체(voluntary association)가 활성화되기 이전에 혈연공동체와 지연공동체의 강한 영향력 하에 연고에 의한 집단형성의 틀이 강하게 존재했다. 그래서 귀속적 특성에 기반을 둔 모임이 사회생활의 주된 준거가 되었다. 물론 근대화와 민주화는 개인의 자유로운 선택을 통해 자발적인 결사체들이 자유롭게 만들어지고 결사체에서 형성된 사회적 관계들에 의해 사회가 재조직되는 과정이라고 할 수 있다. 그래서 한국의 사회변동 과정은 귀속적인 관계에서 자발적 결사체로 관계양상이 바뀌어 가는 과정이라고도 볼 수 있다(정수복, 1996).

그러나 급속한 산업화로 인해 전통적 공동체는 급속히 와해된 반면, 도시형 사회에 맞는 사회조직의 원리는 아직 자리 잡지 못하고 있는 것이 한국의 현실이다. 서구 민주주의 국가에서는 전통적 공동체가 장기간에 걸친 산업화 과정에서 시민사회형 참여결사체의 형태로 전환된 데 비해, 우리나라는 매우 빠른 속도로 진행된 산업화 과정으로 인해 시간적 압축이 이루어진 결과 전통적 공동체는 연고주의로 변형되어 온존하면서 동시에 개인주의, 경쟁, 소외감이 확산되었고, 시민의식과 문화가 활성화되지 못한 채 시민적 참여공동체보다는 닫힌 연고형 공동체가 주도해 왔다(이재열, 2006).

이러한 이유에서 한국적 맥락에서 사회적 자본을 이해하기 위해서는 인맥과 연고집단, 그리고 결사체에 대한 구분이 필요하다. 인맥이란 사전적 의미로는 "같은 계통 · 계열에 딸리는 사람들의 유대관계"를 의미하며, 보다 미시적 관점에서 정의한다면 "한 개인이 자신이 알고 있는 사람을 통해서 동원할 수 있는 자원의 총량"(김용학, 2004)이라고 정의할 수도 있다. 취업의 성공이나 승진과 같은 도구적 효율성에 기여한다는 측면에서 미시적 차원의 사회적 자본이라고 할 수 있다.

이같은 콜만적 시각의 사회적 자본 연구는 구직과정과 취업에 관한 그라노베터의 연구에 의해 체계화되기 시작했다(Granovetter, 1983). 그라노베터는 사회연결망 형성에 필요한 시간, 감정, 개인적 친밀도, 호혜적 행위 등에 따라 사회연결망을 약한 연결(weak tie)과 강한 연결(strong tie)로 나눈 후, 이 중에서 약한 연결이 취업자에게 더 유리하다고 주장하였다. 약한 연결을 활용하여 얻는 취업정보는 중첩성이 낮아서 취업자에게는 폭넓은 정보가 되기 때문이라는 것이다.

이러한 '약한 연결' 개념을 발전시켜 버트(Burt)는 '구조혈(Structural holes)이 많은 연결망'이라는 개념을 제시하고 있는데, 여기에서 구조혈이란 '중복적이지 않은 연계들이 많을수록 생겨나는 정보교류와 통제상의 이점'을 의미한다. 앞에서도 살펴보았듯이 한국에서도 최근 이와 같이 사회적 자본이 취업, 승진, 소득수준 등에 미치는 영향을 실증적으로 분석한 연구들이 출간되었다. 김성훈(2005), 김왕배 · 이경용(2002), 박기남(2002), 이성균(2006) 등의 연구가 그것이다. 그러나 그라노베터의 연구와 달리 한국의 노동시장에 대한 연구에서는 약한 연결이 안정성이 높은 고소득의 직종보다는 주변적 직업을 구하는 데 오히려 더 유익하다는 결과가 보고되고 있다. 그래서 오히려 한국 사회에서는 중요한 자원을 통제하거나 정보를 얻기 위해서는 강한 관계의 강한 효과(strength of strong ties)를 측정하는 것이 바람직하다고 주장하기도 한다.

한국적 맥락에서 강한 관계를 잘 표현하는 것은 '인맥'이다. 인맥이 중요한 이유는 어려운 문제를 풀기 위해 친족구성원이나 동창 등이 동원되기 때문이다. 본 연구에서는 인맥을 "가족 혹은 8촌 이내의 친지나 친한 친구, 동창 중에 알고 있는 전문직 및 고위급 직업종사자"라고 정의하였으며, 인맥을 구성하는 주요 직업은 고위공무원(4급 서기관 이상), 법조인(검사, 변호사, 판사 등), 대학교수, 언론인, 의사, 경영자(CEO), 군인(대령 이상)/경찰(총경 이상), 예술가(소설가, 화가, 음악인, 영화감독 등), 국회의원 등으로 한정하였다.

4) 연고주의와 결사체

한국 사회에서 사회적 자본에 대한 개념화는 '연고주의'에 대한 해석에 따라 상당한 논쟁의 대상이 되고 있다. 연고주의가 곧 사회적 자본이라고 주장하는 유석춘의 논리는 대표적이다. 그는 동창회, 종친회, 향우회 등과 같은 연고집단은 (1) 전근대적 공동체에만 존재하지 않으며, (2) 폐쇄적 내집단이 아니며 또한 사회적 효율성을 반드시 저하시키지 않고, (3) 시민사회의 영역과도 대립적이지 않으며, (4) 근대화와 함께 소멸하여야 하는 전통의 잔재가 아니라고 주장한다(유석춘 · 장미혜 · 김태은, 2000). 그는 또 집단의 폐쇄성은 사회자본의 형성과 축적에 반드시 불리한 현상이 아니며, 연고집단의 존재는 사회자본의 형성과 축적에 유리한 조건이 될 수 있다고 본다(유석춘, 2002).

이러한 논의는 논리적으로나 실증적으로 검증되어야 하는 몇 가지 문제를 가지고 있다. 첫째, 연고집단을 결사체로 볼 수 있느냐 하는 점이다. 지금까지 사회적 자본을 강조한 학자들은 자발적 결사의 중요성을 강조하였다. 이런 논지는 토크빌이 그의 대표적인 저작인 『미국의 민주주의』에서 결사체와 읍회(town meeting)의 기능이 어떻게 시민공동체를 만들어내고 풀뿌리 민주주의 발전에 기여하였는가에 대한 서술에서 고전적으로 드러난다. 즉 결사체의 숫자와 결사체에서의 활동의 적극성에 비례하여 사회적 자본을 내재화한 민주적 시민의식이 함양된다고 본 것이다. 퍼트남 역시 남부 이태리의 후견-피후견주의(patron-clientalism)와 구별되는 시민적 참여(civic engagement)를 강조한다(Putnam, 1993). 그런 점에서 결사체는 성원이 한정되어 있다는 점에서 단기적으로는 닫혀 있다 하더라도 오랜 기간에 걸쳐 성원의 진출입이 자유롭게 이루어진다는 점에서 열린 연결망의 특성을 갖는다. 반면에 연고집단은 비자발적인 귀속적 지위에 따라 결정되는 부분이 강하기 때문에 집단에의 가입과 탈퇴가 제한된 닫힌 연결망의 특성을 갖는다. 따라서 연고집단과 결사체를 구분하지 않는 유석춘의 입장은 분석적이고 경험적인 검증의 대상이다.

둘째, 연고집단의 목표가 얼마나 공공성을 가질 수 있느냐 하는 점이다. 닫힌 연결망을 통해 형성되는 귀속감은 '외부인'과 구별되는 '내부인'의 정체성을 강화시켜 결과적으로 배타적인 이익추구의 위험에 빠질 수 있다는 점에서 시민적 공화주의자들이 우려한 점, 즉 "사적 이익을 공적 영역에 침투시키는 도구"로 변할 가능성이 농후하다. 물론 공공의 이익이란 정의하기 힘든 애매한 개념이기도 하다. 특정 지역 내부의 문제를 풀어가기 위한 활동목표를 갖는다는 점에서 공공적 성격을 갖는 결사체가 지역 외부 주민에 대해서는 '집단이기주의'로 비칠 수도 있기 때문이다.

한국 사회에서 결사체는 〈표 1〉과 같은 유형론으로 정리될 수 있을 것이다. 이 구분은 유석춘의 구분을 그대로 인용한 것이다. 다만, 차이점은 연고집단의 경우 공적 관심과 사적 관심을 구별하지 않았던 그의 분류와는 달리, 연고집단의 목표가 공적 관심인 경우가 현실적으로 얼마나 존재할지에 대해 의문을 갖기 때문에 별도의 유형으로 처리했다는 점이다.

이상의 논의들을 고려할 때 유유상종과 자발적 동원이 활발히 일어나는 한국적 맥락에서 각종 모임과 단체활동은 자발적 결사체와 연고집단으로 구분하는 것이 적절해 보인다. 연고집단이란 혈연, 지연, 학연 등의 일차적이고 생득적인 관계를 기반으로 하여 모이는 귀속적 집단인

〈표 1〉 결사체의 구분

		집단의 목표	
		사적 관심	공적 관심
집단구성 방식	자원적	유형 A (동호회)	유형 C (시민단체)
	비자원적 (연고)	유형 B (혈연, 지연, 학연단체)	유형 D (?)

출처 : 유석춘(2002 : 164)의 표를 수정하여 제시함.

반면, 자발적 결사체는 특정한 취미를 공유하거나 공동의 목표를 달성하기 위한 자발적이고 개방적인 모임으로 정의할 수 있다. 각종 동호회나 취미모임, 시민단체, 정당, 문화단체, 봉사단체, 종교단체 등이 대표적인 자발적 결사체들이다(이재열, 2006). 이 연구에서는 모두 9가지 유형의 중간집단 중 응답자가 활동하는 단체가 있다면 모두 고르도록 하였는데, 이 중에 동창회, 향우회, 종친회, 계모임 등을 연고집단으로 분류하고, 그 외의 단체들, 즉 취미, 스포츠 레저 단체, 시민단체, 사회봉사단체, 이익단체, 지역사회단체 등을 자발적 결사체로 구분하여 유형화하였다.

〈표 2〉 결사체 참여의 유형

		자발적 결사체	
		불참	참여
연고집단	불참	고립형	결사형
	참여	연고형	복합형

조직을 기준으로 하면 연고집단과 결사체가 분명하게 구분되지만, 한 개인의 입장에서는 다양한 형태로 조직에 참여할 수 있기 때문에 시민들의 조직참여 유형을 알기 위해서는 연고집단과 자발적 결사체의 참여 여부를 교차하여 살펴보아야 한다. 이렇게 하면 네 가지 유형이 나오는데, 연고집단과 결사체 모두에 참여하지 않는 경우를 '고립형 시민' 으로, 연고 집단에만 참여하는 경우를 '연고형 시민' 으로, 자발적 결사체에만 참여하는 경우를 '결사형 시민' 으로, 그리고 연고집단과 자발적 결사체 모두에 참여하는 경우를 '복합형 시민' 으로 명명하였다. 이 유형론이 가진 장점은 단체참여의 양상이 개인에 따라 매우 상이한 방식으로 결합될 수 있다는 점을 인정한다는 것이다.

이 분석에 사용한 자료는 한국사회학회에서 2006년 8월 7일부터 20일까지 실시한 "국민의식 조사"의 원자료이다. 이 조사는 제주도를 제외한 전국의 만 19세 이상을 모집단으로 하여 지역, 성별, 연령비례에 따른 다단계 층화표집으로 선정한 표본을 대상으로 구조화된 설문지를 가지고 면접조사한 것이다. 조사의 표집오차는 95% 신뢰수준에서 ±2.5%이며, 유효 표본수는 1,515명 이었다.

계층을 구분하기 위해서는 홍두승(2005)의 구분을 그대로 차용하였다. 가구주의 직업적 지위, 가구소득, 주택규모, 그리고 본인의 교육정도를 기준으로 하여 각 변수마다 중산층 기준을 충족시키면 1점, 그리고 그렇지 못하면 0점을 부여하였다. 그런데 가구주의 계급적 지위는 중산층 판별에서 다른 요인들보다 더 비중 있게 고려해야 할 필요가 있어 중상계급의 경우는 2점을 부여하였다. 이러한 중산층 점수의 합이 3점 이상이면 '핵심적 중산층', 2점 이상이면 '주변적 중산층', 1점 이하이면 '하층' 으로 구분하였다. 계층구분에서는 상층이 개념적으로 존재하지만 본 조사에서는 핵심적 중산층에 포함하여 분류하였다.

3. 중산층의 관계자본으로서의 인맥

앞에서 살펴보았듯이 연결망은 미시적 관점의 사회적 자본으로서 "한 개인이 자신이 알고 있는 사람을 통해서 동원할 수 있는 자원의 총량"(김용학, 2004)이라고 정의할 수 있다. 연결망 가운데 취업의 성공이나 승진과 같은 도구적 효율성에 기여하는 측면이 미시적 차원의 사회적 자본이 된다. 미시적인 차원의 사회적 자본 중 귀속적인 관계를 연줄이라고 할 수 있는데, 연결과 연줄의 차이를 살펴보자면, 연결은 "보편주의적 성격에 의해 맺어지는 개방적 관계"이며, 연줄은 "지연이나 학연, 혈연처럼 특수주의적이고 폐쇄적인 관계"가 된다. 이러한 연술은 구조적 부패, 사회적 갈등, 사회적 조정비용 발생 등의 여러 가지 부정적인 문제들을 발생시킨다. 한국인에게 있어서 인맥형성은 정서적 유대감을 형성할 뿐만 아니라 사회생활에서 실질적인 영향력을 행사하는 자원이 되며, 가장 중요한 사회적 자본이 된다.

앞에서도 논의했듯이 본 연구에서 활용되는 개인의 사회적 연결망도 보편적인 연결이라기보다는 "가족 혹은 8촌 이내의 친지나 친한 친구, 동창 중에 알고 있는 사회적으로 선호되는 전문직 및 고위급 직업종사자"를 질문함으로써 연줄망에 대한 조사를 활용하고 있다. 본 조사에서 인맥을 구성하는 주요 직업은 고위공무원(4급 서기관 이상), 법조인(검사, 변호사, 판사 등), 대학교수, 언론인, 의사, 경영자(CEO), 군인(대령 이상)/경찰(총경 이상), 예술가(소설가, 화가, 음악인, 영화감독 등), 국회의원 등이었다.

먼저 조사대상자 전체의 위의 직업을 가진 인사들로 형성된 인맥을 살펴보기로 하자. 전체 응답자의 48%는 주위 친지나 친한 친구 중 위의 직업을 가진 인사를 한 명도 알고 있지 않은 것으로 나타났다. 이들 중 단 1명만을 알고 있는 사람은 18.5%, 2명을 알고 있는 사람은 약 12%, 3명을 알고 있는 사람은 약 8%, 4명을 알고 있는 사람은 약 5%로 나타나 전체의 약 91%의 사람들이 가족이나 친지(8촌 이내), 친한 친구 및 동창 중 전문직이나 고위급 직업 종사자를 0-4명까지 알고 있는 것으로 나타났다. 가족이나 주변에 위의 직업에 종사하는 사람들을 가장 많이 알고 있는 응답자는 최고 9명까지, 조사대상의 전 직종에 걸쳐서 인맥을 가지고 있는 것으로 조사되었다.

〈그림 1〉 사회적 자본(인맥)의 크기

(단위 : %)

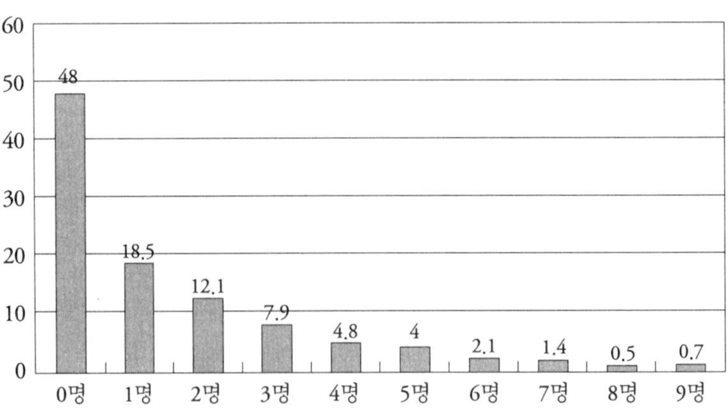

일반적으로 한국인이 가장 많이 알고 있는 주요 직업인 인맥을 살펴보면, 의사(23.8%) 〉 대학교수(20.5%) 〉 경영자(19.9%), 고위공무원(19.7%) 〉군인(17.4) 〉법조인(14.2%)의 순으로 나타났다. 가족이나 친지 중 의사, 대학교수를 알고 있는 사람들은 전체의 20% 이상으로 가장 높게 나타났다. 상대적으로 언론인(9%), 예술가(8.6%)를 알고 있는 사람들은 10% 미만이었으며, 국회의원은 4.9%로 가장 낮게 나타났다.

〈그림 2〉 사회적 자본(인맥)의 분포

(단위 : %)

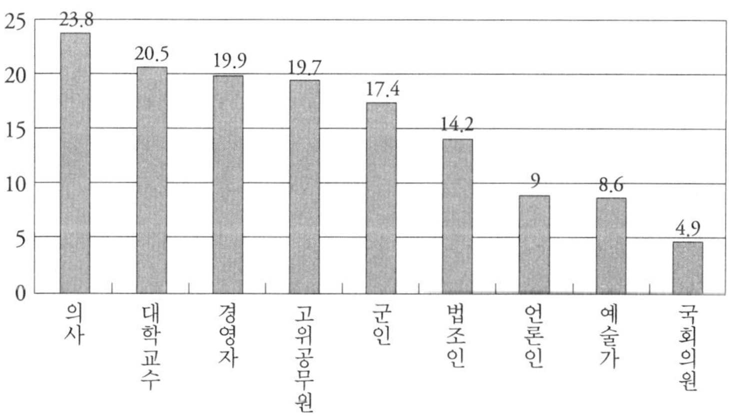

가족, 친지, 친한 친구 중 어떤 직업에 종사하는 사람들을 얼마나 알고 있는지에 대해 다차원척도 분석을 하여 한 사람이 알고 있는 사람들의 직업들 간의 거리를 측정해 보았다. 그 결과 '대학교수-의사-법조인' 의 거리가 가깝게 표시되었고, 다른 한편으로는 '고위공무원-국회의원-언론인-경영자' 가 가깝게 나타났다. 군인과 예술가는 중간적인 위치에 있었는데, 군인은 대학교수, 법조인(전문성)과, 예술가는 언론인,

〈그림 3〉 인맥 다차원척도 분석

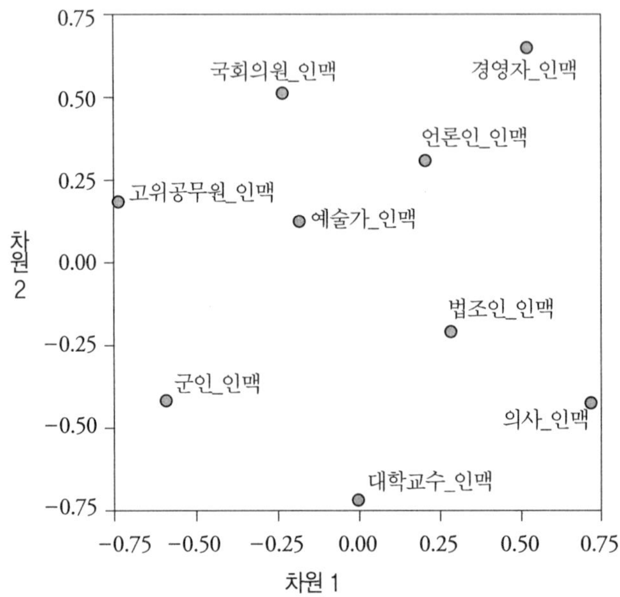

고위공무원(권력)과 더욱 가까운 것으로 나타났다. 따라서 사람들은 '대학교수–의사–법조인'과 같은 전문성을 지향하는 직업인 집단과 '고위공무원–국회의원–언론인–경영자'와 같이 권력을 지향하는 직업인 두 개의 집단으로 양분된 직종의 사람들을 중첩적으로 알고 있다고 볼 수 있다. 즉 한 가족이나 친족집단, 친구들은 유사한 직업적인 성향을 가지고 있는 사람들이 서로 모이는 유유상종의 경향을 보이고 있다고 하겠다. 사람들은 자신들과 유사한 특성을 가진 사람들과 상호작용하며 그들과 가까이 하는 경향이 있다는 유유상종의 원칙(homophily principle)이 인맥의 경우에도 적용된다고 볼 수 있다.

그러면 중산층 범주별 사회적 연줄망은 어떠한가? 핵심적 중산층은 고위공무원, 법조인, 대학교수, 언론인, 의사, 경영자, 군인(대령 이상)/

경찰(총경 이상), 예술가, 국회의원 등의 직업인 중 평균 약 1.93직종을 가족, 친지, 친한 친구 중에 가지고 있었고, 주변적 중산층은 평균 약 1.28직종을, 하층은 약 0.74직종의 사람들을 알고 있는 것으로 나타났다. 따라서 계층의 지위가 높을수록 폐쇄되고 밀도가 높은 인맥의 사회적 연줄망의 범위도 증가한다는 것을 알 수 있다.

〈그림 4〉 계층범주별 사회적 자본(인맥) 규모

(단위 : %)

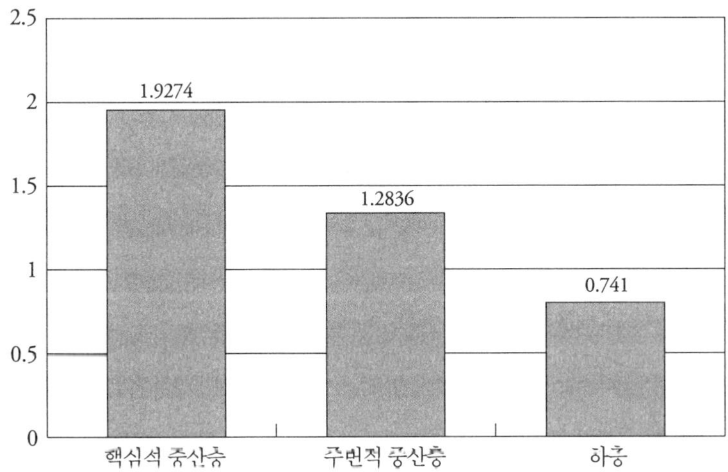

계층별 연줄망의 구성을 살펴보면 전반적으로 조사대상이 되고 있는 거의 모든 직업에서 연줄망의 구성비가 핵심적 중산층, 주변적 중산층, 하층의 순으로 나타나고 있다. 핵심적 중산층의 경우 의사(35.1%), 대학교수(29.4%), 고위공무원(26.2%), 경영자(27.7%), 군인/경찰(21.8%), 법조인(21.5%)의 순으로 비중이 높게 나타났고, 상대적으로 언론인(12.7%), 예술가(12%), 국회의원(6%)은 연줄망의 구성에서 낮은 비중을 차지하

고 있음을 알 수 있다. 주변적 중산층 역시 의사(19.8%), 경영자(19.8%), 고위공무원(19.1%), 대학교수(18.1%), 군인/경찰(17.6%), 법조인(13.2%)의 순으로 높게 나타났고 언론인(7.8%), 예술가(9%), 국회의원(3.9%)은 상대적으로 비중이 낮았다. 하층 역시 의사, 대학교수, 고위공무원, 경영자, 군인/경찰 직종 종사자의 연줄망은 약 10%를 상회하는 비중으로 나타났으며 법조인, 언론인, 예술가, 국회의원의 연줄망은 약 5% 내외에 이르고 있었다. 하층은 핵심적 중산층이나 주변적 중산층에 비해 법조인에 대한 인맥이 상대적으로 낮은 것을 볼 수 있다. 전반적으로 하층에 비해 핵심적 중산층은 조사대상의 9개 범주의 직업 종사자에 있어서 약 2-4배에 가까운 연줄망 규모를 가지고 있는 것으로 나타났다.

〈그림 5〉 계층별 연줄망(인맥) 구성

(단위 : %)

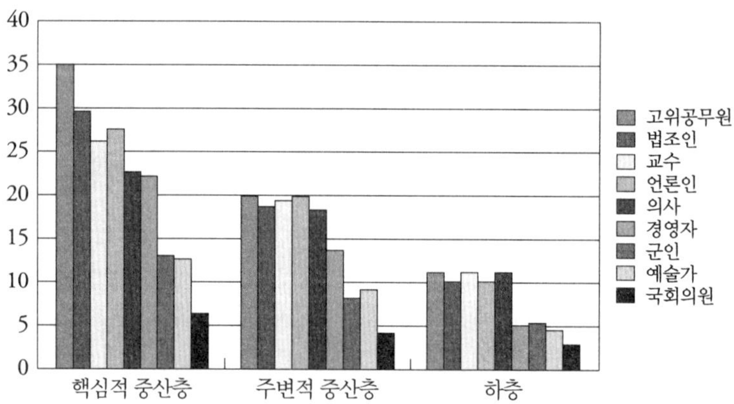

4. 중산층의 연고집단과 자발적 결사체 참여

유유상종과 자발적 동원이 활발히 일어나는 한국적 맥락에서 각종 모임과 단체활동은 자발적 결사체와 연고집단으로 구분하는 것이 적절하다. 연고집단이란 혈연, 지연, 학연 등의 일차적이고 생득적인 관계를 기반으로 하여 모이는 귀속적 집단인 반면, 자발적 결사체는 특정한 취미를 공유하거나 공동의 목표를 달성하기 위한 자발적인 모임으로 정의할 수 있다. 각종 동호회나 취미모임, 시민단체, 정당, 문화단체, 봉사단체, 종교단체 등이 대표적인 자발적 결사체들이다(이재열, 2006). 본 조사에서는 동창회, 향우회, 종친회, 계모임 등의 연고집단과 취미 · 스포츠 · 레저 단체, 시민단체, 사회봉사단체, 이익단체, 지역사회단체 등 자발적 결사체에 대한 참여도를 질문하였다.

전체적으로 한국인의 모임의 특징은 지역과 학연, 혈연, 지연을 중심으로 한 연고집단이 주도하고 있다는 점이다. 또한 한국인의 연고집단과 자발적 결사체의 참여에서 나타나는 또하나의 특징적인 사실은 계층 범수 간 차이가 거의 없다는 사실이다. 그만큼 한국 사회에서는 계층에 관계 없이 모임, 특히 연고집단의 문화가 매우 활성화되어 있음을 알 수 있다. 특히 핵심적 중산층과 주변적 중산층, 하층 간에 연고집단 참여도의 차이는 거의 나타나지 않지만 근소한 정도로 주변적 중산층(1.36 종류)에서 활발하고 다음으로 핵심적 중산층(1.29종류), 하층(1.23종류)의 순으로 나타난다. 자발적 결사체의 경우에는 핵심적 중산층(0.57종류)과 주변적 중산층(0.52종류) 간에는 차이가 없지만 중산층은 하층(0.26종류)

과 비교하여 약 2배 정도의 참여도를 보이고 있어서 상대적으로 중산층에 비해 하층의 자발적 결사체의 참여가 저조한 것을 알 수 있다. 인맥으로 살펴본 연줄망으로서의 사회적 자본은 계층 간, 계급범주 간 차이가 두드러졌지만 단체활동 참여도의 계층 간의 차이는 미미하게 나타난다. 이것은 인맥이 가족이나 친지, 친한 친구 등 귀속적인 특성을 갖는 것에 비해, 단체활동은 비교적 개인의 관심과 노력에 의해 성취될 수 있는 활동영역이라는 점에 일부 기인하고 있는 것 같다. 따라서 전 계층에서 연고집단 및 자발적 결사체의 단체활동을 통한 사회적 자본을 적극적으로 추구하고 있다고 볼 수 있다.

〈그림 6〉 계층범주별 평균 연고집단, 자발적 결사체 참여수

(단위 : 단체 종류수)

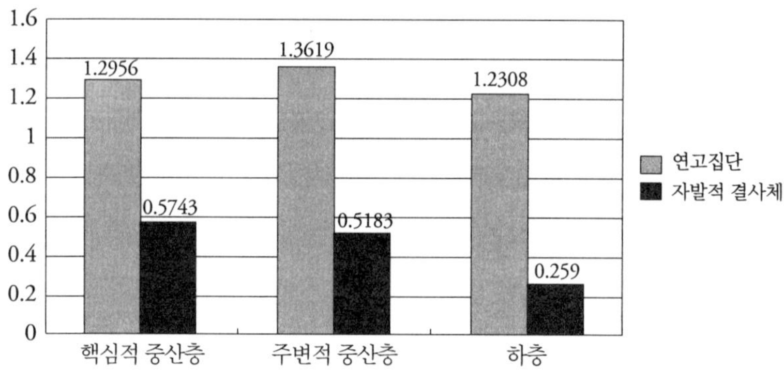

한편, 한국인의 사회적 자본은 시민사회나 지역사회 활동에의 참여보다는 연고집단 모임을 통한 개인적 연줄망의 확대 및 공고화를 중심으로 축적되고 있다고 보여진다. 즉 중산층의 자발적 결사체 활동은 하층에 비해 2배 정도 비중이 높게 나타나지만 연고집단 활동에 비해서

는 자발적 결사체 참여는 약 절반 이하의 수준에 머물러, 집합적 자본으로서의 시민적 참여나 공동체에서의 삶의 질적 개선을 추구하는 사회적 교류와 같은 거시적 차원의 사회적 자본의 성장이 지체되고 있음을 알 수 있다.

연고집단과 자발적 결사체의 참여정도를 고찰할 때 계층범주로는 확연한 차이가 드러나지 않지만 연령별 차이를 살펴보면 일정한 경향을 보이고 있음을 확인할 수 있다. 두 종류의 단체 모두 연령이 높을수록 많이 참여하고 있는 것으로 나타난다. 연고집단의 경우 20대의 참여도가 가장 낮게 나타나고 30대, 40대, 50대 이상의 순으로 나타난다. 즉 단체 활동에의 참여는 사회생활에서 일정한 경력과 연륜을 가진 40대와 50대 이상에서 가장 왕성하다는 것을 알 수 있다. 자발적 결사체도 연령이 높아짐에 따라 증가하는데, 40대에 가장 참여정도가 높다가 50대 이상에서는 약간 감소한다. 40대는 사회적 연줄망의 필요성이 많은 시기이자 젊은 세대와 달리 경제적으로도 여유를 갖게 된 안정된 연령대로 단체 활동을 통한 사회적 자본을 활발히 추구하는 시기라고 할 수 있다.

이에 비해 50대 이상은 직장에서의 은퇴 등 사회활동의 범위 및 영역이 축소됨에 따라 자발적 결사체의 참여정도는 줄어드는 것으로 보이는데, 그럼에도 불구하고 연고집단의 참여는 오히려 늘고 있어 '결사체 활동의 감소와 연고집단으로의 활동 증가'가 일어나는 시기라고도 볼 수 있다. 특히 20대는 동창회, 향우회, 계모임 등의 연고집단에의 참여정도가 가장 낮고 40대에 비해 절반 정도 수준으로 나타난다. 취미 · 스포츠 모임, 봉사단체, 시민단체, 지역사회단체와 같은 자발적 결사체활동에서도 20대는 40대의 절반 정도의 참여를 나타내고 있어 연령에 따라 큰 차이가 있음을 알 수 있다.

〈그림 7〉 연령별 연고집단, 자발적 결사체 참여

(단위 : 단체수)

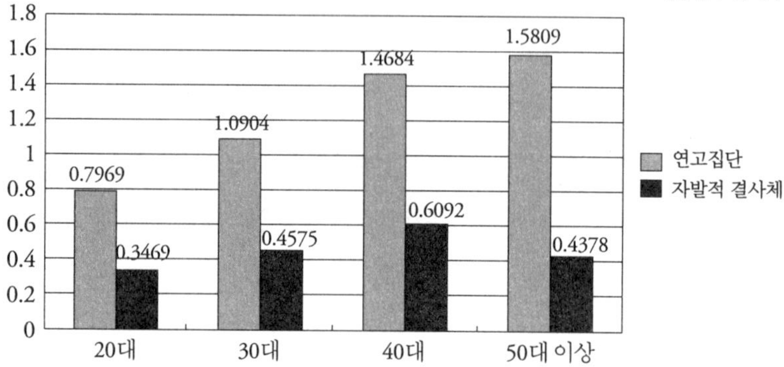

경험적으로 한 개인의 입장에서 보자면 연고집단과 결사체의 참여는 양자 모두 참여하거나 어느 한 쪽만 참여할 수도 있다. 동일한 사람이 동창회에 참석하면서 취미단체나 봉사단체에서 활동할 수도 있기 때문이다. 이와 같이 개인이 연고집단과 결사체에 동시에 참여하는 경우까지 모두 고려하여 참여유형을 분석하여 보면 두 가지 모두에 참여하지 않는 경우를 '고립형' 시민으로, 그리고 자발적 결사체에 참여하지 않고 연고집단에만 참여하는 사람을 '연고형' 시민으로, 연고집단에 참여하지 않으면서 자발적 결사체에만 참여하는 사람을 '결사체형' 시민으로, 마지막 양자 모두에 참여하는 사람들을 '복합형' 시민으로 분류할 수 있다(이재열, 2006).

다음의 표와 같이 전체적으로 연고형(약 42%)이 가장 많이 나타나고 다음으로 복합형(약 37%), 고립형(18%), 결사형(약 7%)으로 나타나 연고집단에만 참여하는 연고형이 가장 많고 결사체에만 참여하는 결사형이 가장 적은 것을 알 수 있다.

계층범주별로 살펴보면, 핵심적 중산층에서 주변적 중산층, 하층

〈표 3〉 연고집단과 결사체 참여유형과 비율

(단위 : %)

		자발적 결사체	
		불참	참여
연고집단	불참	고립형(18.0)	결사형(7.1)
	참여	연고형(46.1)	복합형(28.8)

으로 갈수록 '연고형'이 많이 나타나고 반대로 하층에서 주변적 중산층, 핵심적 중산층으로 갈수록 '복합형'이 많이 나타나고 있다. 연고집단과 결사체에 모두 참여하는 '복합형'의 경우, 핵심적 중산층은 하층에 비해 2배 이상의 참여율을 보이고 있다. '고립형'과 '결사형'의 경우도 유사한 패턴을 보여 '고립형'은 하층에서 가장 많이 나타나고 있지만 '결사형'은 핵심적 중산층으로 갈수록 많아지고 있다. 전 계층에서 연고형과 복합형이 가장 주도적인데, 두 유형을 합치면 70% 이상을 차지한다. 핵심적 중산층은 상대적으로 '연고형-복합형 균형'의 양상을 띠고 있고, 주변적 중산층과 하층은 '연고형 우세'를 보이고 있다고 할 수 있다.

연령별 연고집단과 자발적 결사체 참여유형을 살펴보면 모는 연령대에서 연고형이 가장 많이 나타나는데, 20-40대까지는 거의 유사한 비율로 나타나지만 50대 이상에서는 약 10% 이상 증가하는 것을 볼 때 50대 이상에서는 연고집단 위주의 단체활동을 한다는 것이 드러난다. 고립형은 연령이 낮을수록 증가하는데, 20대는 고립형이 가장 많아 4명 중 1명이 연고집단이나 결사체 중 어떤 모임에도 참여하지 않는 것으로 나타났다. 20대와 30대는 결사형이 상대적으로 많이 나타나서 약 10% 정도이지만 40대 이상에서는 3-6%대로 줄어들어, 결사형의 활동을 하던

〈그림 8〉 범주별 연고집단과 자발적 결사체 참여유형과 비율

(단위 : %)

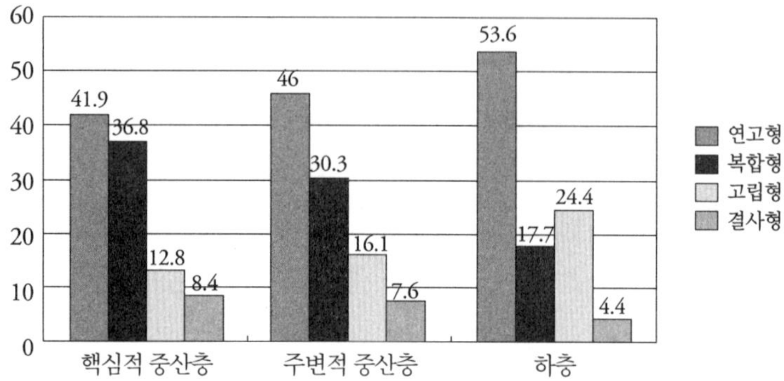

사람들도 40대가 되면 연고집단에도 참여를 하는 '결사형에서 복합형으로' 이동하고 있음을 알 수 있다. 복합형은 20대에서 40대까지 꾸준히 증가하다가 50대 이상에서는 눈에 띄게 감소하고 있다. 50대는 주로 '복합형에서 연고형으로' 이동이 일어나는 시기임을 알 수 있다.

〈그림 9〉 연령범주별 연고집단과 자발적 결사체 참여유형

(단위 : %)

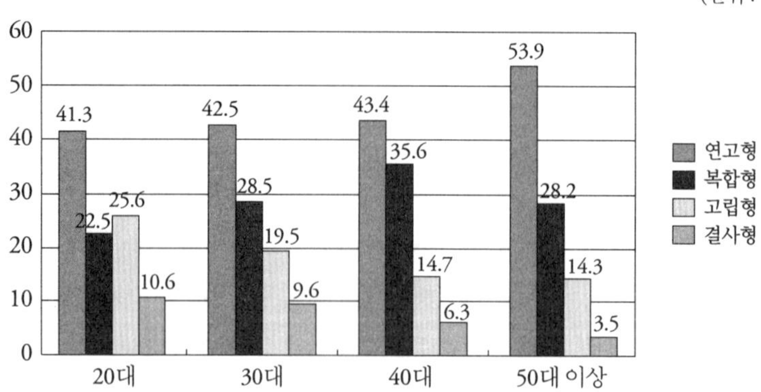

계층별로 참여하는 연고집단과 자발적 결사체의 구성을 살펴보면 다음과 같다. 핵심적 중산층은 동창회 참여(60.5%)가 가장 많이 나타나고 다음은 계모임(42.9%), 취미·스포츠 단체(36.3%), 향우회(13.9%), 종친회(12.3%) 순으로 나타나며, 자발적 결사체 중에는 사회봉사단체(9.3%), 지역사회단체(6.1%), 시민단체(3.2%), 이익단체(2.5%)의 순으로 나타난다. 핵심적 중산층 단체활동의 빈도가 가장 높은 3가지는 '동창회, 계모임, 취미·스포츠 단체 활동'이라고 할 수 있으며, 유사한 경향이 주변적 중산층에서도 나타나고 있다. 동창회는 10명 중 6명 이상, 계모임은 10명 중 4명 이상, 취미·스포츠 단체 활동은 10명 중 3명 이상이 참여하고 있는 것으로 조사되었다. 핵심적 중산층에서는 '동창회'가 가장 주도적인 단체활동인 데 비해 주변적 중산층(53.3%)과 하층(56.7%)에서는 '계모임'의 비중이 가장 높은 것으로 나타났다. 핵심적 중산층이 주로 대졸 이상자들로 구성되어 동창회의 참여범위와 규모가 더 크며 동창회의 참여를 통한 상호부조 및 사회생활에서의 도움을 구한다고 볼 수 있는 데 반해, 주변적 중산층은 동창회와 계모임이 거의 유사한 비중으로 나타나고, 하층은 동창회(42.3%)에 비해 계모임(56.7%)의 비중이 더욱 높아 경제적인 이유나 정서적인 유대감 등을 위해 친목계에 많이 참여하고 있다는 것을 알 수 있다. 종친회의 참여는 핵심적 중산층에 비해 주변적 중산층이나 하층에서 높게 나타나는 것을 알 수 있는데, 일반적으로 하층으로 갈수록 인척에 대한 접촉이나 의존이 상대적으로 더 많이 나타나는 것과 주변적 중산층과 하층의 종친회 참여도가 높다는 사실이 서로 관련성이 있는 것으로 보인다. 상대적으로 사회봉사단체, 지역사회단체, 시민단체, 이익단체 등의 참여율은 10% 미만으로 나타나 전 계층에서 참여율이 매우 저조하다.

〈그림 10〉 계층별 연고집단과 자발적 결사체 참여도

(단위 : %)

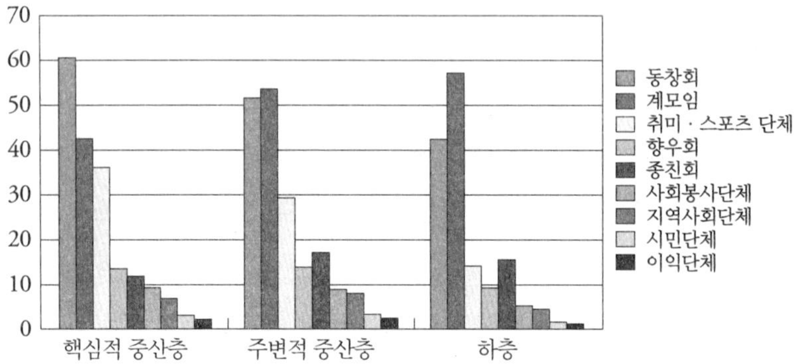

5. 사회적 자본으로서의 일반화된 신뢰

신뢰는 사회적 자본의 대표적인 경우로서 사람들 간의 관계에 관한 것이며, 그 관계 속에서 존재하고, 신뢰가 있음으로 해서 관련 행위자들은 협동을 할 수 있고 감시와 통제비용을 줄일 수 있다. 또한 신뢰는 사회적 자본으로서 공공재의 성격을 가지고 있다. 사람들은 교환을 통해 상호 기대 속에서 단순히 사적 이익보다는 호혜성을 우선에 놓을 수 있다. 이와 같이 자신의 이익과 타인의 이익을 함께 추구하는 문화적인 규범, 가치, 신념 등으로의 신뢰를 정의할 수 있을 것이다. 즉 신뢰란 한 행위자가 위험에도 불구하고 다른 행위자가 자신의 기대 혹은 이해에 맞도록 행동할 것이라는 주관적 기대이다. 신뢰는 사회적 관계를 전제로 하며, 신뢰가 있음으로 해서 관련 행위자들은 협동을 할 수 있고 감시와 통제비용을 줄일 수 있다는 점에서 사회적 자본의 전형적 예라고 할 수 있다. 사회적 자본으로서 신뢰는 시장에서의 잠재적인 거래행위자들 간의 다양한 유형의 비용을 낮추는 요인으로 작용함으로써 경제행위의 발생을 촉진하고 유지하는 효과가 있다.

사회적 자본으로서 신뢰가 가능한 조건은 무엇인가? 그라노베터(1992)에 의하면 신뢰는 미시적인 접근과 거시적인 접근이 있다. 미시적인 접근은 개인이 남을 신뢰하는 것은 그것이 개인의 이익을 위하여 도움이 되기 때문이다. 거시적인 접근은 개인이 남을 신뢰하는 것은 신뢰가 사회규범이나 제도로 형성되어 있고, 이러한 규범이나 제도가 사회화를 통해 개인에게 내재되어 있기 때문이다. 전자는 경제학의 전제가 되는 과소사회화된 인간이라면 후자의 사회학적인 인간관인 과잉사회화된 인간이라고 할 수 있다. 그라노베터는 양자를 모두 비판하며 두 가지 접근이 동전의 양면과 같은 것임을 주장한다. 따라서 신뢰가 형성되는 사회적 맥락이나 사회적 관계를 분석하고 사회적 관계의 특성이 여기에 참여하는 사람들 간의 신뢰에 어떤 영향을 미치는가를 분석하는 것이 중요하다는 것이다. 따라서 그는 중범위적인 접근을 제시한다.

신뢰는 그것이 발생하는 사회적 관계의 특성에 따라 이자적 신뢰와 구조적 신뢰로 나눌 수 있다. 이자적 신뢰란 개인들 간의 직접적인 접촉과 상호작용이 반복되면서 나타나는 것으로 '과정의존적 신뢰(process-based trust)'와 유사하다. 이러한 유형의 신뢰는 반복적으로 같은 사람과 상호작용함으로써 서로 가치, 신념 등을 공유함으로 해서 형성되는 신뢰이다. 한편, 구조적 신뢰는 제3자에 대한 신뢰이다. 당사자들끼리 직접 형성되는 신뢰가 아니라, 이들을 중재하거나 대표하는 행위자에 의해서 신뢰하는 것이다. 제3자를 확대해석하면 집단이나 조직, 더 크게는 법이나 제도도 이에 해당된다고 할 수 있다. 이러한 사회적 자본의 혜택을 보여주는 경험적 연구들은 그 분석수준에 따라 개인, 조직, 지역 및 사회의 수준으로 나눌 수 있다.

그러면 한국 사회에서 사람들 간의 대인관계에서 일반적인 신뢰수준과 지역사회에 대한 신뢰는 어떠한지 살펴보기로 하자. 본 조사에서는 신뢰에 관하여 대인 간의 일반화된 신뢰와 지역사회에 대한 신뢰로 구분하여 측정하였다. '동네 사람들이 힘을 합친다면 지금보다 더 살기 좋은 곳으로 만들 가능성이 있다' 고 생각하는 정도로 지역사회에 대한 신뢰정도를 측정하고 '귀하가 현금 10만 원이 든 지갑을 거리에서 잃어버렸다면 돌려받을 가능성이 있다' 고 생각하는 정도로 낯선 사람에 대한 신뢰의 정도를 측정하였다. 그리고 '일반적으로 사람들을 얼마나 믿을 수 있는지' 에 대한 일반적인 대인신뢰의 정도를 척도로 사용하였다. 한편 사회적 자본으로서의 신뢰가 상호작용과 정서의 개념과 관련되어 있기에 주변 사람들에 대한 인정을 함께 살펴보았다. 인정은 '이사시 이삿짐 업체 직원에게 식사비를 제공할 의향' 과 '아파트에서 명절이나 연말에 경비 아저씨에게 선물이나 음식을 드릴 의향' 이 얼마나 있는지로 측정하였다. 위의 두 가지 척도는 각각 하나의 요인으로 묶이는 것을 확인하였다.

중산층 범주별 일반화된 신뢰와 인정을 살펴보면, 핵심적 중산층일수록 일반적으로 사람들을 더욱 신뢰하고 주변인들에게 인정을 많이 베푸는 것으로 나타났다. 대인 간의 신뢰나 지역사회에 대한 신뢰에서 핵심적 중산층과 주변적 중산층은 거의 유사한 정도로 나타났지만 하층은 상대적으로 낮게 나타났다. 주변 사람들에게 베푸는 호의나 인정의 경우 주변적 중산층은 가장 낮게 나타나서 주변적 중산층일수록 일상생활이

〈표 4〉 인정에 대한 요인분석

	요인	
	1	2
q21	.708	−.369
q22	.733	−.395
q23	.580	.054
q24	.295	.743
q26	.509	.591

요인분석을 통해 2개의 요인이 추출되었다.

〈그림 11〉 계층범주별 신뢰와 인정

(단위 : 점수)

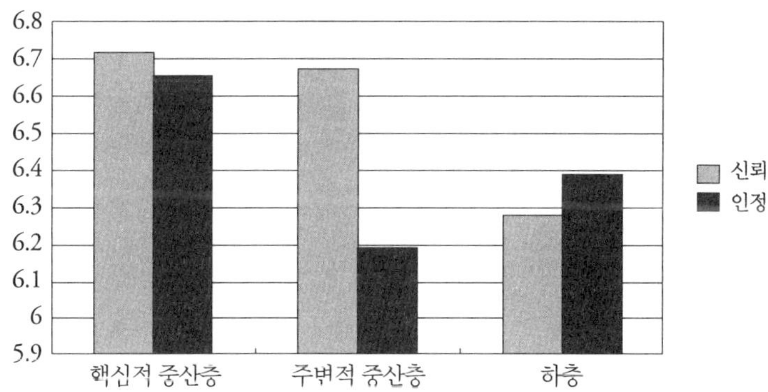

신뢰 3-15점 ; 인정 2-10점

각박하고 주변 사람들에게 인정을 베푸는 데 있어서 인색하다는 것을 알 수 있다.

연령별로는 매우 흥미로운 결과를 볼 수 있다. 신뢰수준은 연령이 높을수록 약간씩 증가하다가 40대에 정점에 이른 후 50대에 약간 감소하는 것을 볼 수 있다. 일반화된 신뢰는 상대적으로 연령에 따라 큰 차이를 보이지 않는다. 그러나 인정의 수준은 20/30세대와 40/50세대로 양극화된 유형으로 나타나 한국 사회의 인정은 나이든 세대에서 찾아볼 수 있다는 것을 보여준다. 인정은 30대에서 가장 낮게 나타나고 50대 이상에서 가장 높게 나타나고 있다.

〈그림 12〉 연령별 신뢰와 인정

(단위 : 점수)

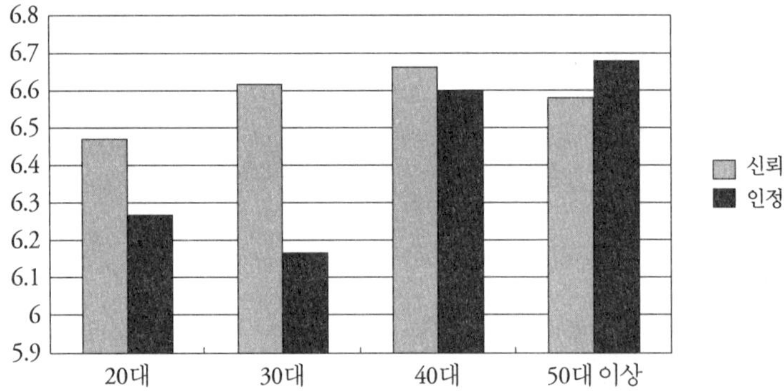

신뢰 3-15점 ; 인정 2-10점

6. 사회적 자본의 형성
– 인맥 및 사회단체 활동 참여에 영향을 미치는 요인

지금까지 개인의 사회적 자본을 구성하는 인맥과 사회단체 활동의 참여를 중심으로 계층별 차이를 살펴보고 일반화된 신뢰와 인정에 대해 고찰하여 사회적 자본의 미시적 차원과 거시적 차원의 특징에 대해 살펴보았다. 그러면 어떤 특성을 가진 사람들이 인맥을 통한 연줄망을 넓게 구성하고 있으며 활발히 연고집단과 자발적 결사체에 참여하고 있는가?

먼저 연령 및 성별과 같은 인구학적 요인, 교육과 가구소득의 사회경제적 요인, 그리고 신뢰와 인정과 같은 사회적 자본의 하위 요인으로 구성된 독립변수들로 개인의 인맥과 연고집단과 자발적 결사체 참여 각각에 대해, 그리고 사회단체 활동 전체에 영향을 미치는 요인들을 알아보고자 한다. 여기에서는 특히 신뢰와 인정과 같은 요인들이 어떠한 유형의 조직에 참여함으로써 제고되는지 고찰하고자 한다. 그 이유는 신뢰는 일종의 의무와 호혜성으로서 사람들이 교환을 통해 상호 기대 속에서 단순히 사적인 이익보다는 호혜성을 우선에 놓음으로써 사회적 연대의 기초가 되기에, 이러한 분석을 통해 한국 사회에서 인맥이나 단체활동 등의 연결망을 통한 신뢰의 제고가 가능할 것인지의 문제를 경험적으로 밝혀줄 수 있을 것으로 생각되기 때문이다.

회귀분석 결과를 살펴보면, 개인의 연줄망으로서의 인맥은 연령이 많을수록, 교육수준이 높을수록, 가구소득이 많을수록 더 큰 것으로 나타났고, 신뢰와 인정과도 긍정적인 관계를 나타내 가족과 친지, 친한 친구 중 사회적 위신이 높은 직업 종사자들의 인맥이 많을수록 대인 간 일반적 신뢰와 지역사회에 대한 신뢰가 높으며, 신뢰의 정서적 측면으로 표현되는 인정도 더 많은 것으로 나타났다.

연고집단 참여도 연령이 높을수록, 남성일수록, 가구소득이 많을수록 동창회, 계모임, 향우회, 종친회 등의 연고집단 활동에 더 적극적인 것으로 나타났으나 교육수준과 연고집단의 참여는 유의미한 효과를 나타내지 않았다. 따라서 교육수준에 관계없이 연고집단에 참여가 활발한 것을 알 수 있다. 한편 인정이 많을수록 연고집단에 더 많이 참여하고 있음을 알 수 있으나 신뢰수준과는 유의미한 효과를 나타내지 않아 연고집단에 참여하는 것이 신뢰의 수준을 제고하지는 않는다는 것을 알 수 있다. 즉 연령이 높고 소득수준이 높은 남성일수록 연고집단 참여가 활발하며, 이들은 타집단에 비해 인정이 많다고 볼 수 있다.

자발적 결사체도 연령이 높을수록, 교육수준이 높을수록, 가구소득이 많을수록 참여도가 높으며, 신뢰수준이 높고 인정이 많을수록 많이 참여하는 것으로 나타나고 있다. 신뢰의 효과는 연고집단 참여에서는 나타나지 않았는데, 자발적 결사체 참여로 인해 신뢰가 유의미하게 제고되는 것을 볼 수 있었다. 이와 함께 자발적 결사체의 참여는 인정과도 정의 관계를 나타내는 것으로 보아 일반화된 신뢰를 증가시키는 것은 연고집단이 아닌 자발적 결사체에의 참여임을 확인할 수 있다.

사회단체 활동 참여 전체를 회귀분석한 결과도 앞의 인맥이나 연고집단, 자발적 결사체 참여도와 동일한 결과를 보여 연령이 높을수록, 남성일수록, 교육수준이 높을수록, 가구소득이 많을수록, 신뢰와 인정의 수준이 높을수록 사회단체 활동에 많이 참여하고 있는 것으로 나타났다. 계층별로는 전체적으로 연고집단 및 자발적 결사체를 포함한 사회단체 활동 참여도가 주변적 중산층에게서 높게 나타났는데, 이는 한편으로는 중산층 범주의 판별에 포함되는 교육수준과 가구소득을 통제했기 때문에 나타난 결과라고 볼 수 있으며, 다른 한편으로는 주변적 중산층의 직업적 특성이 주로 자영업자들로 구성된 쁘띠부르주아가 대다수이기 때문에 이들이 직업상의 실용적인 이유로 인해 적극적으로 사회적 자본을 추구하며 연고집단 및 자발적 결사체 활동에 활발히 참여하고 있다고도 볼 수 있다.

〈표 5〉 인맥, 연고집단, 자발적 결사체에 대한 회귀분석

독립변수	인맥	연고집단	자발적 결사체	사회단체 활동(전체)
연령	.026(.082)***	.026(.336)***	.007(.134)***	.033(.318)***
성(여성)	.099(.097)	−.418(−.201)***	−.056(−.038)	−.474(−.169)***
교육	.422(.287)***	.016(.020)	.065(.116)**	.081(.075)*
가구소득	.142(.174)***	.045(.101)**	.042(.134)***	.087(.144)***
신뢰	.071(.069)**	.027(.048)	.048(.121)***	.076(.099)***
인정	.108(.099)***	.051(.085)**	.023(.055)*	.074(.092)***
핵심적 중산층	.167(.043)	.081(.039)	.101(.068)	.182(.064)
주변적 중산층	.132(.032)	.175(.076)*	.174(.109)**	.349(.113)***
상수	−3.471	−.448	−.837	−1.285
R^2 (adj)	.149	.165	.082	.168

* p 〈 .05 ; ** p 〈 .01 ; *** p 〈 .001

7. 결론

이 글에서는 한국 중산층의 사회적 자본의 특징을 고찰하기 위하여 미시적인 관점의 관계자본이라고 할 수 있는 인맥과 보다 거시적인 수준에서 집단이나 공동체 수준에서의 참여라고 할 수 있는 연고집단과 자발적 결사체 활동, 그리고 이로 인해 발생하는 일반인에 대한 신뢰 및 지역사회에 대한 신뢰의 수준과 인정의 정도를 살펴보았다.

사회적으로 영향력이 있는 전문직 종사자들로 구성된 인맥을 어느

정도 가지고 있는지를 살펴본 결과 핵심적 중산층이 타집단에 비해 가족이나 친척, 친구 중 의사, 대학교수, 고위공무원, 경영자, 군인/경찰, 법조인 등으로 구성된 인맥을 많이 가지고 있는 것으로 나타났는데, 특히 중산층과 하층과의 차이가 두드러져 핵심적 중산층은 조사대상의 9개 직업범주 종사자에 있어서 약 2-4배에 가까운 연줄망 규모를 가지고 있는 것으로 나타났다. 따라서 한국 중산층의 사회적 자본의 특성을 고려할 때 고학력, 고소득층에서 인맥자산이 풍부하며, 인맥은 신뢰와 인정의 수준을 유의미하게 제고시킨다고 볼 수 있다. 한편 이는 중간집단 참여와도 높은 관련성을 갖는다.

연고집단과 자발적 결사체에의 참여로 살펴본 한국인 모임의 특징은 학연, 혈연, 지연을 중심으로 한 연고집단이 주도하고 있다는 점이다. 또한 한국인의 연고집단과 자발적 결사체의 참여에서 나타나는 또다른 주요한 특징은 계층범주 간 차이가 거의 없다는 점이다. 그만큼 한국 사회에서는 계층에 관계없이 모임, 특히 연고집단 문화가 매우 활성화되어 있음을 알 수 있다. 계층 간 연고집단 참여도에 큰 차이가 없지만 근소한 차이로 주변적 중산층에서 가장 활발하고 다음으로 핵심적 중산층, 하층의 순으로 나타나고 있다.

전반적으로 현재 한국 사회에서 단체활동에 가장 많은 영향을 미치는 것은 연령으로서 젊은층에 비해 중장년층이 연고집단과 자발적 결사체에 많이 참여하고 있으며, 남성일수록, 교육수준과 소득수준이 높을수록 더 활발한 단체활동을 하고 있음을 알 수 있다. 그리고 인맥이 많고 사회단체 활동을 활발히 할수록 일반화된 호혜성과 상호 의무의 규범을 나타내는 보편적 신뢰나 인정이 많은 것으로 나타나고 있다. 사회적 자본을 구성하는 세 가지 요인 중 개인의 연줄망으로서의 인맥과 자발적 결사체의 참여를 통하여 사회적 자본의 정서적 요인이자 규범적 · 문화적 요인인 신뢰수준도 제고될 수 있다는 점이 사회적 자본의 중요한 특성을 보여주고 있다고 생각된다.

여기에서 특히 연고집단과 자발적 결사체의 차이에 주목할 수 있는데, 연고집단이 신뢰에는 유의미한 영향을 미치지 않고 인정의 요인에 대해 정의관계를 갖는 것에 비해, 자발적 결사체의 참여는 신뢰의 수준과 인정 양자 모두와 정의 관계를 갖고 있는 것으로 나타난 점이다. 이러한 관점에서 볼 때, 자발적 결사체에 대한 참여를 통해 신뢰의 수준이 향상되고 사회적 연결망을 통한 일반화된 신뢰의 관계 및 규범이 지속적으로 제고된다고 할 수 있다.

종합적으로 살펴보면, 인맥자산이 풍부한 사람들은 연고집단과 결사체 활동에 모두 적극적이며, 두 유형의 집단에의 참여가 서로 다른 효과를 나타냄에도 불구하고 한 개인의 차원에서든 별다른 모순 없이 상이한 두 조직에 모두 잘 적응하고 있는 것으로 나타난다. 일반적으로 중산층의 속성이 강한 핵심적 중산층일수록 두 집단에 모두 참여하는 복합형이 많이 나타나는 것을 볼 때, 연고집단과 결사체 참여 경험이 현실적으로는 동시에 추구될 수 있음을 알 수 있다. 그러나 결사체 참여 경험만을 놓고 볼 때, 결사체 참여는 중산층과 하층을 구별짓는 중요한 구분선의 역할을 하고 있음을 알 수 있다. 하층일수록 연고집단에만 참여하는 연고형이 높게 나타나는 점과, 결사체에만 참여하는 결사형의 경우 하층에 비해 중산층이 약 2배 정도의 참여율을 보이고 있다는 점은 이러한 사실을 반증한다. 즉 계층에 관계없이 모두 적극적으로 사회적 자본을 추구한다고 볼 수 있지만, 중산층의 특성이 강할수록 인맥이 풍부하고 연고집단과 결사체 모두 적극적으로 참여하는 데 비해, 하층은 상대적으로 인맥이 부족한 가운데 연고집단에만 활발히 참여한다는 점이 한국인의 사회적 자본의 특징이라고 할 수 있다.

그러나 결사체 활동 경험을 통해 제고되는 일반화된 신뢰수준이 절대적으로는 그다지 높지 않다는 점을 고려할 때 아직까지는 내집단에서의 특수주의적 신뢰는 강하지만 외집단이나 지역사회에 대한 일반화된 신뢰는 상대적으로 부족한 것이 한국의 사회적 자본의 현상태라고 보여진다(이재열, 2006). 따라서 한국적 문화의 풍토에서 연고집단의 영향력이 광범위하다고 하더라도 결사체 참여 경험을 늘리는 것이 중산층의 시민의식을 제고하는 데 긍정적인 효과를 가져올 것으로 기대된다.

참고문헌

김선업. 1991. "한국 대도시 주민의 개인적 연줄망에 관한 경험적 연구." 고려대학교 사회학과 박사논문.

김성훈. 2005. "사회연결망과 공식경로를 통한 첫 취업의 개인적 결과와 사회적 결과." 『한국 사회학』. 39(1) : 53-85.

______. 2006. "전문직의 취업경로 : 사회연결망과 공식경로를 중심으로." 『한국 사회학』. 40 (5) : 137-177.

김왕배 · 이경용. 2002. "사회적 자본으로서의 신뢰와 조직몰입." 『한국 사회학』. 36 (3) : 1-23

김용학. 2004. 『사회연결망 이론』. 박영사.

나영선 외. 2005. 『사회적 자본과 인적자원개발』. 한국직업능력개발원.

박기남. 2002. "관리적 여성의 사회적 자본과 성별 직무분리." 『한국 사회학』. 36(6) : 109-135.

유석춘. 2002. 『한국의 시민사회, 연고집단, 사회자본』. 자유기업원.

유석춘 · 장미혜 · 김태은. 2000, "동아시아의 연고주의와 세계화." 『전통과 현대』. 13 (가을호) : 197-232.

이성균. 2006. "한국 자영업자의 사회적 자본과 소득수준." 『한국 사회학』. 40(5) : 178-206.

이재열. 2003. "사회적 자본과 시민의식 : 서울시와 자치구의 정책결정과 집행에 주는 함의." 『지역사회학』. 5(1) : 41-81.

______. 2005. "사회적 자본과 네트워크사회론." 『사회적 자본과 인적자원개발』. 한국직업 능력개발원. pp. 25-71.

______. 2006. "지역사회 공동체와 사회적 자본." 『지역사회학』. 8(1) : 33-67

정수복. 1996. "한국인의 모임과 미시적 동원맥락." 『경제와 사회』. 봄호(통권 제29호). pp. 102-125.

최재석. 1979. 『한국인의 사회적 성격』. 개문사.

홍두승. 2005. 『한국의 중산층』. 서울대학교출판부.

Bourdieu, Pierre. 1986. "The Forms of Capital." in J. G. Richardson (ed.). *Handbook of Theory and Research for Sociology of Education*. Westport, CT : Greenwood Press.

Bourdieu, Pierre and Loic J. D. Wacquant. 1992. *An Invitation to Reflexive Sociology*. Chicago : University of Chicago Press.

Burt Ronald. 1992. *Structural Holes : The Social Structure of Competition*. Boston : Harvard University Press.

Coleman, James. 1988. "Social Capital in the Creation of Human Capital." *American Journal of Sociology*, 94 : S95–120.

______. 1990. *Foundation of Social Theory*, Cambridge : Harvard University Press.

______. 2002. "The Social Capital of Structural Holes." in *The New Economic Sociology : Developments in and Emerging Field*. edited by M. F. Guillen, R. Collins, P. England, and M Mayer. New York : Russell Sage.

DiMaggio and Louch. 1998. "Socially Embedded Consumer Transaction : For What Kinds of Purchases Do People Most Often Use Networks?" *ASR*, 63.

Granovetter Mark. 1983. "The Strength of Weak Ties : A Network Theory Revisited." *Sociological Theory* 1 : 201–233.

Krishna, Aniruth. 2000. "Creating and Harnessing Social Capital." in *Social Capital : A Multifaceted Perspective*, ed. by P. Dasgupta and I. Serageldin, World Bank.

Lin, Nan. 1999. "Social Networks and Status Attainment." *Annual Review of Sociology* 25 : 467–488.

Lin, Nan, Karen Cook & Ronald Burt (eds.). 2001. *Social Capital Theory and Research*. New York : Aldine De Gruyter.

Putnam, Robert. 1993. *Making Democracy Work : Civic Traditions in Modern Italy*. Princeton University Press. [안청시 외 역. 2000. 『사회적 자본과 민주주의』. 박영사].

______. 2000. *Bowling Alone : The Collapse and Revival of American Community*. Simon & Schuster.

12

한국의 사회통합과 중산층 육성의 과제

이재열(서울대 사회학과)

1. 양극화인가, 중산층인가?

중산층에 대한 관심이 고조되고 있다. 20년 전에는 민주화 시기 변화와 개혁을 이끌어 갈 새로운 중심세력으로서의 위상에 대한 관심이 컸다. 그러나 최근의 중산층에 대한 관심은 점차 심화되는 양극화 때문이다. 안팎의 구분이 없어지면서 갈수록 심화되는 전 지구화의 물결 속에 한국 사회에서는 양극화 논란이 거세진 것이다. 정도의 차이는 있지만 이 책에 실린 11편의 글들은 양극화와 중산층의 쇠퇴가 서로 연관되어 있다는 문제의식을 공유하고 있다.

양극화는 단순한 빈곤화와는 구별된다. 그리고 마르크스적 의미의 궁핍화와도 다르다. 한국은 지난 30여 년간의 지속적인 경제성장의 결과 절대적 빈곤층의 비율은 급격히 줄어들었다. 그러나 1997년 겨울의 외환위기 이후 전반적인 경기침체와 급격한 기업 구조조정 등으로 인해 소득집단 간 격차가 커지는 양극화가 심화되어 왔다. 인구의 고령화 및 가족구조의 변화와 맞물려 경제적 양극화는 중산층의 쇠퇴를 낳고 있다. 경제적 양극화란 소득이나 자산의 분포에서 중간에 위치한 이들이 차지하는 비중이 줄어드는 것을 의미한다. 그러나 경제적 양극화는 소비, 교육, 건강, 복지 등의 영역에서 사회적인 양극화를 낳고, 이는 정치적 양극화로 이어져 사회적 갈등과 대립의 원인으로 전환할 가능성이 높기 때문에 주목을 요한다. 생활수준의 차이가 계층 간 위화감이나 사회적 분열로 이어질 수 있는 상황이 된 것이다. 이 책에 실린 글의 저자들은 모두 최근의 불평등의 심화가 '중산층 몰락' 혹은 '중산층 위기'의 성격을 반영한다고 진단한다는 데서 일치하고 있다.

왜 중산층인가? 여러 글들에 공통으로 깔린 생각을 정리하면 다음과 같이 표현할 수 있을 것이다 : '중산층이 두터운 사회는 지나친 쏠림이 없으면서 사회통합이 잘 된 사회이다. 사회적으로 중산층은 균형자(balancer) 혹은 완충지대(buffer zone)의 역할을 하여 빈곤층의 박탈감을 이용하려는 포퓰리즘을 억제하고 사회적 타협의 가능성을 높이는 역할을 하기 때문이다. 그래서 양극화를 극복하고 균형 있는 사회를 만들기 위해서는 중산층을 두텁게 하고 이들이 제 역할을 하는 사회를 만들어야 한다.' 이러한 생각은 처음 한국사회학회에서 중앙일보와 함께 중산층 포럼을 구상할 때부터 나침반의 역할을 하였다. 이 책에서 김호기는 "중산층의 쇠퇴가 우리 사회를 '두 국민 사회', '모래시계형 사회' 혹은 '20대 80 사회'로 전환시킬 위험을 낳는다"고 진단한다. 대안은 중산층이 두터운 다이아몬드형 사회로 재구조화하는 것이다. 중산층의 다양한 특성과 긍정적인 기능을 강화하는 것이 현재 한국 사회에서 매우 절실하다.

그러나 중산층은 가볍고 쉽게 접근할 대상이 아니다. 신문과 방송에서는 널리 쓰였지만 아직도 학술적으로는 개념이 분명하게 정립되지 않았다. 일상적인 용례와 사회학적 정의 사이의 격차도 크다. 더구나 나라마다 중산층 개념이 사용되는 용례와 맥락이 매우 다르다. 그래서 필자들 중에는 중산층 개념에 대해 적극적으로 의미를 부여하지 않는 이도 있고, 한국적 정황에서 중요한 학술적 개념으로 정립할 것을 적극적으로 주장하는 이들도 있다. 전자를 대표하는 이가 계급론적 관점을 견지하는 신광영이라면, 후자의 대표주자는 계층론적 입장에 서 있는 홍두승이다.

신광영이 중산층 개념에 소극적인 이유는 그것이 저널리즘적 용어이기 때문이라고 한다. 굳이 학술적인 개념과 연결시켜 본다면 '중간소득 계층'이라는 의미가 강하다고 주장한다. 그 중에서도 전통적인 농민이나 노동자계급과는 달리 산업화 및 도시화의 과정에서 성장한 계층이란 점에서 "도시의 경제적으로 안정된 중간계급과 도시 및 농촌의 쁘띠부르주아 중 경제적으로 안정된 집단, 그리고 소득이 높은 상층 노농계급을 포함하는 집단"이라고 정의한다. 신광영의 중산층 개념은 전통적인 계급 개념과 소득계층의 개념에 치중하여 경제적 기준을 중시하고 있다.

반면에 홍두승과 김병조는 중산층이 '계급'이나 '소득계층'보다는 '지위집단'에 가깝다고 본다. 즉, 생산수단의 소유 여부를 중심으로 한 마르크스의 계급 개념이나 단순한 소비수준의 정도를 의미하는 소득계층보다는 생활양식, 공식교육, 직업적 위세, 소비의 취향과 능력 등을 공유하는 공동체로서의 의미가 강하다고 보는 것이다. 이는 중산층이 단일한 기준보다는 복합적인 척도로 구성될 수 있음을 의미하는 것이면서 동시에 베버적인 계급관에 좀더 가까운 것임을 시사한다.

중산층 개념은 한국전쟁 이후 한국적인 정치상황에서 이념적 불온성을 피하기 위한 시도로서 '중간계급' 대신에 채택되었다는 혐의가 짙다. 그럼에도 불구하고 중산층 개념은 지난 40여 년간 한국 사회에서 특정한 집단을 지칭하는 용어로 굳어져 왔다. 1960년대 자영업주와 소상공인을 포괄하는 개념으로 출발하였으며, 1970년대 이후 화이트칼라와 블루칼라까지 포괄하는 개념으로 확대되었다. 그리고 1987년에 중산층의 정치적 역할에 대한 재해석이 광범하게 이루어지면서 여러 영역에서 폭넓게 활용되기 시작하였다.

중산층 개념의 형성과정을 검토하는 것도 필요하지만 중산층을 어떻게 조작적으로 정의해내느냐 하는 것도 빼놓을 수 없는 주제이다. 무엇을 기준으로 하여 중산층의 공통된 특성을 추출해낼 수 있느냐가 관건인데, 이에 대해서는 학자들 간에 다양한 견해가 제기될 수 있다. 그러나 대부분의 학자들은 홍두승이 제안한 기준, 즉 계급, 소득, 교육수준 및 주택자산 등을 종합적으로 절충한 정의에 동의하고 있다. 따라서 이 책에서는 1장 홍두승과 김병조의 글에서 제시한 중산층에 대한 구체적인 조작적 정의기준과 절차를 따랐으며, 2부의 분석에서는 모두 이 기준을 적용하여 중산층과 다른 계층을 구분하였다. 간략히 요약하자면, 계급적으로는 화이트칼라층을 의미하는 신중간계급과 자영업자층인 구중간계급을 포괄하고, 소득에 있어서는 전체 평균소득의 90% 이상을 얻으며, 초대졸 이상의 학력, 그리고 30평 이상의 주택을 보유하거나 전월세 부담을 하는 가구를 골라낸 후 이 네 가지 조건 중 세 가지 이상을 충족시키는 가구를 중산층으로 판별해내는 것이다.

충분히 예상 가능하지만 이 방법은 결코 완벽한 것이라고 할 수 없기 때문에 많은 비판이 제기될 수 있다. 그 이유는 객관적인 조건들만을 대상으로 하였고, 이렇게 하여 판별된 집단이 과연 동일한 정체성과 사회의식, 그리고 생활양식을 가지고 타계층과 구별되는 독자성을 보이느냐가 관건일 것이다.

또한 많은 필자들이 지적한 바와 같이 객관적 측면의 정의와 주관적 측면의 정체성 간에는 차이가 있다. 더구나 일반국민들이 생각하는 중산층의 범주와 학자들 간의 기준에도 차이가 존재한다. 일례로, 이 책의 7장 조동기의 글에 의하면, 2006년 한국사회학회의 중산층 조사자료를 홍두승의 판별기준에 따라 분류한 결과 전체 국민의 60-70% 정도를 중산층으로 분류할 수 있고, 그 중 30-40%는 핵심적 중산층에 속한다고 한다. 이것은 사회학적 관점에서 중산층적인 생활을 할 수 있는 객관적 여건을 충족시키는 사람들의 비중이라고 할 수 있다. 그런데 문제는 이처럼 학술적으로는 중산층으로 분류된 사람들의 상당수가 스스로를 중산층이라고 여기지 않는다는 점이다. 2006년 조사에서는 전체 응답자의 20%만이 스스로를 중산층이라고 생각했는데, 그 비율은 10년 전 42%에 비해 크게 줄어든 것이다.

일반국민들은 중산층을 비교적 높은 수준의 소득과 자산을 갖춘 계층과 동일시하는 경향이 있으며, 최근 들어 그러한 경향은 점차 더 강해지고 있다. 2006년 조사에 따르면 응답자의 다수는 월소득 500만 원, 그리고 자산 10억 이상을 가져야 중산층이라고 생각하였다. 이처럼 중산층에 대한 주관적인 판단기준이 '상류층'을 뜻할 만큼 비현실적으로 인플레가 된 이유는 무엇일까? 이는 최근 들어 가속화된 부동산가격 폭등과 밀접한 연관이 있어 보인다. 객관적 조건으로는 과거 중산층에 해당하던 사람들이 강남과 같은 특정 지역의 급등한 집값 때문에 심리적으로 괴리감과 박탈감을 그만큼 크게 느끼게 되었다는 의미일 것이다. 그래서 강남과 강북, 그리고 수도권과 지방간에 중산층 개념을 둘러싼 지역 간 분화가 커진 것이다. 동일한 소득과 교육 및 주거공간 등을 가지는 사람이라 하더라도 지역 간 주택가격이 적게는 2-3배에서 10배 이상 차이가 나게 되니, 평당 주택비용이 높은 지역과 그렇지 않은 지역 간에 매우 상이한 계층귀속감이 구조화되고 있다. 이런 맥락에서 장세훈은 10장의 글에서 주거계급 이론을 활용하여 한국 사회에서는 (특정 지역의) 주택소유 여부가 중산층 여부를 가르는 기준이 되는 경향이 있다는 진단을 내놓고 있다.

이상의 논란을 염두에 둘 때 중산층을 개념적으로 규정하기 위해서는 '주관적 귀속감' 만으로, 혹은 '객관적 지표' 만으로 판별할 수 없다는 사실은 분명해 보인다. 중산층 개념은 다차원적이고 역동적이기 때문이다. 흔히 계급을 판별하는 기준으로 자산이나 소유관계 등과 같은 경제적 기준을 중요하게 꼽지만, 대자적 계급을 판별해내기 위해서는 경제적 기준 이외에 공통의 의식과 이해관계를 규정하는 공유된 프레임을 가지고 있는지가 중요하듯이 경제적 기준만으로는 중산층의 역동성을 파악하기 힘들며, 이들이 공유하는 생활양식으로서의 문화자본(cultural capital)이 있는지, 그리고 사회의 건전한 비판자로서의 규범과 시민의식을 가졌는지 여부도 빼놓을 수 없는 중요한 기준인 것이다. 아울러 중산층과 다른 계층 간에 사회적 연결망에서 단절적인 경계가 존재하는지, 인맥활용의 양상이 어떻게 다른지, 그리고 결사체와 연고집단에 참여하는 방식이 어떤 차이를 보이는지도 중요한 판단의 근거가 된다.

중산층 개념에 대한 가장 강력한 비판은 마르크스적 시각을 견지하는 학자들로부터 나왔다. 그러나 핵심은 그것이 계급이든 혹은 중산층이든 간에 경험적 자료와 역사적 전환과정에 대한 비판을 기준으로 할 때, 과연 사회변화의 과정에서 중요한 행위자로서의 역할을 해온 집합적 실체가 존재하느냐의 문제가 될 것이다. 그러한 점에서 중산층의 개념과 역할에 대한 논쟁은 한편으로는 이론적인 문제이면서 동시에 경험적 연구의 대상이기도 하다. 마치 한국 사회에서 계급적인 분석틀이 가진 설명의 타당성이 얼마나 높았느냐에 대한 질문이 교조적인 계급론자들을 곤혹스럽게 만들었듯이, 지위집단으로서의 중산층을 기준으로 한 분석틀이 얼마나 경험적 타당성을 갖느냐 하는 것은 매우 도전적이고도 중요한 문제제기라고 할 수 있다. 그런 점에서 이 책의 2부와 3부에서 다루고 있는 다양한 주제들은 한국 사회학의 중산층에 대한 연구의 수준을 한 단계 높이는 중요한 역할을 할 것이라 생각된다.

2. 비교사회학적 관점에서 본 중산층

나라마다 중산층을 지칭하는 개념은 모두 다르게 사용된다. 용어의 사용에서부터 경로의존성(path dependency)이 존재하는 것이다. 서구의 경우에는 중간계급(middle class, 中間階級)이라는 용어가 주로 사용되었다. 중간계급은 본래 귀족과 농민으로부터 구별되는 도시적인 직업종사자, 특히 신흥 부르주아인 상인계급을 의미했다. 영국에서 산업혁명기에 중간계급은 전문직과 상공인들을 지칭하는 용어로 사용되기 시작하였고, 미국에서는 노동계급 중 블루칼라 노동자들과 구별되는, 비교적 작업조건이 양호한 '화이트칼라' 노동자를 지칭하는 말로 사용되어 왔다.

4장 이현송의 논문은 미국의 경우 중간계급이 중간소득 계층이면서 직업으로는 화이트칼라층을 의미하는 단어로 쓰이고 있음을 보여준다. 6장 안상훈의 논문은 유럽적인 의미에서 '소득분포에서 허리에 속하는 계층'을 뜻하는 중간소득 계층이 중산층에 대응하는 개념임을 암시한다. 5장 이종구의 논문에 따르면, 일본에서는 중간계급을 '중류계급(中流階級)'이라는 용어로 표현한다. 즉 상류계급과 노동자계급 사이에 폭넓게 존재하는 사회계층을 포함하는 계급인데, 생활을 유지하기 위해 노동을 필요로 한다는 점이 상류계급과 구별된다면, 노동자계급과는 달리 육체노동에 종사하지 않고 두뇌노동과 판매에 종사한다는 점에 주목한다. 제3차 산업 종사자와 교원, 중소 산업자본가 등을 포함하되 그 구성은 다양하여 중류제계급이라고 불리기도 한다. 마르크스주의적 관점에서는 중산계급(中産階級)이라는 개념을 선호하나 중류계급은 교원과 같이 생산수단이나 계급투쟁과 관련이 없는 직업도 포함한다는 점에서 차이가 있다.

이처럼 중산층 이외에도 중류계급, 중간계급, 중류층 등 매우 다양한 용어가 사용되기는 하지만, 대부분의 국가에서 중산층은 소기업을 운영하는 쁘띠부르주아층과 다양한 화이트칼라들을 포괄하는 범주를 의미한다는 점에서 공통적이다. 다만, 자본주의적 계급분화가 진행된 북구와 영미권 국가에서는 자영업자의 비중이 매우 낮기 때문에 중간계급은 곧 화이트칼라층과 동일시되는 경향이 있는 반면, 자영업자의 비중이 상대적으로 높은 이태리 등의 남부유럽과 동아시아의 한국, 일본, 대만 등에서는 중산층의 주요 범주에 자영업자를 포함시키는 것이 차이점이라고 할 수 있다.

중산층이 문제시되고 논쟁이 되는 정치적 함의와 사회적 맥락 또한 나라별로 상이하다. 과도한 단순화를 무릅쓰고 비교한다면, 삶의 질을 획기적으로 제고시키려 한 1960년대 미국의 '위대한 사회' 론, 일본의 1970년대 '중류논쟁' 과 한국의 1980년대 '중산층논쟁', 혹은 한상진이 제기한 중민이론은 미래 변화의 주역이며 사회의 안정을 제공하는 중심축으로서 긍정적인 역할을 할 수 있는 중산층에 대한 기대가 한껏 고조된 시기의 희망적인 논쟁이었다. 반면에 미국의 1970년대와 일본의 1990년대, 그리고 한국의 2000년대에 유사성이 있다면 그것은 탈산업화와 버블붕괴, 그리고 외환위기와 같은 위협요인의 폭발에 따른 계층 간 분절의 심화, '몰락하는 중간' 등의 위기감이 극대화된 시기라는 점이다. 현재 한국의 중산층 논쟁도 양극화가 가속되는 상황에서 중산층의 절망과 추락의 경험을 배경으로 하여 제기되었다는 특징을 갖는다. 그러한 점에서 미국, 일본, 한국의 중산층 논쟁은 시기적으로 약 10년의 차이를 두고 낙관과 비관의 시기를 따라서 반복되는 형상을 하고 있다.

〈표 1〉 중산층 논쟁의 국가별 비교

	미국	일본	한국
낙관적 논쟁기	1950–1960년대	1970–1980년대	1980–1990년대
낙관적 논쟁의 맥락	위대한 사회	1억총중류 사회	중민논쟁
비관적 논쟁기	1970–1980년대	1990년대	2000년대
비관적 논쟁의 맥락	탈산업화, 중간층 해체	버블 붕괴, 희망격차	외환위기, 양극화

여기서 주목할 점은 각 국가별로 중간층 해체와 관련한 비관적 논의의 맥락이 달랐다는 점이다. 1970년대 미국은 전후 지속적인 성장과

고도 소비사회를 가능케 했던 포드주의적 축적체제가 한계에 부닥친 시점과 일치한다. 유럽과 일본의 도전에 의해 전후 호황을 누렸던 미국의 독주가 끝나고 생산설비의 해외 이전과 유연생산 체제의 도전으로 인해 미국은 급속한 탈산업화를 경험하였으며, 이 과정에서 중간층의 해체가 가장 두드러진 변화였다. 4장 이현송의 논문은 이 시기 미국 사회의 탈산업화가 계층별 소득분포의 상대적 변화에 직접적으로 광범한 영향을 미쳤음을 잘 보여준다. 즉, 전후 1970년대까지는 경제의 팽창과정에서 전반적인 소득불평등이 감소하고 중간층이 지속적으로 증가한 반면, 탈산업화가 본격화한 1980년대 이후 불평등이 증가했으며, 중간계층의 소득점유율도 급속히 감소하게 되었다는 것이다.

미국의 경제적 쇠퇴 이후 그 바톤을 이어받은 것은 1970년대 일본이다. 5장 이종구의 논문에 의하면 '1억총중류(一億總中流)'라는 표현은 1960년대부터 시작하여 1980년대까지 지속된 일본의 호황기에 굳어진 일본의 국민의식을 잘 드러내는 표현이다. 이 시기 종신고용의 대상이 된 인구가 90%를 넘고, 이들은 스스로를 중류계층이라고 생각하였다는 것이다. 자가용, 가전기기, 내구성 소비재 등을 갖추었으며, 소비가 미덕이고 현금이 충만한 일본이라는 생각이 모든 국민이 중류라는 의식을 강화시켰다.

그러나 고도로 통합된 안정된 사회라는 통념은 1991년의 버블 붕괴로 인해 깨지게 된다. 1억총중류 사회의 의식이 무너지고 전 국민의 중산계급화의 이상도 허물어진다. 직접적인 계기는 경제적인 버블의 붕괴였지만 자산격차가 만들어낸 사회이동 기회의 축소가 결정적인 원인이 되었다. 최근에 들어 일본에서는 격차사회(格差社會)란 조어가 유행하게 되었는데, 격차사회란 사회구성원들의 계층화가 심화되어 계층 간의 격차는 커지는 반면, 계층 간 이동은 더 이상 어려운 폐쇄성이 증대된 사회를 의미한다. 특히 심각한 것은 희망의 격차이다. 하층의 부모일수록 자녀 교육에 대한 의욕을 상실하였으며, 이들 자녀의 학습의욕도 저하되어 유인격차가 점점 커지는 악순환의 길에 들어섰다는 것이다. 일본은 이제 사회통합 수준이 심각하게 저하되고 시장원리에 입각한 경쟁이 격화되면서 승자와 패자가 뚜렷하게 구분되어 가고 있다.

자유주의적 경쟁시장을 이상으로 삼아 온 미국에서는 의도적으로 중산층을 육성하고자 하는 개입주의적 정책을 사용한 적이 없기 때문에 유럽 국가들에 비해 양극화의 경향이 심각하지만, 개인과 가구수준의 신속한 노동시장 적응 전략이 중산층의 규모를 유지하는 결과를 낳았다. 이현송의 논문에 의하면 탈산업화 시기 미국에서 남성만을 대상으로 하면 중산층의 비중이 감소했으나 가구를 기준으로 하면 중산층 비중은 그런대로 유지되었는데, 이는 여성의 노동시장 참여와 맞벌이 부부가 늘어난 데 기인하는 것이다. 그리고 이러한 과정에서 교육에 따른 소득격차가 커지고, 고학력자 간 결혼이 증가하며, 고학력 여성의 맞벌이가 증가하는 현상 등은 모두 중산층 의식을 유지시키는 기제로 작동하고 있음을 드러내는 것이다.

반면에 일본의 경우에는 지난 고도성장기를 이끌어 온 제도적 기제들, 예를 들면 종신고용제와 장기적인 암묵적 계약에 의한 경제적 거래 관행, 그리고 공동체 지향적인 기업 중심의 복지체제들을 완전히 폐기하고 영미식의 경쟁을 극대화하고 규제완화를 통해 시장 중심으로 갈 것인지, 아니면 새로운 사회적 공정성 개념을 모색하고 합의하여 제도화 수준을 높일 것인지를 심각하게 고민해야 하는 시점에 와 있다.

미국과 일본의 경험은 제도적 맥락의 차이에도 불구하고 현재의 한국 상황에 주는 함의가 매우 크다. 한국 사회에서 중산층의 위기는 미국 및 일본에서와 마찬가지로 산업구조와 자본축적 체제의 변화와 긴밀하게 연관되어 있다. 매우 빠른 속도로 진행된 경제체제의 국제화는 수출과 내수부문 간, 생산과 서비스 부문 간, IT와 비IT부문 간, 그리고 자본집약적 산업과 노동집약적 산업 간의 격차를 크게 만들었고, 그 결과 부문 간 성장 및 이윤율의 차이가 노동시장 내 이질성의 극대화로 연결되는 양상을 띠고 있기 때문이다. 사회적인 영역에서의 파급효과에 대한 진지한 대안 제시가 미처 이루어지지 못한 상황에서 진행된 경제적 양극화의 결과는 불평등의 심화와 중산층의 몰락을 가져온 것이다.

이러한 이유로 산업정책과 복지 및 재분배정책 간의 관계는 사회계층화의 결과를 좌우하는 중요한 요인이라고 할 수 있다. 안상훈은 6장에서 복지국가가 재분배 기제일 뿐만 아니라 사회계층화의 기제로도 작동한다는 것을 잘 보여준다. 그는 GDP 대비 사회 서비스 지출과 현금이전 지출의 비중을 교차한 결과 두 가지가 다 높은 사회 서비스 통합형 국가들에서 재분배 정도도 높고, 중산층의 규모도 가장 크며, 조세저항은 오히려 낮고 정치적 개혁도 용이하다는 사실을 명료하게 보여준다. 그는 사회 서비스 통합형 복지체제의 특징으로 '복지와 노동의 완벽한 결합'을 들고, 적극적 노동시장정책과 복지 프로그램은 노동시장 수급을 원활히 하고 능력에 따른 노동시장참여를 보장하여 궁극적으로 복지국가의 효율을 높인다고 주장한다. 그래서 복지국가는 소득 하층을 축소하고 중산층을 확대하는 효과를 가지며, 중산층 중심의 복지연대를 창출하여 체제가 지속적으로 재생산될 수 있는 정치적 토대도 마련할 수 있다고 한다.

안상훈의 연구는 중산층의 정치적 입장이 소득 상층과 하층 사이

어느 쪽과 동일시되는가에 따라 복지정치의 지형이 판이하게 갈린다는 것을 잘 보여준다. 실제로 국민부담 수준이 높더라도 중산층의 혜택이 많은 스칸디나비아형 복지국가에서는 조세저항이 적으며, 보편주의적 방식으로 중산층을 위한 복지가 발달한 나라일수록 빈곤층을 위한 재분배 수준도 높아지는 '재분배의 역설'이 존재하는 반면에, 공공부조형으로 복지를 민간과 시장에 맡기는 영미권 국가일수록 낮은 조세부담에도 불구하고 조세저항은 거세지는 역설이 나타나는 것도 같은 이치이다. 정책환류의 정치적 효과를 통해 사회계층화가 미래 복지국가의 변화에 다시 영향을 미치는것이다.

이 책에 자세히 소개되어 있지는 않지만, 중산층과 정치체제의 가장 절묘한 결합은 전통적으로 중앙정계에서는 체계적으로 배제되었지만, 특정 지역의 지방정부는 지속적으로 장악해 온 이태리 공산당의 전략에서 찾을 수 있다. 이태리 공산당은 무산계급의 확대를 추구하는 양극화 전략 대신 소기업과 쁘띠부르주아를 육성하는 중산층 확대 전략을 오랜 기간 유지해 왔다. 중앙정계에서는 강력한 우파연합에 의해 체계적으로 배제가 되었지만, 자신들이 장악한 지역에서는 노동자와 농민의 이해만을 대변하지 않고 최대한 많은 계층으로부터 정지적 지지를 얻기 위해 중산층 육성 전략을 쓴 것이다. 그 구체적인 정책대안은 기업의 규모에 따른 차별적인 지원이었다. 강력한 소기업 지원정책은 자본가들로 하여금 대규모의 축적과 자본집중 대신에 분사와 분산을 통해 기업규모는 유지하되 기업의 수를 늘리면서 기업 간 연계를 강화하는 분산된 네트워크형 산업화를 추구하도록 유도하였는데, 그 결과는 소자본가와 자영업자층의 확대를 통한 중간층 확대였다(Weiss, 1988 ; 이재열, 1998).

이처럼 중산층 혹은 중간계급의 형성과정과 역할은 국가 간, 그리고 시대별로 다양성을 가지며 또한 제도적 경로의존성을 갖는 것으로 파악된다. 따라서 미국에서 짧은 시간 내에 스칸디나비아 국가들과 같은 사회 서비스 통합형 복지국가 모델을 통한 중산층 확대전략을 용이하게 취할 수 있을 것으로 기대하기 힘들다. 마찬가지로 오랜 기간 재벌 중심의 발전전략을 택해 재벌의 비중이 매우 높은 한국 사회에서 단기간 내에 이태리와 같은 분권형 소기업 중심 산업화를 통한 중산층 육성정책을 택하는 일도 쉬운 일이 아닌 것으로 보인다.

3. 양극화와 불평등을 둘러싼 논란

이미 언급한 바와 같이 현재 중산층에 대한 관심이 고조된 이유는 양극화의 경향이 그만큼 매우 두드러지기 때문이다. 본래 양극화(polarization 혹은 bi-polarization)란 사전적 의미로는 중간부분이 해체되면서 양극단으로 모이는 현상을 말한다. 그래서 경제학자들은 '소득 중간값(median)의 50-150%에 해당하는 계층'을 소득 중간층이라 하며, 이들의 비중이 줄어드는 것을 양극화라고 하고, Wolfson지수[1)]나 Esteban & Ray

1) 울프슨(Wolfson)은 양극화를 중산층을 기준으로 하여 다른 계층과의 소득격차가 커질수록, 즉 중산층으로부터의 소득의 분산이 커질수록 양극화가 커진다고 정의한다. 이때 중산층은 소득수준을 기준으로 인구를 누적한 누적밀도 함수에서 중위소득의 75-150%에 해당하는 인구비중으로 파악한다.

(ER)지수[2]를 사용하여 그 정도를 측정한다. 정치학자들은 '투표행위 등에서 내부적으로 동질성을 가진 상호 이질적 집단 간의 거리가 증대되어 양극단으로 몰리는 현상과 그에 따른 사회정치적 문제가 심각해지는 현상'을 양극화로 정의하기도 한다. 양극화와 긴밀하게 연결된 개념으로는 불평등지수들이 있다. 소득불평등(income inequality)은 '전체 소득계층의 분배의 불평등 정도'를 의미하는데, GINI계수나 소득분배율[3]로 측정한다.

그러나 불평등과 양극화는 개념적으로는 구별된다. 대체로 소득 불평등이 '상태'에 대한 기술이라면, 양극화는 '추세'에 대한 것을 의미하는 경우가 많다. 아울러 양극화는 중산층의 일부가 저소득층으로 추락하고, 저소득층은 근본적으로 사회경제적인 소득순환 체계에서 배제되며, 이러한 구조적 배제가 시간적으로 지속되는 것을 의미한다.

그런데 최근의 소득분포에서 발견하는 특징은 양극화와 불평등이 동시에 심화되고 있다는 점이다. 1980년대 중반까지 3저 호황이 지속된 이후 외환위기 이전까지 양극화 경향은 높은 경제성장률과 임금상승률에 힘입어 개선되는 경향이 있었다. 그러나 외환위기를 겪은 이후 양극화가 매우 급속히 진행되었다. 양극화를 측정하는 Wolfson지수는 1993년에 저점에 달해서 0.25였으나 외환위기 직후인 1999년에는 0.29로 최

2) ER 양극화 지수는 계층 간 소득격차를 계층의 비중으로 가중평균하여 양극화 정도를 계산한다. 두 계층 i와 j의 소득격차 |yi−yj|를 계산하고, 이를 각 소득계층의 비중 wi, wj로 가중평균한 값을 의미한다. 따라서 ER지수는 1) 각 계층의 규모는 일정하지만 계층 간 소득격차가 확대되거나, 2) 계층 간 소득격차는 일정하지만 소득격차가 큰 두 계층의 규모가 증가할 때 그 값이 커진다.

3) 모든 가계소득을 크기 순으로 배열하고, 이를 10등급 혹은 5등급으로 분류한 후 상위 소득 20%의 소득합계에 대한 하위 소득 40%의 소득합계의 비율을 계산한다.

대점에 달했으며, 여전히 그 수준을 유지하고 있다. 또한 Esteban & Ray 지수도 1993년에는 0.108수준이었지만 1999년에는 0.021로 크게 증가하였다(삼성경제연구소, 2006).

소득계층별로도 1997년에 중간층은 64.8%에 달했지만 2000년에는 61.9%, 그리고 2005년에는 다시 59.5%까지 줄어든 반면, 하위층은 같은 기간에 13.4%에서 14.9%를 거쳐 17.1%까지 증가하였다. 중간층은 줄어든 대신 하위층과 상위층은 계속 증가한 것이다(삼성경제연구소, 2006).

이러한 경향은 소득불평등에서도 동일하게 확인된다. 1980년대 중반 이후 개선되던 소득불평등도 외환위기 직후 악화되었다. 외환위기 직전 1997년에는 0.28에 불과했던 지니계수가 1998년에는 0.32로 급증했고, 그후 비슷한 수준을 유지하고 있다. 상위 소득 20%와 하위소득 20% 간의 소득비를 의미하는 소득 5분위 배율도 외환위기 직전인 1998년에 4.49였으나 1999년에는 5.49로 급증하였고, 그후 비슷한 수준을 유지하고 있다. 전체적으로 빈곤층의 규모는 전체 인구의 15%인 716만 명이며, 2003년을 기준으로 할 때 기초생활보장 수급자는 138만 명이고, 그외 비수급 빈곤층 372만 명에 잠재적인 빈곤층 206만 명을 더하면 총 716만 명의 빈곤층이 존재하며, 이는 전체 인구의 15%에 해당한다.

양극화는 세계적 추세이다. 미국이나 일본에서도 확인되는 것이다. 양극화의 과정에서 중산층도 노동계급과 마찬가지로 고용과 소득의 불안정을 피할 수 없게 되는 경향이 나타난다. 물론, 정규직보다는 비정규직에서, 임금소득보다는 부동산, 저축성 은행계좌, 증권 등의 자산소득에서 불평등의 심화가 더 두드러진다.

사회적 양극화는 경제와 산업에서의 양극화와 긴밀하게 연결되어 있다. 경제적 양극화의 처방을 찾고 중산층을 복원하기 위해서는 생리와 병리, 호황과 불황기에 작동하는 긍정적 피드백과 부정적 피드백의 원리를 이해하는 것이 중요하다. 지난 1980년대까지의 경험을 돌이켜 볼 때, 활발한 성장이 이루어졌을 때 오히려 양극화가 억제되고 중산층이 확대되는 효과를 가질 수 있었다. 즉 성장률이 높아져야 오히려 양극화와 불평등이 감소한 것이 과거의 경험이었다. 성장국면에는 긍정적 피드백이 작동하고 하강국면에서는 부정적 피드백이 작동하였던 것이다.

경제양극화는 대내외 환경변화 등 내 · 외부의 충격에 대한 대응과정에서 경제주체들이 가지고 있는 이질적(heterogeneous) 속성에 의해 경제적 성과가 양극단으로 분화되는 현상을 의미한다. 이러한 분화과정에서 경제주체들의 다양한 차이, 예컨대 산업 및 기업별 기술수준 및 규모 차이, 근로자들의 적응능력 및 교육수준의 차이 등에 따라 경제적 성과에 격차가 생겨난다. 실제로 한국 경제에서는 외환위기 이후 부문 간 격차가 점차 커지고 있다. 수출은 2002년 이래 높은 증가세를 지속하고 있으나 민간소비와 설비투자는 연속 감소하고 있고, 중화학공업 생산은 2002년 이래 높은 증가세를 유지하고 있으나 경공업 생산은 2003년 이후 감소세를 지속하고 있으며, IT산업과 비IT산업 간에도 부가가치 생산과 수출 면에서 격차가 확대되고 있다. 제조업은 부가가치 생산 면에서 높은 신장세를 보이는 반면, 서비스업은 부진을 지속해 오고 있다. 반면에 고용 면에서는 제조업과 서비스업이 부가가치 생산과는 다른 양상을 보여 제조업 부문 취업자는 감소하였으나 서비스업 부문 취업자는 증가하였다.

한편, 기업 간 격차도 벌어져서 대기업과 중소기업 간에 수익성, 재무구조, 성장성, 자금조달 여건, 투자 등 여러 측면에서 격차가 확대되었다. 소수 우량기업의 수익편중 현상이 두드러지는 가운데 기업 간에 수

익성, 재무구조 등의 차별화가 심화되었다. 또한 수출과 내수의 양극화로 수출기업(매출액중 수출비중 50% 이상)과 내수기업 간 성장성 및 수익성 면에서 격차가 확대되었으며, 이러한 차이는 고용 및 소득의 양극화와 직결되어 나타났다.

이같은 산업부문 간, 기업 간 격차는 노동시장 내의 양극화를 낳았다. 비상용근로자 비중, 중소기업 고용 비중, 신규 일자리 중 상·하위층 비중이 확대되는 등 고용구조의 양극화가 심화되었으며, 보수수준을 기준으로 상위 30%와 하위 30%의 직업에서 일자리가 크게 늘어난 반면, 중위권인 40-70%의 직업에서는 일자리 증가가 거의 정체되는 경향을 드러냈다. 상용직과 비상용직 및 대기업과 중소기업, 수출기업과 내수기업 근로자 간 임금격차도 확대되어 결과적으로 외환위기 이후 지니계수, 소득 5분위 배율, 빈곤층 비중이 상승하는 등 소득불평등도가 심화되었다. 한편, 소득계층별로 교육비 지출도 커다란 차이를 보이고 있어 소득 양극화는 고·저소득층 간 인적 자본 투자의 격차를 초래하고 있다. 고용 없는 성장이 문제되고 있고, 과잉인구의 퇴적과 자영업의 비정상적 팽창으로 인해 한국은 음식·숙박 서비스업의 이상 팽창으로 고통받고 있다(금융경제연구원, 2004).

양극화의 영향으로 인해 외부충격에 대한 우리 경제의 민감도가 증가하고 있다. 수출·내수의 양극화로 우리 경제가 수출에 과도하게 의존하게 되어 주요 교역상대국의 경기상황, 환율 및 국제 원자재 가격 동향 등 해외요인에 크게 영향을 받고 경기변동의 진폭이 확대될 가능성이 높다. 또한 상대적으로 노동집약도가 높은 경공업, 비IT산업, 서비스 산업 및 중소기업 등이 선도부문에 비해 성장세가 크게 뒤처져 경제성장의 고용증대 효과가 제약되고, 이는 소비의 회복을 저해하고 있으며, 소득의 양극화가 심화될수록 소비의 소득민감도가 높은 저소득층의 소비부진이 지속되어 전체 민간소비가 더욱 위축될 가능성이 있다.

한편, 과도한 양극화는 노사관계 악화, 고용불안 증대, 계층 간 위화감 조성, 소득불평등도 심화 등을 초래하여 경제 · 사회적 갈등을 확산시킬 가능성이 높다. 양극화는 내수부진을 가져와서 내수의존도가 높은 산업 및 기업의 실적을 악화시키고 설비투자 의욕을 저하시킴으로써 성장잠재력을 훼손하며, 산업 간 및 기업 간 실적의 양극화로 인하여 상대적으로 신용제약이 큰 낙후산업 또는 기업의 비중이 높아져 설비투자가 위축되고, 고용 및 소득의 양극화도 부문 간 · 계층 간 갈등을 심화시켜 사회 · 경제적 불안정성을 증대시킴으로써 기업의 설비투자 의욕을 저하시킨다(재정경제부, 2005).

고용 및 소득의 양극화는 인적 자본 축적을 저해함으로써 성장잠재력을 약화시킨다. 낙후부문 종사자 및 저소득층의 경우 교육 · 훈련 등 충분한 인적 자본 투자를 하기 어려우므로 경제 전체적으로 인적 자본의 축적이 저해되며, 비정규직 근로자도 고용불안정에 노출되고 충분한 교육훈련을 받지 못하게 됨으로써 인적 자본 축적 기회를 얻기 어렵게 된다. 그리고 고소득층에서는 인적 자본에 대한 과잉투자가 발생하고 저소득층에서는 과소투자를 하게 된다.

이처럼 경제의 양극화와 사회적 양극화는 밀접하게 맞물려 돌아가는 순환구조를 이루고 있다. 따라서 양극화의 해법은 악순환의 구조를 선순환의 구조로 바꾸는 데서 시작한다. 그럼에도 불구하고 한국 사회에서 2006년에 촉발된 양극화 논쟁을 보면 양극화를 바라보는 상이한 정치적 시각들이 발견된다. 양극화 논쟁과 관련해서는 세 가지 정도의 다른 시각이 보이는데, 흥미로운 점은 이를 제기한 이들이 지난 세 정권의 정책 브레인을 했던 이들이라는 사실이다.

첫 번째, 양극화의 원인을 한국의 구조조정 및 자기 변화 능력의 지체 때문이라고 보는 시각은 박세일에 의해서 대표된다. 그는 세계화의 파고가 매우 높지만, 세계적으로 보면 심각하게 양극화를 경험하는 나라와 양극화를 피한 나라들로 나뉜다고 한다. 양극화를 피한 나라들의 공통점은 창조와 혁신의 분위기 속에서 정치적으로 안정되어 있고, 교육개혁을 통해 지식정보화의 물결을 활용하였으며, 조합주의적인 타협을 통해 교육-고용-복지 간의 삼각 네트워크를 구축한 나라들이며, 경제성장률도 높은 나라들이다. 따라서 한국이 양극화를 심각하게 경험하고 있다면 그 첫 번째 이유는, 빠른 기술변화에 따라 변화하지 못하는 국가의 관리능력 부족 때문이라고 한다(박세일, 2005).

둘째로, 최장집은 요소투입형 산업화와 권위주의적 동원으로 특징져지는 박정희 모델에 대한 대안적인 발전 모델이 결여된 상태에서 노무현 정부가 신자유주의를 무비판적으로 수용한 결과 양극화가 초래되었다고 주장한다. 즉, 노동의 천시와 배제라는 권위주의적 유제가 청산되지 않은 상태에서 극단적인 노동시장 유연화를 추진한 결과 비정규직의 증대 등과 같은 부작용들이 많아졌는데도 노무현 정부는 정책대결은 없이 '이념갈등'에만 매달려서 실질적인 빈곤과 배제의 문제가 해결되지 않고 있다고 주장한다. 민주화 이후 민주주의의 위기가 초래되었다는 것이다(최장집, 2005).

세 번째, 이정우의 입장은 현 상황의 양극화를 시장만능주의와 미완성 민주주의의 합작품으로 본다. 워낙이 상품, 노동, 자본시장에서 세계적 통합이 높아지는 현상으로서의 세계화는 피할 수 없는 대세이지만, 크게 보면 세계화가 국내 불평등을 증대시키는 국가와 그렇지 않은 국가로 양분된다는 점에서 박세일과 진단을 같이 한다. 크게 보면 신자유주의적인 영미식과 조합주의적인 유럽식 처방이 있을 수 있는데, 한국은 관치경제의 잔재를 강하게 가지면서도 공공영역이 매우 협소한, 그래서 영미형보다도 더 시장주의적인 경제운영을 하는 나라이기 때문에 양극화가 심화되었다고 본다. 마땅히 시장에 대한 개입으로 해결했어야 할 특권, 불공정, 부패, 투기 등의 문제를 제대로 풀어내지 못해 불로소득이 특정계층에 집중하였고, 민주주의가 미완성이기 때문에 광범한 인권억압과 노동의 배제가 지속되고 있다고 주장한다(이정우, 2005).

이처럼 양극화에 대한 진단이 상이한 만큼 처방도 다양하다. 양극화를 강조하는 입장은 마르크시즘의 궁핍화(pauperization) 명제와 궤를 같이 한다. 기본적으로 부자와 빈자 간의 제로섬 게임으로 보는 입장이다. 따라서 상층을 점하는 부자, 재벌, 강남, 서울대 등의 특권층의 혜택을 줄이는 길이 빈곤층을 줄이는 첩경이라는 입장에 서 있다. 이같은 분배중심적 사고의 바탕에는 두 개의 대한민국이 실제 존재하며, 평등지향을 위해서는 어느 한쪽의 양보가 필수적이라는 생각이 자리 잡고 있다.

반면에, 중산층의 붕괴를 강조하는 입장은 중산층의 붕괴는 괜찮은 일자리의 갑작스런 감소라고 해석한다. 따라서 중산층의 확대는 사회전반의 상대적 불평등의 증대나 감소보다는 절대적인 수준의 중산층의 숫자를 늘리는 것이라는 입장에 서 있다. 이처럼 중산층의 확대를 위해서는 우선적으로 성장을 통해 파이를 늘린 후, 이를 계기로 하여 분배기능을 제고할 수 있다는 입장에 서 있다. 중산층의 확대는 건강한 안정희구층을 육성할 수 있다는 입장인 것이다.

이상의 논의를 통해서 중산층이냐 양극화냐의 논쟁은 학술적인 담론의 범위를 넘어서는 정치적인 함의를 띤 정치논쟁으로 비화되는 폭발성을 가지고 있다는 것을 알 수 있다. 특히 참여정부의 정체성을 둘러싼 정치적 논쟁에서 참여정부는 정체성의 혼동을 보여주었다. 즉, 우파는 참여정부가 성장 대신 분배를 강조하고 포퓰리즘적 동원을 통해 소수의 상층을 향한 증오의 정치를 부채질하고 있다고 공격하였다면, 좌파는 참여정부가 신자유주의의 포로가 되어 급격한 대외개방과 한미FTA 등의 시장중시정책을 밀어붙이면서 노동계급을 배신하고 있다고 공격하였다. 참여정부의 부동산 대책이나 강남과의 전쟁, 평준화 지향의 교육정책 등은 이러한 참여정부의 이념을 둘러싼 정치적 논란을 잘 보여주는 사례라고 할 수 있다.

그러나 지금까지 중산층에 대한 지원이 정치적 쟁점이 되었음에도 불구하고 한국의 중산층이 어떤 집단인지를 종합적으로 분석하고 종합하는 시도는 그다지 많지 않았다. 중산층의 내부구성은 어떤지, 다른 계층과의 주된 차이는 무엇인지, 그리고 향후 한국 사회의 변화과정에서 어떤 정치적 · 사회적 역할을 할 것인지에 대한 종합적인 분석이 필요한 것이다.

4. 한국 중산층의 현실

이 책이 가진 독특한 특성 중 하나는 중산층에 대한 이론적이고 비교역사적인 토론에 그치지 않고 한국의 중산층의 제반 특징과 이들이 접하고 있는 현실을 잘 드러낼 수 있도록 전국단위의 서베이를 시행하고, 그 결과를 다양한 분야를 전공하는 사회학자들이 심층적으로 분석하였다는 점이다.

조사의 전반적인 내용과 중산층의 규모에 대해서는 조동기의 글(7장)에서 자세히 다루고 있다. 그는 홍두승이 제안한 중산층에 대한 경험적 정의에 근거하여 2000년대 들어서 이루어진 주요 조사별 중산층의 규모에 대해 추정한 결과 객관적 기준으로 정의되는 중산층의 규모가 줄어들었다고 보기 어렵다는 점을 지적하고 있다. 즉, '최근 언론이나 정치적 수사에서 등장하는 중산층 분해나 계급양극화 논의는 객관적 변화를 충분히 반영한 것으로 보기 어렵다'는 것이다. 반면에 스스로를 중산층이라고 생각하는 주관적 중산층 귀속의식은 지속적으로 감소하고 있다. 그리고 중산층 귀속감을 결정하는 가장 중요한 요인은 주택소유 여부이며, 그 다음은 주관적인 소득수준과 재산수준 순이다. 특히 월평균 가구소득 500만 원 이상, 그리고 재산 10억 이상을 기준으로 생각하고 있어서 사실상 상층에 버금가는 기준으로 중산층을 생각하고 있다는 점이다. 이러한 중산층에 대한 기준의 인플레는 외환위기 이후 지난 10여 년간 지속된 지위경쟁에서 많은 국민이 과거 경험하지 못했던 상대적 박탈감을 경험하는 현실을 잘 보여준다.

홍두승과 김병조는 교육을 통한 사회이동의 효용성이 그동안 매우 컸지만 점차 닫혀가고 있다고 지적한다. 신광영은 더 나아가 교육을 통한 상승이동이 거의 불가능한 상태에 왔다고 진단한다. 공교육보다 사교육이 더 큰 비중을 차지하여 사교육비 지출이 불가능한 층에 크게 불리하게 되었다는 것이다.

장미혜의 논문(8장)은 생활양식의 측면에서 중산층이 가진 문화자본 및 소비양식에서의 특성에 대해 잘 분석하고 있다. 장미혜는 특히 소비와 관련한 지위집단 형성과정에 주목하였는데, 브랜드나 스타일, 그리고 환경친화성이나 건강을 우선시하는 소비행태를 '웰빙 지향성'이라고 명명하고, 품질대비 가격을 중시하는 '실용 지향성'으로 나눈 결과 중산층과 하층이 실용 지향성에서는 크게 다르지 않은 반면, 웰빙 지향성에서는 큰 차이가 난다는 점을 발견하였다. 또한 대형 자동차나 스포츠센터 회원권, 골프 회원권 등은 핵심적 중산층을 다른 층과 구별짓는 물적 기반으로 작동하는 것을 발견하였다.

흥미로운 사실은 계층에 관계없이 자녀교육에 대한 투자의 하향경직성이 가장 높다는 점이다. 달리 말하면, 중산층으로 올라섰다고 생각하는 사람들이 가장 먼저 늘리는 항목도, 그리고 하층으로 하락했다고 느끼는 사람이 가장 최후에 줄이는 항목도 모두 자녀교육비라는 점이다. 그러나 해외유학을 위한 투자에서는 계층 간에 분명한 차이가 드러난다. 전체 고졸자의 80% 이상이 대학에 진학하는 현실에서 대학교육은 더 이상 중산층 진입의 전제조건이 되지 않으며, 위계화된 대학서열에서 더 높은 위치를 점하는 명문대학 입학이나 국제화 시대에 필요한 영어와 전문지식을 얻을 수 있는 해외유학을 위한 투자가 새로운 중산층 재생산을 위한 투자대상으로 각광받기 시작하였으며, 이를 위해 기꺼이 가족분리의 희생을 무릅쓰고자 하는 '기러기 아빠'의 등장이 중산층에서 가장 두드러진다는 점과 일맥상통한다.

전반적으로 한국의 중산층은 비중산층과 섞이기보다는 자신들의 동질성을 추구하려 하지만 생활양식 내부에서는 상층을 모방하려는 강한 경향이 나타난다는 점이 특이하다(1장). 이러한 경향은 과연 중산층 내부에 동질적인 정체성이 존재하느냐 하는 질문과 연결되어 있다.

장원호와 김병조는 중산층의 정치의식과 정치행태에 대해 분석하는 글(9장)에서 중산층은 보수적이고 하층이 진보적일 것이라는 상식과 달리 핵심적 중산층이 하층에 비해 더 진보적이라는 점을 지적한다. 다만, 국가보안법 폐지나 한미자유무역협정, 미군기지 이전, 대형주택 중과세 등의 구체적 현안문제와 관련해서 보면 중산층의 태도는 찬성이나 반대의 한쪽으로 기울기보다는 중간자적 입장을 보이며, 북한에 대한 태도에서도 중도적 입장이 두드러지는 것으로 나타난다. 이는 1장에서 홍두승과 김병조가 제시한 명제, 즉 중산층이 보수적인것만은 아니라는 주장과도 상통한다.

지금까지 한국 정치에서 쟁점의 양극화 경향이 매우 강하게 나타났지만 주로 이념적이고 과거지향적인 주제를 중심으로 하여 대립의 구도가 형성되었으며, 그 가장 큰 이슈는 대북지원의 문제였다. 반면에 경제적 양극화가 심화되었어도 정치적이고 정책적인 쟁점화는 이루어지지 않았으며, 투표의 기준도 되지 않았다. 다만 직업집단에 따라서는 성장과 분배를 둘러싼 의견차이가 드러났는데, 자영업자와 화이트칼라는 성장이 분배보다 중요하다고 답변하는 경향이 있는 반면, 블루칼라는 분배를 중시하는 경향이 있다.

정치행태에 있어서 핵심적 중산층은 양면적이다. 정치에 대한 관심이나 정치적 담론을 주도하는 데는 강하지만 실제 투표참여는 하층에 비해 소극적이다. 그러나 집회, 시위 등의 직접적 정치활동에서는 보다 적극적이다. 그 외에도 중산층은 지역주의적 성향이 약하고, 대외개방성이 강하며, 타집단에 대한 포용성이 높다. 그래서 김호기는 중산층의 다양성과 내적 이질성을 시민사회의 이중성과 결합하여 설명한다. 즉, 한국의 시민사회는 (1) 전통적 연고주의와 (2) 근대주의/진보주의/개인주의가 기묘하게 결합되어 있다는 점에서 풀뿌리 보수주의와 풀뿌리 민주주의의 결합이라고 본다(3장 참조). 신자유주의 세계화가 사회양극화를 낳고, 이 양극화가 시민사회의 이념적 복합구도를 강화시키며 중산층내 반응의 분화를 낳는다는 것이다.

장원호와 김병조의 논문에서 특히 주목할 점은 중산층이 새로운 정치문화를 구현할 집단적 특성이 가장 강한 집단이라는 것이다. 위계적 국가조직에 대한 정당조직을 통한 계급적 정치참여로 대변되는 기존의 정치문화와는 달리, 평등과 분권화를 추구하고 엘리트 도전적이며 직접적인 정치참여를 추구하는 새로운 정치문화의 맹아들이 중산층의 정치문화 속에서 발견된다는 주장이다. 따라서 필자들은 전통적인 진보-보수 개념의 스펙트럼보다는 새롭게 등장하는 새 정치문화와 소비정치, 생활정치의 영역에서 중산층의 미래지향적인 정치적 역할에 주목해야 한다고 주장한다.

장세훈은 한국적 맥락에서 불평등의 체감도를 높여주는 핵심요소로 자산소유의 불평등, 특히 그 중 주택소유의 문제를 본격적으로 다루고 있다(10장). 주택은 단순한 주거의 의미를 넘어 사회적 배제와 차별화의 정점에 있는 지위재이자 자산증식의 효과적 수단이라고 본다. 장세훈에 따르면 보유주택의 크기나 가격에서 계층별 차별성이 잘 드러나며, 상위층으로 갈수록 내 집 마련의 시기가 앞당겨진다는 점에서 자산가치 보전과 자본이득 취득에서 유리한 위치를 점하는 구조가 확대재생산되어 왔음을 보여준다.

이재열과 남은영은 중산층의 사회적인 관계망에 대해 분석하고 있다(11장). 이들에 의하면 계층이 상승할수록 사회적으로 영향력 있는 직업인과의 인맥이 두터워진다. 자산과 소득은 중산층 정체감을 형성하는 데 중요한 요인이지만 그 효과가 안정적이지 못한 반면에, 인맥은 매우 중요한 정체성의 준거점으로 작용한다. 사회적인 관계에서 형성된 준거점이 곧 정체성을 구성하는 핵심인 셈이다. 구체적으로 핵심적 중산층은 하층에 비해 평균적으로 2–4배 가량 더 많은 인맥을 가지고 있다. 그리고 핵심적 중산층일수록 자발적 결사체에 대한 참여가 두드러진다. 반면에 연고집단에 대한 참여는 계층에 따라 큰 차이가 없다.

한편, 계층별로 사회적 관계 맺기에서 유유상종의 경향이 강하게 나타난다는 것은, 중산층이 한편으로는 매우 개방적이고 자발적인 결사체적 참여를 통해 기층 시민사회의 활성화에 기여하면서 동시에 연고적 동원에도 매우 적극적인 이중성을 드러내는 것이다. 그렇지만 결사체 참여의 경험이 탈권위적이고 개방적이며 또한 문화혁신적인 태도를 증대시키는 일반적인 경향이 있음을 고려해 볼 때, 중산층을 중심으로 결사체적 시민참여가 확대된다면 시민사회의 건전성을 담보할 수 있는 새로운 형태의 시민사회적인 공론화가 가능해질 것으로 예상할 수 있다.

5. 한국 사회에서 중산층 형성의 역사적 맥락

막스 베버는 열린 위치(open position)와 닫힌 위치(closed position)의 대비를 통해 사회적 불평등의 형성과 유지의 메커니즘에 대해 설명한 바 있다. 열린 위치는 누구든지 진입할 수 있는 개방의 공간이라면, 닫힌 위치는 신분, 종교, 인종, 젠더, 자격증 등의 각종 진입장벽에 의해 외부로부터 보호된 특권적 지위를 의미한다. 과거에는 혈통의 경계에 의해 진입이 제한된 신분집단이 대표적인 닫힌 위치였다면, 현재는 재산과 소비양식에 따른 지위집단 간 진입경계가 새로운 벽을 만들어내고 있다.

신분제도란 상이한 위치를 점하는 사람들 사이의 권리와 의무가 관습과 법에 의해 명확히 규정되어 있는 시스템으로서 조선시대에는 크게 양반, 중인, 상인, 노비의 네 가지로 구분되는 신분집단이 존재했다. 이러한 신분구조는 유교적 이념과 결합하여 조선시대 전반에 걸쳐 강력한 불평등구조로 정착되었고, 오랜 기간 지속되었다. 그러나 18세기 이후의 급격한 사회변화로 점차 축적한 부에 따른 계급적 차이가 오랜 신분적 불평등을 점차 대체하는 경향이 나타났다. 매우 빠른 속도로 전통적인 신분제가 동요하게 된 것이다. 가난한 귀족인 양반보다 상공업활동에 종사한 평민들이나 의료나 통역 등의 전문직에 종사한 중인들 중에 막대한 부를 축적한 이들이 생겨났다. 19세기 말에 신분제도가 공식적으로 폐지되고 난 후에는 경제적 부의 축적의 차이에 따른 불평등이 중요해졌다.

그렇다면 전통적인 신분구조의 와해는 어떤 양상으로 진행된 것인가? 가장 두드러진 현상은 18세기에 들어서면서 과거시험을 준비한다는 핑계로 스스로를 유학(幼學)이라 칭한 사람들의 숫자가 늘어난 데 있다. 현재까지 남아 있는 대구지역의 호적을 기준으로 하여 보면 양반호의 숫자는 1690년 9.2%에서 18.7%(1732), 37.5%(1783), 70.3%(1858)로 급격히 늘어났다. 이처럼 양반층이 늘어난 현상을 외형으로만 따지면 매우 특이해 보인다. 거의 전 국민이 지배층인 양반이 된다는 것은 상상할 수 없는 일이기 때문이다. 결국 이러한 외형적 변화의 이면에는 조선왕조를 지탱해 온 성리학적인 이념과 통치능력이 급격히 와해된 역사적 과정이 내재하는 것이다.

조선시대 후반기의 대규모 신분변동에 따라 온 국민이 양반의 자손으로 뿌리 잇기를 한 결과 실질적으로 신분의 차별은 무력화되었다. 조선 후기에 특정 명문가문이 지속적으로 권력을 장악했던 노론의 세도정치는 부패의 온상이 되어 밑으로부터 와해되는 계기를 만들었고, 성리학적 세계관에 집착한 집권층은 근대화와 식민주의의 확대 시기에 쇄국정책을 고집하여 조선을 동아시아의 열등생으로 만들었다. 그 결과로 조선은 20세기 초반에 일본의 식민지가 되었다.

식민지 경험은 한국의 불평등 구조에 큰 영향을 미쳤다. 일국 내 불평등뿐만 아니라 식민 모국이 된 일본과의 관계에서 이중적 불평등의 구조를 경험한 때문이다. 재빠르게 시대변화에 적응한 사람들은 넓은 땅을 차지한 지주가 되었고, 그러지 못한 사람들은 자신의 토지를 갖지 못한 소작농이 되거나 새로운 삶의 기회를 찾아 만주나 일본으로 정처 없이 떠나야 하는 이주 경험을 한 것이다. 1945년에 마침내 36년간의 식민지를 벗어나 해방을 맞았으나 국민들이 나라를 잃은 왕족에게 도덕적 정당성을 기대할 리 만무했고, 부귀영화를 누린 귀속늘은 해방 후 친일파로 손가락질을 받았으며, 북한의 토지개혁에 맞선 남한의 농지개혁으로 지주층은 완전히 몰락하였다.

1950년에 발생한 한국전쟁은 남아 있던 신분구조와 새로운 계층구조 모두에 큰 충격을 주었다. 농지개혁으로 기존의 지주층은 해체되었으며, 남아 있는 산업시설은 전쟁을 통해 모두 파괴되었기 때문이다. 전쟁의 포화가 할퀴고 간 뒤 남은 것은 헐벗고 굶주렸지만 평등사회, 잘난 귀족도 없고 못난 천민도 없는 고만고만한 '소시민'의 사회가 되었다. 손바닥만한 땅뙈기를 경작하는 소농(小農)과 구멍가게를 차린 소상인(小商人), 파괴된 적산공장을 불하받아 출발한 소자본가(小資本家)들로 메워진 '상승열망에 가득 찬' 쁘띠부르주아의 경쟁의 장이 된 것이다. 전체 인구의 5%도 안 되는 지주계급이 전체 농지의 90% 이상을 소유하고 농민 대부분이 소작농으로 살아가는 남미 사회와 비교해 보면 현대 한국 사회는 출발점이 같은 동질적 사회라 해도 무방할 것이다(Koo, 1990).

이러한 구조적 조건은 한국으로 하여금 남미나 아시아의 제3세계 국가와 달리 1960년대 경제성장을 시작할 때 과거 계급구조의 영향을 적게 받도록 하는 효과를 가져왔다. 대부분의 제3세계 국가에서는 강력한 지주계급이 정치적 영향력을 발휘하여 효과적인 내부개혁과 근대화에 저항하는 경향이 있었다.[4] 그러나 지주계급이 조선시대 말기, 식민지 시기, 농지개혁, 한국전쟁을 거치면서 완전히 와해되어 버린 상태에서 한국에서는 강력한 발전주의적 국가(developmental state)가 등장하였고, 그후 효과적으로 경제개발계획을 수행하는 배경이 되었다. 한국 사회의 불평등 구조는 급속한 경제성장에 따른 사회의 전반적 변화와 떼어서 생각할 수 없다. 유럽의 선진국들이 수백 년 동안 점진적으로 이룬 근대화를 한국은 불과 30여 년 만에 성취할 정도로 변화가 급속하다 보니 흔히 고도성장, 압축성장, 혹은 돌진적 성장이라고 불렸다. 이러한 압축적 성장은 불평등의 측면에서도 한국 사회의 독특한 특성이 만들어지는 계기가 되었다.

예를 들면, 산업화에 따른 숙련과 기술의 필요성에 의해 오랜 기간에 걸쳐 대학교육을 확대해 온 서구와 달리 한국에서는 한국전쟁 이후 매우 빠른 속도로 고등교육이 팽창하였고, 고등학교와 대학진학률도 매

4) 피터 에반스는 이를 지주와 매판자본가, 그리고 외국자본의 3자동맹이라고 불렀다 (Evans, 1979).

우 빠른 속도로 확대되었다. 산업화에 따라 고학력 인력이 필요하게 되어 교육이 확대된 것이 아니라, 고등교육이 먼저 확대되어 고학력 실업자가 누적되었다가 산업화를 시작하면서 이들의 존재가 발전의 견인차 역할을 한 것이다.

아울러 한국 사회에서 고등교육의 확대는 활발한 계층이동의 창구로 작동하였다. 농민의 자식들 중에 고등교육을 받은 사람들은 근대적인 기업부문이나 관료부문에 진출하기 쉬웠고, 이들을 중심으로 광범하게 중산층이 형성되었다. 반면에 농촌을 떠난 농민들은 공장 노동자로 흡수되거나 자영업자 혹은 도시 빈곤층으로 퇴적되었다. 현재도 한국은 세계에서 가장 높은 교육열과 세계 최고 수준의 대학진학률을 나타내고 있다.

아울러 소득만을 대상으로 할 때 한국의 경제성장 기간 동안 소득불평등은 비교가 된 다른 나라들에 비해 비교적 평등한 분포를 보여주었다. 이러한 평등성장은 흔히 산업화 초기에 소득불평등이 악화시킨다는 통념을 깨는 것이었다. 공식통계가 가진 불완전성이나 오류의 가능성을 감안한다 하더라도 적어도 한국에서 고속성장이 집중적으로 일어난 지난 1970년대와 1980년대의 소득분포는 세계적 기준으로 보아도 예외적으로 매우 평등한 것이었다는 데 많은 학자들이 동의한다.

그러나 급속한 성장의 결과로, 그리고 1997년의 외환위기를 분기점으로 점차 '닫힌 지위'가 굳어지고 있다. 그런 의미에서 '강남'은 사회적 지위의 공간적 상징으로 자리 잡게 되었다. 사회적 위치로서의 지위(status)는 외부인의 진입을 차단할 수 있게 닫혀 있을 때 그 희소성과 가치가 빛난다.

중산층 귀속감의 급격한 감소는 외환위기 이후 한국적 공정성을 지탱해 왔던 대학교육이 계층이동의 유효한 통로라는 '열린 지위' 에 대한 믿음이 깨지고 있는 정황과 밀접하게 연관을 맺고 있다. 서울의 자치구별 명문대 입학률과 아파트의 평당 가격, 그리고 사설학원의 밀도 간에 매우 높은 상관관계가 존재한다는 것은 한국적인 지위집단이 지역을 중심으로 구조화되고 있음을 보여준다. 토지소유의 지니계수는 땅값기준 개인은 0.8882(무소유 71%), 가구기준 0.7468(무소유 40%)이며, 땅값의 급격한 상승은 계층적 차이가 교육을 통해 확대재생산될 수 있는 중요한 변수로 작동하게 되었다. 그리고 중산층 귀속 가능성에 대한 예측의 차이가 중산층에 대한 거리감을 만들어내는 상황이 된 것이다. 동질적인 사회에서 출발하여 짧은 기간 내에 불평등의 구조화가 이루어지다 보니 '상승열망에 가득 찬 평등사회' 에서 '체념의 계급문화' 로 빠르게 이행하고 있는 것이다.

6. 중산층 육성의 의미와 과제

중산층이 두터운 사회는 사회적인 통합이 잘 이루어진 사회를 의미한다. 사회통합에는 크게 세 가지 차원이 있다. 첫 번째는 물질적 수준의 통합이 이루어진 사회를 지향해야 한다. 물질적으로 '배제된 집단' 이나 계층이 없는 '삶의 질' 제고를 이루어야 한다는 의미이다. 특히 '사회적 약자' 에 대한 분명한 정의 및 보호의지를 천명하여 무의탁 노인, 저소득층 아동, 노숙자, 차상위층에 대한 보호대책을 만들고, 고령화 사회에 대비하여 의료의 사회적 보장성을 증진시키는 노력을 기울여야 한다. 두번째는 사회적 수준의 통합을 극대화해야 하는데, 이를 위해서는 사회적 갈등(conflict)과 가족 및 사회의 해체(disintegration)를 막는 일이 중요하며, 여성, 장애인, 비정규직, 이주노동자 등에 대한 사회적 차별을 줄이고, 국제기준의 노사관계 제도와 관행을 마련하여 협력적 노사관계를 구축하고 노사 간 갈등과 폭력발생의 가능성을 감소시킬 수 있어야 한다. 마지막으로 문화적 수준에서의 통합이 필요한데, 이를 위해서는 다양한 사상과 이념에 대한 관용성을 늘려야 한다. 집단 간 문화적 이질성(heterogeneity)을 극복하기 위해서는 사회적 통합유지에 저해되지 않는 한 다른 생각이나 종교, 이념 (혹은 이를 가진 사람들)에 대한 관용성을 높이는 것이 필요하다.

중산층의 확대를 통한 사회의 통합은 사회통합은 갈등을 원천적으로 없애는 것이 아니라, 갈등을 제도화하여 사회적인 역동성을 유지하면서 그것을 사회발전을 위해 승화시키는 계기가 되도록 유도하는 것을 의미한다.

외환위기 이후 지난 10년간 한국 사회는 급격한 변화를 경험하였다. 국가 부도사태 직전까지 갔던 한국 경제는 짧은 시간 안에 성공석으로 금융개혁과 기업개혁을 완성하여 위기로부터 탈출할 수 있었다. 그러나 이러한 성공의 이면에는 과격한 구조조정에 따른 실직, 비정규직의 증가, 청년실업의 증가, 직업안정성에 대한 과도한 집착 등 일자리를 둘러싼 불안감의 확대가 자리 잡고 있다. 마치 트라우마처럼 위기의 흔적은 국민들의 의식에 큰 상처를 남긴 것이다. 그 결과 가장 두드러진 것은 중산층 귀속감의 급감이었다.

중산층의 확대를 경험한 것은 고도성장기 성장의 결과였다. 지난

1970년대의 고도성장기부터 외환위기 이전까지의 30여 년간은 고도성장이 분배의 문제에 대한 논란 없이 전체 국민들의 소득수준을 높이는 밀물효과(rising tide)가 두드러진 시기였다. 항상 미래가 현재보다 나아질 수 있다는 희망적인 사고가 현재의 어려움이나 불평등을 극복할 수 있는 토대가 되었으며, 실제 이 기간 동안 노동시장에 진입한 세대들에게 삶의 기회 개선과 중산층으로의 진입은 실현가능한 코리안 드림의 구체적인 대안으로 생각되었다. 따라서 현재 50대와 60대의 장년층들은 권위주의적인 정치체제로 인해 겪은 고통에도 불구하고 경제적으로는 성취감과 만족감을 느낄 수 있었던 세대경험을 공유하였다.

그러나 외환위기 이후 한국 사회는 조정기, 전환기, 혹은 변형기라고 할 수 있는 기간을 거치게 되면서 과거와 같은 정부주도의 개입이나 중상주의적인 방식의 발전은 더 이상 가능하지 않고, 고도성장도 불가능해졌다. 세계화는 성장부문의 고용침체를 동반했다. 외환위기 이후 갑작스런 정리해고로 나락에 떨어진 층들은 사회적 안전망의 보호도 없는 상황에서 빈곤층으로 수직 하락하는 경험을 한 첫 세대가 된 것이다. 외환위기를 거치면서 짧은 시간 동안 자산의 증가를 경험한 집단과 자산의 감소를 경험한 집단 간에는 커다란 삶의 기회의 격차가 발생하였다.

이러한 문제를 해결하기 위해서는 두 가지 상이한 목표가 갈등하는 양상을 나타낸다. 중산층의 확대를 강조하는 입장에서는 온 국민이 일정한 수준 이상의 경제사회적 생활의 안전과 삶의 질을 누리는 것을 목표로 한다. 따라서 양극화 해소는 소극적이고 정태적인 개념이고 중산층 육성은 적극적이고 역동적인 개념이라고 해석한다. 양극화 문제를 강조함으로 해서 갈등과 대결을 조장하기보다는 중산층의 육성을 통해 통합적이고 협력적인 사회발전을 모색해야 한다고 주장한다. 이를 위해서는 경제의 선순환을 위한 강력한 성장정책이 필수불가결하다고 주장한다.

반면에 양극화를 강조하는 입장에서는 빈곤층의 확대에 문제의 심각성을 둔다. 따라서 이 입장에서는 중산층 살리기는 양극화 해소의 부분해법일 뿐 전면적 해법은 아니라고 본다. 고용안정성과 경제적 안정성이 핵심이라는 점에서 묻지마식 성장보다는 고용정책, 연금제도, 복지제도가 중요한 정책수단이라는 점을 강조한다. 특히 조세제도의 재분배효과를 강화해야 하고, 불로소득을 통한 부의 축적을 방지하기 위한 제도적 보완이 필요하다고 주장한다.

필자는 결국 중산층 복원이냐 빈곤층 감소냐의 문제나 성장이냐 분배냐의 문제는 양자택일의 문제가 아니라고 생각한다. 성장을 통해 중산층을 두텁게 하는 것이 먼저인지, 아니면 배제된 빈곤층을 위한 사회적 안전망 강화가 먼저인지에 대한 논쟁은 무의미하다. 기존의 경제구조를 그대로 둔 채 소득이전을 통해 분배를 개선하는 것만으로도 해결되지 않고, 또한 성장만 이루면 중산층이 자동으로 복원되는 것도 아니기 때문이다. 결국 그 핵심은 선순환을 통한 제도적 개선이 가능하도록 하는 역동적인 균형감각이 필요하다는 사실이다.

성장과 분배는 선택의 문제가 아니라 상호 연관된 것이기 때문에 어떻게 선순환의 구조를 만드느냐가 중요한 것이다. 결국 문제의 핵심은 단순한 성장이 아니라 어떻게 높은 수준의 질을 갖춘 고용(high quality employment)을 증대시키는 성장을 이끌어내느냐 하는 것이다. 이를 위해서는 기업의 투자를 촉진시킬 수 있는 다양한 제도적 정비가 필요한데, 특히 기업의 과감한 투자를 끌어낼 수 있어야 한다. 외환위기 이후 기업이 투자를 꺼리고 엄청난 내부 유보금을 가지게 된는 이유는 반기업정서 때문이라기보다는 도덕적 해이를 막는 다양한 제도적 개선이 이루어진 결과 기업들의 자기 책임성이 높아지게 되자 위험부담을 기피하는 안전경영의 성향이 강화된 데도 그 이유가 있다.

또한 현재의 경제 시스템에서도 보완책을 찾을 수 있다. 현재의 사회적 보험은 주로 4대 보험 위주로 되어 있는 반면, 사회적 서비스나 공공부조는 매우 미미한 단계에 머물고 있다. 그런데 노동시장의 유연화를 촉진시키기 위해서는 적극적인 노동시장정책을 강화할 필요가 있는데, 이를 위해서는 4대 보험만으로는 부족하고 다양한 서비스와 교육훈련 시스템을 강화하여야 한다. 아울러 성장촉진형 재분배정책이 절실한데, 직업교육과 훈련, 그리고 평생학습체제를 상호 연계하여 인적 자본의 육성을 통한 총체적 학습사회의 구축이 필요한 것이다.

또한 건전하고 공정한 계층이동의 가능성을 제고하기 위해서는 공교육을 정상화하여 미래의 발전가능성에 대한 희망을 잃지 않도록 하고 공정한 조세제도의 개선을 통해 한편으로는 탈루 세원을 확보하며, 다른 한편으로는 사회적인 경쟁의 정당성을 제고시켜야 한다. 결국 중산층을 복원하기 위해서는 사회 전반적으로 신뢰와 타협에 기반을 둔 미래사회의 선진적인 비전이 구체화될 수 있어야 하는데, 경제적인 성장과 더불어 문화적으로 세련된 시민의식, 그리고 신뢰와 합의에 기반한 정치 시스템 등이 함께 구축되어야 한다.

선진적 시스템적 특징은 다양한 요소들 간의 균형이 유지되면서도 성장의 활력을 잃지 않는다는 점에서 "역동적 균형"이라고 할 수 있다. 역동적 균형이란 기계적 균형이 아니라 선순환(positive loop)이 작동하는 시스템을 의미한다. 즉 성장과 분배, 이상주의와 현실주의, 대기업과 중소기업, 미래 세대와 현 세대, 인간과 자연, 남성과 여성 등의 대립 항들이 역동적으로 균형을 이루는 사회가 되어야 진정한 선진화와 중산층의 육성이 가능한 것이다.

이러한 적극적인 개입과 균형이 가능하기 위해서는 대외적 개방과 대내적 조절을 동시에 만족시킬 수 있는 기제가 필요하다(Katzenstein, 1985). 한국은 중소국의 입장에서 경제성장을 위해 해외 수출을 필요로 하므로 원칙적으로 개방경제를 지향해야 하지만, 작은 경제는 시장개방으로 인해 끊임없이 외부로부터의 경제적 충격을 받아 항상 대내적인 사회경제적 불안정에 시달린다는 점에서 딜레마 상태에 있다. 그러나 작은 경제들은 국제협상력이 약해 충격의 비용을 외국에 전가할 수 없기 때문에 대외개방에 따라 불안정해지는 대내적 경제사회 상황을 고려하여 무역과 투자의 개방화에 따른 사회경제적 충격과 불안정성을 적절하게 통제하고 조절할 기제를 확보해야 한다.

이러한 점에서 한국적인 발전 모델은 영미식 모델과 차이를 가질 수밖에 없다. 왜냐하면 미국식 모델에는 대외개방만 있고 대내적 조절기제의 개념이 없기 때문이다. 따라서 유럽의 강소국 모델과 '국내 조절기제' 등은 좋은 예가 된다. 예를 들면 사회적 통합을 유지하기 위해 유럽의 강소국들은 사회복지 지출(의료, 연금, 교육, 실업)을 확대하고 누진소득세를 채택하고 있으며, 이를 바탕으로 노동자들의 비임금소득(사회복지)을 대폭 확대하였다. 이같은 강력한 재분배정책이 고도의 성장과 연동되어 선순환의 구조를 이룰 수 있었던 이유는 노사정위원회와 경제사회협의회 같은 거시적 수준의 사회적 타협기구와 종업원 경영 참여와 공동의사결정체와 같은 미시적 타협기구가 오랜 기간 지속되어 왔기 때문이다.

투자 및 고용과 관련해서도 체계적이고 과감한 직업교육 훈련이 필요하며, 정부는 지금보다 훨씬 더 산업기술 혁신에 관련한 지원을 늘리고 산업밀착형 R&D의 투자를 늘리며, 공공부문에서 사회적 일자리를 늘려나가야 한다. 아울러 은행의 역할도 지금처럼 담보를 중심으로 한 대출관행에 머무를 것이 아니라, 기업의 사회적 책임의 조정자로서 저부가가치 산업의 구조조정과 산업고도화를 지원하고, 유동성 위기에 처한 기술집약적인 중소기업을 구출하는 데 더 적극적이어야 한다.

참고문헌

금융경제연구원. "경제양극화의 원인과 정책과제." 2004. 7.

박세일. 2005. "민주화, 세계화 시대의 양극화." 대화문화아카데미 창립 40주년 기념 대화모임 발표자료.

이정우. 2005. "양극화의 원인과 해소방안." 대화문화아카데미 창립 40주년 기념대화모임 발표자료.

최장집. 2005. "세계화와 민주화시대, 한국의 노동사회정책과 대안적 경제발전 모델의 모색." 대화문화아카데미 창립 40주년 기념대화모임 발표자료.

삼성경제연구소. 2006. "소득양극화의 현상과 원인." 『CEO Information』. 547호.

이재열. 1998. "이태리 에밀리아형 생산방식의 사회적 기원." 『한국 사회학평론』. 제4집.

재정경제부. 2005. "경제양극화 현황과 정책과제."

홍두승. 2005. 『한국의 중산층』. 서울대학교 출판부.

Duclos, J. Esteban J., Ray D. 2004. "Polarization : Concept, Measurement, Estimation." *Econometrica*, Vol. 72.

Evans Peter B. 1979. *Dependent Development : The Alliance of Multinational, State, and Local Capital in Brazil*. Princeton University Press.

Katzenstein, Peter. 1985. *Small States in World Markets : Industrial Policy in Europe*. Ithaca, NY. Cornell University Press.

Koo Hagen. 1990. "From Farm to Factory : Proletarianization in Korea." *American Sociological Review* 55.

Weiss, Linda. 1988. *Creating Capitalism : The State and Small Business since 1945*. New York Basil Blackwell.

Wolfson, M. C. 1994. "When Inequalities Diverge." *The American Economic Review*. Vol. 84.

저자 약력

• **김병조**

서울대학교 사회과학대학 사회학 학사, 서울대학교 대학원 사회학 석사 및 박사. 현 국방대학교 국제관계학부 교수.

주요 저서 및 논문으로는『한국의 직업구조』(공저, 1999),『한국인 주관적 계층의식의 특성과 결정요인』(2000),『세계화시대의 국민정체성 비교연구』(2002),『민군인식 격차 분석과 안보공감대 증진방안』(2004),『한국의 군대와 군대문화』(2005),『김정일 체제하 북한의 군민관계』(2006),『A Comparative Analysis of Democratic Consolidations After the Third Wave of Democratization』(2007) 등 다수.

• **장세훈**

서울대학교 사회학과 학사, 동 대학원 석사 및 박사. 현 동아대학교 사회과학대학 사회학과 교수.

주요 저서 및 논문으로는『북한 '도시정치'의 발전과 체제 변화』(공저, 2007),『한국의 도시화와 도시문제』(공저, 2006),『한국사회의 신빈곤』(공저, 2006),『생태도시를 향한 발걸음』(공저, 2005),「주택소유의 관점에 입각한 중산층의 재해석」(2007),「빈곤층의 내부구성과 빈곤화 과정」(2006),「북한 도시 주민의 사회적 관계망 변화」(2006) 외 다수.

• **장원호**

서울대학교 사회학과 학사, 미국 미주리주립대학교 사회학 석사, 시카고대학 사회학 박사. 현 서울시립대학교 도시사회학과 교수.

주요 저서 및 논문으로는『21세기 한국 사회의 구조적 변동』(공저 2005),『地方自治體をめぐる市民意識の動態』(공저 2005),「지방의 혁신과 어메니티정치문화 : 엔터테인먼트 기구로서의 지방정부」(2006),『새정치문화는 정말로 존재하는가』(공역서 2006),「韓國における投票參加と合理的選擇論 : ダ

ウンズモデルの發展的修正による棄權のメカニズムの實証的検証」(2006) 외 다수.

• **김호기**

연세대학교 사회학과 및 동대학원 사회학과 졸업. 독일 빌레펠트대학 사회학 박사. 미국 UCLA 사회학과 방문학자. 현 연세대학교 사회학과 교수.

주요 저서로는 『현대 자본주의와 한국사회』(1995), 『한국의 현대성과 사회변동』(1999), 『한국 시민사회의 성찰』(2007), 주요 편저로는 『현대 비판사회이론의 흐름』(2001) 등이 있음.

• **장미혜**

연세대학교 사회학과 학사, 연세대학교 사회학 석사, 연세대학교 사회학 박사. 현 한국여성정책연구원 연구위원.

주요 저서및 논문으로는 「문화자본과 소비양식의 차이」(2001), 「사회계급의 문화적 재생산」(2002), 「한국사회에서의 계급별 소비양식의 차이」(2002), 「가족 : 계급과 성별 불평등의 또 다른 영역」(2005), 「Functions and Roles of the Nonprofit/Nongovernmental Sector for Korean Social Development : The Affective Linkage-Group」(1998), 「고용조건이 일과 가족에 대한 태도에 미치는 영향」(2004), 「디지털 네트워크 시대의 음악시장 변화-소유에서 향유로, 전유에서 공유로」(2006), 「Gender, Leisure and Time Constraint : Employed men and Women's Experience」(2006), 『문화와 계급』(2002), 『사회자본 : 이론과 쟁점』(2003) 등이 있다. 주요 관심분야는 문화사회학, 여성학이며 e-mail 주소는 mhchang@kwdi.re.kr이다.

• **이재열**

서울대학교 사회학과 학사 및 석사, 미국 하버드대학교 사회학 박사. 현 서울대학교 사회학과 교수. 서울대 사회발전연구소장 역임.

주요 저서 및 논문으로는 『경제의 사회학』(1996), 『삶의 질과 지속가능한 발전』(공저, 2006), 『사회과학의 고급계량분석』(공저, 2005), 『충청지역의 사회의식과 지역정체성』(공저, 2004), 「이중적 위험사회형 재난의 구조」(공저, 2004), 「사회적 자본과 시민의식」(2003) 등 다수.

• **이종구**

서울대학교 사회과학대학 학사, 일본 도쿄대학 대학원 사회학 수사 및 박

사. 현 성공회대학교 사회과학부 교수.

주요 저서 및 논문으로는 『일본의 도시사회』(공저, 2001), 『세계화와 일본의 구조전환』(공저, 2002), 『일본은 회생하는가』(공저, 2003), 『現代社會學における歷史と批判 上卷 グローバル化の社會學』(공저, 2003), 『사회학으로 풀어본 현대 일본』(공저, 2005), 『정보사회의 이해』(공저, 2005), 『1960–70년대 한국 노동자의 계급문화와 정체성』(공저, 2006), 『일본 제조업의 국내 회귀와 마치고바』(2007) 등 다수.

• **이현송**

서울대학교 사회학과 학사 및 석사, 미국 오하이오주립대학교 사회학 박사. 현 한국외국어대학교 국제지역대학원 교수.

근래의 저서 및 논문으로는 『미국문화의 기초』(2006), 『미국학의 이론과 실재』(공역, 2006), 『한국에서의 미국학』(공저, 2005), 「미국의 학교재정 사법 운동의 평가」(2007), 「미국 신문에 나타난 한국 및 한국인의 이미지」(2004) 등 다수.

• **안상훈**

서울대학교 사회과학대학 학사, 스웨덴 스톡홀름대학교 국제대학원 IGS Diploma(사회학 전공), 웁살라대학교 대학원 사회학 박사. 현 서울대학교 사회복지학과 부교수.

주요 논문 및 저서로는 「한국 사회복지제도의 기원 및 형성에 관한 비교사회정책연구」(2006), 「세계화 시대, 생산적 보완성이 높은 복지전략에 관한 비교사회정책연구」(2007), 「복지국가 재편기 북유럽 탈빈곤 정책의 변화」(2007), 『사회복지학개론』(공저, 2007), 『현대 복지국가의 변화와 대응』(공저, 2005), 『Pro-Welfare Politics』(2000), 『East Asian Welfare Regimes in Transition』(공저, 2005), 『Welfare Capitalism Around the World』(공저, 2003) 등 다수가 있음.

• **신광영**

서울대학교 사회학과 졸업, 미국 위스컨신대학 사회학 박사. 한림대학교 사회학과 교수 역임. 현 중앙대학교 사회학과 교수.

주요 저서로는 『계급과 노동운동의 사회학』(1994), 『동아시아의 산업화와 민주화』(1999), 『한국의 계급과 불평등』(2004), 『세계화와 불평등』(공저, 2007) 등이 있으며, 주요 연구분야는 비교사회 체제와 계급분석이며, 현재 세계화와 동아시아 불평등 체제에 대한 비교연구를 수행하고 있다.

• **홍두승**

서울대학교 사회학과 학사, 미국 시카고 대학교 사회학 석사 및 박사. 현 서울대학교 사회학과 교수. 미국 하버드옌칭연구소, 이스트웨스트센터 초빙연구원, 미국 아이오아대학, 스페인 마드리드꼼쁠루뗀세 대학, 칠레 칠레 대학 초빙교수 역임. 현 한국사회학회 회장.

주요 저서로는 『한국의 중산층』(2005), 『한국의 직업구조』(공저, 1999), 『한국군대의 사회학』(1993), 『사회계층 · 계급론』(공저, 1993), 『사회조사분석』(1987) 등이 있다.

• **조동기**

서울대 사회학과 학사 및 석사, 미국 아이오아대학 사회학 박사. 현 동국대학교 사회학과 교수.

주요 저서 및 논문으로는 『한국의 직업구조』(공저, 1999), 「정보화정책의 효율적 추진방안에 관한 연구 : IT의 기능과 역기능」(공저, 1997), 「지식정보 직업군의 공간적 분포 분석」(2003), 「사이버문화의 특성과 사회적 영향」(공저, 2001), 「사이버공간에서의 여론 형성과 집단 행동」(공저, 2001) 등 다수.

기로에 선 **중산층**

초판1쇄 / 2008년 3월 30일

엮은이 **한국사회학회**
펴낸이 **여국동**
펴낸곳 **도서출판 인간사랑**
인 쇄 **백왕인쇄**
제 본 **은정제책사**

출판등록 1983. 1. 26. / 제일 3호

정가 20,000원

ISBN 978-89-7418-240-3 93330

※ 잘못된 책은 교환해 드립니다.

(411- 815) 경기도 고양시 일산구 백석동 1178-1
TEL (031)901-8144, 907-2003
FAX (031)905-5815
e-mail/igsr@yahoo.co.kr / igsr@naver.com